异体字规范字应用辨析字典

胡双宝　编

图书在版编目(CIP)数据

异体字规范字应用辨析字典/胡双宝编．—北京：北京大学出版社，2012.12

ISBN 978-7-301-21770-2

Ⅰ．异…　Ⅱ．胡…　Ⅲ．汉字—异体字—字典
Ⅳ．H124.3-61

中国版本图书馆CIP数据核字(2012)第300977号

书　　　名：异体字规范字应用辨析字典
著作责任者：胡双宝　编
责 任 编 辑：杜若明
标 准 书 号：ISBN 978-7-301-21770-2/H · 3202
出 版 发 行：北京大学出版社
地　　　址：北京市海淀区成府路205号　100871
网　　　址：http://www.pup.cn　新浪官方微博：@北京大学出版社
电 子 信 箱：zpup@pup.pku.edu.cn
电　　　话：邮购部 62752015　发行部 62750672　编辑部 62753374
出版部 62754962
印　刷　者：三河市博文印刷有限公司
经　销　者：新华书店
890毫米×1240毫米　A5　13.375印张　298千字
2012年12月第1版　2018年2月第2次印刷
定　　　价：36.00元

目　录

前言：当今语文生活中的异体字

一

包括传承字和简化字在内的规范汉字，是中国现在的通用文字，社会各界都应该遵照使用。公务与经贸交往、新闻出版、各级教育机构和公共场所等等，都要正确使用规范字。

中国历史悠久，典籍浩繁。翻印古籍，研究古代社会文化，都要用到繁体字，而且一定会涉及异体字。

繁体字，特别是异体字，通过电脑与现代通用规范字转换，不时会出现错误。就是除了大部分是一一对应之外，还有一部分有交叉或包含关系。“理發(髪)”、“復(複)印”、“白洋澱(淀)”以及“干(乾)隆”、“幾(几)案”等，在公共场所和影视屏幕上乃至正式出版物上时有所见。以上所举属《简化字总表》范围，但都是同音归并字，实质上是异体字问题。

已故古文字学家胡厚宣先生曾经说起，他因公务需要，赶印繁体字名片。他的工作单位中国社会科学院历史研究所的“历(歷)”印成了“曆”。因为时间紧迫，只好连夜动手改。

随着香港、澳门于1997年和1999年相继回归，海峡两岸的联系日益增多，汉字繁体简体之间的交往更加频繁。正确阅读繁体字文本或简化字文本，实现书面上的相互转换，是汉字世界的共同需要。实行一国两制期间，繁简汉字并存是客观事实。有人说这是“一国两字”，我说这是“一国一字”——汉字。语言文字工作者有责任全面、正确地宣传国家的语言文字政策，正确宣传规范字，同时也应当为顺利推行一国两制的政策服务，帮助人们消除交往中的文字障碍。1993年4月，海峡两岸关系协会的代表和台湾海峡交流基金会的代表假新加坡会谈，以简化汉字和繁体汉字签订协议，为恰当使用繁体字之一例。繁体字和简化字都是祖国的文字。

二

历史上有过若干次正字活动，包括秦统一后的“书同文字”和颜师古、颜元孙祖孙编撰的《字样》、《干禄字书》等等。这些活动确曾起过一定的作用，但始终没有形成过如同现行通用规范字这样明确的正体系统，因而历代都有大量异体字并存。在近现代繁体字系统平面上，社会习惯用字的正体异体关系，与今天通用字系统的正体异体字关系不完全相同，如“恥—耻”、“銲—焊”、“壻—婿”等，当时以前者为正，“闢—辟”、“捨—舍”等有分合关系，“干—幹乾”，“间—間閒”等则有交叉关系，如此等等。本书对这类字将一一加以说明。

推行规范字是一项艰巨的工作，需要社会各方面长期努力。1986 年重新公布《简化字总表》时调整了几个字。其中一项是取消了以“象”代“像”的规定，即恢复两个字本来的分工，但该用“像”的地方用“象”的情况仍然比较普遍，直到二十几年后的今天，还经常要改“象”为“像”。繁体字系统本来写“想像”，但是 1986 年以后的二十多年间却一直仍然按照“像”归并于“象”时的情况，写作“想象”。《现代汉语词典》1996 年版据以立“想像”为正条，“想象”为参见条。2005 年版又改作“想象”为正条。另一项调整是“复”字头下删去繁体字“覆”，当然意味着恢复“覆”字本来的职务，可实际上停留在 1986 年以前的状况，平时所见，只限于“覆盖、颠覆”等，如果写了“覆信、答覆”，往往要被改为“复”。1993 年 9 月国家语委发文指出，除了熔化义应该用“熔”以外，其他场合应该用“鎔”的类推简化字“镕”，可是十几年间的出版物上极少见“镕”字，甚至古书改排简体字版，也把“鎔”改为“熔”，而不是“镕”。此外，社会上常有人把萧姓写成“肖”，甚至姓萧的人也如此。傅姓和正副的副以及一副手套的“副”多写作“付”，乃至“预—予，橘—桔，嘴—咀”不分等等。这些属于纠正别字的事情，拙作《易混易错词语辨析》（北京大学出版社，2002）多有涉及。顺便说及，历史上没有姓肖的。姓付的，仅见有明代付吉，很可能是传抄的错讹，也就是错把俗字当作正体。元明时代文学作品里确有“一付心肠”、“付收”等写法，不过那是俗字。（如清·方玉润《诗经原始》卷一：“大抵学究家说诗，必先有一付宽大帽子压倒众人然后独申己见。”）现在有规范字与非规范字之别，古代有正体字与俗体字之别。繁体字系统和简化字系统都有各自的规范。当年制定简化字方案，吸收一些俗体字是必要的，我们今天讲规范则不能再提倡向俗体看齐。

古代有的学者，在繁体字系统，用字泥守《说文解字》。如明末清初的王夫之，赐予义用“与”，党与、朋党义用“與”；“强”用于虫名，强大、强盛用“彊”；“附”是小山，增益、添加义用“坿”；等等。离开千百年间绝大数人的使用习惯，强予分辨，全无必要，实不可取。

1965年1月，中华人民共和国文化部和中国文字改革委员会发出《关于统一汉字铅字字形的联合通知》，随文发出由汉字字形整理组编制的《印刷通用汉字字形表》。该表“说明”指出，出于“作为人名地名及引用文言文的时候仍有需要”，收有“藉乾摺夥徵覆馀隻像準瞭锺鬱叠麽”十五个繁体字或者淘汰的异体字。应当说，这是看到了实际需要，谨慎而极有限度地提出的。

现在有一些论著需要改排繁体字文本。其中涉及广义的异体字即《简化字总表》中的同音归并字。人们似乎有一种求繁求异的倾向。今举三种情况。“卫”的繁体字是“衛”，可是常有人选用它的异体字“衞”。“卧”字在繁体字系统和简化字系统都是正体，它的异体“臥”不在《第一批异体字整理表》之列，可是一些人却选用“臥”。表示仅、就的副词“只”，清·段玉裁《说文解字注》指出：“宋人诗，有‘只’为‘祗’字，但也。今人仍之。”“只”的这种用法当然不是自宋朝开始。幼年看见人家的习字仿帖唐·贾岛《寻隐者不遇》：“松下問童子，言師采藥去，只在此山中，雲深不知處。”就是“只”而不是“祗”或者“衹衹”。跟贾岛同时代的韩愈《镜潭》有“魚蝦不用避，只是照蛟龍”。再举五个近人的用例。1898年马建忠《马氏文通·例言》"《莊子》只稱篇名,《史記》只稱某某本紀"。鲁迅《药》"秋天的後半夜,月亮下去了,太陽還没有出,只剩下一片烏藍的天"。胡适《白话文学史·自序》:"書已印好,只有在正誤表裏加以改正。"1946年出版的中国历史研究会(同年新华书店本署范文澜)编《中国通史简编》第四章第四节,"軍事行動和朝聘盟會,按照一般的性質來説,只是小國被大國剥削掠奪不同形式的表現。"1951年第1版《毛泽东选集·实践论》"如果只到理性認識爲止,那末還只説到問題的一半"。如果这些著作根据现在通行的简体字本改排繁体字本,很可能排成"祇"或"衹"。因为《简化字总表》作"只[衹]。"

三

异体字是历史的产物。在千百年使用流传过程中,出现了读音相同、功能相同而形体即写法不同的字。这就是异体字。当然这是就等义异体字(可以简单互相替换)说的。义项交叉、包孕的异体字情况复杂,另当别论。从用字的角度看,异体字没有多少积极作用,徒增负担。但异体字既然是历史上出现并且存在过的重要的文字现象,今天不应该简单全然丢弃,人们可以研究考察某个字为什么会出现异体,为什么会出现那样的写法,从中发掘一些有用的东西。

比方"棋"的异体字有"碁棊"等。由"碁"可以知道,较早的时候或者初始阶段,棋盘和棋子都是石质的。如果是木质的,不可能造出从"石","其"声的"碁"字。后来要表示木质的棋盘、棋子,又造了从"木"、"其"声的"棊"字,结构关系还是仿"碁"字。现在用的"棋"字是"棊"的结构部位调整的结果,符合大多数形声字意符在左,音符在右的特点。至于"櫀檱"以及"棋"等,是汉字定形化、规范化过程中的过渡形体,也可以分别作出解释。

"明"从"目",意在强调看得明白,不同于日月并照之"明"。《隶释·汉安平相孙根碑》:"与君权舆,发基有嶷,受性明睿,闻一知十。"是说帝王聪明睿智。《说文》所收"朙"字,释义是:"照也。从月，从囧。”“囧”的释义是“窗牖丽廔闿明”。现在的“明”这个形体，实际包含了三个写法不同，意思有区别的字。今天说“眀”和“朙”是“明”的异体字，这是把问题简单化了。像“眀”和“朙”这样的字，属于历史现象，《第一批异体字整理表》没有收，这本字典里也不另讲。

现在“妖娆、妖艳”和“妖怪、妖孽”都写“妖”，似乎怪异现象是由女子引起的。其实表示“妖怪、妖孽”等本来是用“祅”。“祅”指人们不认识因而不能解释的反常事物。《荀子·天论》：“水旱不能使之饥渴，寒暑不能使之疾，祅怪不能使之凶。”《汉书·礼乐志》：“奸伪不萌，祅孽伏息。”人们不能认识的反常事物往往会带来灾害，或者把灾害归之于反常事物所引起，于是就有《国语·晋语六》的“辨祅祥于谣”，坏事和好事并举；就有《三国志·蜀书·刘焉传》的“既痛其子，又感祅灾”，把灾难归于异常现象。而“妖”本指女子的体态美。《玉篇》释作“媚也”，玄应《一切经音义》引《三苍》释作“妍”也，都是这个意思。宋玉《神女赋》：“近之既妖，远之有望。”司马相如《上林赋》：“若夫青琴宓妃之徒，绝殊离俗，妖冶娴都。”曹植《美女》篇：“美女妖且闲，采桑歧路间。”都是“妖”的本义，是没有与“祅”合并之前的基本用法。后来随着歧视妇女的意识的产生和相应社会现象的普渐，人们有意无意地把本来写“祅”的字换为“妖”，所以会有《汉书·礼乐志》的“奸伪不分，祅孽伏息”，到《乐府诗集·汉郊祀歌》转引写作“妖”的情况。《资治通鉴·汉昭帝元平元年》“王怒，谓胜为祅言，缚以属吏”，元·胡三省注：“祅，与妖同。”没有改字，只是指明当时的通用义。

再举一个看似简单的字。“國”字是繁体字的正体。历史上出现过多种异体。它的初文“或”，甲骨文“戈”下一个“口”，或者一横。《说文解字》解作：“邦也。从口，从戈以守一。一，地也。”意思是指区域。金文里有右边加“邑”的，突出了地域概念。给“或”加“囗(wéi)”。即写成“國”，意为划定范围，偏重于表示在某一区域的政权概念。写成“囗”里一个“方”字，则含有占据一方的意思，似乎政权概念更强。“囻”以及《玉篇》所收“囯”字，意思类似。三体石经是“或”下一个“王”字，突出了统治者。辽·行均《龙龛手镜》所收“圀”，则突出了民众，太平天国不承认清朝的“国”，因为太平天国也有王，最高领袖洪秀全是天王，所以用“国”（《龙龛手镜》有此字，但太平天国未必是据《手镜》，当是自造）。20世纪40年代，解放区提倡写简体字，但不用“国”字，一则辛亥革命以后没有帝王了，二则共产党领导的革命是反封建的。于是一些人就把“囗”里的“王”字换成“玉”字。有的人则写作左边一个小“口”旁，右边一个“玉”字。1956年的《汉字简化方案》就选了“囗”里一个“玉”字的“国”为正式简化字。——有日本学者认为，中国1956年的简化字选用“国”是“学日本”。因为1946年《当用汉字表》作“国”，而1931年制定的《常用汉字表》和1942年制定的《标准汉字表》，均为“国”。但直接参与制定《汉字简化方案》的叶籁士所著《简化汉字一夕谈》说，实际是一种巧合。如果找历史根据，敦煌文献伯2838《拜新月》词：“国泰时清晏，咸贺朝列乡贤士。”从囗从玉。逆想其时写“国”者，是以玉般美好的东西状比国家。我们当然不会说，日本1946年的字表是学敦煌《拜新月》词。

又如“耻”的异体字“恥”从“心”，“耳”声，字理含义远比从“耳”，“止”声的“耻”丰富。本字典正文已经说到，这里不重复。

异体字是大量的。《汉语大字典》收字5万多，有人估计，约一半是异体字，又有人指出该字典漏收很多。但漏收的绝大部分是异体字。从另一方面说，异体字难以完全消除。20世纪五六十年代整理异体字，简化汉字，取得很大成效。《第一批异体字整理表》只收列了一小部分。《汉字简化方案》是以《异体字整理表》为前提产生的。尔后整理产生的《简化字总表》里既有“碱”也有“硷”，两字声旁不同，但意思、用法完全一样。既有“垄”也有“垅”，二者实际使用场合不完全一样，但构字原理完全相同。有人提议合并。大陆和台湾都有字典、词典只收“垄（壟）”，而不收“垅（壠）”，有的电脑简体转换繁体系统，见“垅”自动转“壟”。而不是“壠”。2009年8月公布的《通用规范汉字表》征求意见稿，删去“硷”，只保留“碱”。“垄”和“垅”还照旧。

而像“瓷”包孕于“磁”的现象大量存在，当然不能合并。

异体字和通假字(假借字)都是以不同的形体表示相同的意思，但它们是两种本质不同的现象。异体字的不同形体之间总有某种联系，往往是偏旁(或声符，或义符)有同又有不同，而通假字则没有字形方面的联系，只是借用同音字。如“蚤”借用作“早”(《诗经·豳风·七月》“四之日其蚤，献羔祭韭”)，“裁”借用作“才”(《史记·张仪列传》“虽大男子，裁如婴儿”)，“倍”借用作“背”(《管子·任法》“倍大臣，离左右”)等。两种现象需加以区分，

繁体字跟对应的简化字，从不同的角度看，可以说是互为异体：以繁体字为正体，“辦”是正体，“办”是异体；以简化字为正体，“办”是正体，“辦”是异体。简化字里有一部分同音归并字，就是把本来不同的两个或者两个以上的字合并成一个字。它们之间的关系就不像“辦－办”那么简单。以最简单的“板－闆”、“出－齣”为例，“老闆－老板”、“一齣戲－一出戏”，是繁简不同，可是“木板”、“出门”不能写成“木闆”、“齣門”。所以本书收列一百多个繁体字，一并讲解。

以上说到与异体字相关的三种情况，提请大家注意。

四

这本书1996年出版时收有全部与现行规范字对应的繁体字，又因为只是指明异体字、繁体字与规范字的关系，没有释义，所以书名叫做《简化字繁体字异体字辨析手册》。一些读者认为，如果释义，并且列举用例，将会提供比较多的信息，为读者带来方便。这次修订就采纳了这个意见。也有读者建议尽量多收字头。我觉得还是以只收比较常见常用的异体字，即在一定范围的实用性为宜，不应该成为庞杂的资料书。现在的修订本正文只收异体字，与规范字一一对应的繁体字作为附录列表。

早就有吸取读者意见加以修订加以修订的打算，只是寻找或者等待一个适当的时机。进入21世纪便开始制定规范汉字

表，想在这个字表出来以后，能够反映一些新的情况。现在吸收了2009年8月公布的《通用规范汉字表》征求意见稿里有关异体字变动的情况。

杜若明编审多所是正，特别是核改了大量引文，排除了讹误。谨志谢忱。

欢迎批评讨论。

一九九五年岁杪

二〇一〇年十月改订

二〇一二年九月再订

说 明

一、本书共收 1616 个字。包括：

1. 1955 年《第一批异体字整理表》1055 个异体字的全部。后来调整者，扼要说明变动情况。其中 40 字未集得用例，列条存目。

2.《简化字总表》里的同音归并字 105 个。

3. 同形字 16 个，如“臘”的简化字“腊”和读 xī，意思是干肉的“腊”；“蠟”的简化字“蜡”和读 zhà，意思是古代年终祭祀的“蜡”；“術”的简化字“术”和读 zhú，意思是药草白术、苍术的“术”等。

4. 其他比较常见的异体字（以 * 标示）440 个，其中与《新华字典》第 10 版标新增异体字（标 * *）相同的标以 #。

二、字头下先释异体字。该字如果有与规范字以外的意思用法，也予讲述。符号◎后是相应的规范字。符号○后指明特殊情况或者需要注意的事项。

三、属本义者，酌引《说文》。字义比较复杂的，分义项释义并列举用例。

四、读音相同，意思相同，只是形体不同的，只举异体字的若干用例。异体字与规范字的字义不完全相同者，酌情适当细说。讲述方式不一，以适宜而简便为度。

五、不同读音，以（一）（二）等标示。一个音之内的不同义项，以①②等标示，如果再分，则以⑴⑵等标示。

六、[ ]用于三种情况：1. 为引例补出语境。2. 讲述或者引用时的括注。3. 标示讲述中的复音词。（ ）用以解释说明，如“见（现）”。

七、多音字在比较常用的音项下集中讲述，别处写明参见。

八、古书版本众多。所录引例，别本可能写法不同。所引明·叶逢春本《三国志传》，是指《三国志通俗演义史传》，西班牙埃斯克里雅尔修道院王宫图书馆16世纪藏《新刊按鉴汉谱三国志传绘像足本大全》，嘉靖二十七年元峰子序刊本，日本井上泰山编，上海古籍出版社2009；《西班牙藏叶逢春刊本三国志史传》，国家图书馆出版社，2009。

九、讨论的异体字，引例照录。引文中的其他异体字则用规范字，如涉及意思表述，则在括号里写出原用异体字。有的则径写原异体字，如“台臺”是对长官的尊称，如果写成“台台”，不仅意思不明，还可能以为是多写了一个字；用例中讲述对象涉及规范字，根据情况，异体字与规范字参互使用；辨析“獲—穫”、“鍾—鐘”等合并简化的字，一般不用简化字“获”、“钟”；人名、地名中的异体字予以保留，如魏徵，不作“征”；赞同并执行《通用规范汉字表》征求意见稿生僻字不再类推简化的原则。

十、交代2009年8月12日公布的《通用规范汉字表》征求意见稿的调整情况，以△标示。该表收8300字，后来修订调整为8105字，没有公布。正文所涉属征求意见稿8300字的范围。

十一、介绍相关的字今台湾使用情况。

A

呵[*] （一）“啊”的异体字。① ā 叹词。郭小川《致青年公民》：“呵，青春，愿你光芒四射！”② a 语气词。周立波《暴风骤雨》第二部十九：“安家立业了，日子过好了，可是不能忘本呵。”（二）hē 责骂，喝斥。《韩非子·外储说左上》：“卫嗣公使人伪过关市，关市呵难之。”（三）kē 译音用字。呵罗单（Karitan），古代国名，在今印度尼西亚境。

阸 ái 见 74 页“阸(è)”。

隑 ái 见 74 页“隑(è)”。

捱[#] ái 这个字不属《第一批异体字整理表》和《简化字总表》范围，一些字典、词典的正文不收“捱”，而放在“挨(ái)”后面的括号里，地位、性质相当于异体字。（一）ái ①勉强支撑。宋·周密《浩然斋雅谈》卷下：“团栾小酌醺醺醉，厮捱着没人肯睡。”②遭受。《红楼梦》第十九回：“先时还挣扎的住，次后捱不住，只要睡。”③拖延。《水浒传》第十七回：“白胜又捱了一歇，打熬不过，只得招道：‘为首的是晁保正。’”明·孟称舜《二胥记》第十七出：“叹宿鸟同栖，限至难捱。”茅盾《子夜》九：“大约五分钟过去了，李玉亭再也捱不下，决定先说几句试探的话。”④心焦等待。叶圣陶《城中·病夫》：“转侧迁延，捱到天明，便得救似地赶忙起身。”又：捱彻、捱抵、捱苦、捱磨、捱延。（二）āi ①靠近。金·董解元《西厢记诸宫调》卷六：“小生客寄，没个人捱靠。”②依次。清·毛奇龄《萧山县志刊误》三：“乃辑十七年邸报及他所遗记，捱年纂辑。”又，捱查、捱次、捱挤、捱靠。〇台湾分别用“挨”、“捱”。

礙 ài “碍”的繁体字。繁体字系统以“礙”为正。《说文》:“礙,止也。”《列子·力命》:“独往独来,独出独入,孰能礙之。”繁体字系统“碍”为俗体。五代·齐己《船窗》:“举头还有碍,低眼即无妨。”

菴(一)ān “庵”的异体字。①草屋,小寺庙。“庵舍、庵庐、庵寺、庵堂、学庵、尼姑庵”等也写“菴”。着眼于用草筑成,写“菴”。《南齐书·萧子良传》:“编草结菴,不违凉暑。”宋·王明清《投辖录·贾生》:“至哀鸣求免,即开菴中土而使之去。”《水浒传》第一回:“我早间在草菴中伏侍天师,听得天师说道……”着眼于房舍类,写“庵”。晋·葛洪《神仙传·焦先》:“居河之湄,结草为庵。”宋朱熹字晦庵,陆游书斋名老学庵,明杨慎字升庵。清·钱大昕《十驾斋养新录·庵》:“古人名草圆屋为奄,盖取奄盖之义,从‘艹’从‘广’,皆后人增加。”今台湾两字并存。〔菴蕳〕菊科蒿属植物。(二)yǎn[菴蔼]草木茂盛。◎庵(一)ān ①草屋。柳青《创业史》第一部第十五章:“她发现公路南边有一照料菜地的稻草庵子。”②小寺。巴金《家》五:“婆婆住在尼姑庵里。”(二)yǎn 通“奄”,急速。(三)è 低;猪圈。

鞌 ān ①“鞍”的异体字。马鞍。《说文》:“鞌,马鞁具也。”《公羊传·昭公二十五年》:“既哭,以人为菑,以幦为席,以鞌为几,以遇礼相见。”《史记·田叔列传》褚少孙论:“将军取舍人中富给者,令具鞌马绛衣玉具剑,欲入奏之。”②古地名用字。《春秋·成公二年》:“六月……战于鞌,齐师败绩。”是为著名的齐晋鞌之战。其地在今山东济南市西北。《谷(穀)梁传》作“鞍”。

岍 àn “岸”的异体字。南朝梁·傅弘《心玉铭》:“入此法门，端坐成佛，到彼岍已，得菠罗蜜。”唐·杜甫《寒峡》：“云门转绝岍，积阻霾天寒。”

桉（一）àn “案”的异体字。《第一批异体字整理表》合并入“案”。①查验。《汉书·酷吏传》：“吏民莫能测其意深浅，战栗不敢犯禁。桉其狱，皆文致不可得反。”②几案。《后汉书·王涣传》：“涣丧西归，道经弘农，民庶皆设盘桉于路。”③通“按”。《战国策·赵策》：“秦桉兵攻魏，取安邑。”（二）ān《现代汉语通用字表》收有“桉”。国家语委汉字处编《字表》所附音序表，“桉”字只在ān下，即只限于桉树义。[桉树]又叫有加利树（Eucalyptus）、黄金树、柠檬桉，原产澳大利亚，我国长江以南多有种植。常绿乔木，可提取桉油。不能写“案”。◎案 àn ①长条形桌子。《说文》：“案，几属。”《三国志·吴书·周瑜传》：“权拔刀斫前奏案曰：‘诸将吏敢有复言当迎曹者，与此案同。”②“按”的异体字。（1）按照，依据。《荀子·不苟》：“国乱而治之者，非案乱而治之之谓也。”（2）查办。《史记·魏其武安侯列传》：“丞相言灌夫家在颍川，横甚，民苦之。请案。”（3）核查。《颜氏家训·勉学》：“案《说文》，勿者，州里所建之旗也。”

晻（一）àn “暗”的异体字。①光线不足。《汉书·五行志》：“大风起，天无云，日光晻。”②昏聩。《汉书·元帝纪》：“今朕晻于王道，夙夜忧劳，不通其理。”（二）yǎn ①日无光。《古诗为焦仲卿妻作》：“晻晻日欲暝。愁思出门啼。”②抑郁（鬱）。《楚辞·九叹·逢纷》：“心怊怅以永思兮，意晻晻而自颓。”今台湾用“晻暖、晻蔼、晻霭、晻晻、晻莫、晻世、晻翳”等。

闇（一）àn “暗”的异体字。繁体字系统二者不完全相同。①在不亮、没有光线意思上二者相同，一般用“暗淡、暗示、暗室、灰暗、阴暗、幽暗”，也可以用“闇”。《周礼·春官·视祲》：“五曰闇，六曰瞢。”清·孙诒让曰：“闇，即暗之借字。”②秘密，不公开，多用“暗”：暗暗、暗藏、暗地、暗斗、暗害、暗火、暗记、暗流、暗渠、暗器、暗示、暗算、暗锁、暗想、暗无天日、暗中察访、明来暗往。也有用“闇”的。汉·司马相如《封禅文》：“且天为质，闇示珍符，固不可辞。”③糊涂，昏暗、愚昧义，多用“闇”：闇解、闇劣、闇昧、闇懦、闇浅、昏闇、顽闇、幽闇、闇于成事。又《三国志·诸葛亮传》：“刘璋闇弱，张鲁在北，民殷国富而不知存恤，智能之士思得明君。”偶亦用“暗”。《新唐书·魏徵传》：“君之所以明，兼听也；所以暗，偏信也。”(二)ān 通“谙”。熟悉。《世说新语·术解》：“荀勖善解音声，时论谓之闇解，遂调律吕，正雅乐。”又：闇时、闇记、闇练、闇识、闇事、闇通、闇习、闇详、闇晓、闇知、谅闇、熟闇。〇20 世纪人物有杨闇公、于非闇。读 ān。

骯 āng (一)“肮”的繁体字。[骯髒]①不洁净，比喻卑鄙丑恶。明·周茂兰《王五痴……虎丘禅院》：“岂有骯髒存胸次，恭成法相系所思。”清·文康《儿女英雄传》第三十三回：“看了看，这个儿子还可以造就，便想要指着这个儿子身上出一出自己体肚子的骯髒气。”②糟蹋。元·柯丹丘《荆钗记·辞灵》：“苦呵，若是亲娘在日，岂忍如此骯髒。”(二)kǎng[骯髒(zǎng)]高亢刚直。汉·赵壹《疾邪诗》：“伊优北堂上，骯髒倚门边。”宋·文天祥《得儿女消息》：“骯髒到头方是汉，娉婷更欲向何人。”

熝[#] āo “熬”的异体字。①把食物埋入火灰煨熟。宋·吴自牧《梦粱录·酒肆》：“更有酒店，兼卖血脏、豆腐羹、熝螺蛳。”②慢火煨煮食物。唐·韩愈《陆浑山火和皇甫湜用其韵》：“燖炰煨熝孰飞奔，祝融告休酌卑尊。”宋·孟元老《东京梦华录》卷三：“北食则矾楼前李四家、段家熝物、石逢巴子。”

爊[#] āo “熬”的异体字。把食物埋在火灰里煨熟。《齐民要术·脯腊》：“其鱼草裹泥封，塘火中爊之。”

厫[#] áo “廒”的异体字。存储粮食的库房。唐・许浑《汉水伤稼》：“高小绿苗千顷尽，新陈弘粟万厫空。”元・佚名《陈州粜米》第一折：“他也故违了皇宣命，都是些吃仓厫的鼠耗。”

翱 áo “翱”的异体字。《诗经・郑风・女曰鸡鸣》：“将翱将翔，弋凫与雁。”《淮南子・览冥》：“还至其曾逝万仞之上，翱翔四海之外。”

鏕 áo “鏖”的异体字。①激战。《汉书・霍去病传》：“转战六日，过焉支山千有余里，合短兵，鏖皋兰下，杀折兰王，斩卢侯王。”唐・颜师古注：“鏖字本从金，麀声，转写讹耳。”元・刘埙《隐居通议・诗歌七》：“援桴亲鼓尽南海，背水更用蜑下鏕。”②长久熬煮。《六书故・地理》：“今人以慢火烂煮肉物为鏕。”章炳麟《新方言・释器》：“今直隶谓温肉为鏕肉，淮南谓煮菜为鏕菜，浙江谓温面为鏕面。”③温器。《广雅・释器》：“鏕，釜也。”《广韵・豪韵》：“鏕，铜瓫。”◎鏖áo①激战。北周・庾信《哀江南赋》：“鏖兵金匮，校战玉堂。”《新唐书・李敬玄传》：“使刘审礼为先锋，鏖虏。”②长久熬煮。宋・苏轼《老饕赋》：“九蒸暴而日燥，百上下而汤鏖。”③温器。辽・行均《龙龛手镜・金部》：“鏖，温器也，亦铜盆也。”④喧扰。宋・黄庭坚《仁亭》：“市声鏖午枕，常以此心观。”

鼇 áo “鳌”的繁体字“鰲”的异体字。传说中的海中大鳖。《楚辞・天问》：“鼇戴山抃，何以安之？”唐・白居易《题海图屏风》：“突兀海底鼇，首冠三神丘。”

抝“拗”的异体字。（一）ǎo 拉断。明・陈与郊《义犬》第一出：“翰林院抝断南狐笔，傀儡场搬演何朝戏，哄的人盖棺犹自波波地。”（二）ào 不顺。唐・元稹《哭女樊四十》：“和蛮歌字抝，学妓舞腰轻。”（三）niù 向反方向扭转。《封神演义》第四十七回：“扭天拗地心难正，徒费工夫落堑渊。”

坳 ào “坳”的异体字。低洼之处。明·徐弘祖《徐霞客游记·游天台山记》：“岩坳有两石对耸，下分上连，为鹊桥。”清·顾文渊《十八滩》：“暮帆迟落喧鸣铙，村人堵立林塘坳。”

嶴[#] ào “岙”的异体字。①水中小岛。清·恽敬《杂说》：“《台群杂志》言：‘海中有暗嶴，亦半年无日。’”②水湾可泊船处。明·谢肇淛《五杂俎·地部二》：“水仅得开山，无嶴可泊，至射洋湖之云梯关宿焉。”③山中曲折隐秘处。多用作浙江、福建一带地名。明·徐弘祖《徐霞客游记·游雁荡山日记》：“一路遵海面南，逾窑嶴岭，往乐清。”明·张煌言《挽冯跻仲侍御》：“一夜烽烟薛嶴原，文星早共将星昏。”

B

抜[*] bá “拔”的异体字。《战国策·魏策》：“今夫杨，横树之则生，倒树之则生，折而树之又生，然使十人树杨，一人抜之，则无生杨矣。”清·毛奇龄《西河词话·羯鼓曲名》：“且有最奇名色，如菩萨纵、利陀地、婆抜罗伽、霜风……”

垻[*] bà ①繁体字系统，“垻”与“壩”音同而意思不同。我国西南地区指平川。《资治通鉴·唐代宗大历十四年》：“东川出兵，自江油趋白垻。”宋·黄庭坚《谢杨履道送茄》：“近家水茄白银色，殊胜垻里紫彭亨。”②“坝”的繁体字，即“壩”。山谷河流中拦水的埂堰。清·王士祯《诰授光禄大夫介岑龚公墓志铭》：“凡运米在石垻曰经纪，在土垻曰车夫。”

覇 bà “霸”异体字。《朱子语类》卷五十三：“覇，即‘伯’也。《汉书》引‘哉生魄’作‘哉生覇’。古者，‘覇’、‘伯’、‘魄’三字通用。”

欛[#] bà ①“把(bà)”的异体字。器物上便于手拿的部分。敦煌曲《酒泉子》：“三尺青蛇，斩新铸就锋刃刚，沙鱼裹欛用银装。”明·陈献章《与林缉熙书》：“得此欛秉入手，更有何事？”②用同“耙”。农具名。元·狄君厚《介子推》第三折：“活计生涯，遣仆男以犁两欛，落得个任逍遥散诞行达。”○“把”读 bǎ，不能作“欛”。

栢 bǎi “柏”的异体字。柏树。《世说新语·言语》：“蒲柳之资，望秋而落；松栢之质，凌霜犹茂。”南朝梁·江淹《倡妇自悲赋》：“去栢梁以掩袂，出桂苑而敛眉。”宋·陆游《渭南文集》卷十二《贺蒋尚书出知婺州启》:“未移桑荫之淹,入总栢台之峻。”

襬(一)bǎi “摆”繁体字“擺”的异体字。衣裙前后的下端。王统照《沉思》:“白色丝裙的襬纹摇动,也似嘲笑他的失意一般。”(二)bēi 裙子。扬雄《方言》卷四:“裙,陈魏之间谓之帔,自关而东或谓之襬。”唐·皮日休《悲游》:“荷为裯兮芰为襬,荃为褔兮薜为袆。”

粺 bài ①“稗”的异体字。稗子。《孔子家语·相鲁》:“享而既具是弃礼;若其不具,是用秕粺。”②精米。《诗经·大雅·召旻》:“彼疏斯粺,胡不自替?职兄斯引。”毛传:“彼宜食疏,今反食精粺。”

阪 bǎn 《第一批异体字整理表》规定“阪”并入“坂”。1956年3月恢复“阪”为正体。“阪”现在是规范字。①山腰小道。《说文》:“阪,山胁也。”唐·刘长卿《奉和李大夫通吕评事太行苦热行》:“朝辞羊肠阪,夕望贝丘郭。”《元史·小云石海涯传》:“或挽强射生,逐猛兽,上下峻阪如飞,诸将咸服其矫捷。”②斜坡。《诗经·秦风·车邻》:“阪有漆,隰有栗。”又:阪岸、阪道、阪泉、阪田、阪隰、阪险、阪阻。有时也写作“岅”。③用于日本城市“大阪”。△《通用规范汉字表》稿:仅用于地名,如大阪,其他用“坂”。

岅 bǎn “坂”和“阪”的异体字。斜坡。扬雄《羽猎赋》:“殷殷轸轸,被陵缘岅。”《宋书·毛修之传》:“始登一岅,岅甚高峻。”

闆 bǎn “板”的繁体字。只用于“老闆(板)”。“老板”是近代产生的词。○《玉篇》卷十一:“闆,匹限切,门中视。”对应今音为pǎn。意思是从门缝里看。今读bǎn用于“老闆”,属借用字形。◎板bǎn片状物:板车、板斧、板眼、甲板、黑板、刻板、木板、跳板、样板、天花板、一字一板。均不能作“闆”。

幇 bāng “帮”的繁体字“幫”的异体字。《水浒传》第十七回:“雷横把马步弓手都摆在前后,幇护着县尉。”

幇 bāng “帮”的繁体字“幫”的异体字。

牓 bǎng “榜”的异体字。①牌额题榜。《南史·梁临川靖惠王宏传》:“宏性爱钱,百万一聚,黄牓标之。”②文告。唐·李公佐《谢小娥传》:“至浔阳郡,见竹户上有纸牓子,云召佣者。”③题写。清·徐珂《清稗类钞·奴婢类》:“乃大书饬约,牓于庭曰:‘主无幼,有主必有法,法必行。’”

髈(一)bǎng “膀”的异体字。肩膀。元·佚名《刘弘嫁婢》第一折:“身上的衣裳,肚里的干粮,两个肩髈抬着个口。”《三国志通俗演义·马超兴兵取潼关》:“腰细髈宽,声雄力猛。”(二)pǎng 大腿。隋·巢元方《诸病源候总论·小儿杂病诸候五》:“丹发两胁及腋下、髈下,谓之殃火丹也。”

徬 bàng 见 210 页“徬(páng)”。

蜯# bàng “蚌”的异体字。《韩非子·五蠹》:“民食果蓏蜯蛤,腥臊恶臭而伤害腹胃。”汉·张衡《南都赋》:“巨蜯函珠,驳瑕委蛇。”

枹 bāo 见 85 页“枹(fú)”。

褒 bāo “褒”的异体字。旧以“褒”为正体。①衣襟宽大。《说文》:“褒,衣博裾。”《孔丛子·儒服》:“子高衣长裾,振褒袖,方屐粗翣,见平原君。”②嘉奖,表扬。《公羊传·隐公元年》:“‘与公盟者众矣,曷为犹褒乎此?’‘因其可褒而褒之。’”宋·司马光《温国文正司马公文集》卷七十三《冯道为四代相》:“夫为国家者,明礼义,奖忠良,褒义烈,诛奸回,以厉群臣。”③广大。清·孙诒让《刘恭甫墓表》:“草创四十年,长编褒然。”④山谷名。《汉书·沟洫志》:“欲通褒、斜道及漕。”唐·颜师古注:“褒、斜,二谷名。”⑤春秋时期国名,在今陕西省勉县西南。

緥 bǎo “褓”的异体字。小儿抱被。[繦緥]即“繦褓”。《吕氏春秋·直谏》:“不谷

(縠)免衣襁緥而齿于诸侯。”《汉书·宣帝纪》:“曾孙虽在襁緥,犹坐收系郡邸狱。”

寳 bǎo “宝”的繁体字“寶”的异体字。《第一批异体字整理表》以“寳”为正体,1956年《汉字简化方案》简化为“宝”。1964年《简化字总表》,简化字“宝”对应繁体字“寶”。根据后出为标准的通例,应该认为“寶”是繁体字的正体。古文字从“宀王尔貝”者居多。宋刊《老子道德经》六十七章:“夫我有三寳,持而寳之。”宋·朱端章《卫生家寳产科备要》(宋淳熙十一年南康郡斋刻本)。明朝洪武年间发行的纸币有“大明通行寳钞”。

萢# bào “抱”的异体字。只用于孵化义。明·徐光启《农政全书》卷四:“养鸡不萢法:母鸡下卵时,日逐食,内夹以麻子喂之,则常生卵不萢。”

鉋“刨”的异体字。(一)bào 刨子;用刨子等刨平。唐·元稹《江边四十韵》:“方锄荆山采,修椽郢匠鉋。”碧野《没有花的春天》第二章:“左右是鉋光了毛的一只全猪和一只全羊。”(二)páo 挖掘。元·秦简夫《东堂老》第一折:“开田地,广锄鉋。”

鑤 bào “刨”的异体字。刮削器;用刮削器刮削。元·钟嗣成《自序丑斋》:“恰便似木上难镑鑤。”朱自清《阿何》:“白先生,你知道铅笔鑤在那(哪)里?”

盃 bēi “杯”的异体字。形声字。饮器。《战国策·魏策一》:“中山之君烹其子而遗(wèi)之羹,乐羊坐于幕下而啜之,尽一盃。”司马迁《报任少卿书》:“未尝衔盃酒,接殷勤之欢。”宋·周邦彦《片玉集》卷一《扫花游》:“春事能几许,任占地持盃扫花寻路,泪珠溅俎。”光绪九年刊秦腔《紫竹庵》第一回:“今日与娘子宽饮几盃,甚是爽快。”

桮 bēi “杯”的异体字。形声字。《说文》:“桮,䀀也。”南唐·徐锴《说文系传》:“䀀,小杯之别名也。”《史记·项羽本纪》:"吾翁即而翁,必欲烹而翁,则幸分我一桮羹。"又泛指盘盏。《汉书·朱博传》:"自微贱至富贵,食不重味,案上不过三桮。"

揹 bēi "背"的异体字。由"背"分化出。人用背(bèi)驮,负担。老舍《龙须沟》第三幕第一场:"没办喜事的姑爷,先揹老丈母娘!"又"揹带、揹负、揹锅、揹债、揹罪、揹黑锅、揹在背(bèi)上、揹着书包上学去"。繁体字系统也写"背(bēi)"。"背"读去声 bèi,不能写"揹"。〇"揹"是现代产生的区别字。1937 年开始出版的《国语辞典》没有这个字。1953 年出版的《新华字典》第一版有。今台湾字典有。

痺 bēi 见 13 页"痺(bì)"。

襬 bēi 见 8 页"襬(bǎi)"。

偹 bèi "备"的繁体字"備"的异体字。金·董解元《西厢记诸宫调》卷六:"小生客寄没个人挨靠,刚准偹些儿其外多也不少。"清·陈锦绣《说梦序》:"是书可资考订,可以偹劝惩。"清·永贵、苏尔德《新疆回部记》卷二:"回人以之作栋解板,凡造房屋作门窗偹其皆赖之。"

輩* bèi "辈"的繁体字"輩"异体字。明·叶逢春本《三国志传》卷一:"汝身家屠户小輩,有何见识?"明·张问达《刻〈西儒耳目资〉序》:"辄先稽古考文,诏词臣輩谐音比类,订讹补偏。"清·周亮工《书影》卷六:"辄辞不能,复约其同輩勿复演。"

誖 bèi ①"悖"的异体字。当是本字。《说文》:"誖,乱也。"(1)违背。《吕氏春秋·谨听》:"故殷周以亡,比干以死,誖而不足以举。"《史记·三王世家》:"儒者称其术,或誖其心。"(2)谬误。《墨子·经说下》:"以誖,不可也;出入之言可,是不誖,则是有可也。"②昏惑,糊涂。《汉书·司马迁传》:"太史公仕于建元、元封之间,愍学者不达其意而师誖,乃论六家之要指。"

奔 bēn "奔"的异体字。《逸周书·殷祝解》:"桀与其属五百人南徙千里,止于白齐,民往奔汤于中野。"

逩"奔"的异体字。(一)bēn 疾走。《水浒传》第四十二回:"正走之间,只见远远低山凹里露出两间草屋,李逵见了,逩到那人家里来。"清·洪昇《长生殿·贿权》:"那时犯弁杀条血路,逩出重围。"(二)bèn ①为某事奔走;投向。元·关汉卿《救风尘》第三折:"我假意儿瞒,虚科儿喷,着这厮有家难逩。"《水浒传》第十七回:"我先前曾跟一个赌汉去投逩他,因此我认得。"②挣扎。《初刻拍案惊奇》卷十三:"刘老听罢,扯住赵聪,号天号地的哭,赵聪逩脱了身。"又:逃逩、投逩。○今台湾平常不用"逩"。

犇 bēn "奔"的异体字。①奔走。《墨子·明鬼》:"郑穆公见之,乃恐惧犇。"②投奔。《史记·吴太伯世家》:"伍子胥之初犇吴,说吴王僚以伐楚之利。"又:犇驰、犇窜、犇竞、犇马、犇忙、犇命、犇丧、犇腾、犇亡、犇走、出犇、飞犇、私犇,后代多作"奔"。③形容剽悍凶狠。元·关汉卿《望江亭》第一折:"你念经处不放闲,闲管处手段犇。"这个意思不能写"奔"。"奔"读去声 bèn,不作"犇"。今台湾平常不用"犇"。△《通用规范汉字表》:bēn 仅用于姓氏人名。

繃 bēng "绷"的繁体字"繃"的异体字。①婴儿的包被。当是本字。《说文》:"繃,束也。"唐·韩愈、孟郊《城南联句》:"爵勋逮僮隶,簪笏自怀繃。"②勉强支撑。《西游记》第二十二回:"就把吃奶的气力也使尽了,只繃得个平手。"

偪 bī ①"逼"的异体字。逼迫,靠近。《汉书·贾谊传》:"亲者或亡分地以安天下,疏者或制大权以偪天子。"宋·司马光《温国文正司马公文集》卷七十三《疑孟》:"礼,君不与同姓同车,与异姓同车,嫌其偪也。"②绑腿。《礼记·内则》:“偪屦着綦。”汉·郑玄注:“偪,行縢。”

粃 bǐ “秕”的异体字。籽实不饱满。汉·刘向《新序·刺奢》:“郑穆公有令,食凫雁必以粃,无得以粟。”转指不良、恶劣。晋·葛洪《抱朴子·任能》:“鲁用季子二十余年,内无粃政,外无侵削。”清·李渔《闲情偶寄·词曲部·结构》:“阳春遍世,淘金选玉者,未必不使后来居上,而觉糠粃在前。”清·李塨《存性编书后》:“生克乃邹衍以后方家粃说,圣经无有。”

祕* bì “祕”的异体字。“祕密”,旧读 bì—。见 192 页“祕(mì)”。

閇* bì “闭”的繁体字“閉”的异体字。宋刊《老子道德经》第五十二章:“塞其兑,閇其门,终身不动。”宋·王禹偁《霍王元轨传论》:“閇阁读书,责成于长马,善任使也。”

痺(一)bì “痹”的异体字。①中医指肢节麻木、疼痛等病症。《素问·痺论》:“黄帝问曰:‘痺之安生?’岐伯对曰:‘风、寒、湿三气杂至,合而为痺也。’”②阻塞。《淮南子·地形》:“谷气多痺,邱气多狂。”(二)bēi 低下。清·朱彝尊《日下旧闻·边障上》:“旧城痺薄而隘。”(三)pí 鸟名,雌鹑。《山海经·南山经》:“有鸟焉,其状如鸱而人手,其音如痺,其名曰鴸。”

獘* bì “弊”的异体字。①作弊;害处。清·佚名《冈志》:“其间滥支冒领,其獘甚多。”②通“毙”的繁体字“斃”。倒,亡。《国语·晋语八》:“信反必獘,忠塞无用,安能害我?”

獘 bì ①“毙”的繁体字“斃”的异体字。灭亡。《淮南子·诠言》:“事之败也,不足以獘身。”②“弊”的异体字。毛病。《史记·孟子荀卿列传》:“自天子至于庶人,好利之獘何以异哉?”

蹕* bì ①“躄”的异体字。足跛。柳宗元《答问·晋问》:“掉蹕拥踊,以登夫历山之垂。”②仆倒。晋·法显《佛国记》:“王来见之,迷闷蹕地，诸臣以水洒面，良久乃苏。”

篳[#] bì “觱”的异体字。[篳篥]即“觱篥”，古乐器名，杜甫《夜闻篳》：“夜闻篳篥沧江上，衰年倾耳情所响。”

邉[*] biān “边”繁体字“邊”的异体字。元·马祖常《寄舒真人》：“竹里开长径，池邉蔽小扉。”明·何景明《漠将篇》：“飞符插羽募精强，连营列阵扫邉疆。”明·岷峨山人《译语》：“不知上有好者，下必有甚者焉矣，亦风动邉人之亦事也。”

徧 biàn “遍”的异体字。《说文》：“徧，匝也。”元·关汉卿《单刀会》第一折：“收西川一事，我不得知道，你说一徧。”明·毛晋《六十种曲》首套《卷首》：“坐兮别陈筐篚，和以埙篪，祏见中州白雪，倾压繁华，胜地阳春，丕徧下里矣。”清·李渔《闲情偶寄·词曲部·结构》：“阳春徧世，淘金选玉者未必不使后来居上，而觉糠秕在前。”

緶[*] (一)biàn “辮”的繁体字“辮”的异体字。《说文》：“緶，交枲也。”清·段玉裁注：“谓以二股交辮之也。交丝为辮，交枲为緶。”(二)pián 用针缝合。唐·王建《宫词》：“緶得红罗手帕子，中心细画一双蝉。”

臕 biāo “膘”的异体字。牲畜身上的肥肉。唐·薛逢《观猎》：“马缩寒毛鹰落臕，角弓初暖箭新调。”元·马致远《汉宫秋》第二折：“谁似这做天子的官差不自由，情知他怎收那臕满的紫骅骝。”

飈[*] biāo “飙”的繁体字“飆”的异体字。狂风，也泛指风。汉·贾谊《惜誓》：“临中国之众人兮，托回飈乎尚羊。”唐·楼颖《东郊纳凉忆左威卫》：“林间求适意，池上得清飈。”

飊[*] biāo “飙”的繁体字“飆”的异体字。狂风，转指迅疾。宋·柳永《巫山一段云》：“羽轮飊驾赴层城，高会尽仙卿。”《红楼梦》第七十八回：“花原自怯，岂奈狂飊？柳本多愁，何禁骤雨？”

錶 biǎo “表”的繁体字。同音归并。近代由“表”分化出。只用于计时器。1935年上海生活书店出版鲁迅翻译的俄国班台莱耶夫的小说《錶》即用此字。清朝嘉庆年间昭梿《啸亭续录·自鸣钟》:“近日泰西氏所造钟表,制造奇邪。”时代略晚的文康《儿女英雄传》第三十四回:“[安公子]看了看墙上挂的那个表,已经丑正了。”都不是“錶”。清朝末年石印,1934年铅排出版的程世爵著《笑林广记》说到“洋人造钟表”并没有用“錶”字。又:怀錶、手錶、钟錶、电子錶、防水錶、夜光錶。但经常写“表”。其他计量仪器,如电表(测量电压计用电量)、水表、电流表、电压表、干湿表、寒暑表、煤气表、晴雨表、体温表、温度表等,都不用“錶”。“姑表、图表”等更不用“錶”。就是“钟表”义,也不是一律写“表”。有人批评电视连续剧《茶馆》里的的招牌“鐘表”应该是“鐘錶”。提这个意见的人不大了解历史情况。1915年出版的《中华大字典》和《辞源》都没有“錶”字。1936年出版的《辞海》开始见“錶”字,写明是“俗写”。1937年开始出版的《国语辞典》有“錶”字,注作“计时器,同‘表’”。该辞典词条有“鐘表”而无“鐘錶”,可以说明后者还没有普遍流行。汉字简化前的《新华字典》第一版(1953年)有“錶”字;“表”字“计时间的器具”下同时写明“也作錶”。就是说,汉字简化以前,在计时器意思上,“錶”与“表”共存,没有完全取代“表”字。1956年以前,北京的钟表行,写“鐘表”和“鐘錶”的都有。所以电视连续剧《茶馆》所写历史时期,写“鐘表”不能算错。今台湾计时器以外也偶用,如体温錶。

鼈 biē “鳖”的繁体字“鱉”的异体字。甲鱼。《墨子·公输》:“江汉之鱼鼈鼋鼍为天下富。”晋·葛洪《抱朴子·博喻》:“鼈无耳而善闻,蛇无口而扬声。”今台湾用“鱉”。

癟 biě “瘪”的繁体字“癟”的异体字。《官场现形记》第五十一回：“晓得官司打不出，也一齐癟了念头了。”

彆 biè (一)biè“别(biè)”的繁体字。同音归并。执拗。《水浒传》第十六回：“你三人和他做伴去，一路上早起，晚行，住歇，都要听他言语，不可和他彆拗。”清·蒲松龄《富贵神仙》：“那衙役歪头彆脑。”(二)biē 通“憋”。强忍，不使表露出。《红楼梦》第七十一回：“[凤姐]一时寻不着头脑，彆的脸紫胀。”老舍《龙须沟》第一幕第一场：“我明白你的小心眼里都彆着什么坏呢！”又：彆扭、彆强(jiàng)、彆不过。“别”读bié，不能写“彆”。

賔[*] bīn “宾”的繁体字“賓”的异体字。宾客。宋·周邦彦《片玉集》卷五《宴清都》：“风翻暗雪，洒窗填户，賔鸿谩说传书。”明·侯方域《马伶传》：“今日幸为开燕，招前日賔客，愿与华林部共奏《鸣凤》，奉一日欢。”清·刘廷玑《在园杂志》卷三：“至于副净、小丑，賔白多用苏州乡谈，不知何本，始于何年。”

氷 bīng “冰”的异体字。宋·李上交《近事会元》卷上《氷厅》：“《因话录》云，时呼祠为氷厅，言其清且冷也。”金·董解元《西厢记诸宫调》卷六：“要乐当筵，自理氷弦。”明·徐树丕《识小录》卷二：“檀槽舒牙凤凰髆，十四银环挂氷索。”清·傅恒《皇清职贡图》卷三：“以捕鱼射猎为生，夏航大舟，冬月氷坚则乘氷床，用犬挽之。”

梹[#] bīng “槟”的繁体字“檳”的异体字。[梹榔]即“槟榔”。北魏·杨衒之《洛阳伽蓝记·永明寺》：“南夷之国，最为强大，民户殷多，出明珠金玉及水精珍异，饶梹榔。”

稟(一)bǐng “禀”的异体字。①古代指官府赐人以谷(穀)。《说文》：“稟，赐穀也。”《汉书·文帝纪》：“今闻吏稟当受鬻(粥)者，或以陈粟，岂称养老之意哉？”②赋予，给予。南朝宋·沈约《郊居赋》:“授冥符于井翼,实灵命之所禀。”宋·刘斧《青琐高议·刘煇》:“人之才乃天相禀,不能勉强。”③向上级或长辈报告。《宋书·刘穆之传》:“宾客辐辏,求诉百端,内外咨禀,盈阶满室。”鲁迅《故事新编·理水》:“禀大人,他们都是以善于吃苦,驰名世界的人们。”又:禀法、禀赋、禀气、禀性、禀秀、禀姿。(二)lǐn 通“廩”。仓库。郭沫若校本《管子·轻重甲》:“请使州有一禀,里有积五窌(窖)。”《新唐书·李密传》:“今禀无见(现)粮,难以持久。”

併 bìng “并”的异体字。并排,合并,并吞。《史记·秦本纪》:“周室微,诸侯力政,争相併。”明·叶逢春本《三国志传》卷五:“今若为一时闲气自相吞併,操必乘虚赍攻,家国危矣。”又:併兵、併程、併肩、併兼、併力、併名、併杀、併手、併吞、裁併、合併、火併、兼併、交併、吞併。◎并(一)bìng 兼并。用“併”各条,有时候也写“并”。(二)bīng 并州,夏禹时九州之一,地当近山西大同、太原至河北保定一带地区。“并”又指今山西省太原市。唐·杜甫《戏题王宰画山水图歌》:“焉得并州快剪刀,剪取吴松半江水。”宋·周邦彦《片玉集》卷六《少年游》:“并刀如水,吴盐胜血。”

並 bìng “并”的异体字。①用于否定词前。並不、並非、並未、並无。②表示两行为同时存在或同时进行。並处、並举、並立、並联、並列、並行、並用、並重、並驾齐驱、並为一谈、並行不悖、兼收並蓄、相提並论、图文並茂。③两种或多种事物同等对待。听说读写並重、农林牧副並举、建成並投产、讨论並通过、去年归国並在国内定居。④在句中起加强语气的作用。元·王实甫《西厢记》第一本第二折:“老夫人治家严肃,内外並无一个男子出入。”清·蒲松龄《聊斋志异·细柳》:“凡数月,並不与言商贾。”以上繁体字系统不作“并”。[並且]表示更进一层。清·文康《儿女英雄传》第十四回："一应人来客往他都不见，並且吩咐他家等闲的人不须让进门来。"⑤同时进行。覆宋本《玉台新咏》庾肩吾《咏美人自看画应令》："並出似分身，相看如照镜。"[一並]一起，一齐。《水浒传》第六十九回："且把这厮长枷木扭送在死囚牢里，等拿了宋江，一並解京施行。"也作[一併]或[一并]。宋·秦观《元日立春三绝》："直须残蜡十分尽，始共新年一併来。"《古今小说·蒋兴哥重会珍珠衫》："目下凑不起价钱，只好现奉一半，等待我家官人回来，一并清楚。"△《通用规范汉字表》稿：仅用于中国音韵学声纽代表字"帮旁並明"。其他用"并"。

竝 bìng 繁体字"並"的异体字。《说文》："竝，併也。"《列子·力命》："北宫子谓西门子曰：朕与子竝世也，而人子达。"《水浒传》第四十二回："其实竝不曾杀人。"

盋 bō "钵"的繁体字"鉢"的异体字。钵盂。唐·王千石《议沙门不应拜俗状》："袈裟忸金翅之威，盋盂惭咒龙之术。"明·钱邦芑《野寺》："栖禅双树老，洗盋一身闲。"

鉢 bō "钵"的繁体字"鉢"的异体字。苏轼《再和许朝奉》："传家有衣鉢，断狱尽《春秋》。"今台湾二字并存。

愽 bó "博"的异体字。广博。宋·朱端章《卫生家宝产科备要》卷三："免乳大故，方书浩愽，自非素习每谁能适从。"宋·庄绰《鸡肋编》卷下："余问于愽洽者，皆莫能知其所出。"

駮 bó "驳"的繁体字"駁"的异体字。①色彩错综，不纯。《汉书·梅福传》："一色成体谓之醇，白黑杂合谓之駮。"宋·司马光《温国文正司马公文集》卷五十九《答陈充秘校书》："彼数君子者，诚大贤也，然于道殆不能无駮而不粹者焉。"②相背，相异。《后汉书·马援传》："条奏越律与汉律駮折十余事，与越人申明旧制以约束之。"③传说中的兽名，状如马，食虎豹。《山海经·西山经》："有兽焉，其状如马，而白身黑尾，一角，虎牙爪，音如鼓音，其名曰駮。是食虎豹，可以御兵。""驳船、驳运"等以及近代产生的"驳壳枪"，不用"駮"。今台湾"驳斥、驳议"义用"駮"。

䪬 bó "脖"的异体字。脖子。元·尚仲贤《三夺槊》第一折："这厮则除了铁天灵，铜䪬项，铜脑袋，石镌就的脊梁。"《水浒传》第十五回："阮小五和阮小七把手拍着䪬项说道：'这腔热血，只要卖与识货的。'"

髆* (一)bó "膊"的异体字。①肩膀。清·钱泳《履园丛话·出会》："有两红衣刽子持一人赤髆背插招旗，又云斩犯者。"章炳麟《新方言·释形体》："今谓臂曰臂髆或曰胳膊。"②肩。《说文》："髆，肩甲也。"《素问·骨空论》："循肩髆内，侠脊抵腰中。"(二)pò 腰骨。《北史·耿豪传》："人言李穆蔡佑是丞相髆髀。"

蔔 bo "卜(bo)"的繁体字。同音归并。只用于"蘿蔔(萝卜)"。《尔雅·释草》："葖，芦萉。"宋·邢昺注："今谓之萝蔔是也。"

佈 bù "布"的异体字。宣布，散布，分布，布置。清·方薰《山静居画论》卷上："一如作文，在立意佈局，新警乃佳，不然，缀辞徒工，不过陈言而已。"清·曹家驹《说梦·三大事原委》："余履危涉险，不惮撄锋，而其中苦心讲求，调和佈置。"又：佈摆、佈菜、佈达、佈道、佈防、佈覆、佈划、佈景、佈局、佈雷、佈施、佈置、佈种、摆佈、颁佈、遍佈、传佈、发佈、分佈、公佈、刊佈、流佈、露佈、散佈、宣佈、除旧佈新、开诚佈公、彤云密佈、星罗棋佈。"佈"由"布"分化而来，以上各词也写"布"。"布摆、布笔、布策、布陈、布奠、布卦、布濩、布化、布挥、布甲、布教、布列、布令、布冒、布让、布戎、布署、布述、布伍、布武、布行、布序、布宣、布谕、布怨、布阵、布政、布指、布治、布致、布字”等，也有写“佈”的。“布代、布谷（穀）、布库、布母、布萨、布山、布水、布西、布宪”等是固定用法，不写“佈”。“布”又是姓氏，元朝有布景範（范）。○“棉布、纱布、布匹（疋）、布鞋、布衣”等不能写“佈”。

埗* bù “埠”的异体字。码头。陈残云《香飘四季》：“埗头上，一个人都没有，只拴着两条准备直摇县城的泥船。”粤剧《红花岗》：“你到埗时将孤儿告诉党人，你们生活有保障。”

C

纔 cái　“才”的繁体字。副词，仅仅。《汉书·贾山传》：“然身死纔数月耳。”《水浒传》第四十七回：“我迟下山来一日，又先到你一日，你如何今日纔到这里?”又，方纔、刚纔、将(jiāng)纔、适纔、纔回来、纔开始、纔有两年、叫他他纔来、只有小王纔行，也常写“才”。○今台湾，副词通用“才”。◎才 cái 能力，具有某种能力的人。才分(fèn)、才干(gàn)、才华、才具、才力、才略、才能、才气、才情、才识、才思、才望、才学、才智、才子、干(幹)才、将(jiàng)才、奴才、全才、人才、天才、文才、雄才、英才、庸才、才高八斗、才疏学浅、德才兼备、恃才傲物、志大才疏。均不作“纔”。“才”又是姓氏，明朝有才宽。

倸 cǎi　“睬”的异体字。理会。金·董解元《西厢记诸宫调》卷四：“白日里浑闲夜难熬，独自兀谁倸。”《水浒全传》第十七回：“哥哥放着常来的一班儿好酒肉弟兄，闲常不倸的是亲兄弟。”清·褚人获(穫)《坚瓠十集·林南涧词》：“哄了白尚书，瞒过陈员外，汉钟离看见通不倸。”

採 cǎi　“采”的异体字。“采”加“扌”旁的分化字。摘取花、果、叶等；开采，选取，搜集。唐·李白《子夜吴歌》之一：“秦地罗敷女，採桑绿水边。”又：採办、採茶、採伐、採访、採风、採购、採光、採花、採集、採金、採掘、採矿、採莲、採录、採煤、採纳、採暖、採取、採桑、採诗、採拾、採撷、採薪、採选、採用、採油、採择、採摘、採制(製)、採种、回採、开採、博採众长。◎采(一) cǎi ① 神色，精神。采采、采色(容色)、采声、采真、丰(繁体系统不作“豐”)采、神采、文采、兴高采烈、无精打采。②同“採”。采艾、采苞、采茨、采蘩、采葛、采齐(荠)、采苓、采绿、采蘋、采缉、采芹、采菽、采薇、采渔。以上古代用“采”,现代繁体字系统大多用“採”。③同“彩”。采服、采侯、采色(绚丽之色)、采物、采章。以上通“彩”者不能写“採”。(二)cài 通“寀”或“埰”:采地、采邑。

寀 cǎi “采(埰)”的异体字。(一)官职。汉·司马相如《封禅文》:“使获耀日月之末光绝炎,以展寀错事。”今台湾用“寀”。(二)cài 古代卿大夫的封地。《尔雅·释诂上》:“尸,寀也。”晋·郭璞注:“官地为寀。”

跴 cǎi “踩”的异体字。①践踏。《红楼梦》第九十七回:“雪雁也顾不得烧手,从火里抓起来,撂在地下乱跴。”《封神演义》第七十六回:“三军踊跃纵征鼍,马跴人身径过。”②追踪。清《蒙古律例》卷六《盗贼》:“凡踪跴所入之案,踪无证佐,无庸发誓。”清·王浚卿《冷眼观》第三回:“只得大家公议,一面签差跴缉,一面电禀督抚请示。”

綵 cǎi ①“彩”的异体字。多种颜色。宋·吴文英《法曲献仙音·和丁宏庵韵》:“重拈灯,夜裁剪,望极蓝桥綵云飞罗扇。”又色彩,中彩:彩绸、彩带、彩旦、彩蛋、彩灯、彩雕、彩虹、彩礼、彩霓、彩排、彩票、彩球、彩胜、彩塑、彩陶、彩头、彩霞、彩鹢、彩鹝、出彩、倒彩、挂彩、喝彩、光彩、剪彩、旧彩、五彩、异彩、中彩、唐三彩,古或写“綵”,近代以来多写“彩”。②彩色丝织物。《晏子春秋·谏上十四》:“身服不杂綵,首服不镂刻。”宋刊《老子道德经》五十三章:“朝甚除,田甚芜,仓甚虚,服文綵,带利剑。”宋·路振《乘轺录》:“国母当阳,冠翠凤大冠,冠有綵缨。”《水浒传》第四十九回:“前日又受他鞍马羊酒綵綵金银，你如何赖过？”又花纹，彩色：綵绘、綵结、綵楼、綵女、綵棚、綵仗、綵舟、结綵。今台湾在这个意思上用“綵”。

埰# “采”的异体字。（一）cài［埰地］、［埰邑］，古代卿大夫的封地。（二）cǎi 坟墓。汉·扬雄《方言》卷十三：“冢，秦晋之间谓之坟，或谓之培，或谓之堬，或谓之埰。”《广雅·释邱》：“埰，冢也。”

湌# cān “餐”的异体字。宋·姚宽《西溪丛话》卷下：“庄子适莽苍者，三湌而返，腹犹果然。”明·谈迁《北游录·纪闻下》：“做张良辟谷（穀）去求仙，学苏卿啮雪并湌毡。”

飡# cān “餐”的异体字。《史记·梁孝王世家》：“太后闻之，立起坐飡，气平复。”唐·高彦林《唐阙史·路舍人友卢给事》：“今日犯冷，且欲遐征，已市血食之加蒜者飡矣。”

叅 cān “参”的繁体字“參”的异体字。参与。南朝梁·江淹《草木颂·杉》：“长入烟气，永叅鸾螭。”《水浒传》第一回：“只见班部丛中宰相赵哲、叅政文彦博出班。”明·何良俊《语林》卷十七：“张文瓘补并州叅军，时李勣为长史。”

飱 cān 见257页“飱（sūn）”。

慙 cán “惭”的繁体字“慚”的异体字。唐·孟浩然《送韩使君除洪府都督》：“无才慙孺子，千里愧同声。”明·何良俊《语林》卷二十二：“嗟子惷弱，殊才伟年，仰慙二子，俯愧过言。”明·叶逢春本《三国志传》：“薛文宗满面羞慙，不敢对应。”

摻 cāo “操”的异体字。《战国策·燕策三》：“秦王惊，自引而起，袖绝，拔剑，剑长，摻其室。”北魏延昌二年刻《元显儁墓志铭》：“慕学之徒无不欲轨其摻，既成之徒无不欲会其文。”

艸 cǎo “草”的异体字。《说文》：“艸，百卉也。”《周礼·秋官·庶氏》：“庶氏掌除毒蛊，以攻说禬之，嘉草攻之。”

清·阮元校勘记："《释文》：'艸音草，本亦作草。'据此知经中'草木'皆本作'艸'也。"《齐民要术·耕田》："慎无旱耕，须艸生。"清·王夫之《四书训义·孟子》："古之葬者，束艸为人。"宋·司马光《温国文正司马公文集》卷六十六《闻喜县重修至圣文宣王庙记》："古之人食鸟兽之肉、艸木之实而衣其皮。"

騲[#] cǎo "草"的异体字。本只指雌马。《玉篇》："騲，牝马也。"北齐·颜之推《颜氏家训·书证》："良马，天子以驾玉辂，诸侯以充朝聘郊祀，必无騲也。"后来泛指雌畜。《正字通》："騲，牝畜之通称。"但各地适用范围不同，如有的地区只有騲鸡、騲驴的说法。

冊 cè "册"的异体字。本作"冊"。《说文》："冊，符命也，诸侯进受于王也。象其札一长一短，中有二编之形。"典籍，文献。唐·韩愈《送浮屠文畅师序》："文、武以是传之周公、孔子，书之于冊，中国之人世守之。"《辽史》卷一一六《国语解》："积薪为坛，受群臣玉冊，礼毕，燔柴，祀天。"清·曹家驹《说梦·三大事原委》："会冊书中有婪贿作弊者，余不胜其愤。"

廁 cè 旧读 cì。"厕"的繁体字"厠"的异体字。①厕所。《说文》："廁，清也。"清·段玉裁注曰："清、圊，古今字。"《史记·项羽本纪》："沛公起如廁。"②参与。《晋书·王羲之传》："况廁大臣末行，岂可默而不言哉。"清·李渔《闲情偶寄·词曲部·结构》："试问当年作者，有一不肖之人，轻薄之子，廁于其间乎？"③错综。南朝宋·沈约《少年新婚为之咏》："罗襦金薄廁，云鬓花钗举。""茅廁"一词，北京话读 -si。〇繁体字系统"廁"为正体。今台湾用"廁"。

筴（一）cè "策"的异体字。《庄子·骈拇》："问臧奚事，则挟筴读书。"（二）jiā 今用"夹（夾）"。夹物器具。唐·

陆羽《茶经》："火筴，一名箸。"

筞 cè “策”的异体字。南朝梁·江淹《北伐诏》："及宋末不庭，授筞乖律。"唐朝柳公权《神策军碑》，手书就是“筞”。

扠[#] (一)chā “叉”的异体字。①有三四个长齿的长柄工具。汉·郑玄注《周礼·天官·鳖人》“以时簎(cè)鱼鳖龟蜃”："簎，谓以扠刺泥中搏取之。"又指用这种工具叉取。唐·柳宗元《同刘二十八……二君子》："野鹜行看弋，江鱼或共扠。"②挟取。唐·韩愈、孟郊《城南联句》："馋扠饱活脔，恶嚼哺腥鲭。"(二)zhǎ 张开拇指和食指的长度。唐·韩偓《咏手》："后园笑向同行道，摘得蘼光又一扠。"也指张开拇指、食指量长短。(三)chāi 以拳击；交手较量。五代·孙光宪《北梦琐言》卷三："或画壮夫以拳扠地为井，号拳扠井。"《水浒传》第二回："我不信倒不如你，你敢和我扠一扠么？"

臿[#] chā ①“插”的异体字。铁锹。《韩非子·五蠹》："禹之王天下也，身执耒臿以为民先，股无胈，胫不生毛，虽臣虏之劳不苦于此矣。"②夹杂。汉·司马相如《上林赋》："珉玉旁唐，玢豳文磷，赤霞驳荦，杂臿其间。"

揷 chā “插”的异体字。宋刊《中兴词选》陈与义《南歌子·塔院僧阁》："背揷浮屠，千尺冷烟中。"《水浒传》第四十五回："杨雄揷了腰刀在身后，提了朴刀，却待要离开古墓。"

査 chá “查”的异体字。

詧 chá “察”的异体字。考核。《史记·秦本纪》："问其地形与其兵势尽詧，而后令内史廖以女乐二八遗(wèi)戎王。"宋·范成大《吴船录》下："后世不詧一切，以儿女子亵之。"

楂[*] (一)chá “茬”的异体字。元·司农司《农桑辑要》卷三："掘土见根，将横根周围一遭，斧砍断，掘去中见正根，将周围根楂，细锯子截成砧盘。”（二）zhā 果木名，［山楂］即“山查”。

鑔 chá “碴”的异体字。

奼* chà “姹”的异体字。①少女。《说文》：“奼，少女也。”唐·陆龟蒙《自遣》：“奼女精神似月孤，敢将容易入洪炉。”②娇艳。清·陈维崧《菩萨蛮》：“年时斗（鬥）酒红栏下，一丛奼紫真如画。”③夸耀。汉·司马相如《子虚赋》：“畋罢，子虚过奼乌有先生、亡是公存焉。”

扠 chāi 见25页“扠（chā）”。

佔 chān 见345页“佔（zhàn）”。

剗（一）chǎn 《第一批异体字整理表》把“剗”和“剷”作为“鏟（铲）”的异体字淘汰。1964年《简化字总表》有“剗”的类推简化字“刬”。1988年发布的《现代汉语通用字表》未收。①削除，削平。《战国策·齐策一》：“靖国君大怒曰：‘剗而类，破吾家，苟可慊齐貌辨者，吾无辞为之。’”汉·扬雄《剧秦美新》：“驰骛起、翦、恬、贲之用兵，剗灭古文，刮语烧书，弛礼崩乐，涂民耳目。”宋·司马光《温国文正司马公文集》卷三十四《上皇帝疏》：“选用英俊，循名责实，赏功罚罪，舍小取大，剗塞弊端，一新大政。”②铲子，用铲子铲。汉·氾胜之《氾胜之书》卷上：“区间草以剗剗之。”③副词。（1）表示范围，相当于“只（zhǐ）”，不含其他。唐·李廓《长安少年行》：“剗戴扬州帽，重熏异国香。”南唐·李煜《菩萨蛮》：“剗袜步香阶，手提金缕鞋。”（2）表示转折，相当于“却”。宋·卓田《眼儿媚·题苏小楼》：“丈夫只（隻）手把吴钩，能断万人头；因何铁石，打肝凿胆，剗为花柔。”（三）白白地。元·马致远《陈抟高卧》第三折：“贫道啊，本居林下绝名利，自不合剗下山来惹是非，不如归去来兮。”又：剗除、剗锄、剗涤、剗地、剗夺、剗伐、剗革、剗刮、剗绝、剗刻、剗平、剗塞、剗刷、剗汰、剗剔、剗削、剗刈、剗艾(yì)。(二)chàn[一剗]一味地。元·佚名《争报恩》第四折:"则俺这眼儿边一剗的愁,心儿上着甚些喜?"◯今台湾大致是动词义用"剗"。

剷 chǎn "铲"的繁体字"鏟"的异体字。较"剗"少用。削除。唐·杜牧《原十六卫》:"于是府兵内剷,边兵外作,戎臣兵伍,湍奔矢往,内无一人矣。"清·魏源《圣武记》卷七:"若不剷蔓塞源,纵兵刑财赋事事整饬,皆治标而非治本。"简化字"铲",包含繁体字"鏟"和异体字"剗"、"剷"。今台湾大致是名词义用"剷"("產"的上边是"文")。

諂《第一批异体字整理表》作为"谄"的繁体字"諂(chǎn)"的异体字淘汰。"諂"无 chàn 音以及相关义项。详见 263 页"諂(tāo)"。

甞 cháng "尝"的繁体字"嘗"的异体字。①用口尝味,尝试。宋·苏洵《权书·心术》:"古之贤将,能以兵甞敌,而又能以敌自甞,故去就可以决。"②秋季祭祀。《尔雅·释天》:"秋祭曰甞。"③曾经。晋·潘岳《闲居赋序》:"岳甞读《汲黯传》。"明·何良俊《语林》卷二十一:"洪觉范至儋耳,甞谒姜唐佐。"

塲"场"的繁体字"場"的异体字。(一)cháng 唐·张说《赛江文》:"既暵既获,既塲既庾。"(二)chǎng 处所。唐·祖咏《望蓟门》:"沙塲烽火连胡天,海畔云山拥蓟门。"明·罗洪先《念庵罗先生文集》卷十八《谌冈里社上梁文》:"疆塲无警,婚宦有成。"

膓 cháng "肠"的繁体字"腸"的异体字。敦煌变文《搜神记》:"开膓粢,洗五脏,劈脑出血。"宋·宋慈《洗冤录·杀伤》:"金疮膓出者,用小麦五升,水九升。"清·龚文炜《重修肃州新志·哈密》:"人死,用水入口洗涤膓腹,用白布缠裹。"

暘* cháng "场"的繁体字"場"的异体字。《齐民要术·种蒜》："黄暘时，以耧耩，逐垅手下之。"明·徐光启《农政全书·营治上》："又间作一缴，耕毕，于三缴之间歇下缴，却自外缴耕至中心，暘为一暘，盖三缴，中成一暘也。"

嚐 cháng "尝"的繁体字"嘗"的异体字。由"嘗"的以口辨味义分化而来。唐·唐彦谦《蟹》："充盘煮熟堆琳琅，橙膏酱渫调堪嚐。"后引申表示体验、经历。《太平天国·天情道理书》："弟妹咸能耐岁寒，备嚐苦辣与辛酸。"老舍《龙须沟》第二幕第二场："你说的对！可那是先给咱们个甜头嚐嚐。"又：尝酒、尝食、尝味、尝鲜、尝新、尝药、品尝、尝百草、尝咸淡、浅尝辄止、卧薪尝胆。这些词语也写"嚐"。表示"曾经"的"何尝、未尝"以及意思与"常"通的"尝（嘗）"，都不能写作"嚐"：唐·云卿《送人游塞》："雪每先秋降，花尝近夏生。"

廠# chǎng "厂"的繁体字"廠"的异体字。实际是"廠"的俗字。今台湾作"廠"。○繁体字系统的"厂"有两个读音。（一）hǎn，义为山崖边的岩穴。明·张岱《陶庵梦忆·娜嬛福地》："陶庵梦有宿因，常梦至一石厂，峆窅岩覆……"（二）ān，用同"庵（菴）"，多用于人名字号。现代有书法家王福厂，文字学家唐兰字立厂。○简化字"厂（chǎng）"借罕用字之形。

勦 "剿"的异体字。（一）chāo ①抄袭，窃取。明·胡应麟《少室山房笔丛》卷四十一："今唐人小说载王魁事，说者以为宋人勦入之云。"清·龚自珍《乞籴保阳》："我不谈水利，我非剿迂闻。"[剿说]抄别人的言论以为已见。梁启超《萃报叙》："又报章体例未善，率互相剿说，杂采谰语。"②轻捷。唐·李贺《出城别张又新酬李汉》："六郡无剿儿，长刀谁试尘？"（二）jiǎo①消灭，灭绝。《尚书·甘誓》："有扈氏威侮五行，天用勦灭其命，今予惟恭行天之罚。"唐·柳宗元《沛国汉原庙碑》："总制虎臣，委成良筹，勦殄霸楚，遂荒神州。”明·叶逢春本《三国志传》卷二：“愿明公从郑尚书之请，与玄德共仗大义，勦灭曹操。”②劳累。《左传·宣公十年》：“无及于郑而勦民，焉用之？”晋·杜预注：“勦，劳也。”[勦说]打动别人的言说。《资治通鉴·唐德宗建中四年》：“上骋辩必勦说而折人以言，上眩明必臆度而虞人以诈，如是则下之顾望者自便而切磨之辞不尽矣。”元·胡三省注：“此所谓勦说者，以人言未竟，勦绝其说而伸己之说也。”清·王先谦《后汉书集解》引沈钦韩云：“勦绝之勦，从力不从刀。”〇本作“剿”。《说文》：“剿，绝也。从刀，喿声。”《管子·五行》“：数剿竹箭，伐檀柘，令民出猎禽兽。”

勦 chāo “勦”的异体字。抄袭。《礼记·曲礼上》：“正尔容，听必恭，毋勦说，毋雷同。”清·戴名世《闽闱墨卷序》：“当是时人人自为机杼，不相勦袭。”

鼂* （一）cháo “晁”的异体字。①虫名。《说文》：“鼂，匽鼂也。”②姓氏。西汉鼂错，《史记》、《汉书》均作“鼂”，后代多写“晁”。宋朝有晁公武，明朝有晁瑮，旅唐的日本僧人阿倍仲麻吕，唐玄宗赐名晁衡，《水浒传》晁盖，均不写“鼂”。（二）zhāo 通“朝”。早晨。《楚辞·湘君》：“鼂骋骛兮江皋，夕弭节兮北渚。”汉·王逸注：“鼂，一作朝。”《汉书·严助传》：“边境之民为之早闭晏开，鼂不及夕。”

謿# cháo “嘲”的异体字。嘲笑。《汉书·扬雄传》：“时雄方草《太玄》，有以自守，泊如也，或謿雄以玄尚白，而雄解之，号曰《解謿》。”按，《文选》录该文，题和文句均作《解嘲》。《宋书·袁淑传》：“淑喜为夸诞，每为时人所謿。”

俥 chē 见 148 页“俥(jū)”。

撦 chě “扯”的异体字。①撕裂。敦煌变文《燕子赋》：“遂被撮头拖曳，捉衣撦擘。”元·王实甫《西厢记》第四本第四折：“他把我心肠撦，因此不避路途赊。”②闲谈。明·李贽《与焦漪园太史书》：“后来虽好接引儒生，搐着《论语》、《中庸》，亦谓伴口过日耳。”

抻[#]（一）chēn “抻”的异体字。伸，拉长。华山《鸡毛信》：“‘那还用说！’海娃抻了抻帽檐儿，也挤了挤眼睛。”赵大年《公主的女儿》三：“她抚拢了一下头发，又抻平了阴丹士林布褂子。”（二）tiǎn ①挺出。清·吴敬梓《儒林外史》第十四回：“马二先生身子又长，戴一顶高方巾，一幅乌黑的脸，抻着个肚子。”②拨弄（门、锁等）。《水浒传》第一一五回：“张顺因要从西湖水底下去抻水门，入城放火。”

瞋 chēn “嗔”的异体字。①睁大眼睛。《汉书·张耳传》：“将军瞋目张胆，出万死不顾之计，为天下除残。”②生气。唐·杜甫《丽人行》：“炙手可热势绝伦，慎莫近前丞相瞋。”◎嗔 chēn①生气。《世说新语·德行》：“丞相见长豫辄喜，见敬豫辄嗔。”②责怪。《红楼梦》第三十二回：“恐怕你的林妹妹听见，又嗔我赞了宝姐姐了。”△《通用规范汉字表》稿：义为发怒时睁大眼睛，不再作为“嗔”的异体字。

沈[*]（一）chén “沉”的异体字。繁体字系统读 chén，义同“沉”时，写“沈”。南朝梁·顾野王编《玉篇》有“沉”字，以后很长时间，读 chén 的时候，人们大多还是写“沈”。元·刘埙《隐居通议·诗歌》：“以上诸篇，或豪宕悲壮，或深沈感慨，有无穷义味。”明·王世贞《石羊生传》：“元瑞性孤介，时时苦吟沈思，不甚与客相当。”清·余怀《板桥杂记》：“亭午乃兰花茉莉，沈水中煎，馨香数里。”又：沉淀（澱）、沉厚、沉积、沉寂、沉浸、沉静、沉疴、沉迷、沉湎、沉没、沉默、沉思、沉痛、沉香、沉雨、沉郁（鬱）、沉冤、沉着、沉滞、沉坠、沉重、沉滓、低沉、浮沉、昏沉、深沉、消沉、血沉、阴沉、沉甸甸、沉住气、黑沉沉、沉默寡言、沉鱼落雁、石沉大海、积羽沉舟、折戟沉沙、死气沉沉、玉碎珠沉等，繁体字系统多写“沈”。1937 年出版的《国语辞典》“沉”注“同沈”。1953 年出版的《新华字典》第一版，ㄔㄣ（chén）“沉”条，后列“沈”，注“同‘沉’”；ㄕㄣ（shěn）下“沈”：ㄔㄣ，同“沉”。上海扫叶山房刻《唐人小说》用“沉”，如所收柳宗元《龙城录·太宗沉书于滹沱》：“上亲裹百重，命中使沉滹沱中。”今台湾仍以“沈”为正体，字典收“沉”字，但注明是“沈”的俗体字。（二）shěn 古代有几个义项。①是西周分封的诸侯国名，封君为周文王之子季载，封地在今河南省平舆县至今河南省沈丘县一带，今沈丘县当与沈国有关，公元前 506 年被蔡国所灭。②春秋战国时代楚国县名。③通“瀋”，汁液。《礼记·檀弓》：“为榆沈，故设拨。”郑玄注：“以水浇榆白皮之汁，有急以播地，于引輴车滑。”汉字简化，瀋陽简化为沈阳，或与此有关。③姓。（三）tán“沈沈”，宫室深邃状。《史记·陈涉世家》：“入宫，见殿屋帷帐，客曰：‘伙颐！涉之为王沈沈者。”读 tán 不能写“沉”。

硶[#] chěn “碜”的繁体字“磣”的异体字。丑，难为情。《金瓶梅词话》第二十一回：“丫头学说，两个说了一夜话，说他爹怎跪着上房的叫妈妈，上房的又怎的声唤摆话的，硶死了。”清·陈英仕《钟馗平鬼传》第六回：“且是这‘黑眼风’里边有许多的恶鬼，俱带着硶款，有摇头的，有踩脚的……”

趻 chèn “趁”的异体字。①追逐。唐·杜甫《重过何氏五首》：“花妥莺捎蝶，溪喧獭趻鱼。”②跟随。宋·周邦彦《片玉集》卷八《兰陵王》：“闲寻旧踪迹，又酒趻哀弦，灯照离席。”宋·陆游《极相思》：“那勘更看，漫空相趻，柳絮榆钱。”

偁[*] chēng “称”的繁体字“稱”的异体字。汉·许慎《说文解字·叙》：“其偁《易》孟氏、《诗》孔氏……皆古文也。”清·陈鳣《对策》卷一：“男子著氏，妇人偁姓，氏所以别贵贱，贵者有氏，贱者有名无氏。”宋朝有学者王禹偁。

撐 chēng “撑”的异体字。①支持。司马相如《长门赋》：“罗丰茸之游树兮，离楼梧而相撐。”②撑船。唐·钱起《江行无题》：“撐开小渔艇，应到月明归。”③装满。宋·王安石《古意》：“当时弃核桃，闻已撐月窟。”④张开。明·唐寅《烟波钓叟歌》：“撐开老眼恣猖狂，仰视青天大如饼。”⑤排挤。清·刘鹗《老残游记续集遗稿》第四回：“就是三爷打头客，不过面子大些，他可以多住些时，没人敢撐他。”⑥漂亮。金·董解元《西厢记诸宫调》卷一：“脸儿稔色百媚生，出得门来慢慢地行，便是月殿里姮娥也没恁地撐。”

鎗 chēng 见223页“鎗(qiāng)”。

穪* “称”的繁体字“稱”的异体字。(一)chēng①称为，叫做，称赞。宋·黄伯思《东观馀论》卷上《第一帝王书》：“因汉建初中，杜操伯度善此书，章帝穪之。”明·徐榜《济南纪政·却酒》：“章邱有能酿羊膏酒者，饮者评之居露酒上，穪佳酿也。”②(二)chèng“秤”的异体字。《贞观政要·公评》：“吾心如穪，不能为人作轻重。”

乗“乘”异体字。(一)chéng 乘车。《尉缭子·天官》：“今有城，东西攻不能取，南北攻不能取，四方岂无顺时乗直者耶?”明·叶逢春本《三国志传》卷一：“玄德曰：‘我为天子，当乗此羽葆车盖。’”清·傅恒《皇清职贡图》卷三：“以捕鱼射猎为生，夏航大舟，冬月冰坚则乗冰床，用犬挽之。”(二)shèng 车辆。宋刊《老子道德经》第二十六章：“虽有荣观燕处超然，奈何万乗之主，而以身轻天下。”

塖 chéng “塍”的异体字。田间土埂。柳宗元《对策·晋问》：“但至其所，见沟塖畦畹之交错轮囷。”清·彭士望《翠微峰记》：“更寻圃下，过塘墢可三十步，有堂负右干（榦），绝隘。”

椉“乘”的异体字。（一）chéng 坐（车、船等），驾。清·刘献廷《广阳杂记》卷二：“其父率众五百，自上流椉木筏顺流而下。”（二）shèng 车辆。《楚辞·九辩》：“前轾辌之锵锵兮，后辎椉之从从。”

澂 chéng “澄”的异体字。①水清而静。《楚辞·惜往日》：“君含怒而待臣兮，不请澂其然乎？”引申指使清澈。《后汉书·儒林传》：“千载不作，渊原谁澂？”又，澂涤、澂明、澂清。历代典籍多用“澄”。②安定。《后汉书·光武帝纪》：“三河未澂，四海重扰。”〇1. 清代有学者吴大澂、张心澂，不作“澄”。2. 今云南省澄江县，元代为澂江路治所，明、清为澂江府治，1913年改澂江县，1955年改澄江县。3. 陕西省县名澄城、广东省县名澄海、海南省县名澄迈、江苏省江阴县的别称澄江、江苏常熟一带的阳澄湖、宋代丛帖汇刻《澄清堂帖》等，又唐朝僧人澄观，均不作“澂”。4. 又作“澂”，音义同，平时很少用。5. “澄”读 dèng，与“澂”无关。

橙 chéng 见59页“橙(dèng)”。

喫（一）chī “吃”的异体字。进食义古代用“喫”。《说文》：“喫，食也。”《世说新语·任诞》：“友闻白羊肉美，一生未曾得喫。”敦煌变文《佛说阿弥陀经讲经文》：“利刀截割将来喫，养者凡夫恶业身。”《水浒传》第四十二回：“哥哥分付教我不要喫酒，以自路上走得慢了。”今台湾多用“吃”。（二）kài，[喫诟]用力争辩。《庄子·天地》：“使知索之而不得，使离朱索之而不得，使喫诟索之而不得也。”唐·成玄英注：“喫诟，言辩也。”〇《世说新语·言语》：“邓艾口喫，语称艾艾。”清·李慈铭云：“案喫当作吃。《说文》：‘吃，言蹇难也。’《玉篇》始有喫字，云：‘唊，喫也。’后人遂分别口吃之吃为吃，啖喫之喫为喫。其实古只有吃无喫也，故啖喫字仍可作吃，而口吃字不可作喫。”疑为后代妄改。◎吃 1. chī 吃饭。近代汉语才用。2. 旧读 jí，说话结巴。《说文》：“吃，言蹇难也。”《史记・老子韩非列传》：“非为人口吃，不能道说，而善著书。”3. qī，[吃吃]笑声。清・蒲松龄《聊斋志异・婴宁》：“彼此疑参，但闻室中吃吃，皆婴宁笑声。”

癡 chī　“痴”的异体字。①呆傻。《世说新语・赏誉》：“王蓝田为人晚成，时人乃谓之癡。”明・李开先《李开先文集》卷六：“嗜癡之癖，逐臭之夫，不惟古有之，居今亦有然矣。”②发呆。《红楼梦》第二十七回：“那边哭的自己伤心，却不道这边听的早已癡倒了。”③沉迷。明・谈迁《北游录・纪闻下》：“老先生错把青天怪，癡也该呆，遥指望受饥寒熬出荐语来。”清・蒲松龄《草木传》：“堪笑癡迷好色流，妖魔乘隙媚容投。”〇今台湾以“癡”为正体。

箎[#] chí　“篪”的异体字。古乐器名。《礼记・月令》：“[仲夏之月]调竽笙箎簧，饬钟磬柷敔。”清・秋瑾《赠盟姊吴芝瑛》：“不结死生盟总泛，和吹埙箎韵应佳。”

篪[#]（一）chí　“篪”的异体字。古乐器名，似笛。北魏・杨衒之《洛阳伽蓝记・法云寺》：“琛令朝云假为贫妪，吹篪而乞。”唐・杜甫《奉赠萧十二使君》：“埙篪鸣自合，金石莹逾新。”（二）hǔ 竹名。元・李衎《竹谱详录》：“篪竹，《字林》云：大高百丈，状类荨竹。”

恥 chǐ　“耻”的异体字。《说文》：“恥，从心，耳声。”形旁为“心”，声旁为“耳”。上古以战争中被俘并被割去左耳为大耻。《尚书・说命》：“其心愧恥，若挞于市。”转指侮辱。明・孟称舜《贞文记》第十七出：“俺则待树旌旗，兴忠义，洗净千载中原恥。”清・钱泳《履园丛话・出会》：“种种恶状，习惯自然，恬不知恥，而反以为乐。”〇由于语音变化,“耳”不再表“恥”字的读音,产生了以“耳”为形旁,“止”为声旁的“耻”字。今台湾用“恥”。

勅 chì “敕”的异体字。帝王之令。敦煌曲《水鼓子》:“中书奉勅当时行,尽集朝官入大明。”《金史·宣宗纪上》:“癸巳,次中山府,勅扈从军所践禾稼,计直(值)酬之。”《文献通考》卷一四七《散乐百戏》:“帝恶其惊人,勅西域关津,不得令入中国。”

勑(一)chì “敕”的异体字。①整饰。《周易·噬嗑卦》“先王以明罚勑法”,唐·陆德明《释文》:“勑,耻力切。此俗字也。”②帝王之令。《北齐书·宋游道传》:“勑至,市司犹不许,游道杖市司,勒使速付。”唐·白居易《杜陵叟》:“昨日里胥方到门,手持勑谍榜乡村。”唐·王仁裕《开元天宝遗事·金牌断旧》:“每有王公召宴,欲沃以巨觥,禄山即以牌示之,准勑断旧。”宋《开宝藏》残卷:“大宋开宝六年癸酉岁奉勑雕造。”(二)lài 慰劳,勉励。《说文》:“勑,劳也。从力,来声。”清·段玉裁注曰,“劳”当云“劳勑”。《广韵》作“洛代切”。《晏子春秋·谏下一》:“君将使婴勑其功乎?”《汉书·游侠传·原涉》:“既供饮食,涉独不饱,乃载棺物,从宾客往至丧家,为棺敛劳勑毕葬。”按,如果说是借“勑”表“敕”义,也是古已有之。△《通用规范汉字表》稿:lài 义为慰劳、勤劳。读 chì,用“敕”。

翄 chì “翅”的异体字。鸟类的飞行器官,古作“翄”。《说文》:“翄,翼也。”《汉书·礼乐志》:“幡比翄回集,贰双非常羊。”清·龚自珍《说卫公虎大敦》:“卧而思之,急起箸录之,奚翄其有之?”

沖# chōng “冲”的异体字。当是正体。《说文》:“沖,涌摇也。”1965 年《印刷通用汉字字形表》选用“沖”。《楚辞·九歌·大司命》:“乘龙兮辚辚,高驰兮沖天。”《汉书·叙传》:“孝昭沖幼,冢宰维忠。”

衝“冲”的繁体字。同音归并。

（一）chōng ①交通要冲。汉·荀悦《汉纪·高帝纪》：“天下之郡，陈留当衝，四通五达之郊也。”清·宋伯鲁《新疆建置志》卷四：“蒲犁处极边，迫介英俄，扼葱岭之衝，西居要害之地。”②冲击。《庄子·秋水》：“梁丽可以衝城，而不可以窒穴，言殊器也。”宋·陈淳《北溪先生字义》卷上《命》：“如泉脉出来甚清，却被一条别水横衝破了，及或遭巉岩石头横截衝激，不帖顺去，凡成险恶之流。”金·董解元《西厢记诸宫调》卷二：“汝等退而保寺，我当衝阵而出。”清·俞樾《右台仙馆笔记》卷七：“偶乘肩舆过钞关义渡，值漕艘连樯来，风帆甚猛，顷刻而至，渡舟几为衝覆。”③冲撞，触犯。敦煌曲《拜新月》：“澄波美，犹怯怕衝半钩耳。”宋·计有功《唐诗纪事·贾岛》：“岛赴举至京，骑驴赋诗，得‘僧推月下门’之句，欲改‘推’作‘敲’引手作推、敲之势，未决，不觉衝大尹韩愈。”明·叶逢春本《三国志传》卷二：“喊声大振，后面衝入一军，先截了一半人马。”④古战车名。《左传·定公八年》“主人焚衝”，晋·杜预注：“衝，战车。”⑤五行家认为相克相忌为衝（冲）。《史记·天官书》：“八风各以其衝对，课多者为胜。”⑥中医学名词，人体十二经脉以外的奇经八脉之一。《难经·二十七难》：“‘脉有奇经八脉者，不拘于十二经，何也？’‘然。有阳维，有阴维，有阳蹻，有阴蹻，有衝，有督，有任，有带之脉。’”⑦水流灌注，水力撞击。李白《蜀道难》：“上有六龙回日之高标，下有衝波逆折之回川。”这个意思，繁体字系统也写“沖”或“冲”。清·昭梿《啸亭杂录·朱白泉狱中上百朱二公书》：“仍复缮堤不完，漫口屡告，皆由工无存料，猝难购买，欲事抢厢，已成冲决。”又：衝波、衝辰、衝冲、衝刺、衝打、衝淡、衝荡、衝动、衝斗（dǒu）、衝发（fà）、衝犯、衝锋、衝服、衝冠、衝击、衝激、衝决、衝克(剋)、衝浪、衝力、衝凉、衝冒、衝破、衝日、衝扫、衝杀、衝刷、衝天、衝突、衝位、衝袭、衝洗、衝喜、衝陷、衝心、衝溢、衝账、衝阵、衝撞、俯衝、要衝、折衝、怒衝衝、气衝衝、兴衝衝、衝风冒雨、衝锋陷阵、衝口而出、横衝直撞、气衝霄汉、折衝樽俎、怒发衝冠、首当其衝。以上,繁体字不作"冲"或"沖"。(二)chòng ①向着,朝向。《山海经·海外北经》:"台四方,隅有一蛇,虎色,首衝南方。"宋·周邦彦《片玉集》卷三《少年游》:"不似当时小桥,衝雨幽恨两人知。"明·杨基《雪中燕》:"斜讶衝花落,轻疑掠絮飞。"②猛烈。郭沫若《洪波曲》第二章一:"来势凶猛得很,大有非把我逮捕起来的衝劲。"③气味浓烈。闻一多《一个白日梦》:"我问我自己,这究竟是一种什么气味,这么这样衝人?"④凭借,根据。老舍《二马》三:"衝你这么一问,我还敢说那是真的吗?"又:衝床、衝劲、衝人家的诚意。〇繁体字系统,"冲、沖",没有去声读法。"冲泊、冲富、冲和、冲厚、冲华、冲静、冲举、冲旷、冲量、冲门、冲眇、冲漠、冲谦、冲人、冲秀、冲虚、冲用、冲远、冲真、冲正"等,是"冲(沖)"的固定写法,不能写"衝"。《老子》一书的"冲(沖)"是和,谦虚等义,不作"衝"。又山间平地,如韶山冲(沖),不作"衝"。又姓氏,明初有香山县丞冲敬,不作"衝"。

种* chóng "種"的简化字"种"的同形字。①幼小。②姓氏。宋朝有种放、种师道。注意,不要读成 zhǒng 或者 zhòng。

憃* chóng "忡"的异体字。《楚辞·云中君》:"思夫君兮太息,极劳心兮憃憃。"

紬(一)chóu 《第一批异体字整理表》合并入"綢",1956年偏旁类推简化为"绸",1964年公布的《简化字总表》收有"紬"的类推简化字"䌷",1988年公布的《现代汉语通用字表》和2009年公布的《通用规范汉字表》征求意见稿未收。《急就篇》卷二："绛缇絓紬丝絮绵。"唐·颜师古注："抽引粗茧绪，纺而织之曰紬。"繁体字系统，"紬"不常用，"绸(綢)布"也有写"紬布"的。《宋史·兵志》："春冬赐衣有绢绵，或加紬布緡钱。"清·奕赓《管见所及》："不许穿紬缎，自道光十九年始。""绸(綢)缎"、"绸(綢)绵"也写作"紬缎"、"紬绵"。(二)chōu ①抽引，理出丝缕的头绪。宋玉《高唐赋》："紬大弦而雅声流，冽风过而增悲哀。"②缀缉编次。《汉书·司马迁传》："卒三岁，而迁为太史令，紬史记石室金匮之书。"唐·颜师古注："'紬'谓缀集之也。"又：紬次、紬绩、紬绎。这些意思也用"抽"。唐·司马贞《史记索隐》解释《汉书》所引《太史公自序》说："抽彻旧书故事而述次之。"又："紬繹"也作"抽繹"。今台湾保留"紬次、紬绩、紬绎(繹)"等。

酧 chóu "酬"的异体字。金·董解元《西厢记诸宫调》卷三："些儿礼物莫嫌薄，待成亲后再须别酧贺。"明·冯惟庸《不伏老》第三折："志难酧，只落的酒淹衫袖。"清·吴骞《扶风传信录》："邻里来问事者，填咽门户，仲山一一与客酧答。"

詶 chóu "酬"的异体字。①用言语或诗文应答。宋·陆游《秋晚寓叹》："旧事同谁说，新诗或自詶。"②报偿。唐·白居易《买花》："贵贱无常价，詶直看花数。"

醻 chóu "酬"的异体字。《诗经·小雅·彤弓》："钟鼓既设，一朝醻之。"宋·庄绰《鸡肋编》卷上："二公以文章齐名，相从之款，不应无醻唱赠送，恐成遗落耳。"清·戴震《王廉士传》："母子如获更生，愿醻谢。"

讐 chóu "雠"的繁体字。"仇"的异体字。《第一批异体字整理表》把"讐、讐"合并入"仇"。1964年《简化字总表》类推简化为"雠"，《现代汉语通用字表》收列。现在"雠"是规范字。"雠"和"仇"

只在仇恨意思上相通。“仇敌、仇人、仇视、复仇、世仇、冤仇”等也作“雠敌、雠人、雠视、复雠、世雠、冤雠”。①应答。《诗经·大雅·抑》：“无言不雠，无德不报。”②应验。《史记·封禅书》：“五利妄言见其师，其方尽，多不雠。”③相符合。《史记·魏其武安侯列传》：“于是上使御史簿责魏其所言灌夫，颇不雠，欺谩。”④相等。《尚书·召诰》：“予小臣，敢以王之雠民百君子。”⑤校勘，对校。晋·左思《魏都赋》：“雠校篆籀，篇章毕觌。”⑥售卖。《汉书·高帝纪》：“高祖每酤留饮，酒雠数倍。”⑦偿付。《资治通鉴·汉桓帝延熹五年》：“云臣私报朱羌，雠以钱货。”元·胡三省注：“雠，偿也。”又：雠比、雠订、雠定、雠对、雠覆、雠古、雠校、雠刊、雠勘、雠释、雠伪、雠问、雠应、雠阅、雠正。◎仇（一）chóu 仇恨，仇敌。《韩非子·孤愤》：“智法之士欲当涂之人，不可两存之仇也。”《史记·留侯世家》：“[张良]为韩报仇。”（二）qiú ①配偶。《左传·桓公二年》：“嘉耦（偶）曰妃，怨耦（偶）曰仇，古之命也。”清·段玉裁释曰：“仇为怨匹，亦为嘉偶。”②相匹配。汉·董仲舒《春秋繁露·楚庄王》：“百物皆有合偶，偶之合之，仇之匹之，善矣。”③同伴。《诗经·周南·兔罝》：“赳赳武夫，公侯好仇。”引申为对手，可以相匹配的。《诗经·小雅·宾之初筵》：“宾载手仇，室人入又。”④姓。东汉有学者仇览，清朝仇兆鳌撰《杜诗详注》。又：仇池（甘肃省山名）、仇方（邻国）、仇牧（春秋人名）、仇牛（古代少数民族名）、仇偶、仇匹、仇香（东汉仇览的别名，主簿的代称）、仇由（春秋时国名）。○[仇雠]读 chóu一，冤家对头。《荀子·臣道》：“爪牙之士地，则仇雠不作。”宋·司马光《温国文正司马公文集》卷五十七《遗表》：“深疾谏者，过于仇雠，严禁诽谤，甚于盗贼。”[雠仇]读 chóu chóu，义同“仇雠”。[仇仇]读 chóu chóu，义同“仇雠”。

读 qiú qiú，傲慢的样子。《诗经·小雅·正月》："执我仇仇，亦不我力。"△《通用规范汉字表》稿：仅用于表示校对文字，如"校雠"。其他用"仇"。

讐 chóu "雠"的繁体字"讎"的异体字。仇敌。《世说新语·言语》："昔者祁奚内举不失其子，外举不失讐，以为至公。"唐·元结《闵荒》："天囚正凶忍，为我万姓讐。"

田 chǒu "瞅"的异体字。清·李宝嘉《文明小史》第十回："众人心上明白，谁肯上他的当，一齐拿眼田着教士。"梁斌《红旗谱》五六："一个箭步跑过来，田冷子搂住敌人的腰，啪的一跤，摔在地上。"

醜 chǒu "丑"的繁体字。同音归并。①样子难看。《后汉书·梁鸿传》："同县孟氏有女，状肥醜而黑。"清·李渔《闲情偶寄·词曲·结构》："东施之貌，未必醜于西施。"清·汪鋆《十二砚斋随录》："博得道途闻者笑，谓是翁罔顾言之醜，掩两耳，掉头走。"②邪恶。《诗经·小雅·十月之交》："日有食之，亦孔之醜。"③厌恶。《尚书·胤征》："既醜有夏，复归于亳。"④坏人，恶人。《周易·渐卦》："夫征不复，离群醜也。"⑤羞愧。《史记·魏世家》："以羞先君宗庙社稷，寡人甚醜之。"⑥，愤怒。《淮南子·说林》："谓许由无德，乌获无力，莫不醜于色。"汉·高诱注："醜，犹怒也。"⑦类。《国语·楚语》："官有十醜，为亿醜。"三国魏·韦昭注："醜，类也。"⑧众。《诗经·小雅·出车》："执讯获醜，薄言还归。"汉·郑玄注："醜，众也。"⑨比，同。《孟子·公孙丑》："今天下德醜齐，莫能相尚，无他，好臣其所教，而不好臣其所受教。"汉·扬雄《方言》："醜，同也，东齐曰醜。"又：醜比、醜叉、醜耻、醜党（黨）、醜诋、醜地（偏远的地方）、醜恶、醜乖、醜怪、醜化、醜话、醜类、醜劣、醜陋、醜虏、醜名、醜辱、醜事、醜俗、醜徒、醜态、醜闻、醜行、醜言、醜夷、醜状、醜族、出醜、丢醜、家醜、怕醜、现醜、献醜、小醜（卑贱之辈）、遮醜、醜八怪、醜表功、醜奴儿（词牌名）、醜态百出、出乖露醜。以上繁体字系统不写“丑”。◎丑 chǒu ①地支第二位。子鼠丑牛。纪年，2009 年是己丑年。计日，公历 1935 年 1 月 1 日是丁丑日。计时，一天的凌晨 1 时至 3 时为丑时。指方位，东北偏北方向。古阴阳五行家以子指正北，卯指正东，子与卯之间有丑和寅。②传统戏曲的脚色行当。明·徐渭《南词叙录》：“以墨粉涂面，其状甚醜，今省文为丑。”明·王骥德《曲律·杂论》：“《拜月》如小丑，时得一二调笑语，令人绝倒。”③姓。南齐有丑千。又：丑宝（牛宝）、丑地（东北偏北方向）、丑脚、丑角、丑肉（牛肉）、丑时、文丑、武丑、小丑（戏曲脚色）。繁体字系统，“醜”有时也“省文”写作“丑”。

瞅 chǒu “瞅”的异体字。元·关汉卿《单刀会》第二折：“他瞅一瞅，漫天尘土桥先断，喝一声，拍岸惊涛水逆流。”清·李宝嘉《官场现形记》第十九回：“署院拿两只眼瞅紧了他，也不说别的。”

齣 chū “出”的繁体字，同音归并。戏曲中的段落，相当于“折”或“场”。明清戏曲传奇的结构单位，一部传奇包含几十出。清·蒲松龄《聊斋志异·顾生》：“移时曲终，又呈齣目，顾点《彭祖娶妇》。”清·吴敬梓《儒林外史》第十回：“戏子上来参了堂，磕头下去，打动锣鼓，跳了一齣加官，演了一齣《张仙送子》，一齣《封赠》。”后代常指戏曲以及戏剧的一个相对完整的段落：这齣戏情节简单，只有两个人物。繁体字系统，“齣”只用于戏曲，其他场合不用。“齣”，旧读 chǐ。明代戏曲理论家徐渭认为是“齝（chī）”（义为牛反刍）之误。○戏曲的段落最初也写“出”。宋·道原《景德传灯录》卷十四：“药山乃又问：‘闻汝解《弄狮子》，是否？’师

（云师）曰：‘是。’曰：‘弄得几出？’师曰：‘弄得六出。’曰：‘我亦弄得。’师曰：‘和尚弄得几出’曰：‘我弄得一出。’”该书所记为唐代事情。

耡 chú ①“锄”的繁体字“鋤”的异体字。明·程献章《冬夜》：“学业坐妨夺，田芜废耡耰。”②古代税法名。《周礼·地官·旅师》：“旅师掌聚野之耡粟。”汉·郑玄注：“耡粟，民相助作，一井之中，所出九夫之税粟也。”引申为佐助。《周礼·地官·遂人》：“教甿稼穑，以兴耡利甿，以时器劝甿。”唐·贾公彦疏：“耡，助也，兴起其民以相佐助。”转指地方官员里宰治事处。《周礼·地官·里宰》：“以岁时合耦于耡。”郑玄注：“耡者，里宰治处也。”

鉏（一）chú “锄”的繁体字“鋤”的异体字。①除草、翻土的农具。当是本字。《说文》：“鉏，立薅所用也。”《广韵》引作“立薅斫也”。《史记·秦始皇本纪》：“鉏櫌棘矜，非锬于句戟长铩也。”转指用锄除草。《楚辞·卜居》：“宁诛鉏草茅以力耕乎。”②诛灭。《史记·齐悼惠王世家》：“非其种者，鉏而去之。”宋·司马光《温国文正司马公文集》卷七十八《户部侍郎周公神道碑》：“鉏奸卫良，摧强抚弱。”（二）jǔ[鉏铻]不相配合。《楚辞·九辩》：“圜凿而方枘兮，吾固知其鉏铻而难入。”

厨 chú “厨”的异体字。

廚 chú “厨”的异体字。唐·王维《郑果州相过》：“中廚办粗饭，当恕阮家贫。”元·曹德《折桂令·江头即事》：“竹里行廚，花下提壶。”明·胡应麟《少室山房笔丛》卷八：“唐宰相有樱笋廚，食之精者樱桃饆饠。”繁体字系统通行“廚”。今台湾用“廚”。

㡡* chú “橱”的异体字。金·董解元《西厢记诸宫调》卷一：“熏风池馆有藤床，冰簟纱㡡日转午。”

櫥* chú “橱”的异体字。

櫉 chú “橱”的异体字。

蹰 chú “蹰”的异体字。

俶 chù 见265页“俶（tì）”。

舡[#] （一）chuán “船”的异体字。宋·周邦彦《片玉集》卷四《满庭芳》：“凭栏久，黄芦苦竹，拟泛九江舡。”清·吴敬梓《儒林外史》第四十六回：“那日叫了一只小舡，在水西门起行。”（二）xiāng 指船。《商君书·弱民》：“背法而治此，任重道远而无马牛，济大川而无舡楫也。”《西游记》第七回：“我们且去赶些斋饭，问个渡口寻舡，明日过去罢。”

舩 chuán “船”的异体字。汉·扬雄《太玄·进》：“次八进于渊，君子用舩。”宋·司马光《温国文正司马公文集》卷九《秋雨霁倏闻……》：“雁飞斜柱弦随指，蟹荐新螯酒满舩。”明·杨慎《词品》卷六：“烟柳风花锦作园，霜芽露叶玉装舩。”

刅[*] chuāng ①“创”的繁体字“創（chuāng）”的古字。《说文》：“刅，伤也。”②两刃刀。宋·陆游《予年十六始识叶晦叔》：“曹霸挥毫空万马，庖丁投刅解千牛。”

牕[*] chuāng “窗”的异体字。敦煌变文《叶净能诗》：“皆用水晶、琉璃、玛瑙，莫测涯际，以水晶为牕牖，以水晶为楼台。”明·叶逢春本《三国志传》卷一：“段珪回身便走，太后从牕中踊出跳下。”

窓 chuāng “窗”的异体字。宋·范成大《初秋》：“急雨过窓纸，新凉生簟藤。”金·董解元《西厢记诸宫调》卷一：“更堪听窓儿外面子规啼月。”明·佚名《东牕记》第一折：“田思忠为诏岳飞，秦丞相东窓事发。”清·尤侗《艮斋杂说》卷三：“词有自度曲，如吴梦窓【西子妆】是也。”

窗 chuāng “窗”的异体字。宋·王珪《依韵答工仪赠白鹇》：“日暖朝笼青石砌，春寒夜宿碧纱窗。”清·蒲松龄《聊斋志异·聂小倩》：“近一更许，窗外隐隐有人。”

窻[*] chuāng “窗”的异体字。《周礼·考工记·匠人》：“四旁两夹窓。”宋刊《中兴词选》崔与之《菩萨蛮·靖倅江埙生日》：“东窓五老峰前月，南窓九叠坡前雪。”明嘉靖刻佚名《荔镜记》第三出：“巧韵莺声，惊醒枕边春梦，起来晏，日上西窓。见窓外尾蝶双飞，相赴日头长，春花发的通看。”

牕 chuāng “窗”的异体字。宋·梅尧臣《闻橹》：“隔牕灯已暗，卷幔月微明。”

牎 chuāng “窗”的异体字。陶渊明《归去来辞》：“倚南牎以寄傲，审容膝之易安。”明·佚名《东牎记》第一折：“东牎下，夫人设计，诬陷岳飞父子。”明·杨慎《词品》卷六：“无人知我此时[情]，春风一枕松牎晓。”清·王奕清《历代词话》：“绿牎桃李下，闲坐叹春芳。”

窻 chuāng “窗”的异体字。《世说新语·言语》：“北窻作琉璃屏，实密似疏。”元·戴善夫《风光好》第一折：“幼年苦志在芸窻，一举成名姓字香。”《水浒传》第四十六回：“推开后面水亭上窻子，拽起弓放了一枝响箭。”

牀 chuáng “床”的异体字。当是本字。《说文》：“牀，安身之坐者。”《世说新语·德行》：“郗公亡，翼为剡县，解职归，席苫于公灵牀头，心丧终三年。”宋·陆游《斋居纪事》：“每年芒种以前，乘好日色，设牀暴书。”清·全祖望《墨云董丈墓志铭》：“太恭人患足疾卧牀数载。”

剙 chuàng “创”的繁体字“創”的异体字。《战国策·秦策三》：“大夫种为越王垦草剙邑，辟地殖谷（榖）。”宋·苏轼《撰上清储祥宫碑奏请状》：“窃见上清宫元系太宗皇帝剙建。”《宋史·舆服志一》：“陶穀为礼仪使，剙意造为大辇。”

刱* chuàng “创”的繁体字“創”的异体字。唐·白居易《达聪明致理化策》：“此皆我列祖所刱，累圣所奉。”宋·孟元老《东京梦华录·驾幸琼林苑》：“苑之东南隅，政和间，刱筑华觜冈。”

刱 chuàng “创”的繁体字“創”的异体字。宋·周密《武林旧事·海山胜概》：“南园，中兴以后所刱。”《元典章·朝纲一·政纪》：“今后除重事并刱支钱粮必合咨禀者，议拟咨来。”元·熊梦祥《析津志·城池街市》：“北省始刱公宇，宇在凤池坊北，钟楼之西。”

搥（一）chuí “捶”的异体字。①敲击。唐·孟郊《寒地百姓吟》：“高堂搥钟饮，到宵闻烹炮。”②棒槌。唐·温庭筠《湖阴词》：“羽书如电入青琐，雪腕如搥催画鞞。”（二）duī 掷。汉·扬雄《法言·问道》：“《老子》之言道德，吾有取焉耳；及搥提仁义，绝灭礼学，吾无取焉耳。”

箠 chuí ①“棰”的异体字。（1）鞭子。《说文》：“箠，击马也。”《史记·秦始皇本纪》：“及至秦王，续六世之馀烈……执棰拊以鞭笞天下，威振四海。”清·王念孙《读书杂志·武梁石室画像三石》：“‘子骞衣寒，御车失棰。’‘棰’与‘箠’同。”《史记·张耳陈馀列传》：“夫武臣、张耳、陈馀杖马箠下赵数十城。”《史记》同书两例，“棰—箠”都指鞭子。转指刑杖。《汉书·景帝纪》：“乃诏有司减笞法，定箠令。”（2）鞭棰，用鞭棰击。《后汉书·董宣传》：“帝大怒，召宣，欲箠杀之。”晋·皇甫谧《高士传·老莱子》：“可食以酒肉者，可随而鞭棰。”两例“棰—箠”都指杖击。“棰策、棰楚、棰挞、棰杖”也作“箠策、箠楚、箠挞、箠杖”。②竹名。汉·张衡《南都赋》：“其竹则籦笼篁篾，篠簳箛箠。”李善注：“箛箠，二竹名，其形未详。”◎棰 chuí 短棍。《庄子·天下》：“一尺之棰，日取其半，万世不竭。”“棰杖”不作“箠”。这一意思今多作“槌”，如“槌击、槌杵、棒槌、鼓槌”等。今台湾保留两字分工。

鎚（一）chuí “锤”的繁体字“錘”的异体字。①秤砣。唐·寒山《诗三百三首》：“秤鎚落东海，到底知是休。”敦煌曲《菩萨蛮》："水面上秤鎚浮，直待黄河彻底枯。"②锤子，榔头。宋·苏轼《答吕梁仲屯田》："付君万指代顽石，千鎚雷动苍山根。"《水浒传》第四十九回："庄客便将铁锤来敲开了锁。""锤—鎚"同。③古兵器，顶端有用以打击的金属球状物。《急就篇》十八："铁锤樴杖棁柲杸。"唐·骆宾王《咏怀》："宝剑思存楚，金鎚许报韩。""铁锤—金鎚"义通。④打击。白居易《东南行一百韵》："漂流随大海，鎚锻任洪炉。"明·于谦《石灰吟》："千锤万击出深山，烈火焚烧若等闲。""锤—鎚"同。（二）zhuì 好铜半熟。《广韵·至部》："鎚，好铜半熟。"作为打击工具，锤指形体较大的，鎚指形体较小的，"钉锤"不写"鎚"。◎錘（锤）chuí ①重量单位。八铢。《淮南子·说山》："有千金之璧，而无锱锤之礛诸。"汉·高诱注："八铢曰锤。"一说六铢。唐·慧琳《一切经音义》卷一百引《风俗通义》："铢六则锤。"又一说十二两。《淮南子·诠言》："割国之锱锤以事人。"汉·高诱注："六两曰锱，倍锱曰锤。"②锤形物。《艺文类聚》卷四十四引晋·王廙《笙赋》："弱舌纸薄，铅锤内藏。"③通"垂"。垂挂。《邓析子·无厚》："不治其本而务其末，譬如拯溺锤之以石，救火投之以薪。"以上①—③繁体字系统不写"鎚"。

旾 chūn "春"的异体字。清·王闿运《与曾侍郎言兵事书》："《旾秋》之义，责在贤者。"

萅[*] chūn "春"的异体字。《说文·艸部》："萅，推也。从艸从日。艸春时生也，屯声。"

脣 chún "唇"的异体字。唐·杜甫《茅屋为秋风所破歌》："脣焦口燥呼不得，归来倚杖自叹息。"敦煌曲《柳青娘》："故着胭脂轻轻染，淡施檀色注歌脣。"宋·沈括《梦溪笔谈·技艺》："其法用胶泥刻字，又有一脣，盖防倒用耳。"

湻 chún “淳”的异体字。宋·赵珙《蒙鞑备录·奉使》：“大抵其性湻，有太古风。”《元典章·刑部·诸盗总例》：“里闾相劝，族党相规，永为湻良。”明·蒋一葵《长安客话·妫川》：“足迹半天下，爱此俗湻美。”

蓴 chún “莼”的繁体字“蒓”的异体字。多年生水草，嫩叶可以做汤。唐·张志和《渔父歌》：“松江蟹舍主人欢，菰饭蓴羹亦共餐。”宋·辛弃疾《木兰花慢·送滁州范倅》：“秋晚蓴鲈，江上夜深，儿女灯前。”清·陆钟辉辑《南宋群贤诗选》卷一洪迈《秋日漫兴二首》：“无因为谢东曹掾，鲈熟蓴香莫使归。”繁体字系统多写“蓴”。20世纪人物有杨东蓴，随着汉字简化，报纸上写杨东莼。

醕 chún “醇”的异体字。汉·徐幹《齐都赋》：“三晋既醕，五齐惟醹。”清·西清《黑龙江外纪》卷六：“黑龙江风气醕古，人朴厚，好骑射。”清·萨英额《吉林外纪》卷七：“吉林城南一带名为南山，烟味艳而香；江东一带名为东山，香味艳而醕。”

惷 chǔn “蠢”的异体字。①愚蠢。《战国策·魏策一》：“寡人惷愚，前计失之。”《淮南子·氾论》：“存亡之迹若此其易知也，愚夫惷妇皆能论之。”②骚动。《说文》：“惷，乱也。《春秋传》曰：‘王室曰惷惷焉。’”今本《左传·昭公二十四年》作“今王室实蠢蠢焉”。晋·杜预注：“蠢蠢，动扰貌。”

詈 cí “词”的繁体字“詞”的异体字。唐·郄昂《岐邠泾宁四周八马坊碑颂》：“从韦公之训詈，可以孜孜不怠。”

辤* cí “辞”的繁体字“辭”的异体字。《世说新语·捷悟》记杨修与曹操解曹娥碑上“黄绢幼妇，外孙齏臼”为“绝妙好辤”故事。杨修说：“‘黄绢’，色丝也，于字为‘绝’。‘幼妇’，少女也，于字为‘妙’。‘外孙’，女(之)子也，于字为‘好’。‘齏臼’，受辛也，于字为‘辤’。所谓‘绝妙好辤’也。”齏臼，用北方话说，就是蒜钵子。蒜钵子最主要的功用是捣蒜。蒜是辛辣之物，所以杨修解作“受辛”，于字为“辤”。〇《说文解字》有“辤”，也有“辭”。对“辤”的解释是“不受也”。即辞让。对“辭”的解释是“讼也”，就是言辞、讼辞。覆宋本《玉台新咏·日出东南隅行》：“罗敷前致辤，使君一何愚。”“辭”有多个义项，后来合为“辭”。《广韵》就说“辤”同“辭”。

餈 cí “糍”的异体字。糍粑。《周礼·天官·笾人》：“羞笾之食，糗饵粉餈。”［餈筒］粽子的别名。宋·陆游《初夏》：“白白餈筒美，青青米果新。”原注：“蜀人谓粽子为餈筒。”

鷀 cí “鹚”的繁体字“鶿”的异体字。宋·陆游《看花》：“鸬鷀闲似我，日莫(暮)立清滩。”宋·辛弃疾《蓦山溪》：“病来止酒，辜负鸬鷀杓。”今台湾用“鷀”。

怱 cōng ①“匆”的异体字。急促。唐·杜甫《泥功山》：“寄语北来人，后来莫怱怱。”②“聪”的繁体字“聰”的异体字。《汉书·郊祀志下》：“陛下圣德，怱明上通。”

悤 cōng “匆”的异体字。《史记·龟策列传》：“阴阳相错，悤悤疾疾。”宋·黄伯思《东观馀论》卷上《第二汉魏吴晋人书》：“今世流俗又妄加‘勿勿’字中斜益一点，读为‘悤’字，弥失真矣。”

傯 cōng 见375页“傯(zǒng)”。

蔥* cōng “葱”的异体字。宋·徐梦莘《三朝北盟会编》卷二十：“以极肥猪肉或脂润切大片一小盘子，虚装架起，间插青蔥三数茎，名曰肉盘子。”

聦* cōng “聪”的繁体字“聰”的异体字。宋·司马光《温国文正司马公文集》卷十五《效赵学士体成口号十章献开府大师》：“八十聦明强健身，况从壮岁秉鸿钧。”宋·陆游《渭南文集》卷十三《代二府与夏国主书》：“某等忝以国主英武聦哲，闻于天下。”

從 cóng “从”的繁体字。《汉字简化方案》规定,“從”简化为“从”。《说文解字》“从”部既有“从”,也有“從”。“从”的释文是:“相听也,从二‘人’。”就是两个人在一起,互相听从。“從”的释文是:“随行也。从‘辵’,从‘从’。”“辵”的“彡”后来变成“彳”,像“止”的部分移到“从”的下边,成为“從”。“從”意思是两个人一起行走,一个人跟随另外一个人。通行本《说文解字》解析字的结构,一律作“从某”。上文释“從”和“从”的引文已经说明这点。在上面所说的意思上,“从”和“從”,既是繁简关系,又互为异体字。

藂[#] cóng “丛”的繁体字“叢”的异体字。聚集。《汉书·东方朔传》:“宫人簪玳瑁,垂珠玑,设戏车,教驰逐,饰文采,藂珍怪。”

凑 còu “凑”的异体字。当是本字。《说文》:“凑,水上如所会也。”①聚集。《史记·货殖列传》:“番禺亦其一都会也,珠玑、犀、玳瑁、果、布之凑。”②拼合。宋·陈亮《与章德茂侍郎书》:“岁食米四百石,只得二百石,尚欠其半,逐旋补凑,不胜其苦。”《水浒传》第十七回:“有个一般赌博的,引兄弟去北门外十五里,地名安乐村,有个王家客店内,凑些碎赌。”今台湾用“凑”。

麄 cū “粗”的异体字。①粗大。《吕氏春秋·异宝》:“其知弥精,其所以取精;其知弥麄,其所以取麄。”清·富察敦崇《帝京岁时记·丢针》:“细如线,麄如椎。”②粗浅。《公羊传·庄公十年》:“曷为或言侵,或言伐?麄者曰侵,精者曰伐。”③粗略。《后汉书·律历志中》:“法有细麄,以生两科,其归一也。”宋·赵与旹《宾退录》卷三:“今称著作郎为大著,麄有确依。”④粗鲁。宋·周密《癸辛杂识续集·宋江三十六赞》:“智多星吴学究,古人用智,义国安民。惜哉所予,酒色麄人。”

麁[#] cū “粗”的异体字。《战国策·赵策一》：“夫知伯为人也，麁中而少亲。”

麄[*] cū “粗”的异体字。《齐民要术·种榆白杨》：“谚曰：不剥不沐，十年成毂。言易麄也。”唐·刘肃《大唐新话·著述》：“才别朱紫，麄分菽麦。”宋·邢居实《抚掌录·讲论语》：“魏博节度使韩简，性麄质美，对文士不晓其说，心常耻之。”

麤[*] cū “粗”的异体字。清·赵怀玉《故武进县知县孙公祠堂碑》：“虽规模麤备，而俎豆聿新。”

麤 cū “粗”的异体字。《韩非子·十过》：“知伯之为人也，麤中而少亲。”《列子·说符》：“得其精而忘其麤，在其内而忘其外。”《水浒传》第四十七回：“李逵看那人时，戴一顶红绢抓髻儿头巾，穿一领麤布衲袄，手里拿着两把板斧。”

蹵 cù “蹴”的异体字。①踩。汉·贾谊《治安策》：“礼，不敢齿君子之路马，蹵其刍者有罚。”②踢球。《汉书·枚乘传》：“弋猎射驭狗马蹵鞠刻镂。”明·汤显祖《送臧叔晋谪归湖上》：“深灯夜雨宜残局，浅草春风恣蹵球。”[蹵然]惊惭不安。《庄子·德充符》：“子产蹵然改容更貌曰：‘子乃无称。’”

欑[#] cuán “攒(cuán)”的繁体字“攢”异体字。聚集。《说文》：“欑，丛木。”《礼记·丧服大记》：“君殡用輴，欑至于上。”三国魏·何晏《景福殿赋》：“若幽星之纚连也，既栉比而欑集。”“攒”读 zǎn，不作“欑”。

簒 cuàn “篡”的异体字。

啐[*] (一)cuì “啐”的异体字。叹词。清·新广东武生《黄萧养回头》：“啐，老爷乃是外江佬，只识得唱京腔西梆子。”(二)qī 用于拟声词“啐啐喳喳”。

脃 cuì “脆”的异体字。容易断、碎。《周礼·考工记·弓人》：“夫角之末，远于脑而不休于气，是故脃；脃，故欲其柔也。”晋·陆机《汉高祖功臣颂》:“凌险必夷,摧坚则脆。”

脺* cuì “脆”的异体字。容易断、碎。《说文》:“小耎易断也。”《集韵·没韵》:“脆,耎易断也。或作脺。”

焠# cuì “淬”的异体字。锻造时把烧红的金属浸入水中,使之急速冷却,以增强硬度。现代词语“淬火”、“焠火”都是指这一行为。着眼于用水,写“淬”,着眼于处理烧红的金属,写“焠”。《说文》:“焠,坚刀刃也。”《汉书·王褒传》引王褒《圣主得贤臣颂》“清水焠其锋,越砥敛其咢(锷)”,《文选》录王褒该文作“淬”。《说文》“淬”的释义是“灭火器也”,段玉裁的解释是:“以器盛水,濡火使灭,其器谓之淬。”这是古代淬火的方法。

臎* cuì “脆”的异体字。汉·枚乘《七发》:“饮食则温淳甘臎,脭浓肥厚。”

顇 cuì “悴”的异体字。《北齐书·儒林传·孙灵晖》:“绰所为猖獗,灵晖唯默默忧顇,不能谏止。”宋·陆游《渭南文集》卷十一《谢台谏启》:“伏念某遭回薄命,顦顇馀生。”明·凌义渠《闵母臧太夫人墓志铭》:“夫人默祷虔吁,愿以身代者数四,形神为顇。”

邨 cūn “村”的异体字。两个字只在村庄意思上相同,“村社、村寺、村烟”繁体字也写作“邨社、邨寺、邨烟(煙)”。明·胡应麟《少室山房笔丛》卷二十一:“考宋人填词绝唱,如‘流水孤邨’、‘晓风残月’等篇,皆与词名了不相涉。”清·平步青《小栖霞说稗》:“至今邨庄杂剧,演其遗事。”清·林则徐《回疆竹枝词》:“邨邨绝少炊烟起,冷饼盈怀唤作馕。”“邨”又见于现代人名:钱杏邨(阿英)、孙晓邨。今台湾通用“村”。◎村 cūn ①粗野、粗俗。元·王实甫《西厢记》第一本第四折:“老的少的,村的俏的,没颠没倒,胜似闹元宵。”②愚笨。元·乔吉甫《折桂令》:“想献玉遭刑费本,算挥金买笑何村。"③粗劣。苏轼《答王巩》:"是家豪逸生有种,千金一掷颇黎盆,连车载酒来,不饮外酒嫌其村。"④凶狠。《朱子语类》卷四:"有那村知县,硬要捉缚,须要他纳。"⑤急忙。宋·杨万里《赠阁皂山懒云道士》:"问渠真个如云懒,为许随风处处村。"⑥以语言冒犯,奚落。《红楼梦》第六十二回:"黛玉自悔失言,原是打趣宝玉的,就忘了村了彩云了。"⑦朴实。元·张昱《古村为曹迪赋》:"魏国南来有子孙,至今人物古而村。"以上①—⑦不是村庄义,都不能写"邨"。△《通用规范汉字表》稿:仅用于姓氏人名。其他用"村"。

剉 cuò "锉"的繁体字"銼"的异体字。①折伤。《吕氏春秋·必己》:"成则毁,大则衰,廉则剉。"②抓药。清·蒲松龄《聊斋志异·齐天大圣》:"但为延医剉药,而不成其祷。"○繁体字系统,折伤,切削,用"剉":剉平、剉切、剉辱。切削工具,用"銼":锉刀、锉鑢、锉子。《第一批异体字整理表》把"剉"、"挫"合并入"銼",随后简化为"锉",1956年恢复"挫"。今台湾三字并存。

D

荅[#] dá ①“答”的异体字。回答。《尚书·顾命》：“燮和天下，用荅扬文武之光训。”《礼记·祭义》：“祭之日，君牵牲，穆荅君，卿大夫序从。”《世说新语·言语》：“[满]奋有难色，帝笑之。奋荅曰：‘臣犹吴牛，见月而喘。’”明·何良俊《语林》卷二十一：“敬则荅曰：‘臣以拍张，故得三公。不可忘拍张。’时以为名荅。”②小豆。《九章算术·粟米》：“菽、荅、麻、麦，各四十五。”③粗重。《汉书·货殖传》：“荅布皮革千尺。”唐·颜师古注：“荅者，厚重之貌。”

搨 dá 见259页“搨(tà)”。

瘩 dá “瘩”的异体字。元·柯丹丘《荆钗记·春科》：“橘子生来耀日光……后来结成一个大疙瘩。”《水浒传》第五十三回：“你不是要，若跌下来，好个大疙瘩。”

獃 dāi “呆”的异体字。旧读ái。痴呆。《水浒传》第一零四回：“列位恁般獃，你们如今还想要做好人？”《红楼梦》第三十五回：“他自己烫了手，倒问别人疼不疼，这可不是獃了吗？”“呆头呆脑”今台湾写“獃”。

騃(一)dāi “呆”的异体字。旧读ái。愚，呆。《汉书·息夫躬传》：“左将军公孙禄、司隶鲍宣皆外有直项之名，内实騃不晓政事。”汉·王符《潜夫论·边议》：“百姓被害，迄今不止，痴儿騃子尚云不当救助，且待天时。”《西游记》第四十一回：“他两个只管论那妖精的手段，讲那妖精的火毒，沙和尚倚着松根，笑得騃了。”清·方东树《考槃集文录》卷六《答姚少甫书》：“仆少騃拙，于人事多所不通。"(二)sì 急走。汉·张衡《西京赋》:"众鸟翩翻,群兽駓騃。"

瑇 dài "玳"的异体字。汉·司马相如《子虚赋》:"其中则有神龟蛟鼍,瑇瑁鳖鼋。"《史记·春申君列传》:"赵使欲夸楚,为瑇瑁簪,刀剑室以珠玉饰之,请命春申君客。"

耼[#] dān "聃"的异体字。《左传·定公四年》:"耼季授土,陶书授民。"晋·刘琨《答卢谌诗序》:"然后知耼周之为虚诞,嗣宗之为妄作也。"

酖 dān 见349页"酖(zhèn)"。

躭 dān "耽"的异体字。①快乐。晋·张翰《杂诗》:"嘉卉亮有观,顾此难久躭。"②延宕,停留。金·董解元《西厢记诸宫调》卷七:"是必小心休迟滞,莫躭误。"明·谈迁《北游录·纪闻下》:"升县令岁月躭捱,转国学进部求差。"③迷恋。《汉书·王嘉传》:"躭于酒色,损德伤年。"[躭待]原谅。老舍《龙须沟》第二幕第二场:"我不知道,说走了嘴,您多躭待!"今台湾用"耽"。

撢[#] dǎn "掸"的繁体字"撣"的异体字。清·潘景陛《帝京岁时记胜·东岳庙》:"士女云集,至二十八日为尤甚,俗谓之撢尘会。"今台湾两字并存。

啗 dàn "啖"的异体字。《韩非子·外储说左下》:"仲尼先饭黍后啗桃,左右皆掩口而笑。"

噉(一)dàn "啖"的异体字。北齐·颜之推《颜氏家训·风操》:"江宁姚子笃,母以烧死,终身不忍噉炙。"唐·杜甫《壮游》:"翠华拥吴岳,貙虎噉豺狼。"宋·黄伯思《东观馀论》卷上《第六王会稽书上》:"'宰相并噉豆,叔伏想嫂'等,亦伪书。"今台湾"啗"、"啖"、"噉"并存。(二)hǎn 通"喊"。晋·干宝《搜神记》卷四:"风雨失其柩,夜闻荆山有数千人噉声,乡民往视之,则棺已成冢。"敦煌变文《捉季布传文》:"高声直噉呼:'刘季,公是徐州丰县人。'"

澹*（一）dàn “淡”的异体字。味道不浓，颜色浅。《吕氏春秋·本味》：“辛而不烈，澹而不薄。”晋·佚名《休洗红》：“休洗红，洗多红色澹。”又“淡泊、淡漠、惨淡、冷淡”等也作“澹泊、澹漠、惨澹、冷澹”等。“澹”的以下义项为“淡”所没有。①水波起伏。宋玉《高唐赋》：“水澹澹而盘纡兮，洪波淫淫之溶滴。”②触动。《汉书·礼乐志》录《郊祀歌》：“灵之至，庆阴阴，相放悉，震澹心。”③安定。《老子》第二十章：“澹兮其若海，飂兮若无止。”④减轻。汉·司马相如《难蜀父老》：“夏后氏戚之，乃堙洪原，决江疏河，灑（shī，疏导）沉澹灾。”⑤文章朴实。《文心雕龙·时序》：“于时正始馀风，篇体轻澹，而嵇、阮、应、缪，并驰文路矣。”⑥古水名，在今湖南安乡县境。（二）dān 澹林，我国古代北方少数民族。《史记·张释之冯唐列传》：“是以北逐单于，破东胡，灭澹林。”（三）tán［澹台（臺）］复姓，孔子弟子有澹台灭明。单姓“澹”，明朝宣德年间长阳知县澹文升，当读tán。◎淡（一）dàn ①味不浓。《说文》：“淡，薄味也。”《老子》第三十五章：“道之出口，淡乎其无味。”②淡泊。《庄子·山木》：“且君子之交淡若水，小人之交甘若醴；君子淡以亲，小人甘以绝。”○［淡淡］侧重于颜色浅、冷淡、清淡等义。［澹澹］有几个意思。①荡漾。汉·曹操《步出东门行》：“水何澹澹，山岛竦峙。”②恬静。汉·刘向《九叹·愍命》：“心溶溶其不可量兮，情澹澹其若渊。”③广漠。唐·杜牧《登乐游原》：“长空澹澹孤鸟没，万古销沉在此中。”④吹拂的样子。明·蒋一葵《长安客话·海淀》引王嘉谟《西勾桥》：“微风何澹澹，杨柳荫重围。”（二）yǎn［淡淡］水流平满。宋玉《高唐赋》：“濞汹汹其无声兮，溃淡淡而并入。”唐·李善注：“淡，以冉切。”（三）yàn［淡淡］隐约。《列子·汤问》：“将旦昧爽之交，日夕昏明之际，北面而察之，淡淡然若有物存。"宋·张湛注:"淡音艳。"

噹 dāng "当"的繁体字。实际是"当"的繁体字"當"的异体字,只用做拟声词。《西游记》第七十回:"行者闻说,将金杯连酒望空一撇,噹的一声响亮,那个金杯落地。"○"当"读平声 dāng,去声 dàng,用做非拟声词,与"噹"无关。

璫* dāng ①"当"的繁体字"當"的异体字。用于拟声词。唐·温庭筠《张静婉采莲歌》:"麒麟公子朝天客,珂马璫璫度春陌。"清·吕坤《演小儿语》:"卖瓮儿,璫璫响,中有人,四下撞。"②"珰"的繁体字。(1)玉质的瓦当。《史记·司马相如列传》:"华榱璧璫。"(2)耳坠。《红楼梦》第八十七回:"斓裙裾之烁烁兮,镂明月以为璫耶。"③玉佩。南朝梁·刘孝绰《淇上人戏荡子妇示行事》:"美人要杂佩,上客诱明璫。"明·曹昭《新增格古要论·珍宝论》:"珩、璫、佩、环,俱佩玉。"

黨 dǎng "党"的繁体字。繁体字系统,二者并不通用。"黨"常用以下义项。①古代地方户籍编制单位,五百家为一黨。汉·刘熙《释名·释州国》:"五百家为黨。"汉·郑玄释《论语·雍也》"以与尔邻里乡黨"曰:"五家为邻,五邻为里,万二千五百家为乡,五百家为黨也。"[黨正]一"黨"之长官。[黨人]同乡之人。②亲族。《礼记·杂记》:"其黨也食之,非其黨弗食也。"郑玄注:"黨,犹亲也。"清·纪昀《阅微草堂笔记·姑妄听之二》:"东光马节妇,余妻黨也。"③朋辈,同伙。《左传·僖公十年》:"[晋]遂杀丕郑、祁举及七舆大夫……皆里丕之黨也。"引申为结成朋党。《左传·文公六年》:"阳处父至自温,改搜(蒐)于董,易中军。阳子,成季之属也,故黨于赵氏。"《后汉书·南匈奴传》:"大将军梁商以羌胡新反,黨众初合,难以兵服,宜用招降。"④等类。晋·左思

《吴都赋》:“乌菟之族,犀兕之黨,钩爪锯牙,自成锋颖。”转指辈、等。唐·贾岛《石门陂留辞从叔谟》:“何时临涧柳,吾黨共来攀。”⑤偏私。《论语·卫灵公》:“子曰:‘君子矜而不争,群而不黨。”《汉书·朱建传》:“孝文时,淮南厉王杀辟阳侯,以黨诸吕故。”⑥知晓。《荀子·非相》:“法先王,顺礼义,黨学者,然而不好言,不乐言,则必非诚士也。”⑦集团、派别,即现在的政党。清·刘大櫆《颍州府通判吕君墓表》:“穷其黨徒,民得安处。”⑧姓氏。《左传·庄公三十二年》:“初,公筑台临黨氏。”晋·杜预注:“黨氏,鲁大夫。”作为姓氏或读 zhǎng。《左传·定公七年》:“王入于王城,馆于公族黨氏。”唐·陆德明《释文》:“黨,音掌。”◎党 dǎng ①党项,古代民族名。羌人的一支,南北朝时分布在今青海、四川一带。北宋时在今宁夏、甘肃一带建立以党项羌为主体的大夏政权,元代称唐兀或唐兀惕,俄罗斯学界称 Тангут(唐古特)。②姓氏。明·凌迪知《万姓统谱·养韵》:“党,与黨姓通,晋大夫黨氏之后也。”现在党与黨是两个姓,西北地区党姓,当是得自党项。宋朝党怀英,不作“黨”。明代有黨还醇。不作“党”。③“黨”的俗字。汉字简化,把“黨”简化为“党”。“党”是现在的规范字。

攩(一)dǎng “挡”的繁体字“擋”的异体字。遮挡,抵挡。明·汤显祖《牡丹亭·硬拷》:“我一谜的承供,供的是开棺见喜,攩煞逢凶。”清·文康《儿女英雄传》第五回:“这个东西冬天攩寒,夏天煞水,像走长道儿还可以解乏。”(二)tǎng 捶打。明·西周生《醒世姻缘传》第十五回:“若不着这一封攩戗的书去,可不就像阴了信的炮熗一般罢了?”

氹[#] dàng “凼”的异体字。水坑或粪坑。清·徐珂《清稗类钞·经术类》:“氹,蓄水为池也。”周立波《在一个星期天里》："一个凼子里放了好多精肥？"

盪 dàng "荡"的繁体字"蕩"的异体字。两字在摇动、洗涤、游逛、清除、广阔等意思上相通，"荡涤、荡风、荡寒、荡桨、荡平、荡然、荡突、荡漾、荡舟、波荡、簸荡、冲(衝)荡、涤荡、鼓荡、晃荡、回(迴)荡、激荡、空荡、旷荡、流荡、飘荡、扫荡、坦荡、傥荡、跳荡、洗荡、闲荡、摇荡、游荡、震荡、荡气回肠、浩浩荡荡"等，写"蕩"或"盪"都可以。"盪"又有推算、运算义。宋·沈括《梦溪笔谈·象数》："乘除相盪，无所附益，泯然冥会者，真数也。"又激动。清·钱谦益《列朝诗集小传·题徐阳初小令》："盖余方有幽忧之疾，欷歔烦酲，而阳初词多呜咽感盪，如雄风只袭虚牝，宜其能愈我疾也。"◎蕩(荡)(一)dàng ①宽恕。唐·元稹《弹奏剑南东川节度使状》："贼军奄至，暂被胁从，狂寇既平，再蒙恩荡。"②浅水湖，沼泽。宋·王安石《东陂》："荷叶初开笋渐抽，东陂南荡正堪游。"清·魏源《东南七郡水利略叙》："太湖汇源水之来，湖所不能容者，则亚而为荡，为漾，为茆，为淀。"地名有芦花荡、黄天荡等。又[板荡]，以《诗经》讽刺周厉王的《板》和《荡》两篇的篇名，指社会动荡。唐·李世民《赐萧瑀》："疾风知劲草，板荡识诚臣。"以上都不能写"盪"。(二)tāng 用于古地名，荡阴，即河南省汤阴。

島 dǎo "岛"繁体字"島"的异体字。《后汉书·东夷传》："马韩之西，海島上有州胡国。"唐·温庭筠《昆明池水战词》："茂陵仙去菱花老，唼唼游鱼近烟島。"

擣 dǎo "捣"的繁体字"搗"的异体字。《后汉书·盖延传》："可直往擣郯，则兰陵必自解。"北魏·郦道元《水经注·沔水一》："下有女郎庙及擣衣石。"

擣 dǎo "捣"的繁体字"搗"的异体字，实际是"擣"的异体字。清·朱骏声《说文通训定声·孚部》:"擣,又作搗(搗)。"敦煌曲《喜秋天》:"永夜严霜万草衰,擣练千声促。"

悳 dé "德"的异体字。《说文解字·心部》:"悳,外得于人,内得于己也。从'直'从'心'。"取"直心"会意。直心待人为德。《左传·襄公二十九年》:"辩而不德,必加于戮。"清·俞樾《诸子平议》:"'德'当读为'直'。'德'字古文作'悳',本从'直'声,故即与'直'通。""悳"从"直",包含有"直"的意思。古今姓dé的,多数原不是汉族,他们大多写通行的"德"字,清朝乾隆年间有德保,属满族正白旗,诗人,当过礼部尚书。也有一些姓dé的,取"直心"义,一直坚持写"悳",1949年教过我们数学的老师就自我介绍说,姓直心"悳"。《汉书·贾谊传》:"割膏腴之地以王诸公,多者百余城,少者乃三四十县,悳至渥也。"唐·颜师古注曰:"悳,古德字。"

撜* dèn "扽"的异体字。相声《小神仙》:"他撜出几块砖头儿来,拨拉拨拉土,扒了这么一个洞,把壶往里这么一塞。"

鐙* (一)dēng ①"灯"的繁体字"燈"的异体字。《说文》:"镫,锭也。""锭,鐙也。"汉·刘桢《赠五官中郎将》:"宏宾会广座,明鐙熺炎光。"清·吕坤《演小儿语》:"东屋点鐙西屋明,西屋无鐙似有鐙;鐙前一寸光如罩,可恨鐙台不自照。"清·龚自珍《写神思铭》:"楼中有鐙,有人亭亭。"②古代陶制的食器,形似高脚盘。《广韵》:"豆有足曰锭,无足曰鐙。"《仪礼·公食大夫》:"大羹湆不和,实于鐙。宰右执鐙,左执盖,由门入。"汉·郑玄注:"瓦豆谓之鐙。"(二)dèng"镫"的繁体字。鞍子两边的脚踏。唐·杜甫《清明》:"金镫下山红日晚,牙樯捩驮青楼远。"宋·孟元老《东京梦华录·驾登宝津楼诸军呈百戏》:"或留左脚着镫,右脚出镫。"

橙(一)dèng "凳"的异体字。

《晋书·王献之传》:"魏时,陵云殿榜未题,而匠者误钉之,不可下,乃使韦仲将悬橙书之。"宋·洪迈《夷坚丙志·饼店道人》:"有风折大木,居民析为二橙,正临门侧,以待过者。"(二)chéng 果木名。《本草纲目·果二》:"橙乃橘属之大者,晚熟耐久。"

櫈* dèng "凳"的异体字。明·刘若愚《酌中志·内臣佩服纪略》:"櫈杌……其制如靠背椅而加两杆于旁。"

蹬(一)dèng "镫"的繁体字的异体字。供脚踏用的物品。覆宋本《玉台新咏》萧纲《紫骝马》:"青丝悬玉蹬,朱汗染香衣。"清·吴敬梓《儒林外史》第三十五回:"只见两个太监,牵着一匹御用马,请庄徵君上去骑者,两个太监跪着坠蹬。"[噌蹬]困顿。唐·李白《赠张相镐》:"晚途未云已,噌蹬遭谗毁。"(二)dēng 踩,踏。今为规范字。

隄 dī "堤"的异体字。①沿江河湖海修成的土石建筑物。《说文》:"隄,唐(塘)也。"《韩非子·喻老》:"千丈之隄,以蝼蚁之穴溃。"汉·班固《西都赋》:"茂树荫蔚,芳草被堤。"②筑堤。《管子·度地》:"地高则沟之,下则隄之,命之曰金城。"③桥梁。《尔雅·释宫》:"堤谓隄梁。"晋·郭璞注:"隄,即水桥也。"《元史·河渠志三》:"其截河大隄,高广不等,长十有九里百七十七步。"④[隄防]拦水堤坝。转指防范。《汉书·董仲舒传》:"夫万民之从利也,如水之走向,不以教化隄防之,不能止也。"《水浒传》第四十六回:"他庄上如何不隄防,我们扮作什么人入去好?"

牴(一)dǐ "抵"的异体字。只用于牛羊角碰撞义。明·西周生《醒世姻缘传》第七十九回:"此牛……会牴人,作了六两八钱银卖他到汤锅上去。"唐·道世《法苑珠林》卷六十六:"于道中见二特牛,方相牴触。"《资治通鉴·汉武帝元封三年》"角牴戏",元胡三省注引三国魏·文颖曰:"名此乐为角牴,两两相当,角力、角技艺射御,盖杂技乐也。"按,《汉书》注作"抵"。[牴觤(guǐ)],置于华表顶和大门前的石兽名。"牴触、牴牾、大牴、角牴",今写"抵"。(二)dī 公羊。《说文》:"牴,公羊也。"《汉书·封禅书》:"作西畤,祠白帝,其牲用骝驹、黄牛、牴羊各一云。"今作"羝"。

觝 dǐ "抵"的异体字。只与"抵"的异体字"牴(dǐ)"义通。《淮南子·说山》:"熊罴之动以攫搏,兕牛之动以觝触。"今台湾用"觝触"。三国魏·嵇康《琴赋》:"狂赴争流,触岩觝隈。"南朝梁·任昉《述异记》卷上:"今冀州有乐名蚩尤戏,其民两两三三,头戴牛角而相觝,汉造角觝戏,盖其遗制也。"《辽史·太宗纪上》:"宴群臣及诸国使,观俳优角觝戏。"《金史·章宗纪二》:"制定民习角觝、枪棒罪。"

蔕 dì "蒂"的异体字。花、瓜果与枝相连的部分。当是本字。《说文》:"蔕,瓜当也。"宋玉《高唐赋》:"绿叶紫裹,丹茎白蔕。"《汉书·贾谊传》:"细故蔕芥,何足以疑。"转指种植。汉·张衡《西京赋》:"蔕倒殖茄于藻井。"

遰* dì ①"递"的繁体字"遞"的异体字。(1)[迢遰]高远。北魏·郦道元《水经注·洛水》:"迢遰层峻,流烟半垂,缨带山阜。"敦煌曲《浣溪沙》:"海盐喧呼别绿波,双飞迢遰历山河。"(2)依次而进。南朝梁·江淹《伤爱子赋》:"遰道行之美迹,弘盛业之清猷。"②去,往。《说文》:"遰,去也。"《大戴礼记·夏小正》:"[九月]遰鸿雁。"注:"遰,往也。"

僙* diān "颠"的繁体字"顛"的异体字。①颠倒。《穀(谷)梁传·僖公二十八年》:"以为晋文公之行事,为已僙矣。"晋·范宁注:"以臣召君,僙倒上下。"②荒谬。严复《救亡决论》:"见仇家积粟,遂禁子弟不复力田。呜呼,其僙甚矣!"

跕[#]（一）diǎn“踮”的异体字。抬起脚后跟用脚尖站着。陈炜谟《夜》："有一回看见伊跕着脚爬上了很高的多宝柜去取什物。"（二）zhàn“站”的异体字。①站立。明·汤显祖《邯郸记·召还》："打你个老头皮不向我门下参，打你个硬骹儿不向我庭下跕。"②驿站，粮站。《水浒传》第一回："夜宿邮亭，朝行驿跕。"清·徐珂《清稗类钞·礼制类》："逐跕换骑，快马飞驰，赍送进京。"

澱diàn “淀”的繁体字。同音归并。①淤泥，渣滓，液体里沉在下面的东西。《齐民要术·养羊》："烧葵根为灰，煮醋澱，热涂之，以灰厚傅。"宋·沈括《梦溪笔谈·杂志二》："汴渠有二十年不浚，岁岁堙澱。"又：澱粉、积澱、澱积层。②供牧马的水草地。宋·吕颐浩《上边事善后十策·论举兵之时》："臣在河北、陕西缘边，备见金人风俗，每于逐年四月初，尽括官私战马，逐水草牧放，号曰入澱。"原注："澱乃不耕之地，美水草之处，其地虚旷宜马。"宋·徐梦莘《三朝北盟会编》卷九十八："太子往御寨，离燕山七百里，到凉澱。"又卷一九四："与逐年四月初，驱官私马水草放牧，号曰入澱（原注：美水草之地）。"这里说的"澱"，按意思应该是"淀"。③蓝靛，蓝色染料。宋·吴自牧《梦粱录·江海船舰》："大洋之水，碧黑如澱。"元·周德清《塞鸿秋·浔阳即景》："长江万里白如练，淮山数点青如澱。"◎淀diàn浅水湖。晋·左思《魏都赋》："掘鲤之淀，盖节之渊。"刘逵注："如渊而浅皆谓之淀。"北齐·颜之推《颜氏家训·归心》："江陵高伟，随吾入齐，凡数年，向幽州淀中捕鱼。"清·赵曦明注："淀，今北方亭（停）水之地也。"［淀园］即圆明园。［淀河］指大清河。又茶淀、海淀、白洋淀、荷花淀、巨淀湖（在山东，已涸废），今北京市通州区旧漷县境有延芳淀。以上不写"澱"。○今江苏昆山市与上海青浦区之间的淀山湖，繁体字系统写“澱”。

凋 diāo 《第一批异体字整理表》把“鵰、彫、琱、凋”合并入“雕”。1988年发布的《现代汉语通用字表》收有“凋”字，今为规范字。①凋谢。《说文》：“凋，半伤也。”清·王筠《说文句读》：“草木凋落有渐，故曰半伤。”汉·张衡《思玄赋》：“桑末寄夫根生兮，卉既凋而已育。”②衰败。唐·李白《蜀道难》：“蜀道之难，难于上青天，使人听此凋朱颜。”③疲敝。宋·范仲淹《谢授知邠州表》：“始尘宣慰之名，来抚凋疲之俗。”

彫 diāo “雕”的异体字。①雕刻。《论语·公冶长》：“宰予昼寝。子曰：‘朽木不可彫也，粪土之墙不可杇也。’”宋·陆游《渭南文集》卷十《谢赵丞相启》：“彫虫篆刻，尚少进于故时。”②绘饰。唐·杜甫《日暮诗》：“将军别换马，夜出拥彫戈。”转指色彩斑斓。晋·顾恺之《观涛赋》：“彫鳞采介，特种奇名。”宋·周邦彦《片玉集》卷三《少年游》：“而今丽日明如洗，南陌暖彫鞍。”③凋落。宋·司马光《温国文正司马公文集》卷七《赠太子太傅康靖李公挽歌二首》：“黄发今彫丧，苍生欲奈何。”“雕本、雕弊、雕虫、雕弓、雕镌、雕零、雕龙、雕镂、雕巧、雕朽、雕章、雕琢”等，也写“彫”。今台湾保留“彫”字。

琱 diāo “雕”的异体字。①治玉。汉·张衡《思玄赋》：“轙琱舆而树葩兮，扰应龙以服路。”宋·罗大经《鹤林玉露》卷二：“镌犀为轴，琱玉为龙。”②推敲，修饰文章。宋·杨万里《寒食雨》：“老来不办琱新句，报答风光且一篇。”③彩绘装饰。《汉书·贡禹传》：“墙涂而不琱，木摩而不刻。”宋本《玉台新咏》吴均《和萧洗马子显古意》：“既得承琱辇，亦在更衣中。”

鵰 diāo “雕”的异体字。①大型猛禽。《说文》：“鵰，籀文雕从鸟。”《淮南子·原道》：“鹰鵰搏鸷，昆虫蛰藏。”

《北齐书·斛律光传》："见以大鸟，云表飞扬……旋转而下，至地乃大鵰也。"引申指凶悍。晋·左思《吴都赋》："料其虓勇，则鵰悍狼戾。"猛禽义，今台湾写"鵰"：鵰鹗、鵰悍、鵰鹫。②刻镂。唐·白居易《山中五绝句·林下樗》："香檀文桂苦鵰镌，生理何曾得自全。"宋·余靖《又和寄提刑太保》："清燕固难停烛待，鵰鞍须是着鞭催。"○猛禽义，"鵰"、"雕"互为异体字，后来"雕"通行。

弔 diào "吊"的异体字。①祭奠慰问。《说文》："弔，问终也。古之葬者，厚衣之以薪，从人持弓，会驱禽。"《庄子·至乐》："庄子妻死，惠子弔之。"《世说新语·德行》注："及其死，万里赴弔。"明·毛晋《六十种曲·题演剧三套》："不禁志县思潘，稽洲弔柳，六朝之金粉渺矣。"②抚慰民众，讨伐有罪者。《千字文》："弔民伐罪，周发(fā)商汤。"又：弔带、弔服、弔古、弔会、弔客、弔哭、弔礼、弔临、弔庆、弔丧、弔文、弔孝、弔唁、开弔、陪弔、凭弔、弔民伐罪、弔死问丧、形影相弔。"弔"与"吊"往往通用。《水浒传》四十六回："前后两座庄门，两条吊桥，墙里四边都盖窝铺。"同一版本四十九回："带了二十余人马，开了庄门，放下弔桥，出来迎接。"又五十回："只见门首挂着许多金字帐额，旗杆吊着等身靠背。"○近代以来有所分工。吊唁义用"弔"。悬挂、给毛皮衣饰加布面、提取、收回等义，用"吊"：吊车、吊窗、吊环、吊烤、吊蓝、吊笼、吊楼、吊铺、吊桥、吊嗓、吊桶、吊线、吊销、吊装、浮吊、门吊、起吊、上吊、塔吊、悬吊、吊膀子、吊脚楼、吊儿郎当、提心吊胆。"吊"是后起的字，以上也写"弔"。又：制钱一千文为一吊。今台湾两字分工大致与上列相同。

啑（一）dié "喋"的异体字。流血。《史记·孝文本纪》："今已诛诸吕，新啑血京师，此以迎大王为名，实不可信。"（二）jié 话多。唐·李贺《神弦》："相思木帖金舞鸾，攒蛾一啑重一弹。”王琦注：“一啑重一弹，每出一言则弹琵琶一声以和之也。”（三）shà 通“歃”。［啑血］歃血。《史记·吕太后本纪》：“始与高帝啑血盟，诸君不在邪？”

叠 dié　1956年《汉字简化方案》和1964年的《简化字总表》都作为“迭”的同音归并繁体字废除，1986年重新公布《简化字总表》时，恢复“叠”。“叠”现在是规范字。

蜨 dié　①“蝶”的异体字。蝴蝶。宋·张景修《睡香花》：“窃花莫扑枝头蜨，惊觉南窗半睡人。”清·陈寿祺《郎潜纪闻初集》卷五：“圣祖幸索尔哈济时，喇里达头人进青翅蝴蜨一双，谓能捕鸟。”②一种海蟹。明·方以智《物理小识》卷十一：“张宅人曰：‘漳泉海蟹横尖者曰蜨。’”

曡 dié　“叠”的异体字。重叠。唐·杜甫《剑门》：“吾将罪真宰，意欲铲曡嶂。”宋·陆游《记梦》：“楼台飘渺知几曡，云间点缀多馀妍。”清·王树森《新疆礼俗志》：“贵人、官长止其家，情礼稠曡，屠羊饷客必请视之颔而后杀。”

疊 dié　“叠”的异体字。重叠。唐·温庭筠《台城晓晨曲》：“朱网龛鬖丞相车，晓随疊鼓朝天去。”宋·陆游《还家》：“疊嶂出云明客眼，澄江涨雨濯京尘。”清·宋伯鲁《新疆建置志》卷二：“棉，又名白疊。”〇《说文·晶部》：“疊，扬雄说以为古理官决罪三日，得其宜，乃行之，从晶从宜。亡新（王莽政权）以为‘疊’从三‘日’太盛，改为三‘田’。”

疉 dié　“叠”的异体字。①重叠，重复。班固《西都赋》：“矢不单杀，中必双疉。”宋刊《中兴词选》康与之《瑞鹤仙·别恨》：“怅姑苏台上征帆何许，隐隐遥山万疉。”②连续，相继。宋·岳飞《奉诏移伪齐檄》：“今王师已尽压淮泗，东过海沂，驿骑交驰，羽檄疉至。”《清史稿·穆宗纪二》：“丙辰，以水旱疉见，诏修省。"按，②与"迭"有交叉。清·薛福成《滇缅分界大概情形疏》："外部知我中外同心合谋，坚持不让，甫稍就我范围，然犹叠次翻腾，屡易其说。"→清·夏燮《中西纪事·外夷助剿》："自英法住京后，臣等迭次接晤，窥知各国心志不齐，互相猜疑，是以牵制，未能逞志。"今台湾以"疊"为正体。

矴 dìng "碇"的异体字。船停泊时镇船用的锚礅。《三国志·吴书·董袭传》："[黄]祖横两蒙冲，挟守沔口，以栟闾大绁系石为矴。"宋·梅尧臣《送宁乡令张沆》："长沙过洞庭，水泊风摇矴。"

椗 dìng "碇"的异体字。船停泊时镇船用的锚礅。清·魏源《道光洋艘征抚记》上："其国货船先后起椗扬帆，驶出老万山者十余艘。"《清史稿·邦交二》："义律既起椗，过山东。"着眼于拴系在岸边木桩上，写"椗"，着眼于拴系在石桩上，写"碇"或"矴"。

鼕 dōng "冬"的繁体字。同音归并。拟声词，专用以表示鼓声。宋·陆游《舍北晚步》："漠漠炊烟村远近，鼕鼕傩鼓埭西东。"金·董解元《西厢记诸宫调》卷二："鼕鼕的鼓响，画角声缭绕。"规范汉字另有拟声词"咚"，"叮咚"也写"丁冬"，几乎不写"叮鼕"或"丁鼕"。

衕 dòng 见267页"衕(tòng)"。

働 dòng 《第一批异体字整理表》作为"动"的繁体字"動"的异体字淘汰。按，"働"是日本汉字。

兠 dōu "兜"的异体字。宋·陈埴《木鐘集》卷五："四凶在尧时恶未著，如驩兠荐共工一事。"明·徐树丕《识小录》卷二："摩诃不做兠勒声，听奏筵前《白翎雀》。"

阧* dǒu ①"陡"的异体字。《古今韵会举要·有韵》："阧，涯壁㠑绝也。"②水闸类设施。清·孙嘉淦《南游记》："汉弋船将军出零陵下漓水，于此置料，阧犹关也。"

鬥 dòu “斗(dòu)”的繁体字。同音归并。斗争，战斗。古文字字形像两个人打交手仗，《说文》解为“两士相斗(鬥)”。“鬥班、鬥草、鬥茶、鬥虫、鬥法、鬥富、鬥花、鬥鸡、鬥殴、鬥气、鬥强、鬥巧、鬥士、鬥讼、鬥笑、鬥勇、鬥志、鬥智、鬥嘴、搏鬥、打鬥、奋鬥、格鬥、决鬥、角鬥、殴鬥、械鬥、智鬥、鬥闷子、勾心鬥角、争奇鬥艳、战天鬥地、龙争虎鬥、明争暗鬥”等，繁体字都不能写“斗”。◎斗(一)dǒu ①量词。《汉书·律历(曆)志》：十升为斗……斗者，聚升之量也。”②星宿名。《周易·丰卦》：“日中见斗。”又：星斗、南斗、北斗。③古代酒器。《诗经·大雅·行苇》：“酌以大斗，以祈黄耇。”毛传：“大斗，长三尺也。”唐·陆德明《释文》：“三尺，谓大斗之柄也。”读 dǒu 与“鬥”均无关，繁体字系统不得写“鬥”。(二)dòu“鬥”的简化字。

荳 dòu “豆”的异体字。由“豆”分化而来，只限于豆类植物及其种子的制品，“豆饼、豆腐、豆羹、豆花、豆荚、豆角、豆秸、豆科、豆麻、豆苗、豆青、豆蓉、豆秧、豆油”等，繁体字系统有写“荳”的。[荳蔻]即“豆蔻”。覆宋本《玉台新咏》萧纲《和萧侍中子显春别》：“别观葡萄带实垂，江南荳蔻生连枝。”◎豆 dòu①豆类作物。《战国策·韩策》：“韩地险恶山居，五谷(穀)所生，非麦而豆，民之所食，大抵豆饭藿羹。”②古代盛食品的食器、祭器，形似高脚壶。《说文》：“豆，古食肉器也，从口，象形。”《国语·吴语》：“在孤之侧者，觞酒，豆肉，箪食，未尝敢不分也。”转指容器。《左传·昭公三年》：“齐旧四量：豆、区、釜、鍾。四升为豆。”再转为重量单位。汉·刘向《说苑·辨物》：“十六黍为一豆，六豆为一铢，二十四铢为一两，十六两为一斤。”又：豆莫娄，古民族名，南北朝时期分布在今东北地区。〇姓，汉朝有豆如意，清朝有豆斌。又复姓

［豆卢］唐朝有豆卢宽。

閗[*] dòu “斗”的繁体字“鬥”的异体字。宋·陈与义《道中书事》：“坏（péi）梁斜閗水，乔木密藏村。”《三国志通俗演义·曹操起兵伐董卓》：“閗不数合，程普刺中胡轸咽喉，死于马下。”

閗[*] dòu “斗”的繁体字“鬥”的异体字。三国魏·曹植《名都篇》：“閗鸡东郊道，走马长楸间。”敦煌变文《齖魺书》：“閗唇阁舌，务在喧争。”宋·司马光《温国文正司马公文集》卷二十《荒政札子》：“往往群辈相聚，操执兵杖，贩鬻私盐，以救朝夕，至有与官军拒閗相杀伤者。”

鬪 dòu “斗”的繁体字“鬥”的异体字。金·董解元《西厢记诸宫调》卷二：“使刀的对垒，使枪的好鬪。”《水浒传》第一回：“浑身却如中风麻木，两腿一似鬪败的公鸡。”明·叶逢春本《三国志传》卷四：“今［曹］操的荆州水军艨艟鬪舰，乃以千数，浮以沿江水陆俱下。”

鬬 dòu “斗”的繁体字“鬥”的异体字。繁体字系统以“鬬”为正体。实际书写以“鬥”为正体。今台湾通行“鬥”。①战斗，争斗。《论语·季氏》：“血气方刚，戒之在鬬。”宋·司马光《温国文正司马公文集》卷四十九《乞裁断政事札子》：“若人君不加裁决，使人臣各行其志，则朝夕鬬讼，弱不胜强，寡不胜众。”②遇合。《国语·周语下》：“谷（瀔）洛鬬，将毁王宫。”③古代天文用语，星相击。《史记·天官书》：“岁星入月，其野有逐相，与太白鬬，其野有破军。”〇春秋楚国有鬬谷（瀔）於（wū）菟。

启[#] dū 㞘的异体字。臀部，肛门。清·张南庄《何典》第三回：“把药吃下去，犹如倒在狗启里，一些也没用。”

匵[*] dū “椟”的繁体字“櫝”的异体字。木匣。《论语·子罕》：“有美玉于斯，韫匵而藏诸？求善贾而沽诸？”宋·陆游《严州钓台买田记》：“栖钟于楼，匵经于室，僧庐客馆略皆有所。”今台湾用“櫝”。

覩 dǔ “睹”的异体字。观看。《孟子·告子下》:“为其事而无其功者,髡未尝覩之也。”敦煌曲《浣溪沙》:“喜覩华筵献大贤,歌欢共过百千年。”宋·周邦彦《片玉集》卷十《芳草渡》:“愁覩满怀泪粉,瘦马冲寻去路。”今台湾用“睹”。

妬 dù “妒”的异体字。嫉妒。《左传·襄公二十一年》:“初,叔向之母妬叔虎之母美而不使。”唐·冯贽《妆楼记·妬女泉》:“并州妬女泉,妇人靓妆彩服至其地。”今台湾用“妒”。

斁# dù “杜”的异体字。关闭,堵塞。《说文》:“斁,闭也。”宋·陆游《陆郎中墓志铭》:“公斁门绝交游。”清·孙诒让《周礼正义序》:“上以诬其君,下以斁天下之口。”

螙* dù “蠹”的异体字。蛀虫。《说文》:“蠹,木中虫,从䖵,从櫜。螙,蠹或从木。”梁启超《节省政费问题》:“螙日蛀木,木腐而螙安栖?”

蠧* dù “蠹”的异体字。蛀虫。宋·陆游《渭南文集》卷二《文武百寮谢春衣表》:“取女工之蠧,已观府库之充。”清·蒲松龄《聊斋志异·促织》:“独是成氏子以蠧贫,以促织富,裘马扬扬。”

耑 duān 见368页“耑(zhuān)”。

叚 duàn 见132页“叚(jiǎ)”。

煅* duàn “锻”的繁体字“鍛”的异体字。在打制金属意思上,两字相通。“锻炼”、“煅炼”本义及引申义,意思、用法都相同。汉·王充《论衡·率性》:“夫铁石天然,尚为锻炼者变异故质,况人含五常之性,贤圣未之熟锻炼耳,奚患性之不善哉?”→宋·陆游《渭南文集》卷十五《宣城李虞部诗序》:“推官清新警迈,极锻鍊之妙。”宋·陈埴《木鐘集》卷一:“便见圣人会煅炼人,如石匠下铁锤相似。”元·张宪《北庭宣元杰西番刀歌》:“金神起持水火齐,煅炼阴阳结精锐。”都指冶炼铸造。陈埴例与现在用法相近。清·纪昀

《阅微草堂笔记·姑妄听之三》:“官尚欲以逼污投环,锻炼罗织。”→清·恽敬《上陈笠帆按察书》:“其时当事者,或以煅炼之法行其调停,或以调停之法行其煅炼。”均指罗织罪名,陷人于罪。近几十年统一用“锻炼”。“煅”又是中药制法之一,把药材放在火里烧,如煅石膏。这个意思不写“锻”。

搥 duī 见45页“搥(chuí)”。

惇 dūn “惇”的异体字。

敦 dūn “敦”的异体字。《玉台新咏·序》:“阅诗敦礼,岂东邻之自媒。”

墪 dūn “墩”的异体字。①土堆,堆状物。宋·周去非《岭外代答·斗(鬥)鸡》:“人之养鸡也,结草为墪,使立其上,则足常定而不倾。”②报警台和堡垒。明·张煌言《答赵安抚书》:“既省墪堡守望之戍,并免舟楫营缮之需。”③囚禁。明·刘若愚《酌中志·内府衙门职掌》:“凡出票拿人,马房动刑,里外看守,墪锁净军,皆其职管。”

遯 dùn “遁”的异体字。逃走。《说文》:“遯,逃也,从辵,从豚。”南唐·徐锴《说文系传》认为是“从辵,豚声。”当是。《周易·遯卦》用“遯”。《周易·序卦》:“物不可以久居其处,故受之以遯。遯者,退也。”唐·王仁裕《开元天宝遗事·依冰山》:“遂拂衣长往,归遯于嵩山。”亦指逃避隐匿。《史记·樗里子甘茂列传》:“臣得罪于秦,惧而遯逃,无所容迹。”南朝宋·谢灵运《山居赋》:“眇遯逸于人群,长寄心于云霓。”清·王夫之《周易外传》卷六:“抑货不愁苦于必往,而苟遯于不来也。”

燉# (一)dùn “炖”的异体字。①一种烹调方法。《红楼梦》第三十七回:“你们快牵了他来燉了肉脯子来吃酒。”②烧水。清·吴趼人《二十年目睹之怪现状》第二十七回:“叫起老妈子,燉了热水出来,让子明盥洗。”(二)dūn “敦”的异体字。

甘肃省敦煌，旧作燉煌。《史记·匈奴列传》："自此之后，单于益西北，左方兵直云中，右方兵直酒泉、燉煌郡。"清·裴景福《河海昆仑录》卷四："燉煌太守碑在巴里坤天山关夫子庙内。"

夛* duō "多"的异体字。明·岷峨山人《译语》："饮马河近白云山，河滨夛榆柳，洲中夛芦苇草菜。"

朶 duǒ "朵"的异体字。花朵。《说文》："朶，树木垂朶也。"北周·庾信《春赋》："钗朶多而讶重，髻鬟高而畏风。"唐·曹松《寒食日题杜鹃花》："一朶又一朶，并开寒食时。"宋·姜夔《侧犯·咏芍药》："金壶细叶千朶围歌舞，谁念我鬓成丝，来此共尊俎。"老舍《龙须沟》第三幕第二场："戴上您那朶小红石榴花儿！"

垜"垛"的异体字。（一）duǒ 箭靶。唐·张鷟《游仙窟》："张郎太贪生，一箭射两垜。"清·褚人获（穫）《坚瓠六集·讥射不中》："唐宋国公萧瑀，不能射。太宗命射，俱不着垜。"（二）duò ①堆积。宋·岳珂《桯史·大散论赏书》："自来兵家行动，若逗挠无功，多是以粮道不济，嫁祸于有司以自解，亦未闻以无堆垜赏给为词者也。"②整齐地堆积成的堆。清·蒲松龄《聊斋志异·莜中怪》："麦既登仓，禾秸杂沓，翁命收积为垜，而亲登践实之，高至数尺。"又量词。清·吴敬梓《儒林外史》第五十二回："那八块方砖齐齐整整，叠作一垜在阶沿上，有四尺来高。"

哚* duǒ "哚"的异体字。

躱# duǒ "躲"的异体字。《京本通俗小说·冯玉梅团圆》："兵火之际，东逃西躱，不知拆散了几多骨肉。"陆柱国《上甘岭》："他又躱过了敌人的七次机枪扫射，才走到一条小河沟边上。"

軃# duǒ "亸"的繁体字"嚲"的异体字。①下垂。《红楼梦》第七十四回："王夫人一见他钗軃鬓松，衫垂带褪，大有春睡捧心之态。"②躲藏。

宋·佚名《张协状元》第九出:“命蹇时乖撞着它,冤家要齳如何齳?”

剁[#] duò “剁”的异体字。金·董解元《西厢记诸宫调》卷三:“觑着日头儿暂时间斋时过,杀剁又不成,红娘等我。”清·钱召棠《巴塘志略·杂识》:“惟偷窃之罪甚严,有剁手剜眼之刑。”

稅[#] duò “垛(duò)的异体字。禾秆堆。清·桂馥《札朴·乡里旧闻》:“积穰曰稅。”

跺 duò “跺”的异体字。①顿足。《五灯会元·天童咸杰禅师》:“此行将省觐,切忌便跺根。”刘白羽《血缘》四:“那是一片跺一脚都冒油的好地。”②丢;掷。清·王浚卿《冷眼观》第二十四回:“便叫手下人把我抬了,朝一架天平秤戥盘里一跺。”

馱 “驮”的繁体字“馱”的异体字。(一)duò 牲口负载或所载之物。唐·段成式《酉阳杂俎·盗侠》:“鞍馱已失,遂反前店。”又,量词。牲口所载物品的数量单位。清·钱陆灿《牡丹花下集袁箨庵诸君子长句》:“无复天彭百馱花,王孙五胜埋香国。”(二)tuó 牲口负物。汉·荀悦《前汉纪·孝宣皇帝纪》:“[赵]充国以为武贤欲轻引万骑为前道出张掖、酒泉,回远万里,以一马自馱负三十日食。”清·李渔《巧团圆·原梦》:“彼时正有虎灾,这地方上的牛羊六畜,不时被虎馱去。”引申为背负。《水浒传》第六十二回:“[燕青]背着卢俊义,一直望东边行走,不到十数里,早馱不动。”

E

娿 ē　旧读 ě。“婀”的异体字。[媕 ān 娿]无主见。《说文》:“娿,媕娿也。”唐·韩愈《石鼓歌》:“中朝大官老于事,讵肯感激徒媕娿。”

婐 ē　《第一批异体字整理表》作为“婀”的异体字淘汰。按,《说文》:“读若騧(今音 guā 或 wō)或若委,从女,果声。”《广韵》乌果切,对应今音读 wǒ;又古华切,对应今音读 guá。不应是“婀”的异体字。

痾 ē　见 156 页“痾 kē”。

峩 é　“峨”的异体字。①高耸。汉·司马相如《上林赋》:“九嵕巀嶭,高山峩峩。”唐·卢鸿《终南草堂十记·涤烦矶》:“中有琴,徽似玉,峩峩汤汤弹此曲。”宋·王安石《忆昨诗示诸外弟》:“淮沂无山四封庳,独有庙塔尤峩巍。”②峨眉山的省称。唐·韩愈《送惠师》:“回临浙江涛,屹起高岷峩。”

頟 é　“额”的繁体字“額”的异体字。额头。《汉书·外戚传下·孝成赵皇后》:“頟上有壮发,类孝元皇帝。”引申指碑额。清·陆继辂《合肥学舍札记·尹宙碑》:“尹宙碑頟,从铭二字篆法绝佳。”

譌[*] (一)é　“讹”的繁体字“訛”的异体字。错误。《汉书·江充传》:“苟为奸譌,激怒圣朝,欲取必于万乘以复私怨。”宋·黄伯思《东观馀论》卷上《第五杂帖》:“盖自二王以来甚多譌。”(二)wá　变化。明·汤显祖《罗江怨》:“无奈这秋光老去何,香消翠譌。”

鵞 é　“鹅”的繁体字“鵝”的异体字。《左传·昭公二十一年》："郑翩愿为鹳，其御愿为鵞。"宋·黄伯思《东观馀论》卷上《第十王大令书下》："崇虚刘道士鵞群并复归也。"清·查慎行《淳如招游莲花洞》："指点鵞湖榛莽路，讲堂片席待重开。"

䳘 é "鹅"的繁体字"鵝"的异体字。《孟子·滕文公下》："他日[仲子]归，则有馈其兄生䳘者。"《史记·司马相如列传》："鸿鹄鹔鸨，駕䳘鸀鳿。"

譌 é "讹"的繁体字"訛"的异体字。明·胡应麟《少室山房笔丛》卷八："今北人呼为'波波'，南人譌为'磨磨'。"清·黄绍箕《墨子间诂跋》："推籀篆隶楷之迁变，以刊正譌文。"章炳麟《新方言序》："五方之言及少儿学语未清者，其展转譌溷，必各如其位。"

噁(一)ě "恶"的繁体字，实际是"惡"和"噁"合并简化为"恶"。用于"噁心(恶心)"。周立波《暴风骤雨》第一部十三："西屋发出叫人噁心的马粪马尿气味。"(二)wù 怒貌。《史记·淮阴侯列传》："项王喑噁叱咤，千人皆废。"△《通用规范汉字表》稿：è 仅用于科学技术术语，如"二噁英"。

戹 è "厄"的异体字。①险要。三国魏·贾岱宗《大狗赋》："于是驱麋鹿之大群，入穷谷之峻戹。"②困苦。《孟子·尽心下》："君子之戹于陈蔡之间，无上下之交也。"③灾难。《史记·管晏列传》："婴虽不仁，免子于戹。"

阸(一)è "厄"的异体字。①困窘。《韩非子·外储说上》："不推人于险，不迫人于阸。"②控制。唐·段文昌《平淮西碑》："总宣武、淮南、宣歙、浙西、徐泗，凡五军，阸固始之险。"(二)ài 通"隘"。①狭窄。《左传·昭公元年》："彼徒我车，所遇又阸。"②险地。《史记·秦始皇本纪》："高垒毋战，闭关据阸，荷戟而守之。"

陒* (一)è "厄"的异体字。实际是"阸"的异体字。①困厄。《荀子·议兵》："秦人其生民也狭阸，其使民也酷烈，劫之以势，隐之以阸。"②阻塞。宋·曾巩《道山亭记》："其路在闽者，陆出则阸于两山之间。"(二)ài 通"隘"。①狭窄。《列子·汤问》："侵减龙伯之国使阸，侵小龙伯之民使短。"②险地。《后汉书·隗嚣传》："拒要阸，当军冲，视其形势何如哉?"清·王夫之《黄书·宰制》："或驰孔道，下冥阸，骋大梁，绝黄河，以卫京畿。"

扼 è "扼"的异体字。①捉住，握。三国魏·曹植《孟冬篇》："顿熊扼虎，蹴豹搏貙。"②扼守。清·王夫之《黄书·宰制》："西得怀庆、潞安、泽、沁，扼太行，窥冀、晋，傅于山。"

悪* è "恶"的繁体字"惡"的异体字。明·徐树丕《识小录》卷四："求脱虎口，仓卒归一豪悪吏，雅非其志，则日持斋礼佛。"万历刻明·黄文华选辑《词林一枝》卷一《夫妻闹祠》："恋笙歌入醉乡，将悪气十分冲撞。"

搤 è "扼"的异体字。①抓住。《史记·刘敬叔孙通传》："夫与人斗(鬥)，不搤其亢，拊其背，未能全其胜也。"②据守。《新唐书·李自良传》："寇远来，难与争锋，请筑二垒搤归路。"

蕚 è "萼"的异体字。唐·皮日休《桃花赋》："开破嫩蕚，压低柔柯。"宋·李清照《临江仙》："庭院深深深几许，云窗雾阁常扃，柳梢梅蕚渐分明。"

齶 è ①"腭"的异体字。口腔的上膛。明·徐弘祖《徐霞客游记·滇游日记十》："东北开一穴，如仰口而张其上齶。"②齿龈。清·戈载《词林正韵·发凡》："抵齶之韵……其字将终之际，以舌抵着上齶作收韵，谓之抵齶。"

鱷 è "鳄"的繁体字"鰐"的异体字。即鳄鱼。唐·韩愈《祭鱷鱼文》："鱷鱼睅然不安溪潭，据处食民畜熊豕鹿獐。"清·俞蛟《湖嘉风月·

丽景》:“昔韩文公贬潮阳刺史,驱鳢鱼之害,开文教之德。”清·徐珂《清稗类钞·动物》:“鳢亦作鳄,爬虫中之体大而猛恶者。”

恳 ēn “恩”的异体字。《隶释·汉属国都尉丁鲂碑》:“恳加一郡,化洽刚柔。”金·董解元《西厢记诸宫调》卷四:“我以兄有活命之恳,不欲明言。”

兒 ér “儿”的繁体字。又读ní,姓氏。战国有兒良,汉朝有兒宽,不简化作“儿”。

尒 ěr “尔”的繁体字“爾”的异体字。敦煌变文《维摩诘经讲经文》:“尒时舍利弗承佛之威神,又不敢发问,默然作念。”宋《开宝藏》残卷:“吾是故阿难,论说于往来,人怀精进者,尒乃晓了此,有德者分别。”[尒朱]中国北方复姓,通常不写“尔”。北魏时有尒朱荣。现代“尔”姓人,当是由“尒朱”减省而来。

弍# èr “贰”的繁体字“貳”的异体字。数字系统实际很少用“弍”。清·褚人获(穫)《坚瓠续集》卷二记,明朝初年,户部尚书开济奏,官私文书遇到数目字时用大写,“以防奸胥改窜”。如果写“弍”,就有可能添一笔改作“叁(叄)”的同类异体字“弎”。《说文》“二”下列有称为“古文”的“弍”。金文有作“戈”下两横的,当是“弍”的古体。参看“弎”。

F

發 fā　“发(fā)”的繁体字。汉字简化，繁体字“發(fā)”和“髮(fà)”合并简化成“发”。◎“發”常用作动词成分：發报、發表、發佈(布)、發财、發愁、發出、發达、發电、發动、發端、發凡、發放、發奋……發言、發音、發育、發源、發展、發作、颁發、爆發、编發……印發、诱發、照發、發号司令、意气风發。参看“髮”。

栰 fá　“筏”的异体字。如果细分，用竹制的叫筏，用木制的叫栰。《论语·公冶长》“乘桴浮于海”，三国魏·何晏注引马融曰：“桴，编竹木，大者曰栰，小者曰桴。”《金史·世宗纪》：“乌底改叛乱，已遣人讨之，可益以甲士，毁其船栰。”

罸 fá　“罚”的繁体字“罰”的异体字。《六韬·犬韬》：“太公曰：‘王者帅师，三军分为数处，将欲期会合战，约誓赏罸，为之奈何？’”

灋 fǎ　“法”的异体字。唐·皎然《唐湖州大云寺故禅师瑀公碑铭》：“击以灋鼓，吹以灋螺，门人号恸，于是葬敛。”

灋 fǎ　“法”的异体字。执法，按法律处理案件。《说文》：“灋，刑也。平之如水。从水，廌所以触不直者去之。”《周礼·天官·大宰》：“以八灋治官府。”唐·陆德明《释文》：“灋，古法字。”《资治通鉴·周纪赧王四十三年》：“赵奢曰：‘君于赵为贵公子，今纵君家而不奉公则灋削。灋削则国弱。国弱则诸侯加兵，是无赵也。”

琺 fà　“珐”的异体字。“琺琅”也作“珐琊”。《红楼梦》第五十三回：“这荷叶乃是洋錾琺瑯活信，可以扭转向外。”清·沈初《西清笔记·纪庶品》：“时始禁止珐瑯作坊，内府珐瑯器，亦有付钱局者。”可以认为“珐”字从“玉”，从“法”省声，即以“法”为声旁，但省去“氵”。

髮 fà “发(fà)”的繁体字。汉字简化，“發”和“髮”合并简化为“发”。“髮”的意思单纯，用于头发及相关义：髮辫、髮鬟、髮齿、髮肤、髮笄、髮髻、髮际、髮卷、髮蜡、髮廊、髮妻、髮卡、髮式、髮网、髮屋、髮型、髮癣、髮油、髮指、髮质、白髮、鬓髮、长髮、短髮、毫髮、黑髮、华髮、假髮、剪髮、理髮、乱髮、落髮、毛髮、披髮、鬈髮、胎髮、脱髮、烫髮、须(鬚)髮、削髮、秀髮(秀發，植物生长茂盛，元·许有壬《寻梅》：“何以慰吾衰，梅花秀發时。”)、鹤髮童颜、怒髮冲(衝)冠、披髮左衽、一髮千金、擢髮难数、间不容髮、披头散髮、千钧一髮、鸡皮鹤髮。〇1.有一种藻类植物叫髮菜，生长于内蒙古西部和西北地区，可以食用，汉字简化，写成“发菜”，有人借以谐音“发财”。2.《水浒传》第十七回：“有个是入云龙公孙胜，一个叫赤髮鬼刘唐。”3.清·沈葆桢《复奏洋务事宜疏》：“髮捻事起，各省无不舍兵而募勇。”太平天国反清蓄发，官方污称为“长毛”，故而与当时活跃于北方的捻军一起称“髮捻”。写成“发捻”，如果不注意读音区别，很容易理解错。4.报纸上有个标题《孩子头发黄吃些什么》，停顿一下，知道是 fà。如果是“摸着孩子的头发笑”，就需要联系上下文，确定是“摸着头/發笑”还是“摸着头髮/笑”。另参见“發(fā)”。

帆 fān “帆”的异体字。南朝宋·刘敬叔《异苑》卷九：“船飞迅驶，有过猛帆，至县乃遣之。”宋·周邦彦《片玉集》卷六《氐州第一》：“波落寒汀，村渡向晚，遥看数点帆小。”

旛* fān “幡”的异体字。长幅下垂的旗子。《说文》：“旛，幅胡也。”《后汉书·礼仪志》：“立青旛，施土牛耕人于门外，以示兆民，至立夏。”多泛指旗帜。唐·刘禹锡《西塞山怀古》：“千寻铁锁沉江底，一篇降旛出石头。”明·胡应麟《少室山房笔丛》卷四十：“《乐府杂录》：‘开元中，黄旛绰、张野狐善弄参军。’参军即后世副净也。”

繙 fān　“翻”的异体字。翻动。《庄子·天道》：“［孔子］往见老聃，而老聃不许，于是繙十二经以说。”宋·吴泳《千秋岁·寿友人》：“析波浮玉醴，换火繙银叶。”《清史稿·世宗本纪》：“设乡、会试繙译科。”

颿 fān　“帆”的异体字。晋·左思《吴都赋》：“楼船举颿而过肆，果布辐辏而常然。”宋·陆游《渭南文集》卷二十一《灵秘院营造记》：“凡东之会稽、四明与西入临安者，颿日相属也。”

飜 fān　“翻”的异体字。翻动。汉·刘向《说苑·指武》：“旌旗翩飜，下蟠于地。”宋·周邦彦《片玉集》卷一《渡江云》：“愁宴阑风飜旗尾，潮溅乌纱。”“翻译”也作“飜译”。梁启超《论中国学术思想变迁之大势》：“四论飜译，皆出其手。”

凢 fán　“凡”的异体字。唐·温大雅《大唐创业起居注》卷一：“起义旗，至发引，凢四十八日。”宋·朱端章辑《卫生家宝产科备要》卷三：“凢女人妊娠，若素来虚羸，血气不足，体中有风气，心下山东痰水者……”

袢 fán　见210页“袢(pàn)”。

緐(一)fán　“繁”的异体字。繁多。宋·苏轼《升阳殿故址》：“雕盘堆緐英，艳粉弱自战。”鲁迅《坟·人之历史》：“达尔文言此，所征引信据，盖至緐博而坚实也。”(二)pó　姓。《汉书》有緐延寿，别书作“繁”，亦读pó，河南开封市有繁塔。

氾(一)fàn　①“泛”的异体字。(1)大水漫溢。《孟子·滕文公下》：“当尧之时，水逆行，氾滥于中国。”(2)普遍。《庄子·天下》：“墨子氾爱兼利而非斗(鬥)，其道不怒。”

(3)动摇不定。《汉书·贾谊传》:“澹虖若深渊之靓,氾虖若不系之舟。”(四)浮行。《国语·晋语》:“是故氾舟于河,归籴于晋。”三国魏·韦昭注:“氾,浮也。”晋·陆云《答车茂安书》:“氾舟长驱,一举千里。”②地势低。《管子·山至数》:“有山处之国,有氾下多水之国。”③污秽。《汉书·王褒传》:“水断蛟龙,陆刬犀革,忽若彗氾画涂。”清·王念孙《读书杂志》:“‘彗氾’与‘画涂’为对文,彗者扫也,氾者污也。谓如以帚扫秽,以刀画泥耳。”(二)fán 古地名、水名,在今河南省中牟县一带。又,姓氏,汉代有氾胜之。△《通用规范汉字表》稿:fán 仅用于姓氏人名;读 fàn,用“泛”。

汎 fàn “泛”的异体字。①浮行水上。《诗经·邶风·柏舟》:“汎彼柏舟,亦汎其流。”②浮游不定。晋·葛洪《抱朴子·诘鲍》:“日出而作,日入而息。汎然不系,恢尔自得。”③广泛。《论语·学而》:“汎爱众以亲仁。”宋·司马光《温国文正司马公文集》卷六十五《百官表总序》:“及高宗东封,武侯预政,求媚于众,始有汎阶。”又古水名。汎水,在今湖北省西北部。《水经注·沔水》:“沔水又南,汎水注之。”又姓氏。宋·郑樵《通志·氏族略三》:“氾氏,本亦作汎,周大夫食邑于氾,因以为氏。”

飰* fàn “饭”的繁体字“飯”的异体字。汉·枚乘《七发》:“楚苗之食,安胡之飰。”北魏·杨衒之《洛阳伽蓝记·景宁寺》:“菰稗为飰,茗饮作浆。”敦煌曲《捣练子》:“吃酒只为隔飰病,愿身强健早还归。”

範 fàn “范”的繁体字。实际是“范”的异体字。本作“笵”。①模型,模子。《说文》:“笵,法也。从竹,竹,简书也;氾声。古法有竹刑。”清·段玉裁注引《通俗文》:“规模曰笵。”②模范。汉·扬雄《法言·学行》:“师者,人之模範也。模不模,範不範,为不少矣。”③效法。五代·王定保《唐摭言·统序科第》:"夫子圣人始以四科齿门弟子,后王因而範之。"[範围]1.效法。2.限制,概括。宋·王安石《祭先圣文》:"学者範围于覆焘之中,而不足以酬高厚之德。"《周易·系辞上》:"範围天地之化而不过。"《尚书·洪範》:"天地锡禹洪範九畴,彝伦攸叙。"又:範本、範畴、範例、範式、範围、範文、範铸、垂範、典範、防範、风範、轨範、规範、闺範、就範、楷範、模範、师範、示範、铁範、遗範。又姓氏,汉朝有範依,宋朝有範昱。◎范 fàn ①昆虫名。《礼记·檀弓下》:"范则冠而蝉有緌。"汉·郑玄注:"范,蜂也。"唐·孔颖达疏:"蜂头上有物似冠也。"②用于地名。范县,在河南省东北部。范阳,古地名,在今北京市西南部。③姓氏。春秋有范蠡,秦朝有范增,南朝宋有范晔,梁有范缜,宋朝有范仲淹、范成大。地名、大多数姓氏,繁体字系统不能写"範"。○"范"古亦用同"範"。《荀子·强国》:"刑范正,金锡美,工冶巧,火齐得。"唐·杨倞注:"刑、范,铸剑规模之器也。"《鹖冠子·王鈇》:"主无异意,民心不徙,与天合则,万年一范。"

彷* fǎng "仿"的异体字。"仿佛",繁体字系统作"彷佛"或者"髣髴"。《第一批异体字整理表》把"彷"归并入"仿"。《水浒传》第四十八回:"邹闰是他侄儿,年纪与叔叔彷佛,二人争差不多。"鲁迅《祝福》:"脸上消瘦削不堪,黄中带黑,而且消尽了先前悲哀的颜色,彷佛是木刻似的……""彷"读 páng,用于"彷徨",是规范字。

倣 fǎng "仿"的异体字。①仿效,效法。《淮南子·要略》:"因循倣依,以知祸福。"[倣效][倣傚]即"仿效"。汉·王符《潜夫论·浮侈》:"边远下士,亦竞相倣傚。"《新唐书·隐逸传·王绩》:"兄[王]通聚徒河汾间,倣古作六经,又为《中说》,以拟《论语》。"②习字时供模仿、临摹的范本。把范本放在纸下边,照着笔道笔势描,叫写倣;把范本放在旁边,对照着临摹,叫临倣。初学写字大多先照描。明·刘若愚《酌中记·内府衙门职掌》:"其功课:背书,号书,判倣。"[倣书]习字时临摹的字。《元史·巎巎传》:"今秘书所藏倣书,当时御笔于学生之下亲书御名习书谨呈。"[倣纸]习字时模写的作业。清·吴敬梓《儒林外史》第二回:"[王举人]一眼见那小学生的倣纸上的名字是荀玫,不觉吃了一惊。"

髣 fǎng "仿"的异体字。繁体字系统"彷彿"与"髣髴"并存。晋·王嘉《拾遗记·夏禹》:"夫神迹难求,幽暗罔辨,希夷髣髴之间,闻见以之衔惑。"金·董解元《西厢记诸宫调》卷一:"西有黄河东华岳,乳口敌楼没与高,髣髴来到云霄。"明·叶逢春本《三国志传》卷四:"孔明曰:'[曹]操极善用兵,髣髴孙吴莫敢当者。'"

痱 fèi "疿"的异体字。疿子。《素问·生气通天论》:"汗出见湿,乃出痤疿。"明·刘侗、于奕正《帝京景物略·城东内外》:"立秋日相戒不饮生水,曰呷秋头水,生暑疿子。"

癈 fèi "废"的繁体字"廢"的异体字。①废除。《隶释·汉殽阬(坑)君神祠碑》:"自亡新以来,其祀隋(堕)癈。"《晋略·八王传》:"诸将既收乂,越亦虑事不济,遂请癈乂,送金墉。"②久病不愈,残废。《周礼·地官·族师》:"辨其贵贱老幼癈疾可任者。"唐·贾公彦疏:"癈疾,谓癈与人事疾病。"

雰 fēn "氛"的异体字。①云气。唐·李绅《华山庆云见》:"气色含珠日,晴光吐翠雰。"②雾气。明·何景明《述归赋》:"冰沍结以承舆兮,霜霰雰而接岑。"

蚡# fén "鼢"的异体字。①鼢鼠。《说文》:"鼢,或从虫、分。"《汉书·武帝纪》:"封皇太后同母弟田蚡、胜皆为列侯。"唐·颜师古注:"蚡亦鼢鼠字也。”《新唐书·高丽》：“狼狐入城，蚡穴于门，人心危骇。”②积聚。明·贾仲名《对玉梳》第一折：“那里怕千人骂，万人嗔，则愿的臭死尸骸蛆乱蚡，遮莫便狼拖狗拽……”

峯 fēng “峰”的异体字。①山顶。当是本字。《说文》：“峯，山耑（端）也。”晋·左思《蜀都赋》：“楩楠幽蔼于谷底，松柏蓊郁于山峯。”②成峰形的，像峰的。《世说新语·文学》：“作万余语，才峯秀逸。”明·余怀《虞初新志》卷四：“盖度曲之工，始于玉峯，盛于梁溪者，殆将百年矣。”

豐 fēng “丰”的繁体字。厚，富，足，满：丰厚、丰年、丰足、丰功伟绩、人寿年丰、羽毛未丰，繁体字均作“豐”。◎丰 fēng ①容貌，风度。《诗经·郑风》：“子之丰兮，俟我乎巷兮。”汉·郑玄注：“面貌丰丰然。”诗题和诗句均不作“豐”。南朝宋·沈约《少年新婚为之咏》：“丰容好姿颜，便僻工言语。”又：丰标、丰采、丰范（範）、丰容、丰神、丰仪、丰韵、丰致（緻）、丰姿。②草木茂盛。《说文》：“草盛丰丰也，从生，上下达也。”汉·司马相如《长门赋》：“罗丰茸之游树兮，离楼梧而相撑。”以上①②繁体字系统均不写“豐”，容貌、风度义可以写“风”，如“丰采—风采”、“丰姿—风姿”。

酆 fēng 今重庆市丰都县本作“酆都”，今改用“丰”，为地名用字调整，属个案。①地名。春秋时代诸侯国名，在今陕西省户县境，以境有酆水得名。《左传·僖公二十四年》：“管蔡郕霍鲁卫毛聃郜雍曹藤毕原酆郇，文之昭也。”晋·杜预注：“酆国，在始平（今兴平县境）、鄠县（今户县）东。”清·褚人获（穫）《坚瓠秘集》卷二《酆都》：“酆都县有酆都山。”又姓氏。春秋潞国有执政者酆舒。②丰收。《论衡·明雩》：“转谷赈赡，损酆济耗。”“酆”是规范字。《简化字总表》在“丰[豐]”下注：“四川省酆都县已改为丰都县。姓酆的酆不简化。”〇这个注只管地名“酆都—丰都”，指阴司地府的“酆都城”，以及道教所说的“酆宫”等，当仍用“酆”。△《通用规范汉字表》稿：用于姓氏、地名。不类推。

蠭 fēng “蜂”的异体字。《大戴礼记·诰志》：“于时龙至不闭，凤降忘翼，蛰兽忘攫，爪鸟忘距，蠭虿不螫婴儿，蚊虻不食夭驹。”清·方苞《圣主亲征漠北颂》：“谓居穷方，天威不及，故集蠭虿，逞其毒螫。”

蠭（一）fēng ①“蜂”的异体字。蜂虫。《左传·僖公二十二年》：“蠭虿有毒。”唐·陆德明《释文》：“蠭，俗作蜂。”《三国志·吴书·诸葛恪传》：“其战则蠭至，败则鸟窜，前世以来，不能羁也。”清·唐甄《潜学·劝学》：“士或遇蠭虿而色变，触棘刺而失声。”清·徐树均《王壬甫〈圆明园词〉序》：“文宗初，粤寇踞金陵，盗贼蠭起。”（二）páng［蠭门］，古代人名，又作［蠭蒙］。《荀子·王霸》：“羿、蠭门者，喜服射者也。”唐·杨倞注：“蠭门即蠭蒙，学射于羿。”

仏 fó “佛”的异体字。敦煌变文《无常经讲经文》：“日晚念仏皈舍，事须传语亲属记。”又《维摩诘经讲经文》：“仏语舍利弗，我仏国土常净若此。”〇居延汉简“五月六日侯史利诣厶治所”，现代学者于豪亮认为，“‘厶’为‘某’字”。按，“佛”从人从弗，以“弗”称佛，视为不敬，遂以“某”即“厶”代替。

粰（一）fū 《第一批异体字整理表》合并于“麸”的繁体字“麩”。但“粰”无麦麸义，不应是“麸”的异体字。“粰”通“稃”，米粒的外壳，又，小麦磨面罗筛后余剩的碎片。《晋书·会稽文孝王传》：“于时扬土饥虚，运槽不继，玄断江路，商旅遂绝，于是公私匮乏，士卒唯给粰橡。”《齐民要术·种紫草》：“候稃燥载聚，打取子(籽)。”（二）fú［粰粇］馓子。《本草纲目·寒具》：

“服虔《通俗文》谓之餲，张揖《广雅》谓之粰𪎊。”

麫 fū “麸”的繁体字“麩”的异体字。《说文》：“麩，小麦屑皮也，或从孚。”《齐民要术·杂说》：“至后，籴麫䴬曝干(乾)，置罂中密封，至冬可养马。”《晋书·五行志》：“今年食麦麫，麫粗秽，其精已去。”

枹[#] (一) fú “桴”的异体字。鼓槌。《说文》：“枹，击鼓杖也。”《左传·成公二年》：“[张侯]右援枹而鼓。”《世说新语·言语》：“[祢]衡扬枹为渔阳掺檛，渊渊有金石声，四坐为之改容。”宋·陆游《渭南文集》卷四《上殿札子》：“今边陲晏然，枹鼓不作逾二十年。”(二) bāo 木名。枹树。唐·刘恂《岭表录异》卷中：“枹木，产江溪中。”◎桴 fú ①鼓槌。《韩非子·功名》：“至治之国，君若桴，臣若鼓。”②房屋的二梁。《说文》：“桴，眉栋也。”三国魏·何晏《景福殿赋》：“双枚既修，重桴乃饰。”③小筏子。《论语·公冶长》：“道不行，乘桴浮于海。”〇二字只在鼓槌意思上相通。

佛 fú 参见81页“彷”。

髴 fú 参见82页“髣”。

襆[#] fú ①“幞”的异体字。襆头，即头巾。唐·李贺《马诗》之十四：“香襆赭罗新，盘龙蹙镫鳞。”②“袱”的异体字。包裹，包袱。清·蒲松龄《聊斋志异·王者》：“州佐解襆出函，公拆视未见，面如灰色。”特指行李。《世说新语·政事》：“刘尹行，日小欲晚，便使左右取襆，人问其故，答曰：‘刺史严，不敢夜行。’”

俛 (一) fǔ “俯”的异体字。低头，屈身。《周礼·考工记·矢人》：“前弱则俛，后弱则翔。”汉·郑玄注：“俛，低也。”宋·陈淳《北溪先生字义》卷下《道》：“故俛首与之同游，而忘其平昔排佛老之说。”(二) miǎn 通“勉”，努力，勤勉。《礼记·表记》：“俛焉日有孳孳。”汉·郑玄注：“俛焉，勤劳之貌。”元·

虞集《新昌川重修儒学宣圣庙记》:“诚其道也,不敢不俛焉以尽其力。”

頫 fǔ “俯”的异体字。低头。当是本字。《说文》:“頫,低头也。从页,逃省。太史卜书頫仰字如此。扬雄曰,人面頫。俛,頫或从人、免。”《汉书·项籍传》:“百粤之君頫首系颈,委命下吏。”汉·应劭《风俗通·十反》:“叔都沃醊神坐,頫仰因语。”梁启超《郑褧裳画引》:“百家腾越,頫首宋元。”元朝有书法家赵孟頫。△《通用规范汉字表》稿有“頫”,类推简化为“𫖯”:仅用于姓氏人名。

鬴# fǔ “釜”的异体字。《汉书·五行志》:“燕王宫永巷中豕出圂,坏都灶,衔其鬴六七枚置殿前。”唐·颜师古注引晋灼曰:“鬴,古釜字。”

坿(一)fù “附”的异体字。增益,添补。《逸周书·月令解》:“修宫室,坿墙垣,补城郭。”《吕氏春秋·孟冬纪》:“坿城郭,戒门闾。”汉·高诱注:“坿,益也,令高固也。”(二)fú 白石英。《史记·司马相如列传》:“其土则丹青赭垩,雌黄白坿。”南朝宋·裴骃《集解》引《汉书音义》曰:“白坿,白石英也。”

復 fù “复”的繁体字。1956年汉字简化,“復、複、覆”简化为“复”。①动词。(1)恢复,反复(復)。《史记·孟尝君列传》:“王召孟尝君而復其位。”《世说新语·方正》:“我令卿復君臣之好,何以犹绝?”(2)告诉,答复。唐·柳宗元《断刑论》:“余既为《判刑论》,或者以《释刑》復于余。”②副词。表示重复,相当于“再”。《论语·述而》:“久矣,吾不復梦见周公。”《史记·刺客列传》:“于是遂诛高渐离,终身不復近诸侯之人。”常用词语:復辟、復查、復仇、復发、復工、復古、復国、復核、復婚、復活、復旧、復刊、復礼、復名(恢复原来的名字)、復赛、復审、復生、復试、復述、復苏(甦)、復沓、復习(也作複习)、復兴、復姓(恢复原来的姓)、復学、復议、復员、復原、復圆、復诊、復职、復种、復壮、报復、光復、规復、恢復、开復、康復、克復、匡復、平復、起復、收復、往復、修復。“复信、答复、反复、批复”等，繁体字系统大多用“覆”（详下“覆”字）。○《说文》“复”、“復”并收。“复，行故道也。”未见用例。“復，往来也。”就是去了又回来。《左传·桓公五年》：“淳于公如曹，度其国危，遂不復。”晋·杜预注：“国有危难，不能自安，故出朝而遂不还。”

媍 fù “妇”的繁体字“婦”的异体字。宋·梅尧臣《袷礼送圣德诗》：“于时都人，于时媍女。”宋·刘克庄《贺新郎·送陈子华赴真州》：“向车中闭置如新媍，空目送，塞鸿去。”金·董解元《西厢记诸宫调》卷一：“九十日光阴能几早，鸣鸠呼媍乳燕携雏。”

複 fù “复”的繁体字。本义是夹衣。《说文》：“複，重衣也。”《齐民要术·杂说》：“蚕事未起，命缝人浣冬衣，彻（撤）複为袷。”又重叠。宋·陆游《游山西村》：“山重水複疑无路，柳岸花明又一村。”宋·严仁《鹧鸪天·闺情》：“複罗帐里春寒少。”常用词语：複版、複本、複比、複壁、複词、複道、複叠、複方、複根、複合、複基、複句、複利、複名（两个字的名字）、複裙、複数、複习（也作復习）、複线、複写、複姓（双字以上姓）、複眼、複叶、複音、複印、複韵、複杂、複帐、複制（製）、複分解、複分数、複辅音、複决权、複循环、複游子。○作状语的“復”，偶有写“複”的。清·纪昀《纪文达公遗集》卷十五《枣强知县任公传》：“馀事则状志具存，今不複赘焉。”

覆 fù 1956年《汉字简化方案》规定，“复復複”合并，简化为“复”。1964年《简化字总表》给这一组字加一个注：“答复、反复的覆简化作复，覆盖、颠覆仍用覆。”1986年重新公布《简化字总表》时，“复”字下删去了“覆”。现在“覆”是规范字。①翻覆。

《说文》:“覆,覂也。”《荀子·王制》:“水则载舟,水则覆舟。”②倒出。《庄子·逍遥游》:“覆杯水于坳堂之上,则芥为之舟。”③颠覆,灭亡。《论语·阳货》:“恶紫之夺朱也,恶郑声之乱雅乐也,恶利口之覆邦家也。”④覆盖。清·蒲松龄《聊斋志异·阳武侯》:“见舍上鸦鹊群集,竞以翼覆漏处。”⑤重复,恢复。《后汉书·班固传》:“亦以宠灵文武,贻燕后昆,覆以懿铄,岂其为身而有颛辞也。”唐·李贤注:“覆,犹重也。”《三国志·魏书·王粲传》:“观人围棋,局坏,粲为覆之。”⑥审察。《周礼·考工记·弓人》:“覆之而角至,谓之句弓。”汉·郑玄注:“覆,犹察也。”《韩非子·内储说下》:“韩昭侯之时,黍种尝贵甚,昭侯令人覆廪,吏果窃黍种而粜之甚多。”⑦答复,回复。《汉书·冯唐传》:“臣大父言李牧之为赵将居边,军市之租皆自用饷士,赏赐决于外,不从中覆也。”唐·颜师古注:“覆,谓覆白之也。”清·蒲松龄《聊斋志异·阿宝》:“是阿宝信誓物,借口相覆,小生不忘金诺也。”《红楼梦》第六十回:“前言少叙,且说当下芳官回至怡红院中,回覆了宝玉。”⑧伏击,袭击。《吴子·治兵》:“常令有馀,备敌覆我。”《魏书·李洪之传》:“乃夜密遣骑分部覆诸要路,有犯禁者,辄捉送州,宣告斩决。”⑨伏兵。《左传·襄公十三年》:“子为三覆以待我,我请诱之。”晋·杜预注:“覆,伏兵。”《新五代史·王景仁传》:“遣裨将李虔裕以众一旅设覆于山下以待之。”⑩遍及。《孟子·离娄上》:“既竭心思焉,继之以不忍人之政,而仁覆天下矣。”汉·荀悦《申鉴·政体》:“是谓不思而得,不为而成,执之心胸之间,而功覆天下也。”〇[覆本]审核批准公文。[復本]恢复本性。[複本]同一种文本的另本。[覆国]亡国。[復国]恢复邦国或失位的君主复位。[覆逆]预测逆料。[復逆]臣民上书告请。[覆写]重新誊抄。

[複写]旧指重新誊抄,现在指用复写纸一次写出同样的几份。[覆姓][複姓]均指两个字或两个字以上的姓。[復姓]改他姓后恢复本来的姓。[覆育]培养,养育。[復育]蝉的幼虫。以下词语繁体字系统通常不写"復、複":覆败、覆杯、覆被、覆庇、覆巢、覆车、覆颠、覆鼎、覆埋、覆伏、覆冒、覆没、覆盆、覆师、覆亡、覆掩、覆盂、覆允、覆载、覆掌、覆舟、覆族。另,覆函、覆校、覆审、覆试、覆书、覆信、覆议、覆音、覆诊,旧写"覆",今大多写"复"。《简化字总表》"覆"从"复"字一组删去,应当理解为恢复它原来的职能。如繁体字系统有"回复—回覆"和"答复—答覆"两种写法,似乎以写"覆"居多,《汉语大词典》只有"復书",而有"覆书、覆函、覆音、答覆、反覆、回覆"等。1957年1月12日毛泽东给臧克家的信一开头:"惠书早已收到,迟覆为歉。"影印件是"覆",当时理所当然排印成"复"。1986年以后就应该写"覆",实际是所见都是写"复"。1996年出版的《毛泽东诗词集》所附这封信排印件仍作"复"。当编辑的常要改"答复、复信"的"复"为"覆"。可是作者往往改回"复"。有的资料根据使用频率统计,认为"复信—覆信"一组,应该用"复信"。这种情况显然不适合依靠频率统计。1986年以前"覆"只用于"覆盖、颠覆"等,此后也并非全面恢复"覆"的用法,使用频率当然低。如果根据频率,应该把写"复"实际意思是"覆"的部分剥离出来。取消"复[覆]"的规定,实际应用中并没有让"覆"完全复位,所以这里说得比较细。

G

嘎 “嘎”的异体字。(一)gā 拟声词,形容短促而清脆的声音。沈从文《黑夜》:“筏身在移动中,发出嘎嘎声音,如人身骨节作响的情形。”(二)gǎ ①乖僻。孔厥、袁静《新儿女英雄传》第一回:“张金龙是个不正经过日子的嘎小子。”②卡住。元·纪君祥《赵氏孤儿》第二折:“似鳔胶粘住口角,似鱼刺嘎了喉咙。”

匃 gài “丐”的异体字。求乞。宋·梅尧臣《贷米于如晦》:“大贫匃小贫,安能不相嗤?”宋·张齐贤《洛阳搢绅旧闻记·张相夫人始否(pǐ)终泰》:“渐行至店,日求匃馀食,夜即宿于逆旅檐下。”

匄 gài “丐”的异体字。《说文》:“匄,气(乞)也。逯安说,亡人为匄。”清·段玉裁注:“此称逯安说,以说字形会意……从亡人者,人有所无,必求诸人,故字从亡从人。”①乞求。《汉书·陈汤传》:“家贫,匄贷无节,不为州里所称。”唐·韩愈、孟郊《秋雨联句》:“秦俗动言利,鲁儒欲何匄。”②乞丐。清·徐珂《清稗类钞·会党类》:“饰为流匄,沿途乞食以蹑之。”梁启超《变法通议》:“一旦军兴,临事募集,半属流匄。”③给予。清·段玉裁《说文解字注》:“‘求之曰乞丐,因而与之。’亦曰乞丐也。今人以物与人曰给,其实当用匄字。”《汉书·广川王刘越传》:“与我无礼,衣服常鲜于我,尽取善赠匄诸宫人。”宋·洪迈《容斋随笔四笔》卷十六:“吾非爱汝而不诛,恐自今有危疑之地,朝廷所命将帅皆不得人,故匄汝馀生。”

葢* gài “盖”的繁体字“蓋”

的异体字。《论语·子路》："子曰：'野哉由也。君子于其所不知，蓋阙如也。'"宋·朱熹《大学章句》："右第一章，蓋孔子之言，而曾子述之。"明·何良俊《语林》卷十八："昔子贡方人夫子曰：'我则不暇，蓋少子也。"

槩 gài "概"的异体字。①古代用升斗量谷(穀)物时刮平的器具。《说文》："槩，杚斗斛。"《韩非子·外储说左下》："槩者，平量者也。"②用这种器具刮平。《荀子·宥坐》："夫水者……盈不求槩，似正。"唐·杨倞注："言水盈满自不待槩而自平。"宋·赵令畤《侯鲭录》卷四："古语云：'斛满人槩之，人满神槩之。'"③衡量。《礼记·曲礼上》："飨不为槩，祭祀不为尸。"④节操。《新唐书·高智周传》："高宗美其槩，授右散骑射常侍。"⑤概括。《后汉书·西域传》："然好大不经，奇谲无已，虽邹衍谈天之辩，庄周蜗角之论，尚未足以槩其万一。"⑥梗概。明·方孝孺《张彦辉文集序》："昔称文章与政相通，举其槩而言耳，要而求之，实与其人类。"

乹[*] (一)gān "干"的繁体字"乾"的异体字。水分少或者不含水的，干的。《太平御览》卷四一〇引汉·东方朔《神异记》："[北方枣]熟色如朱，乹之不缩，气味润泽，殊于常枣。"(二)qián"乾"的异体字。指男子。敦煌变文《金刚般若波罗蜜经讲经文》："夜叉众，乹挞婆。"《刘知远诸宫调·知远走慕家庄沙佗村入舍》："抄着手入来，大乹汉任甚不会。"清·陈鸿墀《全唐文纪事·订谬三》："有唐广明元年僧茂乹述大唐楞伽殿后《重修吴朝大井记》。"

乾(一)gān "干(gān)"的繁体字。汉字简化，"乾"和"幹"一起简化为"干"，实际是合并入"干"。①没有水分，失去水分。《吕氏春秋·爱类》："禹于是疏河决江，为彭蠡之障，乾东土，所活者千八百国。"宋·苏轼《格物粗谈》卷上："松喜乾。"②空虚。

《左传·僖公十五年》："乱气狡愤，阴血周作，张脉偾兴，外强中乾。"唐·皎然《效古》："饮乾咸池水，折尽扶桑枝。"③徒然。金·董解元《西厢记诸宫调》卷八："欢喜教这两个儿，乾撞杀郑恒那村厮。"《水浒传》第二十五回："又没人做主，乾结果了你。"④没来由。唐·韩愈《感春》："乾愁漫解坐自累，与众异趣谁相亲？"张天翼《贝胡子》："他乾看着贝胡子，爱理不理的样子。"⑤有名无实的。《红楼梦》第二十七回："明儿你伏侍我罢，我认你做乾女孩儿。"⑥使对方难堪。清·文康《儿女英雄传》第二十五回："姑娘欲待不理……没奈何，站起身乾了人家一句，说了六个大字，道是：'受礼，我不敢当。'"⑦虚假地。《宋书·范晔传》："晔乾笑云，罪至而已。"(二) qián 《周易》卦名，八卦之一。卦形为☰。六十四卦之一，卦形为䷀。①象征天。《后汉书·郭太传》："吾夜观乾图象，昼察人事。"②指太阳。唐·杜甫《登岳阳楼》："吴楚东南坼，乾坤日夜浮。"③指国家。元·马致远《陈抟高卧》第一折："治世圣人生，指日乾坤定。"④指君主。《周易·说卦》："乾为君。"《三国志·吴书·薛颖传》："乾德博好，文雅是贵。"⑤指西北方。《周易·说卦》："乾，西北之卦也。"⑥指父亲。《周易·说卦》："乾为父。"⑦指男性。《周易·系辞上》："乾道成男。"清·李海观《歧路灯》第一〇七回："乾造天乙贵人，坤造紫微红鸾……"⑧指丈夫。清·文康《儿女英雄传》：第三十回："他那意思想着要把乾纲振起来。"⑨指刚健。《周易·乾卦》："君子终日乾乾，夕惕若厉，无咎。"唐·孔颖达疏："言每恒终竟此日，健健自强，勉力不有止息。"◎干 gān ①盾，战斗中的挡箭牌。《尚书·牧誓》："称尔戈，比尔干，立尔矛，予尔誓。"《礼记·乐记》："总干而山立，武王之事也。"三国魏·韦昭注："总干，持盾也。”②冒犯。《左传·文公四年》:“君辱贶之,其敢干大礼以自取戾。”《红楼梦》第八十六回:“具呈诉辩,有干列禁。”③涉及,干扰。唐·杜甫《兵车行》:“耶娘妻子走相送,哭声直上干云霄。”《水浒传》第七十五回:“神器从来不可干,僭王称号讵能安?”④干涉。《韩非子·八说》:“杨朱、墨翟,天下之所察也,干世乱而卒不决,虽察而不可以为官职之令。”唐·杜甫《秋兴八首》:“彩笔昔曾干气象,白头吟望苦低垂。”⑤求取。《论语·为政》:“子张学干禄。”三国魏·何晏注:“干,求也。”《公羊传·定公四年》:“伍子胥父诛于楚,挟弓而去楚,以干阖庐。”⑥河岸。《诗经·魏风·伐檀》:“坎坎伐檀兮,置之河之干兮。”又,干碍、干典、干度、干法、干犯、干戈、干纪、干将(jiāng,古剑名)、干进、干阑、干戾、干连、干凌、干禄、干乱、干冒、干名、干命、干没、干逆、干戚、干祁、干求、干窃、干扰、干涉、干索、干突、干位、干忤、干系(係)、干霄、干羽、干预、干誉、干证、干政、何干、阑干、若干、天干、无干、相干、一干,都不能写“乾”。〇繁体字系统“干”的常用义项没有读去声gàn的。

乾 gān “干(gān)”的异体字,实际是“乾(gān)”的异体字。这个字只有gān音,以与“乾(qián)”区别。欧阳山20世纪40年代写的小说《高干大》,最初就写“乾”。

尲# gān “尴”的繁体字“尷”的异体字。当是正体。《说文》:“尲。不正也。”[尲尬]即“尴尬”。①行为、事态不正。清·洪昇《长生殿·傍讶》:“敢为春筵畔,风流尲尬,怎一场乐事陡成乖。”②处境困难或事情棘手。清·和邦额《夜谭随录·戴监生》:“汝牂羝不辨,香臭不分,有何尲尬,其持汝母为护符耶?”

稈 gǎn “秆”的异体字。禾茎。元·司农司《农桑辑要》卷二:“苗稈有高下,收实有多少。"清·刘大櫆《祭尹少宰文》:"公以手障,针浮疗诞,翦其枝华,存其根桿。"

桿"杆"的异体字。(一)gǎn ①棍子。金·董解元《西厢记诸宫调》卷一:"话儿不提朴刀桿棒,长枪大马。"②量词,用于棍状物。清·文康《儿女英雄传》第十五回:"褚大娘子道:'我可要不上你那桿长枪来。'"清·梁庭枏《粤海关志》卷二十七:"准其携带鸟枪二三桿,以防盗贼。"(二)gān[杆子]即"竿子"。清·文康《儿女英雄传》第四回:"原来是一贯碾粮食的碌碡,上面靠边都有个凿通了的关眼儿,想是为拴拴牲口,再不插根桿儿,晾晾衣裳用。"

榦 gàn "干(gàn)"的繁体字。汉字简化,"乾"和"榦"一起简化为"干",实际是合并入"干"。①才能。《三国志·吴书·胡综传》:"[子]承平和有文榦,天纪中为中书令。"②强。《淮南子·兵略》:"势利不能诱,死亡不能动,此善为充榦者也。"③事情。《水浒传》第十四回:"都头有甚公榦到这里?"④做,办理。元·秦简夫《剪发待宾》第三折:"他则知道我是个学士,不知小官所榦事务。"⑤草木的茎。晋·左思《蜀都赋》:"擢修榦,竦长条。"⑥躯体。《魏书·寇猛传》:"猛少以姿榦充虎贲。"⑦根本。《周易·乾卦》:"贞者,事之榦也。"⑧古时筑墙两边立的起固定作用的木柱。汉·扬雄《法言·五百》:"经营然后知榦桢之克立也。"这个意思早期多用"榦"。又,榦办、榦本、榦部、*榦才、榦材、榦策、榦臣、榦持、榦当、榦道、榦方、*榦辅、榦父、榦蛊、榦管、*榦国、榦活、榦绩、榦济、榦家、榦将(jiàng)、榦捷、榦劲、榦警、榦局、榦具、榦理、榦力、榦吏、榦练、榦流、榦略、榦敏、榦谋、榦能、榦弄、榦仆、榦强、榦渠、榦任、*榦世、榦实、榦事、榦手、榦属、榦线、榦校、榦勇、*榦用、榦仗、榦桢、榦正、*榦佐、才榦、词幹、单幹、高幹、公幹、骨幹、贵幹、基幹、精幹、肯幹、苦幹、楞幹、蛮幹、盲幹、能幹、巧幹、躯幹、审幹、实幹、树幹、提幹、* 桢幹、* 主幹。前有 * 号的也写"榦"。

榦（一）gàn "干（gàn）"的繁体字"幹"的异体字。①古时筑墙两边立的起固定作用的木柱。《说文》："榦，筑墙耑（端）木也。"《尚书·费誓》："鲁人三郊三遂，峙乃桢榦。"②事物的主干。《淮南子·主术》："枝不得大于榦，末不得强于本。"唐·韩愈《题成木居士》："火透波穿不计春，根如头面榦如身。"引申指本质。《淮南子·原道》："是故柔弱者，生之榦也。"汉·高诱注："榦，质也。"宋·洪皓《松漠记闻》卷上："自巫牡丹多至二三百本，有数十榦丛生者，皆燕地所无。"近代以来多用"幹"。③井栏。《庄子·秋水》："吾乐欤。出跳梁乎井榦之上，入休乎缺甃之崖。"这一意思也读 hán。〇宋代朱熹的学生中，一叫黄幹，另一个叫黄榦。后者也是他的女婿。

赣（一）gàn "赣"的繁体字"贛"的异体字。宋·王象之《舆地纪胜·赣州》："章、貢合流为义，二水为赣，左右拥抱，合流城角，于文为赣。"〇江西省南部，章水由西南，贡水由东南，至今赣州市附近会合而成赣（赣）江。今赣州市的市辖区名章贡区。《山海经·海内东经》："赣水出聂都东山。"宋·陆游《渭南文集》卷三十八《监丞周公墓志铭》：章、貢二水来自南郡，夹城东西流，皆以浮梁以济。"（二）zhuàng 通"戇"的繁体字"戇"。迂愚而刚直。清·查继佐《罪惟录·太祖纪》："语赣激，帝优容之。"

灨 gàn "赣"的繁体字"贛"的异体字。唐·孟浩然《下灨石》："灨石三百里，沿洄千嶂间。"〇今赣州市，曾名灨县。

疘 gāng "肛"的异体字。清·桂馥《札朴·乡里疾病·疾病》："后病曰脱疘。"

掆* gāng "扛（gāng）"的异体

字。①举，抬。《南史·齐本纪上》："疾患困笃者，悉搁移之。"清·赵翼《陔馀丛考》卷二十七："江夏王宝元反，乘八搁舆，手执绛麾幡，随崔慧景至都。"②顶，支撑。《水浒传》第五十六回："呆子慌了，往山坡下筑了有三尺深，下面都是石脚石根，搁住钯齿。"〇不是"扛（káng）"的异体字。

搷 gāng "扛（gāng）"的异体字。发交搬运。明·凌蒙初《识英雄红拂莽择配》第三折："多排下，悄一似待查盘的库藏，将发搷的官衔。"明·徐弘祖《徐霞客游记·游滇日记》："城中被难者，有一浙江盐官，搷二十余，俱遭漂没。"〇不是"扛（káng）"的异体字。

槓 gàng "杠"的异体字。粗棍。《儿女英雄传》第六回："那女子一见，重新跳将下来，将那槓子抢到手里……"又第二十一回："听说明天就要出殡，倘有用我们的去处，请姑娘吩咐一句，哪怕抬一肩儿槓，撮锹土也算出膀子力。"

羙 gāo 见189页"羙（měi）"。

皐 gāo "皋"的异体字。①水边之地。《诗经·小雅·鹤鸣》："鹤鸣于九皐，声闻于野。"②[皐夔]传说中舜的刑官皋陶和乐官夔。宋·王禹偁《谪居感事》："贵接皐夔步，深窥龙凤姿。"③[皐皐]愚顽。《诗经·大雅·召旻》："皐皐訿訿，曾不知其玷。"④[皐比]虎皮。《左传·庄公十年》："自雩门窃出，蒙皐比而先犯之。"晋·杜预注："皐比，虎皮。"⑤[皐兰](1)水边兰草。三国魏·阮籍《咏怀》："清露被皐兰，凝霜沾野草。"(2)山名。在今兰州市南，清朝曾因山设皐兰县，后曾用以指称兰州。

臯 gāo "皋"的异体字。①水边之地。《楚辞·湘夫人》："朝驰余马兮江臯，夕济兮西澨。"宋·陆游《暑行憩新都驿》："细细黄花落古槐，江臯不雨转轻雷。"②[臯落]春秋时北方少数民族。《左传·闵公二年》："晋侯使太子申生伐东山皋落氏。"晋·杜预注："赤狄别种也。皋落其氏族。"

槔* gāo "槔"的异体字。[桔槔]即"桔槔"。唐·王勃《彭州九陇县龙怀寺碑》："岩庄转梵，杳冥松桂之墟；涧户桔槔，寂寞藤萝之院。"宋·辛弃疾《临江仙·又再用圆字韵》："记取桔槔春雨后，短畦菊艾相连。"

槹# gāo "槔"的异体字。[桔槹]即"桔槔"。《晋书·周访传》："[杜]弢作桔槹打官军船舰。"清·李宗昉《黔记》卷一："灵犀隐迹怜槹井，机石遗文忆斗槎。"

餻 gāo "糕"的异体字。糕饼。《隋书·五行志上》："是岁，又有童谣曰：'七月刈禾伤早，九月吃餻正好，十月洗荡饭瓮，十一月出却赵老。"唐·白居易《九日登西原宴望》："移座就菊丛，餻酒前罗列。"清·方拱乾《绝域纪略》："有打餻，黄米为之，甚精。"

暠 gǎo 见110页"暠(hào)"。

槀 gǎo ①"槁"的异体字。(1)干枯。《礼记·曲礼下》："槀鱼曰商祭，鲜鱼曰脡祭。"(2)干枯之物。《左传·哀公三年》："[富父槐]于是乎去表之槀，道还公宫。"(3)槀本，香草名，根茎可入药。《荀子·大略》："兰茝槀本，渐于蜜醴，一佩易之。"(4)箭杆。汉·马融《长笛赋》："持箭槀而茎立兮，独聆风于极危。"②"藳"的异体字。草席，用草席裹。《后汉书·马援传》："援妻孥惶惧，不敢以丧还旧茔，裁买城西数亩地槀葬而已。"

藳* gǎo ①"稿"的异体字。(1)禾秆。《史记·萧相国世家》："愿令民得入田，毋收藳为禽兽食。"(2)诗文著作或图画的草底。《史记·屈原贾生列传》："怀王使屈原造为宪令，屈平属草藳未定。"(3)箭杆。《周礼·夏官·序官》"藳人"，汉·郑玄注引郑司农云："箭干谓之藳。"②草席。《南史·梁始兴忠武王憺传》:“憺闻丧自投于地，席稾哭泣，不饮不食者数日。”

稾 gǎo “稿”的异体字。①禾秆。南朝梁·任昉《天简三年策秀才文》:“每时入刍稾，岁课田租。”②诗文的草底。《南史·徐勉传》:“禁省中事，未尝漏泄，每有表奏，辄焚稾草。”宋·司马光《温国文正司马公文集》卷五十七《谢赐资治通鉴序表》:“臣以属稾有绪，不可不成。”

肐 gē ①“胳”的异体字。[肐膊]即胳膊。元·李文蔚《燕青博鱼》第二折:“哥也你便博一千博，我这肐膊也无些儿困。”《水浒传》第三回:“两个挽了肐膊，出得茶房来。”②作为构词成分，组成多音词。[肐膝]即“疙瘩”。皮肤上起的小块。《水浒传》第二十五回:“你要得知，把手来摸我头上的肐膝。”[肐肽]即“疙瘩”。(1)皮肤上起的小块。清·刘鹗《老残游记》第二回:“长长的脸儿，一脸肐肽，仿佛风乾(干)福橘皮似的。”(2)面粉制成的块状食品。宋·孟元老《东京梦华录·食店》:“又有菜面、胡蝶齑肐肽，及卖水饭、荷包白饭……”[肐落]即“角落”。宋·佚名《张协状元》第十二出:“老汉虽然是个村肐落里人，稍通得些个人事。”[肐揪]紧皱。《红楼梦》第一一六回:“宝钗听着，不觉得把眉头儿肐揪着，发起怔来。”[肐膝]膝盖。元·商挺《潘妃曲》:“短命休寒贱，直恁地肐膝软，禁不过敲才厮熬煎。”③拟声词，通“圪”。[肐察]形容动刀枪的声音。《水浒传》第十回:“林冲举手，肐察的一枪，先戳倒差拨。”

骼 gē 《第一批异体字整理表》作为“胳”的异体字废除，1988年《现代汉语通用字表》收列。现在“骼”是规范字。唐·杜甫《瘦马行》:“东郊瘦马使我伤，骨骼硉兀如堵墙。”清·高其倬《碧云寺》:“请肆彼遗骼，存此招魂邱。”

謌 gē “歌”的异体字。《说文》:“歌，咏也。从欠，哥声。

歌或从言。”《荀子·议兵》：“近者謌讴而乐之，远者竭蹶而趋之。”清·李斗《扬州画坊录·虹桥录》：“又尝为《望江南》曲，如泣如诉，及旦，邻妇闻謌而死。”

挌# gé “格”的异体字。[挌斗]即“格斗”。汉·荀悦《汉纪·武帝纪六》：“主人公挌斗死，皇孙二人皆遇害。”汉·焦赣《易林·讼之豫》：“弱鸡无距，与鹊挌斗。”

閤（一）gé “阁”的繁体字“閣”的异体字。①大门旁的小门。《说文》：“閤，门旁户也。”《墨子·杂守》：“百步一队，閤通守舍，相错穿室。”②宫禁。汉·司马迁《报任少卿书》：“身直为闺閤之臣，宁得自引于深藏岩穴邪。”③内室。唐·白居易《重题》：“日高睡足犹慵起，小閤重衾不怕寒。”④特指年轻女子卧室。南朝梁·萧绎《乌栖曲》：“兰房椒閤夜方开，那知步步香风逐。”明·孟称舜《娇红记》第二十三出：“堪惜身在红楼，魂飞香閤，停樽未饮先已醉。”（二）hé “合”的繁体字。全，总共。明·袁宏道《乞改稿二》：“伏乞台臺悯吴閤县之生民，续职垂绝之残命。”清·孔尚任《桃花扇·闲话》：“或以身殉难，或閤门死节。”清·顾桂芬《轮台县乡土志》：“缠回多务农业，閤境恶魔十居其九。”○1.“合”的其他义项不作“閤”。2.读 gé，是“閣”即“阁”的异体字。读 hé，是“合”的繁体字。

箇 gè “个”的繁体字“個”的异体字。竹一枝。《说文》：“箇，竹枚也。”用为量词。《礼记·少仪》：“大牢则以牛左肩臂臑折九箇，少牢则以羊左肩七箇，犆豕则以豕左肩五箇。”元·杨朝英辑《朝野新声太平乐府》卷一《鹦鹉曲》：“侬家鹦鹉洲边住，是箇不识字的渔父。”

亙 gèn “亘”的异体字。绵延。熊秉坤《武昌起义谈》：“此时全营轰动，枪声隆隆亙半时，盖汉奸亦放枪搀混其间也。”[亙古]从来。明·谢肇淛《五杂俎·人部》："王氏以夫人能之，尤亙古所无也。"清·薛福成《强邻环视谨呈愚计疏》："臣愚以为皇上值亙古未有之奇局，亦宜恢亙古未有之宏谟。"

亙* gēng "更"的异体字。金·董解元《西厢记诸宫调》卷四："百媚莺莺管许我同欢偶，亙深后与俺相约欲学文君走。"明·张问达《刻〈西儒耳目资〉序》："苍昊之后，籀篆代亙。"清·恽敬《三代因革论一》："夫五霸亙三王者也，七雄亙五霸者也；秦兼四海，一切皆扫除之，又亙七雄者也。"

畊 gēng "耕"的异体字。《晏子春秋·谏下》："今齐国丈夫畊，女子织，夜以接日，不足以奉上。"《三国志·蜀书·诸葛亮传》："亮躬畊陇亩，好为梁父吟。"

骾 gěng "鲠"的繁体字"鯁"的异体字。卡在喉咙里的骨头。《说文》："骾，食骨留咽中也。"鲁迅《致黎烈文》："近来作文，避忌已甚，有时如骨骾在喉，不得不吐。"转指刚正。《汉书·杜周传》："王氏世权日重，朝无骨骾之臣。"◎鯁 gěng 鱼骨。《说文》："鯁，鱼骨也。"《汉书·贾山传》："祝餔在前，祝鯁在后。"唐·颜师古注："以老人好噎鯁，故为备祝以祝之。"转指刚正。《韩非子·难言》："敦厚恭祗，鯁固慎完，则见以为拙而不伦。"〇按《说文》释义，"鯁"与"骾"是两个字。实际使用没有明显区别。清·段玉裁注："忠言逆耳，如食骨在喉，故云骨鯁之臣。《汉书》以下皆作'骨鯁'，字从鱼，谓留喉者，鱼骨较多也。依《说文》则鯁训鱼骨，骨留喉中当作骾。"今台湾两字并存。

躳 gōng "躬"的异体字。当是本字。《说文》："躳，身也。从身从吕。躬，躳或从弓。"①身体。清·周亮工《庚子重九杂感》："叹息此危躳，不若薤上露。"②自身。宋·庄绰《鸡肋编》卷下："渊圣皇帝以星变责躳。"③亲身。《逸周书·月令》："率三公、九卿、诸侯、大夫躬耕帝籍田。”

銾[#] gǒng “汞”的异体字。汞为液态金属。

鉤 gōu “钩”的繁体字“鈎”的异体字。“鈎”的本字。《说文》:“鉤,曲也。从金,从句,句亦声。”声旁“句”后来常读 jù,改用同音声旁“勾”。辽·行均《龙龛手镜》收“鈎”,但以“鉤”为正。今台湾以“鉤”为正。①形状弯曲,用以探取、悬挂器物的工具。《庄子·外物》:“任公子为大鉤巨缁,五十犗以为饵。”敦煌曲《拜新月》:“澄波美,犹怯怕冲半鉤耳。”清·汪灏《随銮纪恩》:“上下牙如钢鉤,驱突时猛如虎兕。”②钩取。《左传·襄公三十二年》:“或以戟鉤之断肘而死。”《庄子·天运》:“论先王之道而明周、召之迹,一君无所鉤用。”

夠 gòu “够”的异体字。两字完全等义。晋·左思《魏都赋》:“繁富夥夠,不可单究。”《国语辞典》作“夠(够)”。《新华字典》第1版以“夠”为正,1965年《印刷通用汉字字形表》确定“够”为正体。今台湾用“夠”。

搆 gòu “构”的繁体字“構”的异体字。《韩非子·五蠹》:“搆木为巢,以避群害。”《汉书·平帝纪》:“惟苛暴吏多拘系犯法者亲属,妇女老弱,搆怨伤化,百姓苦之。”宋·王谠《唐语林》卷一:“[崔]郸尝搆小斋于别寝,御书赐额曰德星堂。”清·钱泳《履园丛话》卷十二:“要像公伯寮口气,形容得像,写得出,便为绝搆,便是名班。”清·徐树钧《王壬甫〈圆明园词〉序》:“常言某省士民毁天主教堂,某省不行其教,某省民教搆衅,日以难我。”〇《说文》有“構”无“搆”。有一种说法是南宋因避宋高宗赵构(構)之名而改为“搆”字。但成书并且刊刻于辽代的《龙龛手镜·手部》已经有“搆”。典籍中两字可以互换。今台湾两字并存,似“搆”限于动词义“构兵、构和、构会、构思、构陷、构怨”等。

苽* （一）gū “菇”的异体字，实际是“菰”的异体字。茭白。《礼记·内则》：“蜗醢而苽食雉羹。”汉·郑玄注：“字又作菰。”（二）guā“瓜”的异体字。《南齐书·韩灵敏传》：“家贫无以营凶，兄弟共种苽半亩，朝采苽子，暮已复生，以此遂办葬事。”〇“菰”、“菇”无 guā 音。

菰 gū 《第一批异体字整理表》作为“菇”的异体字淘汰。1988 年《现代汉语通用字表》收有“菰”。现在“菰”是规范字。菌类植物。明·谢肇淛《五杂俎》卷十：“《西湖志》载，宋吴山寺产菰，大如盘，五色光润。”[菰菜]茭白。宋·司马光《温国文正司马公文集》卷十三《又和开叔》：“向使吴儿见，不思菰菜羹。”〇“菰”用于菰米系列：菰菜、菰草、菰粱、菰芦、菰首。“菇”用于蘑菇系列：草菇、春菇、冬菇、干（乾）菇、鲜菇、香菇。今台湾二字分工与上同。

秙# gǔ “羖”的异体字。黑色的公羊。《北史·党项传》：“织牦牛尾及秙䍽为屋，服裘褐，披毡为上饰。”《续资治通鉴·宋宁宗嘉泰四年》：“李曼初举兵，视蒙古兵若秙䍽。”

鼓* gǔ “鼓”的异体字。《说文》“鼓”部收“鼓”字：“鼓，郭也。春分之音，万物郭皮甲而出，故谓之鼓。从壴，支，象其手击之也。”“支”部收“鼓”字：“鼓，击鼓也。”唐兰《殷虚文字记》：“盖古文字凡像以手击之者，从‘支’、‘殳’或‘支’，固可任意也。‘壴’为‘鼓’之正字，为名词。‘鼓’、‘鼓’、‘鼓’为击鼓之正字，为动词。《说文》既以‘鼓’为名词之鼓，遂以鼓专动词。”《素问·疟论》：“疟之始发也……乃作寒栗，鼓颔。”宋·杨时《龟山先生语录·后录》：“某只知乡人鼓山下张觷，字柔直，其人甚好。”宋·周邦彦《片玉集》卷八《西河》：“酒旗戏鼓甚处市，想依稀王谢邻里。”宋刊《中兴词选》张镃《贺新郎》：“拥戎貂万骑鸣笳鼓。云正锁，汴京路。"

皷 gǔ "鼓"的异体字。《战国策·秦策二》："甘茂攻宜阳，三皷之而卒不上。"清·毛奇龄《西河词话·羯鼓曲名》："羯鼓与鸡娄、答腊、桃皮诸皷，同一名色。"

穀 gǔ "谷"的繁体字。同音归并。①粮食的总称。《说文》："穀，续也，百谷(穀)之总名。"《礼记·曲礼下》："岁凶，年穀不登，君膳不祭肺，马不食穀。"②俸禄。《孟子·滕文公上》："经界不正，井地不钧(均)，穀禄不平。"③养育。三国魏·曹植《赏罚令》："谚曰：穀千驽马，不如养一骥。"④活，生。《诗经·王风·大车》："穀则异室，死则同穴。"⑤善，以善的态度对待。《诗经·小雅·黄鸟》："此邦之人，不我肯穀。"孔传："穀，善也。"古代君主常谦称"不穀"，意即不善。《左传·僖公四年》："岂不穀是为，先君之好是继，与不穀同好，如何？"又，穀饱、穀帛、穀草、穀旦、穀道、穀根、穀积、穀稼、穀粮、穀廪、穀禄、穀马、穀蠡、穀米、穀日、穀色、穀实、穀食、穀粟、穀田、穀土、穀物、穀芽、穀用、穀雨、穀造、穀租、馆穀、钱穀、五穀，繁体字系统不能写"谷"。[穀梁]复姓，战国有穀梁赤，撰著《春秋穀梁传》，简体字系统也不宜作"谷"。[穀地]产粮食的田地，[谷地]山脊之间的低洼地。[穀道]方士求长生不老方术。[谷道]山间的道路。[穀田]同[穀地]，产粮食的田地。[谷田]山间梯田。◎谷 gǔ ①两山之间的流水。《说文》："泉处同川为谷。"《韩非子·五蠹》："山居而谷汲者，𦠆腊而相遗以水。"②两山之间流水的通道。北魏·郦道元《水经注·漾水》："水出西北天水郡卢山腹，历谷南流。"萧军《八月的乡村》一："小溪不大纡曲，伸长在谷底下。"③山间洼地。《诗经·小雅·十月之交》："高岸为谷，深谷为陵。"④中医学名称，与"谿"(这里通常不写"溪")并称。《素问·气穴论》："肉之大会为谷，肉之小会为豀。肉分之间，豀谷之会，以行荣卫，以会大气……豀谷三百六十五穴会。"又，谷变、谷处、谷道、谷坊、谷阁、谷驹、谷口、谷陵、谷魅、谷泉、谷水、谷响、谷行、谷音、谷饮、谷战。以上不作"穀"。○1."谷风—穀风"都指东风。[谷那]复姓。唐朝有谷那律。2.古代北方民族名吐（tū）谷（yù）浑，不能写"穀"。3."穀"从"禾"，注意与从"木"同读 gǔ 的"穀"的字形区别。

僱 gù "雇"的异体字。①花钱让别人为自己做事情。清·黄六鸿《福惠全书·莅任·堂规式》："听差各役，俱要正身伺候，毋许僱替顶名。"②租赁车、船等交通工具为自己服务。《儿女英雄传》第三回："僱了四头长行骡子，他主仆三人骑了三个，一头驮载行李银两。"◎雇 gù ①花钱让别人为自己做事情。汉·王符《潜夫论·浮侈》："或裁好缯，作为疏头，令工采画，雇人书祝，虚饰巧言，欲邀多福。"又指受雇者。梁启超《论中国学术思想变迁之大势》第二章："他国之神权，以君主为天帝之化身，中国之神权，以君主为天帝之雇役。"②租赁。《新唐书·韦挺传》："至假车乘，雇棺椁，以荣送葬。"○1."僱"是近代产生的字。《康熙字典》没有收。《中华大字典》说它是俗字。2."雇"的本义是鸟类，鸠的一种。《说文》："雇，九雇，农桑候鸟。"

苽 guā 见 102 页"苽（gū）"。

萿* guā "栝"的异体字。[萿蒌]即"栝楼"。《说文》："萿蒌，果蓏也。"

颳 guā "刮"的繁体字。风吹。明·佚名《黄孝子传奇·起兵》："俺这里西风起，颳来的都是沙。"贺敬之等《白毛女》第一幕第三场："北风颳，大雪飘，哪里走，哪里逃？""刮"的其他义项不作"颳"。

掛 guà "挂"的异体字。①悬挂。《孔雀东南飞》："徘徊庭树下，自掛东南枝。"宋·朱彧《萍洲可谈》卷一："掛画于厅事，标所献人名衔于其下。”清·钱泳《履园丛话·出会》：“有扮为兵卒掛刀负弓箭或作鸟状藤牌者。”②划分。《周易·系辞》：“分为二以象两，掛一以象三。”③列名。宋·岳飞《奉诏移伪齐檄》：“掛今日之逆党，连千载之恶名。”明·张居正《明制体以重王言疏》：“撰述官用关防掛号，然后发中书舍人写轴用宝。”④量词。(1)用于成套成串的东西。清·李斗《扬州画舫录·桥东录》：“灯二十有六掛。”(2)用于车。清·刘鹗《老残游记》第四回：“[吴氏]选了一掛双套飞车，赶进城去。”○1.《广韵》：“掛，‘挂’俗字。”2.今台湾两字并存，有的字典释为悬挂义用“挂”，其他义项用“掛”。

罣 guà “挂”的异体字。①悬挂。《淮南子·说林》：“钓者静之，罛者扣舟，罩者仰之，罣者举之：为之异，得鱼一也。”②牵挂。元·马致远《青杏字·悟迷》曲：“兀的不快活煞，乔公事心头再不罣。”③受牵连。宋·苏轼《次韵孔平仲见寄四首》：“因缘罣最罟，未许即潜伏。”④[罣碍]牵掣，阻碍。清·蒲松龄《聊斋志异·娇娜》：“生以忤直罢官，罣碍不得归。”清·方东树《考槃集文录》卷二《冷斋说》：“远离颠倒梦想恐怖罣碍，以生死为一条，以可不可为一贯。”[罣漏]提及少而遗漏多。清·钱大昕《廿二史考异·元史三》：“若有书有不书，又难免罣漏之讥矣。”清·刘熙载《艺概·词曲概》：“既怕罣漏，又怕夹杂。”

枴 guǎi “拐”的异体字。拐杖。《新五代史·汉高祖纪》：“王遣牙将王峻奉表契丹，耶律德光呼之为儿，赐以木枴。”《资治通鉴·后汉高祖天福十二年》：“[契丹主]仍赐[刘知远]以木枴。”元·胡三省注：“枴，老人拄杖也。”

恠 guài “怪”的异体字。《国语·鲁语下》：“水之恠，曰龙罔象；土之恠，曰羵羊。”宋·司马光《温国文正司马公文集》卷六十六《秀州真如院法堂记》:“以淫恑诬罔之辞,以骇俗人而取世资。”明·杨慎《词品》卷六:“红叶落,火龙褪甲;青松枯,恑蟒张牙。”

開* (一)guān “关”的繁体字“關”的异体字。《老子》第二十七章:“善闭无開键不可开。”宋·司马光《温国文正司马公文集》卷六十一《答郭纯长官数》:“彼苻氏、姚氏与慕容氏、赫连氏与拓拔氏,一据開西,一据山东,与高齐、宇文周何以异乎?”

関* guān “关”的繁体字“關”的异体字。《宋史·文天祥传》:“一旦有急,征天下兵,无一人一骑入関者,吾深恨此。”元杭州坊刻关汉卿《古杭新刊的本関大王单刀会》。万历刻明·黄文华选辑《词林一枝》卷一《杜氏勘问小桃》:“事不関心,関心者乱。”

闗* guān “关”的繁体字“關”的异体字。唐·丘光庭《兼明书》卷五《日远近》:“六合之外非闗教化者,仲尼自弃而不论。”明·孟称舜《二胥记》卷上:“一个个抱头鼠窜,朝魏阙,暮燕闗,不说家有老亲,则说身非要路。”清·曹家驹《说梦·明代运漕法之变迁》:“令民运于瓜洲,兑与运军卫所,出给通闗付缴。”

筦 guǎn ①“管”的异体字。(1)乐器名。《穆天子传》卷六:“陈琴、瑟、竽、钥、筊、筦。”晋·郭璞注:“筦,如并两笛。”(2)钥匙。《墨子·号令》:“门有吏,主者门里筦闭。”(3)管辖。《史记·平准书》:“桑弘羊为治粟都尉,领大农,尽代[孔]仅筦天下盐铁。”②络丝纺纱工具的竹管。《说文》:“筦,箰也。”清·徐灏《说文注笺》:“筦之本义为络丝之箰车。”春秋齐国名臣管子,亦作“筦子”。

舘 guǎn “馆”的繁体字“館”的异体字。宋·陆游《水龙吟·春日游摩诃池》:“飞盖争先,占新亭舘。”宋·马庄父《临江仙·上元》:“相逢际晚醺醺,花间亭舘柳间门。”元·陆友仁《研北杂志》卷上:"文林之舘既兴,《御览》之书既作。"◎館 guǎn 本义是接待宾客并供应饮食的地方。《说文》:"館,客舍也。从食,官声。《周礼》:五十里有市,市有馆,馆有积,以待朝聘之客。"引申用于其他处所。"舘"的字形义为接待宾客住宿之所。

鏆* guàn "罐"的异体字。形旁相同,声旁不同。清·周继煦《勇卢闲诘评语·说壶》:"鏆底者,乃套各色馀料之沉底者,并为一鏆烧成,故色涅五采斑斓,坚密沉艳。"

懽 guàn 见119页"懽(huān)"。

鑵 guàn "罐"的异体字。声旁相同,形旁不同。《齐民要术·种葵》:"井别作桔槔、辘轳、柳鑵,令受一器。"《本草纲目·草部·紫花地丁》:"紫花地丁根日干(gān),以鑵盛,烧烟对疮熏之。"

珪# guī "圭"的异体字。《说文》:"古文圭从玉。《尚书·金縢》:植璧秉珪,乃告大王、王季、文王。"又,古时封爵授土之信物。《左传·哀公十四年》:"司马牛致其邑与珪焉,而适齐。"晋·杜预注:"珪,守邑信物。"又用于人名。宋·陆游《渭南文集》卷三十二《右朝散大夫陆公墓志铭》:"仲月国子博士赠太尉讳珪。"

媯# guī "妫"的繁体字"嬀"的异体字。①水名。在山西省永济县。《尚书·尧典》:"厘降二女于媯汭,嫔于虞。"②姓氏。《左传·庄公十二年》:"有媯之后,将育于姜。"

槼 guī "规"的繁体字"規"的异体字。《集韵·支韵》:"《说文》:'有法度也。'一曰正圆之器。或从木。"清·王闿运《张安化妻钱氏墓志铭》:"闿运妻蔡,夙奉贞槼,绵惙之中,请文述美。"况周颐《蕙风词话》卷一:"槼模两宋,庶乎近焉。"

瓌 guī "瑰"的异体字。美石,喻指杰出、卓异。《庄子·天下》:"其书虽瓌玮而连犿无伤也。"《魏书·世祖纪》:"体貌瓌异,太祖奇而悦之。"△《通用规范汉字表》

稿:仅用于姓氏人名。

衮[*] gǔn “衮”的异体字。《国语·周语中》:“弃衮冕而南冠以出,不亦简彝乎?”

滚[*] gǔn “滚”的异体字。

鲧[*] gǔn “鲧”的繁体字“鲧”的异体字。《离骚》:“鲧婞直以亡身兮,终然夭乎羽之野。”

囯[#] guó “国”的繁体字的异体字。佚名《五代史平话》上:“刘季杀了项羽,自立囯号曰汉。”太平天国文书统用“囯”。

聝[#] guó “馘”的异体字。古代战争中割取俘敌之左耳以计战功。《说文》:“聝,军战断耳也。从耳,或声。馘,或从首。”《孔子家语·致思》:“攘地千里,搴旗执聝。”清·王闿运《桂阳州志序》:“降寇恇儴,聝首让功。”

菓 guǒ “果”的异体字。由“果”分化而来,指植物的果实及与之有关的物品。《汉书·叔孙通传》:“古者有春尝菓,方今樱桃熟,可献。”北周·庾信《咏画屏风》:“春杯犹杂泛,细菓尚连枝。”元·熊梦祥《析津志·风俗》:“如菓、菜以筐为之,以代竹。”《水浒传》第五十回:“朱仝抱了小衙内,出府衙前来,买些细糖菓子与他吃。”清·奕湘《定边纪略·贡物》:“本处土产哈达菓,其形似葡萄,紫色……造成菓丹,于八月内进呈贰盒。”又,菓干(乾)、菓盒、菓酱、菓胶、菓酒、菓木、菓皮、菓品、菓树、菓汁、菓枝、翅菓、干(乾)菓、浆菓、结(jiē)菓、苹菓、球菓、仁菓、沙菓、水菓、糖菓、鲜菓。以上,繁体字系统常写“菓”。成果,果然,果敢,果断等,不作“菓”。“果”又是姓氏,明朝有果琳。今台湾通用“果”。

椁 guǒ “椁”的异体字。《庄子·天下》:“天子棺椁七重,诸侯五重,大夫三重,士再重。”唐·韩愈《南山》:“又如游九原,坟墓包椁柩。”明·管律《宁夏新志》卷二:“金棺银椁瘗埋其下,佛顶舍利閟其中。”清·王岱舆《希真正答》:“今以棺椁贮之,如其有知,则受束缚。”

H

凾[*] hán “函”的异体字。三国魏·曹植《又赠丁仪王粲》：“从军度凾谷，驱马过西京。”宋·张君房《云笈七签》卷一一二：“殿有石凾，长三尺，其上錾鸟兽花卉，文理纤妙。”

圅 hán “函”的异体字，当为本字。通行“函”。《说文·马部》：“圅，舌也。象形，舌体马马。从马，马亦声。”

噉 hǎn 见 54 页“噉（dàn）”。

扞 hàn ①“捍”的异体字。《说文》：“扞，忮也。”后作“捍”。(1)捍卫。《尚书·文侯之命》：“汝多修，扞我于艰。”(2)抵御。《吕氏春秋·恃君》：“爪牙不足以自守卫，肌肤不足以扞寒暑。”(3)抵抗。《礼记·学记》：“发然后禁，则扞格而不胜。”②古代射者所着的臂衣。《汉书·尹赏传》：“杂举长安中轻薄少年恶子，无市籍商贩作务，而鲜衣凶服被（披）铠扞持刀兵者，悉籍记之。”唐·颜师古注“扞，臂衣也。”③骠悍。后作“悍”。《孔子家语·致思》：“懔懔焉若持腐索之扞马。”④通“焊”，戈矛柄下端的金属套。《战国策·赵策一》：“［豫让］刃其扞，曰：‘欲为知伯报仇。’”△《通用规范汉字表》稿：用于表示抵触，如“扞格”。其他用“捍”。

猂 hàn “悍”的异体字。梁启超《申论种族革命与政治革命之得失》：“一党派势力太鸱张，而其人复狞猂。”

銲 hàn ①“焊”的异体字。焊接。明·宋应星《天工开物·锤锻》：“凡响铜入锡参和成乐器者，必圆成无銲。”老舍《龙须沟》人物表：“母女以銲镜子的洋铁边儿和作针线活为业。”②通“扞②”。古代射者所着的臂衣。《管子·戒》：“管仲、隰朋朝，公望二子，弛弓脱釬而迎之。”

銲 hàn ①“焊”的异体字。焊接。宋·沈括《梦溪笔谈·异事》：“此镜甚薄，略无銲迹，恐非可合也。”②“釬②”的异体字。《太平御览》卷三五〇引《鲁连子》：“弦銲相第而矰矢得高焉。”

鎒 hāo 见 206 页“鎒(nòu)”。

嘷* háo “嗥”的异体字。嗥叫。《左传·襄公十四年》：“狐狸所居，豺狼所嘷。”

獆* háo “嗥”的异体字。嗥叫。《山海经·北山经》：“[丹熏之山]有兽焉，其状如鼠，而菟(兔)首麋身，其音如獆犬，以其尾飞，名曰耳鼠。”

嘷 háo “嗥”的异体字。嗥叫。南朝宋·鲍照《芜城赋》：“风嘷雨啸，昏见晨趋。”唐·苏鹗《苏氏演义》卷上：“越俗，祭防风神，奏防风古乐，截竹长三尺，吹之，音如狗嘷。”

獋 háo “嗥”的异体字。嗥叫。用于人名。《公羊传·宣公二年》：“秋九月乙丑，晋赵盾弑其君夷獋。”

蠔 háo “蚝”的异体字。牡蛎。唐·刘恂《岭南录异》卷下：“蠔，即牡蛎也。其初生海岛边，如拳石，四面渐长，有高一二丈者，巉岩如山。”宋·苏轼《和陶杂诗》十一：“蠔浦既黏山，暑路亦飞霜。”

暠 (一)hào “皓”的异体字。白。汉·司马相如《大人赋》：“暠然白首戴胜而穴处兮，亦幸有三足乌为之使。”晋·潘岳《怀旧赋》：“晨风凄以激冷，夕雪暠以掩路。”(二)gǎo 光明。南朝梁·江淹《待罪江南思北归赋》：“上暠暠以临月，下淫淫而愁雨。”

皜 hào “皓”的异体字。《孟子·滕文公上》：“江汉以濯之，秋阳以暴之，皜皜乎不可尚已。”刘半农《阿尔萨斯之重光》：“旭日一轮，皜然自放奇采，尽逐天上云滓，令清明如洗。”

呵 hē 见1页“呵(ā)”。

欱[#] hē “喝”的异体字。喝，饮。《说文》：“欱，歠（啜）也。”汉·张衡《西京赋》：“抱杜含鄠，欱澧吐镐。”唐·柳宗元《答问·晋问》：“鼋鼍诡怪，于于汩汩。腾倒驶越，魏泊涯涘。呀呷欱纳，摧杂失坠。”○《说文》所收“喝”，音yè，意思是声音嘶哑。汉·司马相如《子虚赋》：“榜人歌，声流喝。”晋·郭璞注：“言悲嘶也。”不是饮义。

嗬[*] hē “呵(hē)”的异体字。用作叹词。繁体字系统多用“嗬”。《高玉宝》第六章：“嗬！你还在念书呢，有出息，有出息！”拟声词。多形容笑声。柳青《创业史》第一部第十六章：“杨书记和区委王佐民书记，两人笑得嗬嗬的。”

咊 hé “和”的异体字。应和。《说文》：“咊，相譍（应）也。”《南史·释宝志》：“灵咊寺沙门释宝亮于以纳被遗之。”

盇 hé “盍”的异体字。《说文》：“盇，覆也。”《集韵》：“一曰‘何不’也。”

閤 hé 见99页“閤(gé)”。

龢 hé “和”的异体字。①音调调和，协调。《说文》：“龢，调也。”“龠”为三孔乐器。《吕氏春秋·孝行》：“正六律，龢五声，杂八音，养耳之道也。熟五谷(穀)，烹六畜，龢煎调，养口之道也。龢颜色，说(悦)言语，敬进退，养志之道也。”②和顺，和睦。《国语·周语下》：“言惠必及龢，言让必及敌。”繁体字系统，通常用“和”，用“龢”只是少数情况。清朝末年有官员翁同龢。△《通用规范汉字表》稿：仅用于姓氏人名。

覈 hè “核”的异体字。①核实。《说文》：“覈，实也。考事而笮，邀遮其辞，得实曰覈。”《文心雕龙·辨骚》：“将覈其论，必征其言。”宋·陆游《渭南文集》卷三《上殿札子三首》：“仍命谏官及外台之臣精加考覈，取其尤沮格者与众弃之。”明·高拱《伏戎纪事》：“督抚审覈得实，乃备上其事。”②翔实。《后汉书·班固传》：“迁文直而事覈，固文赡而事详。”又，覈辩、覈见、覈校、覈究、覈举、覈勘、覈考、覈理、覈实、覈问、覈叙、覈选、覈要、覈议、覈正、查覈、复覈、稽覈、结覈、考覈、审覈、验覈。③粮食舂剩的粗屑。《史记·陈丞相世家》：“人或谓平曰：‘贫何食而肥若是？’其嫂嫉平之不亲家生产，曰：‘亦食糠覈耳。’”南朝宋·裴骃《集解》引孟康曰：“麦糠中不破者也。”④果实中坚硬部分，里边有果仁。《周礼·地官·大司徒》：“三曰丘陵，其动物宜羽物，其植物宜覈物。”马王堆汉墓帛书《经法·称》：“华之属，必有覈，覈中必有萁。”〇近现代繁体字系统通常多写“核”。1934年国强书局出版杨筠如著《尚书覈诂》用了这个字。

恆 héng “恒”的异体字，本是正体。《说文》：“恆，长也。从舟在‘二’之间上下，心以舟施恆也。”①长久。《孟子·梁惠王上》：“无恆产而有恆心者，惟士为能。”敦煌曲《歌乐还乡》：“腰间宝剑常挂，手里遮月恆张。”②平常的。《三国志·吴书·吴主传》：“形貌奇伟，骨体不恆。”③经常。《尚书·伊训》：“敢有恆舞于宫，酣歌于室，时谓巫风。”清·汪琬《说铃》：“王匡庐先生不恆为诗。”

揈[#] (一)hōng “轰”的繁体字“轟”的异体字。①驱赶。郭澄清《大刀记》：“有的推着小车儿，还有的揈着牲口，背着粪筐。”老舍《茶馆》第二幕：“他一死，他的侄子们把我们揈了出来，连一床被子都没有给我们！”②转指销售。老舍《骆驼祥子》十一：“卖糖的小贩急于把应节的货物揈出去，上气不接下气的喊叫，听者怪震心的。”〇“轰”的其他意思不能写“揈”。(二)hóng 敲击。宋·欧阳修《归雁亭》：“酒酣几欲揈大鼓，惊起龙蛰驱春雷。”

鬨 (一)hòng “哄”的异体字。哄闹。《新唐书·刘子炫吴兢等传》：“自韩愈为《顺宗实录》，议者鬨然不息，卒窜定无完篇，乃知为史者亦难言之。”明·方孝孺《卧云楼记》：“特以壮先生之高致，以为世俗之嚣鬨，污浊者不足以浼之。”（二）xiàng “巷”的异体字。街巷。《说文》：“鬨，里中道也。”唐·卢肇《海潮赋》：“鬨闉澶漫，凌强侮弱。”《新唐书·高骈传》：“乃擢废吏百余，号‘察子’，厚禀粮，令居衢鬨间。”

鬨（一）hòng ①“哄（hòng）”的异体字。吵闹，起哄。宋·王之道《鹊桥仙》：“十年湖海鬨樵歌，何幸出、阳春绝唱。”转指骚乱。《宣和遗事》前集：“宋江三十六人鬨州劫县，方腊一十三寇放火杀人。”②相斗（鬥）。《孟子·梁惠王下》：“邹与鲁鬨。”汉·赵岐注：“鬨，斗（鬥）声也，犹构兵而斗也。”宋·金盈之《新编醉翁谈录·约朋友结课檄书》：“战鬨棘围，跟效原夫之辈。”（二）xiàng 巷，胡同。汉·扬雄《法言·学行》：“一鬨之市，不胜异意焉；一卷之书，不胜异说焉。一鬨之市，必立之平；一卷之书，必立之师。”汪荣宝注：“吴云：‘一鬨犹一巷。’”清·侯方域《任源邃传》：“少时有群儿戏为泥龛于田间，设神像，谬以灵应，相与煽惑，为香火鬨里闬间。”

矦[*] hóu “侯”的异体字。《资治通鉴·周赧王四十三年》：“君于赵为贵公子，今纵君家而不奉公则法削；法削则国弱，国弱则诸矦加兵，是无赵也。”

餱 hóu “糇”的异体字。干粮。《诗经·大雅·公刘》：“乃积乃仓，乃裹餱粮。”唐·李宗闵《唐故丞相碑铭》：“带甲百万，餱食为巨。”

後 hòu “后”的繁体字，同音归并。繁体字系统，位置前后、时间先后用“後”。“后”指上古君王或帝王的妻子：后辟、后党（皇后、太后相关的群体、集团）、后帝、后妃、后宫（王后所居之宫）、后皇、后稷、后夔、后坤、后昆、后门（皇后家族）、后缗、后命（王后之命）、后祇、后庭（后妃的居所)、后土、后辛(商纣王)、后夷、后羿、后族、帝后、断后(戏曲剧目,包拯认定天齐庙所遇盲婆为在位皇帝之生母)、皇后、三后(夏禹、商汤、周文王;又《诗经·大雅·下武》:"三后在天,王配于京。")、太后、王后、夏后、影后(影界最佳女演员)、弈后(最佳女棋手)、皇太后、皇天后土。以上繁体字系统不作"後"。以下词语如写"后"则意思易混:後帝(前帝的继任者;传说中的厕神)、後宫(嫔妃所居之宫,汉·班固《西都赋》:"後宫乘輚路,登龙舟。")、後昆(子孙后代)、後命(持续发的命令)、後庭(宫廷的后园)、後辛(每月下旬的辛日)、断後(没有子嗣;军队撤离时派出小股部队掩护)、太後(位置靠后)。"后"和"後"分别都是姓氏,明朝有后能、後敏。○这两个字在典籍中分工大致明确,也有混用的情况。《礼记·聘礼》:"质明而始行事,日几中而后礼成。"典型的如儒家重要典籍《大学》第一章:"知止而后有定,定而后能静,静而后能安,安而后能虑,虑而后能得。……物格而后知至,知至而后意诚,意诚而后心正,心正而后身修,身修而后家齐,家齐而后国治,国治而后天下平。"十二处用"后",而不是"後"。宋·朱熹《大学章句》注:"后与後同。"清初学者王夫之《笺解》里说:"《大学》'後'、'后'二字异用。'後'者,且勿急而姑待异日之意,对'前'字。则'先'字作在前解,而'後'者始得之意,言物格而始得至。……才完了致知之功,不对'前'字,不以时言。则'先'字亦是从彼处下工夫,为此工夫地之意。况云'物格而后知至'云云,乃以效之必然者言之,非云物格而后致有次序,不可不知所后,且勿致知,待物已格而后求致知也。"简单说,就是"後"对"前",表示时间先后;"后"对"先",不指时间先后。所论可备一说。

虖 hū ①"呼"的异体字。叹词。《汉书·武帝纪》:"麟凤在郊薮，河洛出图书。呜虖，何施而臻于此？”宋·陆游《渭南文集》卷十八《景迂先生祠堂记》：“於虖，士之弃日，岂皆驰骛于富贵功名哉？”②“乎”的异体字。(1)介词，相当于“于”。《墨子·尚同上》：“夫明虖天下之所以乱者，生于无政长。”(2)语气词，用于句末。《汉书·张耳陈馀传》：“使张敖据天下，岂少乃女虖？”

嘑 hū “呼”的异体字。①呼喊。《说文》：“嘑，唬也。”《周礼·春官·鸡人》：“大祭祀，夜嘑旦以嘂(叫)百官。”唐·陆德明《释文》：“嘑，本又作呼。”宋·陆游《十二月十六日夜梦行南郑道中》：“我闻投袂起，大嘑闻百步。”②拟声词。《西游记》二十五回：“向巽地上吸一口气，嘑的吹将去，便是一阵风。”

謼 hū “呼”的异体字。①大声喊叫。《汉书·息夫躬传》：“欲掠问，仰天大謼，因僵仆。”唐·颜师古注：“謼，古呼字。”②惊吓。敦煌变文《汉将王陵变文》：“二将当时夜半越对，謼得皇帝洽背流汗。”清·管同《抱膝轩记》：“妇孺之謼啼，鸡犬之鸣吠，嘈杂喧阗，殆无时不至。”

粘 hú 《第一批异体字整理表》作为“糊”的异体字淘汰。按，《说文·黍部》：“黏，黏也。从黍，古声。粘，黏或从米。”意思是，粘是“黏”的或体，即异体字。徐铉本《说文》和《广韵》音户吴切。对应今音 hú，但字义与“糊”无关。

衚 hú “胡”的异体字，只用于“衚衕(胡同)”。元·关汉卿《单刀会》第三折：“旱路里摆着马车，水路里摆着战船，直杀一个血衚衕。”明·沈榜《宛署杂记·街道》：“衚衕本元人语，字中从‘胡’从‘同’，盖取胡人大同之意。”清·文康《儿女英雄传》第三十二回：“我也没那大工夫留这些闲心，横竖在前门西里一个衚衕儿里头。”

黏* hú “粘”的异体字。见本页“粘(hú)”。

餬 hú “糊”的异体字。①餬口,指勉强维持生活。《说文》:“餬,寄食也。”《左传·隐公十一年》:“寡人有弟,不能和协,而使餬其口于四方。”②稠粥,以粥充饥。《左传·昭公七年》:“饘于是,鬻于是,以餬余口。”③涂抹,粘合。宋·苏舜卿《应制科上省使叶道卿书》:“考艺文则誊书餬名,衡文之学,靡以行市相雄长。”④蒙混。清·吴敬梓《儒林外史》第二十三回:“磕了几个头,当时兑了一万两银子出来,才餬的去了,不曾破相。”繁体字系统也常作“糊”:糊口、糊名。◎糊(一)hú ①勉强维持生活。《魏书·崔浩传》:“今既糊口无以至来秋,来秋或复不熟,将如之何?”②稠粥。《西游记》第六十九回:“软滑黄粱饭,清新菰米糊。”③粘合。唐·白居易《竹窗》:“开窗不糊纸,种竹不依行。”④通“煳”。食品等经火烧变味。《红楼梦》第四十六回:“凤姐儿道:‘琏儿不配,就只配我和平儿这一对儿烧糊了的卷子和他混罢。’”老舍《二马》第三段六:“晚饭全做糊啦,鸡蛋摊在锅上弄不下来。”(二)hù ①像稠粥一样的物品。宋·陈师道《后山丛谈》卷二:“赵元考云:‘寒食面,腊月雪水为糊,则不蠹。”②蒙混,欺骗。清·李伯元《文明小史》第十回:“傅知府又耀武扬威的一面得意之色,把一众地保吆喝了一大顿,才算糊过去了。”洪深《歌女红牡丹》第十七本:“你啊,糊弄朋友,把我的女孩子也偷卖啦。”(三)hū 用较稠的糊状物涂抹。南朝宋·鲍照《芜城赋》:“制磁石以御冲,糊赪壤以飞文。”又泛指遮掩。唐·郑愚《潭州大沩山通庆寺大圆禅师碑铭》:“云糊天,月不明,金在矿,火在礸。”

鬍 hú “胡”的繁体字。同音归并。用于“鬍鬚(胡须)”义。汉·应劭《风俗通义·正失》:“黄帝升封泰山,于是有龙垂鬍髯下迎接黄帝。”《水浒传》四十九回:“[孙立]淡黄面皮,络腮鬍鬚,八尺以上身材。”又，19 至 20 世纪前期，我国东北地区指称土匪，因当初土匪头目戴红色假胡须以伪装而名。瞿秋白《乱弹·财神还是反财神》：“东三省的著名胡匪小白龙，于是乎也和马占山一样出风头了。”刘白羽《写在太阳初升的时候》：“在路上，我看到一个年轻的共产党员给国民党特务、胡子杀死了，我亲自给他下了葬。”◎胡 hú 本指鸟兽颔下的垂肉。《诗经·豳风·狼跋》：“狼跋其胡，载疐其尾。”宋·朱熹《诗集传》：“胡，颔下悬肉也。”也指胡须。《史记·孝武本纪》：“鼎既成，有龙垂胡髯，下迎黄帝。”南朝梁·萧绎《金楼子·箴戒》：“帝纣垂胡，长尺四寸，手格猛兽。”

箎 hǔ　见 34 页“箎(chí)”。

苍 huā　“花”的异体字。金·董解元《西厢记诸宫调》卷一：“东风惊落满庭苍，玉人不见朱扉亚。”

蘤 huā　“花”的异体字。汉·张衡《思玄赋》：“天地烟煴，百卉含蘤。”唐·王勃《采莲赋》：“红葩绛蘤，电烁千里。”

話 huà　“话”的繁体字“話”的异体字，当是本字。《说文》：“話，合会善言也。”清·邵瑛《群经正字》云：“今经典作‘話’。”《元朝秘史》卷六：“你那浪言语莫说，家人听得恐做真話。”清·龚自珍《己亥杂诗》三一五：“米盐种种家常話，泪湿红裙未绝裾。”

劃“划”的繁体字。(一)huà①划分。北齐·颜之推《颜氏家训·归心》：“九州未劃，列国未分。”《红楼梦》第四十二回：“这些楼台房舍是必要界劃的。”②忽然。宋·苏轼《次韵孔毅父集古人句见赠》：“劃如太华当我前，跛牂欲上惊崷崒。”③筹谋。《广韵·麦韵》：“劃，劃作事也。”(二)huá ①用尖利物件把东西割开。《说文》：“劃，锥刀曰劃。”清·段玉裁注作“锥刀畫曰劃”。南朝宋·鲍照《芜城赋》：“劃崇墉，刳浚洫。”清·潘耒《游天台山记》：“峭壁百寻，雷轰刀劃，悬瀑自其肩落注于苍池。”(三)huai[劃劃]①筹划。元·武汉臣《玉壶春》第三折:“赤紧的十谒朱门九不开,可着我怎劃劃。”②摆布,整治。《金瓶梅词话》第三十回:“教他任意端详,被他褪衣劃劃。”[擘劃]即“擘畫(画)”筹划。《淮南子·要略》:“通古今之论,贯万物之理,财(裁)制力义之谊,擘畫人事之终始者也。”→金·董解元《西厢记诸宫调》卷六:“忒孤穷,要一文钱物也擘劃不动。”○计划、谋划义,旧多作“畫(画)”。汉·曹操《请爵荀彧表》:“自在臣营,参同计畫,周旋征战,每皆克捷,奇策密谋,悉皆共决。”《三国志·蜀书·杨仪传》:“亮数出军,仪常规畫分部,筹度粮谷(穀)。”《隋书·李景传》:“仪同三司侯莫、陈乂多谋畫,工拒守之术。”清·王夫之《周易外传》卷六:“不区畫与必来,而待效于报身也。”清·魏源《再上陆制府论下河水利书》:“前此种种策畫,皆题目过大,旷日无成,均可束之高阁。”清·黄远庸《记盐政计畫》:“本部所研计畫亦未敢信为确当,仍应派员分赴各省实地调查。”計劃,1957年出版的《第一次全国文字改革会议文件汇编》,河北省代表孙培均发言稿有“有计画地利用假期……”,已经用简化字“画”。今台湾类似情况用“畫”。◎划 huá ①划船。唐·陆龟蒙《和钓侣》:“一艇轻划看晓涛。”宋·张镃《崇德道中》:“破船争划忽罢喧,野童村女闯篱边。”宋·孟元老《东京梦华录·驾幸临水殿观争标赐宴》:“小船子上,有一白衣人垂钓,后有小童举棹划船。”②划子,小船。清·魏源《城守篇·守御下》:“急谋善檝,载锹乘划,衔枚夜出。”③划拳。④划算。以上①—④繁体字系统均不作“劃”。

譁 huà “哗”的繁体字“嘩”的异体字。①人声嘈杂。《孙子·军争》:“以治待乱,以静待譁。”唐·韩愈《辛卯年雪》:“翕翕陵厚载,譁譁弄阴机。”②虚夸。宋·周密《齐东野语·洪端明人冥》："金紫人怒曰：'此人间諽词，安得如此。'"明·李开先《李开先文集》卷六："二词諽于市井，虽儿女子初学言者亦能歌之。"

劃 huai 见117页"劃(huà)"。

懽（一）huān 欢"的繁体字"歡"的异体字。欢喜。《说文》："懽，喜款也。"《庄子·盗跖》："怵惕之恐，欣懽之喜，不监于心。"唐·薛用弱《集异记·李钦瑶》："举军懽呼，声振山谷。"敦煌曲《喜秋天》："何处贪懽醉不归，羞向鸳衾睡。"清·金埴《不下带编》卷四："曰风花雪月，曰悲懽离合。"（二）huàn 通"患"。灾祸。《庄子·人间世》："凡事若小若大，寡不道以成懽。"闻一多《古典新义·庄子内篇校释》："懽，古患字……言事无大小，罕有不由之以成灾患者也。"（三）guàn 忧惧无诉。《尔雅·释训》："懽懽、愮愮，忧无告也。"晋·郭璞注："贤者忧惧无所诉也。"

貛 huān "獾"的异体字。《说文》："貛，野豕也。"晋·葛洪《抱朴子·诘鲍》："貛曲其穴，以备径至之锋；水牛结阵，以却虎豹之暴。"宋·梅尧臣《昭山亭》："兽则貛与貉，鱼则鲂与鱮。"

獂 huān "獾"的异体字。

讙 huān ①"欢"的繁体字"歡"的异体字。喜悦。《礼记·檀弓下》："《书》云：高宗三年不言，言乃讙，有诸？"汉·贾谊《过秦论》："即四海之内，皆讙然，各自安乐其处，唯恐有变。"②喧哗。《说文》："讙，哗也。"《墨子·号令》："无应而妄讙呼者，断。"《荀子·儒效》："此君子义信乎人矣，通于四海，则天下应之如讙。"③传说中的兽名。《山海经·西山经》记，讙"一目而三尾"。④讙兜，传说中的人名，尧时佞臣。△《通用规范汉字表》稿：仅用于姓氏人名。

驩 huān "欢"的繁体字"歡"的异体字。欢乐，融洽。《管子·形势》："父母不失其常，则子孙和顺，亲戚相驩。"《史记·廉颇蔺相如列传》："且以一璧之故，逆强秦之驩，不可。"宋·陆游《渭南文集》卷一《贺皇太子受册笺》："国势重于九鼎，驩声达于四方。"清·李斗《扬州画舫录·小秦淮录》："闻者驩咍嗢噱，进而毛发尽悚。"

澣 huàn "浣"的异体字。①洗涤。《诗经·周南·葛覃》："薄污我私，薄澣我衣。"清·佚名《扬子江》："洗我国耻，澣我陋俗，文明冠五洲。"②唐朝官制，每十天休洗浴假，称休澣，后称每月上、中、下旬为上澣、中澣、下澣，也作上浣、中浣、下浣。

鯶# huàn "鲩"的繁体字"鯇"的异体字。明·屠本畯《闽中海错疏·鳞下》："鯶，色微黑，一名鲲。"清·徐珂《清稗类钞·动物类》："鯶，可食，形长身圆，颇似青鱼，而色微灰，江湖中处处有之，食草，亦谓之草鱼。又作'鲩'。"

怳 huǎng "恍"的异体字。①模糊不清。《老子》："道之为物，唯怳唯忽。"汉·河上公注："道之于万物，独怳忽往来于其无所定也。"唐·李白《梦游天姥吟留别》："忽魂悸以魄动，怳惊起而长嗟。"②心神不定。《楚辞·少司命》："望美人兮未来，临风怳兮浩歌。"明·佘怀《虞初新志》卷四："飘渺迟回，吐纳浏亮，飞鸟遏音，游鱼出听，文人骚客，为之惝怳，为之伤神。"③发狂。唐·杜牧《雨中作》："酣酣天地宽，怳怳嵇[康]刘[伶]伍。"④受惊。晋·左思《魏都赋》："临焦原而不怳，谁劲捷而无猳。"

搵 huàng "晃（huàng）"的异体字。晃动。清·文康《儿女英雄传》第五回："那骡子便凿着脑袋使着劲奔上坡去，搵的脖子底下那个铃铛希啷哗啷山响。"柳青《铜墙铁壁》第十六章："那个恶魔似的胡匪排长搵荡着大个子下来了。"〇"晃"有上声huǎng和去声huàng二读，搵只是读去声huàng的"晃"异体字。

暉（一）huī 《第一批异体字

整理表》合并入“輝”，1956年简化为“辉”。1988年发布的《现代汉语通用字表》有“暉”的类推简化字“晖”。“晖”现在是规范字。①日光。《周易·未济》：“君子之光，其晖吉也。”唐·陆德明《释文》：“晖，又作辉。”唐·孟郊《游子吟》：“谁言寸草心，报得三春晖。”②昌明。《庄子·天下》：“不侈于后世，不靡于万物，不晖于数度。”（二）yùn“暈”的繁体字的“暈”异体字。日月周围的光圈。《说文》：“暉，日光也。”《淮南子·缪称》：“晖日知晏，阴谐知雨。”北齐·刘昼《新论·类感》：“太白晖芒，鸡必夜鸣。”

煇（一）huī “辉”的繁体字“輝”的异体字。光。《诗经·小雅·庭燎》：“夜如何其？夜乡（向）晨，庭燎有煇。”毛传：“煇，光也。”煇，覆宋本《玉台新咏》萧衍《拟青青河边草》：“昔期久不归，乡国旷音煇。音煇空结迟，半寝觉如至。”（二）yùn “晕”繁体字“暈”的异体字。日月周围的光圈。《周礼·春官·视祲》：“掌十煇之法。”汉·郑玄注引郑司农曰：“煇，谓日光气也。煇，俗作暈。”

徽 huī “徽”的异体字。标志。《说文》：“徽，帜也。以绛徽帛箸于背。从巾，微省声。《春秋传》曰：‘扬徽者公徒。’”《墨子·号令》“日暮出之，为微职”，清·孙诒让《间诂》引毕沅云：“即徽织。”并云：“当作‘徽识’。”○“巾”旁与“糸”义通。

囘[*] huí “回”的异体字。南朝宋·沈约《秋日白纻曲》：“双心一影俱囘翔，吐情寄君君莫忘。”《水浒传》第一回：“那大虫望着洪太尉左盘右旋，咆哮了一囘，托地望后山坡下跳了去。”明·孙梅锡《琴心记·空门遇使》：“小姐与孤红住在此，待我去见你老相公，看他怎生囘我。”

囬[*] huí “回”的异体字。唐·颜元孙《干禄字书》：“囬、回，上俗下正。”《逸周书·周月解》：“日月俱起于牵牛之初，右囬而行。”《水浒传》第十七回：“囬来说道：‘那里赶得上这伙贼?”明·薛瑄《读书录》卷一：“其势奔赴溪谷合辏囬环者，即其中草木畅茂。”明·佚名《白袍记》第一折：“今日般(搬)演一囬，正是一囬般演一囬新。”

廻* huí “回”的繁体字“迴”异体字。宋刊《中兴词选》王埜《洗河》：“东游曾吊淮水，绣春台上，一廻登，一廻搵泪。”金·董解元《西厢记诸宫调》卷四：“微微地气喘，方过廻廊。”《水浒传》第四十六回：“外面周廻一遭阔港，粉墙傍岸。”

廽 huí “回”的繁体字“迴”异体字。晋·张协《杂诗》九：“重基可拟志，廽渊可比心。”晋·谢混《游西池》：“廽阡被陵阙，高台眺飞霞。”明·何景明《武关》：“微茫一线路，廽合万重山。”

逥* huí “回”的繁体字“迴”异体字。明·毛晋《六十种曲》首套《弁言》：“矜庄少念，逥旋驥足，扬扬气魄自用。”清车王府《双观星》：“狭路相逢难逥避，不是冤家不聚头。”

迴 huí “回”的繁体字。同音归并。“回”主要用于返回。“迴”用于曲折迂回。两字用法常有交叉。①旋转。《列子·汤问》：“迴旋进退，莫不中节。”→晋·张华《博陵王宫侠曲》：“腾超如激电，回旋如流光。”又佛教用语，旋转不停。宋·胡寅《崇正辩》卷二上：“自佛教入中国，说天堂可慕，说地狱可怖，说轮迴可脱，于是人皆以死为一大事。”→元·刘埙《隐居通议·鬼神》：“杀生及死祀，轮回万劫殃。”敦煌词《菩萨蛮》：“霏霏点点迴塘雨，双双只只鸳鸯语。”②运转。《诗经·大雅·云汉》：“倬彼云汉，昭迴于天。”→《吕氏春秋·季冬》：“是月也，日穷于次，月穷于纪，星迴于天。”③迟疑徘徊。宋·贺铸《山花子·弹筝》：“约略整鬟钗影动，迟回顾步佩声微。”→明·余怀《虞初新志》卷四：

“松间石上，按拍一歌，飘渺迟迴。”④留连。晋·木华《海赋》：“乖蛮隔夷，迴互万里。”→唐·柳宗元《梦归赋》：“纷弱喜而佁儗兮，心回互以壅塞。”又汉·司马相如《大人赋》：“低回阴山翔以纡曲兮，吾乃今目睹西王母白首。”→唐·韩愈《祭郴州李使君文》：“逮天书之下降，犹低迴以宿留。”⑤也用于返回。宋·司马光《温国文正司马公文集》卷七《边将》：“横吹常歌千万骑，将军塞北立功迴。”像“回波—迴波、回川—迴川、回风—迴风、回复—迴复、回光—迴光、回环—迴环、回文—迴文、回翔—迴翔、回心—迴心、回照—迴照”等意思相同写法不同的词语大量存在。只有颜料名“回青”，民族名回纥、“回族”及相关的宗教名“回教”和“回历(曆)”，传说中的火神“回禄”或“回陆”等，以及现代产生的词语“回电、回扣、回执、回头客、回忆录”之类，不写“迴”。“迴避、迴荡、迴廊、迴绕、迴首、迴转、迴肠荡气”等通常不写“回”。今台湾保留两个字的分工。

廻 huí “回”的繁体字“迴”的异体字。《刘知远诸宫调·知远别三娘太原投事》：“当此李洪义遂侧耳听沉两廻三度。”

蚘 huí “蛔”的异体字。蛔虫。《关尹子·匕》：“我之一身，内变蛲蚘，外蒸虱蚤。”《金匮要略》卷中：“蚘厥者，乌梅丸主之。”

痐 huí “蛔”的异体字。

蛕 huí “蛔”的异体字。当是本字。《说文》：“蛕，腹中长虫也。”《灵枢经·邪气藏腑病形论》：“[脾脉]微滑，为虫毒蛕蝎。”柳宗元《骂尸虫文》：“彼修蛕恙心，短蛲穴胃。”

蛔 huí “蛔”的异体字。

燬 huǐ “毁”的异体字。①因火而毁，烧毁。《说文》：“燬，火也。”《晋书·温峤传》：“至牛渚矶，水深不可测，世云其下多怪物，峤遂燬犀角而照之。”明·归有光《宁封君八十寿序》:“尝为大第,燬于火。”清·宋伯鲁《新疆建置志》卷二《伊犁府》:“两庙喇嘛坐床者四,后燬于火。”②烈火。《诗经·周南·汝坟》:“鲂鱼赪尾,王室如燬。”

譭 huǐ “毁”的异体字。毁谤。《管子·小称》:“故我有善则誉我,我有过则譭我。”

匯 huì “汇”的繁体字“滙”的异体字。繁体字系统,“匯”为正体。《第一批异体字整理表》把“滙”作为正体,以便于简化为“汇”。①河流汇合。《尚书·禹贡》:“过三澨,至于大别,南入大江,东匯泽为彭蠡。”清·纪昀《纪文达公遗集》卷二十《恭和圣制对荷元韵》:“天然千顷匯汪汪,水法何须问外洋。”②聚合。清·魏源《清朝古文类钞叙》:“在当日夫子自视,则亦一代诗文之匯选。”③迂回。宋·叶适《李仲举墓志铭》:“其中洲四绝水,陂匯深缓,草树多细色,敞爽宜远望。”④汇兑,把银钱从甲地划拨到乙地。清·文康《儿女英雄传》第十三回:“把银子匯到京都交到门生家里。”○本是器具名。《说文》:“匯,器也。”后来不知道具体所指什么器具,所以清·段玉裁《说文注》曰:“谓有器名匯也。”

彙 huì ①“汇”的繁体字“滙”的异体字。以类聚合。《周易·泰卦》:“拔茅茹,以其彙,征吉。”唐·孔颖达疏:“彙,类也,以类相从。”明·方孝孺《祭太史公八首》:“跨越前古,拔彙超伦。”又,彙报、彙编、彙萃、彙类、字彙、词彙、语彙。②刺猬。《山海经·中山经》:“又东南三十里,曰乐马之山,有兽焉,其状如彙。”《尔雅·释兽》:“彙,毛刺。”晋·郭璞疏:“今猬,状似鼠。”③繁盛。汉·班固《幽通赋》:“形气发于根柢兮,柯叶彙而灵茂。”唐·颜师古注:“彙,盛也。”

篲# huì “彗”的异体字。①竹扫帚。《庄子·达生》:“[田]开之操拔篲以侍门庭,亦何闻于夫子?”②扫。汉·

枚乘《七发》:“凌赤岸,篲扶桑,横奔似雷行。”③彗星。《管子·轻重丁》:“国有篲星,必有流血。”《晋书·乐志上》:“冠日月,佩五星,扬虹霓,建篲旄。”

昬 hūn “昏”的异体字。①天刚黑的时候。《三国志·魏书·管辂传》:“汉末之乱,兵马扰攘,军尸流血,污染丘山,故因昬夕,多有怪形也。”②目不明。《新唐书·魏徵传》:“徵熟视曰:‘臣眊昬,不能见。’”③隐晦。清·方苞《书〈汉书·霍光传〉后》:“[古之良吏]所书一二事,则必具其首尾……后人反是,是以蒙杂暗昧使治乱、贤奸之迹并昬微而不著也。”④古通“婚”。《仪礼·士昬礼》:“昬礼,下达纳采,用雁。”宋·洪皓《松漠纪闻》卷上:“其俗谓男女自媒,胜于纳币而昬者。”

䰟 hún “魂”的异体字。《楚辞·哀郢》:“羌灵䰟之欲归兮,何须臾而忘返。”金·董解元《西厢记诸宫调》卷四:“强合眼睡一觉,怎禁梦䰟颠倒夜难熬。”

圂* hùn “溷”的异体字。①猪圈。《汉书·五行志中》:“燕王宫永巷中豕出圂,坏都灶。”唐·颜师古注:“圂者,养豕之牢也。”②粪坑。《墨子·备城门》:“五十步一厕,与下通圂。”清·孙诒让《间诂》:“上厕为城上之厕,圂则城下积不洁之处。”

溷* hùn ①“混”的异体字。(1)混乱。《离骚》:“世溷浊而不分兮,好蔽美而嫉妒。”(2)混杂。《汉书·五行志中》:“乱服共坐,溷肴亡别。”(3)苟且过活。宋·陈亮《与陈君举》:“亮今年本无甚事,但随分溷过,时节亦殊不觉。”②污秽。《说文》:“溷,水浊貌。”宋玉《风赋》:“动沙堁,吹死灰,骇溷浊,扬腐馀。”又专指污物。清·秋瑾《精卫石》第三回:“如此人材真屈辱,名花落溷恨难平。”③特指厕所。《齐民要术·种麻子》:“无蚕矢,以溷中熟粪粪之亦善,树一升。”明·

何良俊《语林》卷二十一:“虽溷轩马厩,必用蜡炬。”

夥 huǒ “伙”的繁体字。同音归并。①聚合。晋·张协《七命》:“鸣凤在林,夥于黄帝之园。”②同伴结成的团体。元·康进之《李逵负荆》第一折:“某聚三十六大夥,七十二小夥,半垓来小偻罗,威镇山东,令向河北。”《水浒传》第十七回:“他若是赶得紧,我们一发入了夥。”又伙伴。清·文康《儿女英雄传》第五回:“只有你说的‘还有个夥伴在后边’这句话倒是实话。”又伙计。清·吴敬梓《儒林外史》第二十一回:“我也老了,累不动了,只好坐在店里帮你照顾,你只当寻个老夥计罢了。”③众人。老舍《龙须沟》第三幕第一场:“你现在为大家夥儿挖沟,大家夥儿谁不伸大拇哥,说你好?”○《简化字总表》“伙[夥]”条注:“作多解的夥不简化。”汉·司马相如《上林赋》:“鱼鳖讙声,万物众夥。”清·冯自由《兴中会时期之革命同志》:“苏复生即书楼司事,故结识志士最夥。”再如“宾客甚夥”、“成绩夥多”等。又用作叹词。《史记·陈涉世家》:“夥颐,涉之为王沈沈(tántán)者。”“夥颐”,《汉书》作“夥”。△《通用规范汉字表》稿:仅表示多和惊叹、赞叹,如“获益其夥”。

旤 huò “祸”的繁体字“禍”的异体字。《荀子·仲尼》:“故知者之举事也,满则虑嗛,平则虑险,安则虑危,曲重其豫,犹恐及其旤,是以百举而不陷也。”唐·柳宗元《答问》:“攸攸恤恤,卒自旤贼。”○本作“𡿧”,遇到可怕的事惊呼。《说文》:“𡿧”,屰恶惊词也。”

獲 huò “获”的繁体字。《汉字简化方案》把“獲”和“穫”合并简化为“获”。①猎获。《说文》:“獲,猎所獲也。”《周易·巽卦》:“田獲三品,有功也。”明·刘基《郁离子·天地之盗》:“天下之用力而不用智与自用而不用人者,皆虎之类也,其为人獲而寝处其皮也,何足怪哉。”转指猎获之物。《吕氏春秋·贵当》："狗良则数得兽矣，田猎之獲常过人矣。"②俘获。《荀子·强国》："子伐将西伐蔡，克蔡，獲蔡侯。"《水浒传》第十七回："少刻便差人连夜到来，捕獲我们，却是怎地好?"③泛指获得。《周易·明夷卦》："入于左腹，獲明夷之心，于出门庭。"《汉书·武帝纪》："[太初]四年春，贰师将军广利斩大宛王首，獲汗血马来。"

穫 huò "获"的繁体字。《汉字简化方案》把"獲"和"穫"合并简化为"获"。收割庄稼。《说文》："获，刈谷(穀)也。"《周易·无妄》爻辞："不穫耕，不菑畲，则利有攸往。"象辞："不穫耕，未富也。"《诗经·豳风·七月》："八月剥枣，十月穫稻。"《尚书·金縢》："秋，大熟，未穫，天大雷电，以风，禾尽偃。"宋·张耒《笼鹰》："八月穫黍霜野空，苍鹰羽齐初出笼。"《金史·食货志二》："女直人徙居奚地者，菽粟得收穫否?"转指刈获物。《诗经·小雅·大东》："有冽氿泉，无浸穫薪。"泛指收成。《管子·权修》："一树一穫者，谷(穀)也；一树十穫者，木也；一树百穫者，人也。"

J

几“幾”的简化字“几(jǐ)”的同形字。(一)jī ①古代席地而坐时倚靠的器具。《尚书·顾命》:“相被冕服,凭玉几。”②矮小的桌子。宋·张镃《木兰花·癸丑年生日》:“竹色诗书,燕几柳阴,桃杏横桥。”茅盾《清明前后》第二幕:“桌旁有一几,堆些文件。”又,几案、几椟、几阁、几闼、几榻、几席、几筵、几砚、几杖、茶几。③接近,近乎。宋·王森《王公仪碑铭》:“有妇人者死而不明,几欲掩瘗。”(二)jǐ[几几]①安重。《诗经·豳风·狼跋》:“公孙硕肤,赤舄几几。”朱熹《集注》:“安重貌。”②偕同。汉·扬雄《太玄·亲》:“宾亲于礼,饮食几几。”③鞋头尖而上翘。宋·叶适《祭陈君举中书文》:“好恶顺逆,几几恭恭;进退用舍,侃侃雝雝。”(三)shū[**几几**]①短羽鸟飞。《说文》:“几,鸟之短羽飞**几几**也。”②拳曲不伸。汉·张仲景《伤寒论·辨太阳病脉证并治法》:“太阳病,项背强**几几**,反汗出恶风者,桂枝加葛根汤主之。”金·成无己注:“**几几**,伸颈之貌也。”○1.以上繁体字系统均不作“幾”。2.读shū的“**几**”,是“几”(jǐ)的形近字。

朞 jī “期(jī)”的异体字。时间周而复始,周期。《尚书·尧典》:“朞,三百有六旬有一日,以闰月定四时成岁。”孔传:“匝四时曰朞。”[朞月]一整月。《南史·江紑传》:“年十三,父蒨患眼,紑侍将朞月,衣不解带。”[朞年]一年。《战国策·齐策一》:“数月之后,时时而间进;朞年之后,虽欲言而无可进者。”《金史·宗翰传》:“盟未朞年,今已如此，万世守约，其可望乎？"[朞岁]一岁。宋·吴曾《能改斋漫录·记事》："朞岁，晋公黜岭外，李复谒唐。"○"期(qī)"的其他义项不读jī，不能写"朞"。

賫 jī "赍"的繁体字"賷"的异体字。送给。《华阳国志·巴志》："[公孙]述怒，遣使賫药酒以惧之。"宋·孟元老《东京梦华录·秋社》："八月秋社，各以社糕社酒相賫送。"

雞 jī "鸡"的繁体字"鷄"的异体字。繁体字系统"雞"为正体。异体字整理以"鷄"为正体，便于简化为"鸡"。《说文》："雞，知时畜也。鷄，籀文雞从鳥。"《诗经·齐风·雞鸣》："雞既鸣矣，朝既盈矣。"《春秋·昭公二十三年》："吴败顿、胡、沈、蔡、陈、许之师于雞父。"明·毛晋《六十种曲·题演剧二套》："上自高人韵士，下至马卒牛童，以迄雞林象胥之属，对之无不剔须眉，无不醒肝脾。"清·毛奇龄《西河词话·羯鼓曲名》："羯鼓与雞娄、答腊、套皮诸鼓，同一名色。"今台湾通用"雞"。

齎 jī "赍"的繁体字"賷"的异体字。送给。《战国策·西周策》："王何不以地齎周最以为太子也。"《水浒传》第十七回："休说太师处着落，便是观察自齎公文来要，敢不捕送？"

饑 jī "饥"的繁体字"飢"的异体字。年成不好，荒年。《诗经·小雅·雨无正》："降丧饑馑，斩伐四国。"毛传："谷(穀)不熟曰饑，菜不熟曰馑。"《史记·秦本纪》："因其饑而伐之，可有大功。"○饥饿的"飢"有时也写"饑"，且比较常见。《淮南子·说山》："宁百刺以针，无一刺以刃；宁一引重，无久持轻；宁一月饑，无一月饿。"汉·高诱注："饑，食不足；饿，困乏也。"《水浒传》四十二回："走到巳牌时分，看看肚里又饑又渴……"明·胡应麟《少室山房笔丛》卷八："元人《琵琶记》以秕糠餺饠充饑，其义可参。”下面这个用例，粗看似介于饥荒、饥饿之间。明·耿定向《耿天台先生文集》卷六《答李宪副性甫书》：“夫舜、禹视天下犹饑犹溺，其原本自有天下而不与来。”仔细体味，还是饥饿义。《简化字总表》以“饑”对应“饥”，没有“飢”的地位，属疏漏。

羇 jī “羁”的繁体字“羈”的异体字。明·谈迁《北游录·纪闻下》：“行藏原是隐，羇旅号为官，潇洒清闲，又休看风尘下贱。”

羈 jī “羁”的繁体字“羈”的异体字。《公羊传·成公二年》：“曹无大夫，公子手何以书？”汉·何休《解诂》：“据羈无氏。”唐·王昌龄《郑县宿陶太公馆中赠冯六元二》：“子为黄绶羈，余忝蓬山顾。”

檝 jí “楫”的异体字。船桨。《管子·兵法》：“历水谷不须舟檝。”清·魏源《默觚下·治篇》：“操刀而不割，拥檝而不度，世无此愚蠢之人。”

藉 jí 见 142 页“藉 jiè”。

戟[#] jǐ “戟”的异体字。唐·欧阳询《书法·补空》：“如‘我’、‘哉’字作点，须对左边实处，不可与‘成’、‘戟’、‘戈’诸字同。”敦煌词《宫怨春》：“相思夜夜到边庭，愿天下销戈铸戟。”宋刊《中兴词选》辛弃疾《满江红·宋郑舜举赴召》：“湖海平生，算不负，苍髯如戟。”

勣 jì “绩”的繁体字“績”的异体字。功绩，事业。《文心雕龙·封禅》：“陈思《魏德》，假论客主，问答迂缓，且已千言，劳深勣寡，飆焰缺焉。”唐·于邵《迎俎酌献》：“进具物，扬鸿勣。”△《通用规范汉字表》稿：仅用于姓氏人名。

跡 jì “迹”的异体字。《左传·昭公十二年》：“穆王欲肆其心，周行天下，将皆必有车辙马跡焉。”《水浒传》第一回：“清高自在，倦怠凡尘，能驾雾兴云，踪跡不定。”清·吴趼人《痛史》第二十一回：“大凡一切过往行人，都责成各客寓，盘问来踪去跡，以及事业。”

蹟 jì “迹”的异体字。《史

记·三代世表》："后稷母为姜嫄，出见大人蹟而履践之，知于身，则生后稷。"汉·刘向《新序·杂事五》："恐惧而悼栗，危视而蹟行。"敦煌曲《破阵子》："目断妆楼相忆苦，鱼雁白水鳞蹟疏。"

繫 jì　见284页"繫(xì)"。

傢 jiā　"家"的繁体字。实际是"家"的异体字。繁体字系统用于"傢伙"、"傢具"等。清·吴敬梓《儒林外史》第十五回："[马二先生]又尽力的吃了一餐，撤下傢伙去。"柳青《铜墙铁壁》十七："石得富怕土方子越弄越坏，叫她们问队伍上的同志；问的人上来说：傢具用水冲一冲，手洗干净，拿新棉花蘸着鸡蛋青子擦净伤处。"

筴 jiā　见24页"筴(cè)"。

袷 (一)jiá　"夹"的繁体字"夾"的异体字。①夹衣。《汉书·匈奴传》："服绣袷绮衣。"唐·颜师古注："袷者，衣无絮也。"清·纳兰性德《秋千索》："一道香尘碎绿苹，看白袷轻调马。"清·崑冈等《大清会典图》卷五十七："绵袷纱裘惟其时。"②衣衿。汉·扬雄《太玄·文》："初一，袷襀何缦玉贞。"清·范望注："袷，衿也。"(二)jié　古时交于胸前的衣领。《礼记·曲礼下》："天子视不上于袷，不下于带。"章炳麟《訄书·解辫发》："藕(欧)罗巴者，在汉则近大秦，与天毒同柢，其衣虽迮小，方袷直小，犹近古之端衣。"(三)qiā[袷袢]维吾尔、塔吉克等民族所穿的外衣。清·王树楠《新疆礼俗志·哈萨克》："服黑色袷袢，系红裙。"闻捷《哈萨克牧人夜送千里驹》："我披上袷袢，跑出帐篷，透过薄雾，向四面看去。"△《通用规范汉字表》稿：qiā，用于"袷袢"。读jiá时用"夹"。

裌 jiá　"夹"的繁体字"夾"的异体字。夹衣。《古诗为焦仲卿妻作》："着我绣裌裙，事事四五通。"宋·苏轼《初秋寄子由》："子起寻裌衣，感叹执我手。"

戞 jiá　"戛"的异体字。①敲击。《尚书·益稷》:"戛击鸣球,搏拊琴瑟以咏。"②[戛戛]互相抵触。《关尹子·一字》:"天物怒流,人事错错然,若若乎也,戛戛乎斗(鬥)也。"③[戛然]拟声词。唐·白居易《画雕赞》:"轩然将飞,戛然欲鸣。"

叚(一)jiǎ "假"的异体字。借。《说文》:"叚,借也。"清·段玉裁《说文解字注》"巳"字条:"自古训诂有此例,即用本字,不叚异字也。"清·魏源《说文儗雅叙》:"《尔雅》不尽用字之本谊,专取叚借,古六书之本义不明。"清·俞樾《古书疑义举例·以双声叠韵字代本字例》:"古书多叚借双声叠韵字之通用者不可胜举。"(二)xiá 姓氏。《左传·成公元年》:"晋侯使瑕嘉平戎于王",《周礼·春官·典瑞》,汉·郑玄注引同,唐·陆德明《释文》引作"叚嘉",清惠栋云"读为遐"。明·徐弘祖《徐霞客游记·滇游日记九》:"有居人叚姓者,导之登其顶,其高盖四十里云。""叚"又用通"缎"。明·王士琦《三云筹俎考》卷二:"每一人给恩养钱分叚四匹,梭布四十匹。"○"段"也常写作"叚",宜注意辨别。宋·黄伯思《东观馀论》卷上:"陆鲁望博古矣,其诗有云一叚清香。"清·袁枚《随园食谱》卷二:"先用鸡汤将皮煨酥,再将肉煨酥,放黄芽菜心,连跟切叚,约二寸许长。"清·刘智《天方至圣实录年谱》卷二十:"分六千六百六十六叚来献。""段"作声旁的字也有从"叚"的。清·纪昀《纪文达公遗集》卷九《瀛奎律髓刊误序》:"暨乎唐代,鍜鍊弥工。"清·李本原纂修《循化厅志》卷二十七:"头上戴银花及银冠子,身穿红绿衣服或绸緞,多如汉制。"△《通用规范汉字表》稿:xiá,用于姓氏人名。读jiǎ时用"假"。

姦 jiān "奸"的异体字。①私,非法。《说文》:"姦,私也。"《史记·货殖列传》:"起则相随椎剽,休则掘冢、作巧、姦冶。"②狡诈。《左传·僖公二十四年》:"弃德崇姦,祸之大者也。"宋·陆游《渭南文集》卷三十八《朝奉大夫直秘阁章公墓志铭》:"良民虽相与化服,而姦豪直谗作矣。"《水浒传》第十七回:"晁盖这厮姦顽役户,本县上下人,没有一个不怪他。"③虚假。《左传·僖公七年》:"君以礼与信属诸侯,而以姦终之,无乃不可乎?"④盗窃。《左传·文公十八年》:"窃贿为盗,窃器为姦。"⑤奸淫,私通。《孔丛子·陈士义》:"或曰李由母姦,不知其父,不足贵也。"◎奸(一)gān ①干犯。《左传·襄公十四年》:"君制其国,谁敢奸之?虽奸之,庸知愈乎?"汉·陆贾《新语·怀虑》:"邪不奸正,圆不乱方。"②干求。《史记·齐太公世家》:"吕尚盖穷困,年老矣,以渔吊奸周西伯。"唐·司马贞《正义》:"奸音干。"《汉书·儒林传》:(孔子)"于是应聘诸侯,以答礼行谊。西入周,南至楚,畏匡厄陈,奸七十君。"《史记·儒林列传》作"仲尼干七十馀君"。(二)jiān 古与"姦"通。近代以来繁体字系统"姦"主要用于奸淫义。比较:明·叶逢春本《三国志传》卷一:"子治世之能臣,乱世之姦雄也。"→《水浒传》第四十五回"怕哥哥日后中了奸计","如何在和尚房里入姦"。

閒 jiān,jiàn 见288页"閒(xián)"。

牋 jiān "笺"的繁体字"箋"的异体字。①古代的表文形式之一,一般用于皇后及诸王。唐·韩愈《顺宗实录四》:"韦皋上表请皇太子监国,又上皇太子牋。"明·何良俊《语林》卷十七:"柳璨为左拾遗,公卿托为牋奏。"②指书信。《世说新语·排调》:"明日,与王牋云:'昨日食酪小过,通夜委顿。'"宋·周邦彦《片玉集》卷一《瑞龙吟》:"吟牋赋笔,犹记燕台句。"③供书写用的精美的纸张。唐·李白《草书歌行》:"牋麻素绢排数箱,宣州石砚墨色光。"

椷 jiān (一)"缄"的繁体字"緘"的异体字。①书信;书信等的封口。元·虞集《风入松·寄柯敬仲》:“重重帘幕今犹在,凭谁寄、银字泥椷。”②动词,封裹。清·钮琇《觚賸·投江诗》:“解其襦,得怀间绝句十章,重椷密纫,字不沾濡。”[椷封]信封。宋·叶梦得《岩下放言·白纸诗》:“士人郭晖,因寄妻问,误封一白纸去。细君得之,乃寄一绝句:‘碧纱窗下启椷封,尺纸从头彻尾空。’”[椷书]书信。清·纳兰性德《临江仙·永平道中》:“椷书欲寄又还休,个侬憔悴,禁得更添愁。”(二)hán 通“函”。《史记·天官书》:“兔过太白,间可椷剑。”南朝宋·裴駰《集解》:“椷音函。函,容也。其间可容剑。”

堿(一)jiǎn ①“碱”的异体字。②同“趼”。手掌脚掌上因长时间摩擦而生的硬厚皮。清·赵学敏《串雅·内篇·脚堿》:“脚堿,葱根、荸荠捣汁一碗,以松香四两并麻油煎至滴水成珠方可入前汁,摊膏贴患处,即愈。”(二)kǎn 同“坎”。坑。《淮南子·主术》:“若发堿决唐(塘),故循流而下易以至,背风而驰易以远。”汉·高诱注:“堿,水堿也。唐,堤也。皆所以蓄水。”于省吾《双剑誃淮南子新证》:“堿乃坎之借字。”

椾 jiān “笺”的繁体字“箋”的异体字。供书写的精美纸张。宋·王观国《学林·故什笺》:“笺,表识书也。亦作牋、椾。”宋·王易简《庆功春》:“翠椾芳字,谩重省、当时顾曲。”

减 jiǎn “减”的异体字。毛泽东《湖南农民运动考察报告》:“不准加租加息,宣传减租减息。”

椝[#] jiǎn “茧”的繁体字“繭”的异体字。唐·李敬方《题黄山汤院》:“气燠胜重椝,风和敌一尊。”元·刘蒙山《春日田园杂兴》:“村妇祈蚕分面椝,老农占岁说泥牛。”

翦 jiǎn 《第一批异体字整理表》作为“剪”的异体字淘汰,1988 年《现代汉语通用字表》收列。现在是规范字。

本义是羽毛初生如剪过一样齐。《说文》："翦，羽生也。一曰矢羽。"①削减。《左传·宣公十二年》："其翦以赐诸侯，使臣妾之，亦唯命。"②修剪。《仪礼·士虞礼》："沐浴栉搔翦。"宋·司马光《温国文正司马公文集》卷五十八《谢校勘启》："是以旧学皆废，翦为荆榛，私心怅然，每用叹邑。"《金史·熙宗二子传》："丁巳，翦鬌，奏告田地宗庙。"③删除，去除。《文心雕龙·镕裁》："翦截浮词谓之裁。"④剪刀，用剪刀剪。唐·杜甫《戏题王宰画山水图歌》："焉得并州快翦刀，翦取吴松半江水。"古书多作"翦"。"剪"本是俗体字，后代通行遂成为正体。宋·陆游《渭南文集》卷十六《德勋庙碑》："巨盗乘间，群凶和附，公则建剪除安辑之成绩。"

璽 jiǎn "茧"的繁体字"繭"的异体字。《论衡·无形》："蚕食桑老，绩而为璽，璽又化而为蛾。"明·陆采《明珠记》第二十五折："舒蚕璽，展兔毫，蚊脚蝇头随意扫。"

鹻 jiǎn 见 291 页"鹻(xián)"。

鬑 jiǎn "碱"的异体字。三国魏·刘劭《人物志·体别》："夫中庸之德，其质无名，故咸而不鬑，淡而不䤅(huì)。"明·郑晓《明四夷考·哈密》："地多鬑，宜稆麦、豌豆。"清·沈兆禔《吉林纪事诗》卷四《物产》："金、银、铜、铁、锡、铅、石灰、火玉、琥珀、鬑硝之产于山，地不爱宝，采之不穷。"清·萧雄《新疆杂述诗》卷四《草木》自注："柴与炭烬后，灰中有鬑成块，见惯皆弃之。"◎碱 jiǎn 盐碱。当是本字。《说文》："碱，卤也。"清·桂馥《说文解字义证》："碱地之人，于日未出，看地上有白若霜者，扫而煎之，便成碱矣。"○《现代汉语通用字表》"硷"、"碱"并收，都属规范字。实际使用中多用"碱"。近代繁体字系统用"碱"。《通用规范汉字表》稿删除"硷"。今台湾通行"鹼"，有的字典写明与"鬑、堿、碱"

同字。

譾[#] jiǎn “谫”的繁体字“譾”的异体字。浅薄，浅陋。《史记·李斯列传》：“能薄而材譾，强因人之功，是不能也。”梁启超《宪法之三大精神》：“启超末学譾识，何足以语于是。”

徤[*] jiàn “健”的异体字。唐·罗隐《春日题禅智寺》：“楚风调高何处酒，吴牛蹄徤满车风。”《文苑英华》卷一《天行徤赋》一首。《水浒传》第四十九回：“扮虞候的是金大坚侯徤。”

劒 jiàn “剑”的繁体字“劍”的异体字。《后汉书·马援传》：“吴王好劒客，百姓多创瘢。”宋·刘过《水调歌头·自述》：“弓劒出榆塞，船棨上蓬山。”宋·杨时《龟山先生语录·后录》：“龟山往来太学，过庐山，见常总。总亦南劒人，与龟山论刑，谓本然之善不与恶对。”《水浒传》第一回：“紫微大师披发仗劒，北方真武踏龟蛇，靸履顶冠……”

薦 jiàn “荐”的繁体字。繁体字系统以“薦”为正。①兽畜吃的草。《说文》：“薦，兽之所食艸。从廌，从艸。古者神人以廌遗(wèi)黄帝，帝曰：‘何食？何处？’曰：‘食薦。夏处水泽，冬处松柏。’”《庄子·齐物论》：“民食刍豢，麋鹿食薦。”宋·沈括《梦溪笔谈·故事一》：“虽王庭亦在深薦中。”②草垫。《史记·屈原贾生列传》：“章甫薦屦兮，渐不可久。”《世说新语·德行》：“既无馀席，便坐薦上。”③举荐。《孟子·万章上》：“天子能薦人于天，不能使天与之天下。”《红楼梦》第二十五回：“也有薦僧道的，也有薦医的。”④献祭。敦煌曲《十二时》：“或平安，或追薦，肃肃高僧离竹院。”○繁体字系统，表示副词“再、又”等义用“荐”。《左传·襄公二十二年》：“政令之无常，国家罢(pí)病，不虞荐至。”元·耶律楚材《怀古一百韵寄张敏之》：“九州重构乱，五代荐饥荒。”今台湾两字并存。

鑒 jiàn　“鉴”的繁体字“鑒”的异体字。唐石刻《十二经·毛诗·邶风·柏舟》：“我心匪鑒，不可以茹。”宋·司马光《温国文正司马公文集》卷八十《为始平公祭晋祠文》：“盖闻诚通无远，神鑒无幽，始谓不然，乃今知信。”

磵[*] jiàn　“涧”的繁体字“澗”的异体字。山间的水沟。《古诗十九首》：“青青陵上柏，磊磊磵中石。”明·徐弘祖《徐霞客游记·楚游日记》：“久之得微磵，饮磵中，已正午。”

鑑 jiàn　“鉴”的繁体字“鑒”的异体字。繁体字系统通常以“鑑”为正。《第一批异体字整理表》选“鑒”为正，以方便简化为“鉴”。①古代盛水的大盆。《说文》：“鑑，大盆也。”《宋书·礼志二》：“二庙夏祠用鑑盛冰，室一鑑，以御温气蝇蚋。”②镜子。《新唐书·魏徵传》：“以铜为鑑，可正衣冠。”引申为映照。《左传·襄公二十八年》：“献车于季武子，美泽可以鑑。”唐·王仁裕《开元天宝遗事·照病镜》：“叶法善有一铁镜，鑑物如水。”

薑 jiāng　“姜”的繁体字，实际是“姜”的异体字。鲜姜，生姜。《论语·乡党》：“不撤薑食，不多食。”宋·陆游《新凉》：“菰首初离水，薑芽浅渍糟。”“姜”姓，不能写“薑”。

彊 jiāng，jiàng　见224页“彊(qiáng)”。

殭 jiāng　“僵”的异体字。①死。《乐府诗集·鸡鸣》：“虫来啮桃根，李树代桃殭。”②倒下。清·黄宗羲《化安寺缘起》：“老梅殭仆，尚是数百年以上物。”③僵硬。唐·卢仝《月蚀诗》：“森森万木夜殭立，寒气贔屭顽无风。”

韁 jiāng　“缰”的繁体字“繮”的异体字。缰绳。着眼于绳麻制品，从“糸(纟)”。《白虎通·诛伐》：“人衔枚，马勒缰，昼伏夜行为袭也。”着眼于皮革制品，从“革”。《乐府诗集》：“青骢白马紫丝韁，可怜石桥根柏梁。”

獎 jiǎng　“奖”的繁体字“奬”

的异体字。当是本字。《说文》："奬，嗾犬厉之也。"《玉篇》："嗾犬吠之也。"即以给以食物嗾使犬吠叫。后来通行从"大"的"奬"。宋·司马光《温国文正司马公文集》卷十八《荐郑扬庭》："臣谓苟有尽心修明六艺，皆宜甄奬，以励来者。"《康熙字典》"奬"在"大"部，并说，《说文》列"犬"部，作"奬"，隶省作"奬"。今台湾用"奬"。

糨* jiàng "糨"的异体字。糨糊。

燋* （一）jiāo ①"焦"的异体字。《汉书·霍光传》："今论功而请宾，曲突徙薪亡恩泽，燋头烂额为上客耶？"唐·道世《法苑珠林》卷七十九："涉公若在，朕岂燋心于云汉若是哉？"《水浒传》第四十八回："常言道，近火先燋。伯伯便替我们吃官司坐牢，那时又没人送饭救你。"②引火的柴。《说文》："燋，所以然（燃）持火也。"南朝梁·王筠《咏蜡烛》："荚明不足贵，燋烬岂为疑？"（二）zhuó 通"灼"。①烧灼。《白虎通·五行》："火相金成，其火燋金。"②灼热。汉·王充《论衡·雷虚》："道术之家以为雷，烧石色赤，投于井中，石燋井寒，激声大鸣，若雷之状。"（三）qiáo 通"憔"。憔悴。《淮南子·氾论》："譬犹不知音者之歌也，浊之则郁而无转，清之则燋而不讴。"汉·高诱注："燋，悴。"

腳 jiǎo "脚"的异体字。当为正体。《说文》："腳，胫也。从肉，郤声。"《广韵》："脚，腳俗字。"《荀子·正论》："詈侮捽搏，捶笞膑腳。"清·顾炎武《日知录》卷二十七："我腳杖痕，谁所为也？"

勦 jiǎo 见29页"勦（chāo）"。

勦 jiǎo 见28页"勦（chāo）"。

儌 jiǎo "侥"的繁体字"僥"的异体字。[儌倖]、[儌幸]即"侥幸"。《庄子·盗跖》："使天下学士不反其本，妄作孝弟，而儌倖于封侯富贵者也。"《明史·四川土司传》："而都御史汪浩儌幸边功，诬杀所保土官及寨主二百余人。”

儌（一）jiǎo “侥”的繁体字“僥”的异体字。[儌倖]、[儌幸]即“侥幸”。《左传·哀公十六年》：“以险儌幸者，其求无餍。”《国语·晋语二》：“人实有之，我以儌倖，人孰信我？”（二）jiào ①边境。《史记·黥布列传》：“深沟壁垒，分卒守儌乘塞。”②巡查。《汉书·赵敬肃王刘彭祖传》：“常夜从走卒行儌邯郸中。”唐·颜师古注：“儌谓巡查也。”（三）yāo ①求取。《国语·吴语》：“弗使血食，吾欲与之儌天之忠。”②截击。《孙膑兵法·陈忌问垒》：“短兵次之者，所以难其归而儌其衰也。”

蹻 jiǎo 见225页“蹻(qiāo)”。

呌 jiào “叫”的异体字。金·董解元《西厢记诸宫调》卷二：“连天地呌，杀不住齐吹画角。”元·忽思慧《饮膳正要》卷一《养生避忌》：“夜行勿歌唱大呌。”明·何良俊《语林》卷二十一：“王敬则脱朝服袒裸，以绛纠髻，奋臂拍张，呌动左右。”明·叶逢春本《三国志传》卷二：“忽一人大呌曰：‘吕布匹夫怕死耶？’”

挍* jiào “校(jiào)”的异体字。①比较。《孟子·滕文公上》：“贡者，挍数岁之中以为长。”②考核。唐·卢照邻《五悲·悲才难》：“使掌事者挍其贡兮，孰能与狸隼而齐举？”③校对，校勘。宋·黄伯思《东观馀论》卷下《跋洛阳伽蓝记后》：“大观二年三月二日缘檄行河阴县城堤，于北禅寺初挍一过，四月七日于东斋再挍。”清·阮元《毛诗挍勘记序》。④军中辅佐军官。宋·司马光《温国文正司马公文集》卷六十七《张行婆传》：“父为虎翼军挍。”〇“校”有xiào和jiào二音。“挍”没有xiào音，

竟 jiào 见153页“竟(jué)”。

堦 jiē “阶”的繁体字“階”的异体字。唐·韩愈《与凤翔邢尚书书》：“诚阅阁下之义，愿少立于堦墀之际，望连君子之威仪也。”《水浒传》第四

十九回："下面一个押番，几个虞候，堦下尽是许多节级牢子。"明·胡应麟《少室山房笔丛》卷二一："剗袜下香堦，冤家今夜醉。"

稭 jiē "秸"的异体字。《史记·封禅书》："扫地而祭，席地葅稭，言其易遵也。"明·宋应星《天工开物·舟车》："凡舟中带篷索，以火麻稭綯绞，粗成径寸以外者，即系万钧不绝。"

刦 jié "劫"的异体字。《荀子·修身》："庸众驽散，则刦之以师友。"清·椿园《西域闻见记》卷五："人凶顽剽犷，以刦夺为能。"

刧 jié "劫"的异体字。晋·干宝《搜神记》卷十三："经云：'天地大刧将尽，则刧烧。"

刼 jié "劫"的异体字。清·龚自珍《忏心》："佛言刼火遇皆销，何物千年怒若潮？"清·永贵、苏尔德《新疆回部志》卷四："相强悍，好刼掠。"

唶 jié 见 64 页"唶(dié)"。

桀* jié "杰"的异体字，实际是"傑"的异体字。①杰出的人才。《诗经·卫风·伯兮》："伯兮朅兮，邦之桀兮。"《世说新语·赏誉》："会稽孔沈、魏顗、虞球、虞存，谢奉，并是四时之俊，于时之桀。"②特出。《吕氏春秋·下贤》："觉乎其不疑有以也，桀乎其必不渝移也。"③勇武。汉·王充《论衡·儒增》："人桀于刺虎，怯于击人。"④凶暴。《韩非子·亡徵》："官吏弱而人民桀，如此则国躁。"〇夏朝末代君主名，似由凶暴义有关。南朝宋·裴駰《史记集解》："贼人多杀曰桀。"不写"傑"或"杰"。

袷 jié 见 131 页"袷(jiá)"。

絜(一) jié "洁"的繁体字"潔"的异体字。①清洁。《诗经·小雅·楚茨》："济济跄跄，絜尔牛羊，以往烝尝。"②修饰，使整洁。敦煌变文《佛说阿弥陀经讲经文》："或时持斋受八戒，或时絜净入坛场。"③廉洁。《庄子·徐无鬼》："其为人絜廉善士也。”又，使清白。清·阮元《小沧浪笔谈·重修郑公祠碑》：“行藏絜乎孔颜，𪡏言绍乎游夏。”〇本义为一束麻。《说文》：“絜，麻一耑（端）也。”（二）xié 用绳子量围长。《庄子·人间世》：“匠石之齐，至于曲辕，见栎社树，其大蔽数千牛，絜之百围。”泛指度量，衡量。隋·王通《中说·礼乐》：“絜名索实，此不可去其为帝。”△《通用规范汉字表》稿：xié，仅用于度量、比较。读 jié 时除姓氏人名外，用“洁”。

捷 jié “捷”的异体字。①迅速。《齐民要术·种谷（穀）》：“芒张叶黄，捷获之无疑。”②接续。汉·司马相如《上林赋》：“捷垂条，掉希间。”③科举及第。唐·高彦休《唐阙史·杜舍人牧湖州》：“杜舍人再捷之后，时舆益清。”明·王世贞《觚不觚录》：“与举子中会试者，郡县则必送捷报。”

傑 jié “杰”的异体字。俊杰。《说文》：“傑，傲也。”《孟子·公孙丑上》：“尊贤使能，俊傑在位，则天下之士皆悦。”宋·陆游《夜读岑嘉州诗集》：“零落才百篇，崔嵬多傑句。”宋·楼钥《攻媿先生文集》卷四《赵资政建三层楼中层藏书》：“危楼傑立潭府雄，仰望惊瞿何穹窿。”古今人名都有用“杰”的。清代有丁杰、曹廷杰。20 世纪 40 年代任国民政府教育部长、外交部长的王世杰，签名就写“杰”，而不是“傑”。今台湾通行“傑”。

槔# jié “桔(jié)”的异体字。[槔槔]即“桔槔”。《礼记·曲礼上》“奉席如桥衡”，汉·郑玄注：“桥，井上槔槔。”唐·陆德明《释文》：“依字作桔槔。”

觧# jiě “解”的异体字。明·叶逢春本《三国志传》卷二：“曹操心腹之人，杀了如何肯休？必然兴兵问罪，将如何以觧？”清·王紫绶《哭师》：“生死亲营一亩宫，瓣香谁觧为南丰。”清·徐树均《王壬甫〈圆明园词〉序》：“忧心焦思，伤于祸乱，然后稍自抑解。"

价 jiè "價"的简化字"价(jià)"的同形字。①善。《诗经·大雅·板》："价人维藩，大师维垣。"毛传："价，善也。"②旧称供使役者。清·孔尚任《桃花扇·媚座》："杂扮二价献赏封介。"

屇 jiè "届"的异体字。至，界限。《尚书·大禹谟》："惟底动天，无远弗屇。"《诗经·大雅·瞻卬》："蟊贼蟊疾，靡有弗屇。"

藉(一)jiè ①"借"的繁体字。同音归并。(1)凭借。《左传·宣公十二年》："敢藉君灵，以济楚师。"《管子·内业》："彼道自来，可藉与谋。"欧阳山《高乾大》(1949年版)第二十三章："一方面藉这机会歇一歇，一方面藉包谷丛掩蔽着自己，瞪大了眼睛，耸起耳朵，留心窥探四面的动静。"(2)连词，表示假设。《史记·陈涉世家》："公等遇雨，皆已失期，失期当斩。藉弟令毋斩，而戍死者固十六七。"又：藉词(托词)、藉端、藉口、藉令、藉使、藉手、藉托(託)、藉以、藉助。以上简化字用"借"。○"借书、借钱"等，繁体字系统作"借"，不是"藉"。②古代祭祀时陈列物品的草垫。《礼记·曲礼下》："执玉，其有藉者则裼，无藉者则袭。"③以物衬垫。《世说新语·贤媛》："正值李梳头，发(fà)委藉地。"④坐在某物上。唐·温庭筠《秋日》："芳草秋可藉，幽泉晓堪汲。"⑤欺凌。《庄子·让王》："杀夫子者无罪，藉夫子者无禁。"⑥抚慰。宋·范成大《次韵耿时举苦热》："荷风拂簟昭苏我，竹月筛窗慰藉君。"○②—⑥繁体字系统都不能写"借"。(二)jí ①杂乱。《史记·郦生陆贾列传》："陆生以此游汉廷公卿间，名声藉甚。"南朝宋·裴骃《集解》引《汉书音义》曰："言狼藉甚盛。"②贡献。《谷(穀)梁传·哀公十三年》："其藉于成周，以尊天王。"③用绳子绑。《庄子·应帝王》："虎豹之文来田，猨狙之便执欃之狗来藉。”④顾念。金·董解元《西厢记诸宫调》卷三:“把那弓箭解,刀斧撇,旌旗鞍马都不藉。”⑤通“籍”,[藉田]即“籍田”。○读jì,一律不能写“借”。

觔 jīn ①“斤”的异体字。《淮南子·天文》:“天有四时以成一岁,因而四之,四四十六,故十六两而为一觔。”清·蒲松龄《聊斋志异·大人》:“于石室中出铜锤,重三四百觔,出门遂逝。”②通“筋”。汉·王充《论衡·书虚》:“举鼎用力,力由觔脉,觔脉不堪,绝伤而死,道理宜也。”元·佚名《杀狗劝夫》第四折:“俺如今剔下了这骨和觔,割掉了这肉共脂。”又[觔斗]即“筋斗”。明·胡应麟《少室山房笔丛》卷四十一:“寻橦、跳丸、吐火吞刀、旋盘觔斗,悉属此部。”

裣 jīn “襟”的异体字。《说文》:“裣,交衽也。”晋·曹毗《夜听捣衣》:“寒兴御纨素,佳人理衣裣。”南朝梁·沈约《春咏》:“裣中万行泪,故是一相思。”

緊 jǐn “紧”的繁体字“緊”的异体字。唐·窦臮《述书赋》:“瓦工之草,緊古而老。”宋·黄伯思《东观馀论》卷上《第六王会稽书上》:“追寻帖米以为大令书,非也。字势圆緊,非献之体。”《水浒传》第十七回:“实不相瞒,来贵县有几个要緊的人。”

廑# (一)jǐn ①“仅”的繁体字“僅”的异体字。《汉书·邹阳传》:“茅焦亦廑脱死如毛牦耳,故事所以难者也。”唐·颜师古注:“廑,少也,言才免于死也。”②小屋。《说文》:“廑,少劣之居。”宋·李诫《营造法式》卷一:“小屋谓之廑。”(二)qín ①“勤”的异体字。《汉书·文帝纪》:“农,天下之本,务莫大焉。今廑身从事,而有租税之赋,是谓本末者无疑以异也,其于劝农之道未备。”按,《史记》作“勤”。②挂念。《二刻拍案惊奇》卷四:“敝乡士民,迄今廑想明德。”

儘 jǐn “尽(jǐn)”的繁体字。

汉字简化，“儘”和“盡(jìn)”一起简化为“尽”。①尽先。清·文康《儿女英雄传》第二十八回：“该是公子作主的，定有个儘让；该合张姑娘商量的，定儘他一声。”老舍《骆驼祥子》十六：“她们得工作，得先儘着老的小的吃饱。”②尽管。宋·程颢《和邵尧夫打乖吟》：“儘把笑谈亲俗子，德容犹足畏乡人。”《水浒传》第四十八回：“但有用着小人处，儘可出力向前。”老舍《龙须沟》第三幕第一场：“诸位有什么话，儘管说，我待会儿转告诉他们。”③全部。宋·洪迈《容斋三笔·北狄俘虏之苦》：“元魏破江陵，儘以所俘士兵为奴，毋问贵贱。”明·王士琦《三云筹俎考》卷二：“散夷作歹者，将老婆、孩子、牛羊、马匹，儘数给赏别夷。”④表示不超过某限度。《西游记》第四十七回：“来迟无物了，早来啊，我舍下斋僧，儘饱吃饭，熟米三升，白布一段，铜钱十文。”清·颐琐《黄绣球》第二十四回：“那个折子一定要你偷出来，骗出来，儘今天送到。”⑤最。宋·陈淳《北溪先生字义》卷上：“有一般人，禀气清明，于义理上儘看得出。”清·李渔《笠翁文集》卷二：“主人老，而主母之中儘有艾者；诸艾可守，予独不能安于室否？”清·文康《儿女英雄传》第四回：“看了看，只有儘南头东西对面的两间是单间，他便在东边这间歇下。”○比较：[儘兴]敞开兴致做自己想做的事情。清·吴敬梓《儒林外史》第十四回：“马二先生大喜，买了几十文饼和牛肉，就在茶桌上儘兴一吃。”[尽(jìn))兴]兴致得到满足。巴金《忆》：“我们整天尽兴地笑乐，我们也希望别人也能够笑乐。”[儘量]在一定范围内尽一切可能。郭沫若《洪波曲》第九章：“唯有反动派当然会宝贵他们，而儘量加以利用了。”[尽(jìn)量]达到最大限度。魏巍《战斗在汉江南岸》：“他们的飞机、炮火，可以不分昼夜，不分阴晴，尽量地轰射。”○1.晋·韩伯康注《周易·系辞》“拟之而后言”章之“则盡(尽)”,“八卦以象告”章之“以盡(尽)”,唐·陆德明《经典释文》卷二均以“津忍”注音,表明这里的“盡(尽)”读 jǐn,对应“儘”。“儘”字是大约宋朝开始从“盡(尽)”字分化出来。在这以前该用“儘”的地方写“盡”。如《礼记·曲礼上》:“虚坐盡后,食坐盡前。”《汉书·王温舒传》:“盡十二月,郡中无犬吠之盗。”唐·白居易《题山石榴花》:“争及此花檐户下,任人采弄盡人看。”有了“儘”字与“盡”的分工,一些人也可能仍然写“盡”。所以繁体字文献中有前代用“儘”而后代用“盡”的现象。《西游记》第八十四回:“[贼]冲开门进来,唬得那赵寡妇娘女们战战兢兢的关了房门,盡(尽)他外边收拾。”2.“儘”是淘汰的异体字,不类推简化。

晉 jìn “晋”的异体字。当是正体。进,向上。《说文》“晉”的上半部是两个“至”字,释文是:“晉,进也,日出万物进。”《周易·晉卦》:“晉,进也,明出地上,顺而丽乎大明,柔进而上行。”唐·孔颖达疏:“晉,进也者,从今释古。古之晉字,即以进长为义。”汉·班固《幽通赋》:“盍孟晉以迨群兮,辰倏忽其不再。”〇今“晋升教授”、“晋级为高工”等,一般不用“进”。

唫 jìn 见 322 页“唫(yín)”。

寖 jìn 见 227 页“寖(qín)”。

秔 jīng “粳”的异体字。秆茎较矮小的稻子。汉·扬雄《长杨赋》:“驰骋秔稻之地,周流梨栗之林。”宋·苏轼《水龙吟》:“但丝莼玉藕,珠秔锦鲤,相留恋,又经岁。”

粇* (一)jīng “粳”的异体字。秆茎较矮小的稻子。《晋书·惠帝纪》:“宫人有持升馀粇米饭及燥蒜盐豉以进帝,帝啖之。”宋·苏轼《东坡酒经》:“南方之氓,以糯与粇杂以卉药而为饼,嗅之香,嚼之辣,揣之枵然而轻,此饼之良者也。”(二)kāng “糠”的异体字。《康熙字典》:“《集韵》:粇,同糠。”

稉 jīng “粳”的异体字。秆茎较矮小的稻子。晋·左思《魏都赋》:“水澍稉稌,陆莳稷黍。”《齐民要术·水稻》:“稉有乌稉、黑穬、青函、白夏之名。”稉、秔、粳,《广韵》古行切,旧读 gēng。

穽 jǐng “阱”的异体字。捕兽的陷阱。《汉书·司马迁传》:“猛虎处深山,百兽震恐,及其在穽槛之中,摇尾而乞食,积威约之渐也。”宋·陆游《我有美酒歌》:“身如槁叶堕幽穽,窅窅何啻千尺深。”

逕 jìng “径”的繁体字“徑”的异体字。“逕”与“徑”多数意思用法互通。①小路。《论语·雍也》:“有澹台灭明者,行不由徑。”→《庄子·徐无鬼》:“夫逃虚空者,藜藋柱乎鼪鼬之逕。”唐·陆德明《释文》:“逕,本亦作徑。司马彪云,徑,道也。”宋·辛弃疾《沁园春·退闲》:“三逕初成,鹤怨猿惊。”②直接。《三国志·吴书·鲁肃传》:“[刘]备惶遽奔走,欲南渡江,肃逕迎之到当阳长阪。”《水浒传》第十七回:“何涛亲自带领二十个眼捷手快的公人,逕去郓城县投下。”→鲁迅《书信集·致许寿裳》:“关于儿童心理学书,内山书店中甚少,只见两种,似亦非大佳,已嘱其徑寄,并代付书价矣。”③直径。《周髀算经》卷上:“次夏至日道之徑也。”→三国魏·曹植《承露盘铭序》:“皇帝乃诏有司铸铜建承露盘,在芳林园中,茎长十二丈,大四围,上盘逕四尺九寸,下盘逕五尺。”④习惯上南北为径。不写“逕”。《文选·张衡〈西京赋〉》:“于是量徑轮,考广袤。”唐·李善注引薛综曰:“南北为徑。”又:逕复(往返)、逕会、逕流、逕趣、逕涉、逕隧、逕启者,通常不写“徑”;径奔、径便、径道、径度、径复(直接回复)、径急、径捷、径截、径界、径绝、径路、径情、径赛、径省、径术、径率、径遂、径涂、径行、径造、途径、直径、半径、口径、路径、门径、途径、蹊径、行径、径情直遂、径行处理、周三径一,通常不写“逕”。“逕直、逕自”、“逕庭”也作“径直”、“径自”、“径庭”。△《通用规范汉字表》稿:迳,仅用于姓氏人名、地名,其他意思用“径”。

淨 jìng “净”的异体字。干净。《墨子·节葬下》:“是粢盛酒醴不淨洁也。”明·孟称舜《贞文记》第十七出:“俺则待树旌旗,兴忠义,洗淨千载中原耻。”又戏曲脚色名,即花脸。明·胡应麟《少室山房笔丛》卷四十一:“南渡稍见淨旦之目,其用无以大异前朝。”○参看“爭”。

踁(一)jìng “胫”的繁体字“脛”的异体字。人或兽的小腿。清·蒲松龄《聊斋志异·酒狂》:“溪水殊不甚深,而水中利刃如麻,刺穿胁踁。”清·钱大昕《题黄小松看碑图》:“古物聚所好,不踁走千里。”(二)kēng“硁”的繁体字“硜”的异体字。敲击石头的声音。《晋书·范弘之传》:“虽有踁踁之称,而非大雅之致,此亦下官所不为也。”

迥 jiǒng “迥”的异体字。遥远。南朝宋·谢灵运《登江中孤屿》:“怀新道转迥,寻异景不延。”敦煌变文《降魔变文》:“芳姿姝丽,盖国无双,风范清规,古今迥绝。”金·董解元《西厢记诸宫调》卷三:“偷目觑莺,妍态迥别。”

烱 jiǒng “炯”的异体字。明亮。《汉书·叙传上》:“既辞尔以吉象兮,又申之以烱戒。”唐·道世《法苑珠林》卷八十二:“见小光烱然,状若荧火。”宋·周邦彦《片玉集》卷九《蝶恋花》:“唤起两眸清烱烱,泪花落枕红绵冷。”

褧[#] jiǒng “絅”的繁体字“絅”的异体字。麻或纱质的单罩衣。《诗经·郑风·丰》:“衣锦褧衣,裳锦褧裳。”唐·张祜《雉朝飞操》:“朱冠锦襦聊日整,漠漠雾中如衣褧。”

糺(一)jiū “纠”的繁体字“糾”异体字。三国蜀·诸葛亮《南征表》:“而邈蛮心异,乃更杀人为盟,糺合其类二千馀人，求欲死战。"（二）jiǔ ①辽、金边地民族。宋·赵珙《蒙鞑备录·征伐》："金人发兵平之，糺人散走，投于鞑人。"《辽史·营卫志中》："边防糺户，生生之资，仰给畜牧，绩毛饮湩，以为衣食。"②辽、金时边地组建的军队。《辽史国语解》："遥辇糺，遥辇帐下军也，其书（《辽史》）永兴宫分糺、十二行糺、黄皮室糺者，仿此。"

揫 jiū "揪"的异体字。①抓，扭。宋·王安石《秋风》："揫剑一何饕，天机亦自劳。"②聚集。《后汉书·马融传》："揫敛九薮之动物，缳橐四野之飞征。"③束，结。《西游记》第五十五回："左右列几个彩衣绣服、丫髻两揫的女童。"

韮 jiǔ "韭"的异体字。宋·苏轼《春菜》："蔓菁宿根已生叶，韮牙戴土拳如蕨。"元·忽思慧《饮膳正要》卷一《养生避忌》："韮不可与酒同食。"〇本作"韭"。《说文》："韭，菜名。一种而久者，故谓之韭。象形在一之上。一，地也。"草头是后来加的。

捄（一）jiù "救"的异体字。《汉书·董仲舒传》："将以捄溢扶衰，所遭之变然也。"清·顾炎武《日知录》卷二十九："变法以捄其弊，只益甚焉耳。"（二）qiú 长而弯曲的样子。《诗经·大雅·大东》："有饛簋飧，有捄棘匕。"毛传："捄，长貌。"宋·朱熹注："捄，曲貌。"

廏 jiù "厩"的异体字。牲口棚。《诗经·小雅·鸳鸯》："乘马在廏，摧之秣之。"《墨子·非攻上》："至入人栏廏，取人马牛者，其不仁义，又甚攘人犬豖鸡豚。"清·徐宗亮《黑龙江外纪》卷六："至秋后，畜以家廏，则喂以羊草。"

廄 jiù "厩"的异体字。牲口棚。《说文》："廄，马舍也。"《论语·乡党》："廄焚。子退朝，曰：'伤人乎？'不问马。"《史记·鲁周公世家》："廄无食粟之马。"

俥* "车"的繁体字"車"的异体字。（一）jū 中国象棋红方的“车”常写“俥”。（二）chē ②船上动力机械的简称。《解放军报》1975 年 10 月 14 日：“开始练习停靠码头时，布金星由于掌握不准机器的惯力，停俥或快或慢，常失时机。”②火车、轮船上管理动力机械的人。

眗 jū 见 159 页“眗(kōu)”

偈 jú “局”的异体字。限制在狭小的范围内。邹韬奋《患难馀生记》第二章：“当时革命政府偈处广州，北洋军阀横行各地，实施宪政，非俟打倒军阀无从着手。”[偈促]即“局促”，窘迫。清·和邦额《夜谭随录·崔秀才》：“偈促效辕下驹，夙所羞也。”

跼 jú “局”的异体字。①屈曲不伸。《后汉书·李固传》：“居非命之世，天高不敢不跼，地厚不敢不蹐。”②履行险阻。南朝宋·颜延之《北使洛》：“改服饬徒旅，首路跼险难。”[跼促]即“局促”。(1)狭小。南朝梁·何逊《赠江长史别》：“笼禽恨跼促，逸翻超容与。”(2)处境窘迫。清·邹弢《三借庐笔谈·汪柳门》：“泉唐汪柳门侍读未贵时，避难于吾乡之南钱，流离辛苦，跼促可怜，故诗多感慨哀思。”

柜 jǔ “櫃”的简化字“柜”的同形字。①木名，同“榉”，即榉柳。《说文》：“柜，木也。”《后汉书·马融传》：“其植物则……椿梧栝柏，柜柳枫杨。”唐·李贤注：“柜音矩。”②行马。官府前拦阻通行的障碍物。《周礼·天官·掌舍》“掌舍，掌王之会通之舍，设梐枑再重”，汉·郑玄注：“故书枑为柜。”③同“矩”。(1)曲尺。《马王堆汉墓帛书·经法·四度》：“规之内曰员(圆)，柜之内曰[方]。”(2)法度。《汉成阳灵台碑》：“幼有中质，遵柜蹈矩。”

鉏 jǔ 见 42 页“鉏(chú)”。

榘 jǔ “矩”的异体字。规则，法度。《说文》：“巨，规巨也。从工，象手持之。榘，巨或从木、矢，矢者，其中正也。”清·段玉裁注：“今字作矩，省‘木’。”《离骚》：“勉升降以上下兮，求榘矱之所同。”明·刘基《郁离子·公孙无人》：“而又欲绳之王之徽纆，范之以王之榘度。”

舉 jǔ　“举”的繁体字“舉”的异体字。《太平广记》卷三零七引唐·范摅《云溪友议》：“乐坤，旧名冲，累舉不第。元和十二年，乃罢第东归。”

簾[#] jǔ　“筥”的异体字。圆形竹筐。《吕氏春秋·季春纪》：“具栚曲簾筐。”

冣 jù　见377页“冣(zuì)”。

鉅 jù　①“巨”的异体字。《玉篇》：“鉅，大也。今作巨。”《荀子·赋》：“有物于此，居则周静其下，动则綦高以鉅。”宋·司马光《温国文正司马公文集》卷一《灵物赋》：“卷之则小，舒之则鉅。”鲁迅《书信集·致台静农》：“刘翰怡刻本，价鉅而难得，然实不佳。”②坚硬的铁。《说文》：“鉅，大刚(钢)也。”《史记·礼书》：“宛之鉅铁施，钻如蜂虿。”唐·张守节《正义》：“鉅，刚铁也。”〇.巨 jù 规矩。《说文》：“巨，规巨也。”《管子·宙合》：“成功之术，必有巨矱。”〇1.在“大”的意思上，两字相通。“巨防、巨夫、巨公、巨构、巨匠、巨丽、巨鳞、巨灵、巨桥、巨阙、巨儒、巨室、巨手、巨黍、巨万、巨细、巨眼、巨亿、巨制(製)、巨子”等也写“鉅”，意思相同。2.“鉅”②硬铁义不能写“巨”。3.今山东省巨野县、河北省巨鹿县，本作“鉅”，都是因湖泽命名的地名，随着汉字简化，改为“巨”。△《通用规范汉字表》稿：钜，用于姓氏人名、地名。

攄 jù　“据”的繁体字“據”的异体字。《越绝书·外传·记吴王占梦》：“饥饿，足行乏粮，视瞻不明。攄地饮水，持笼稻而飧之。”明·王士琦《三云筹俎考》卷二：“自此塞雁门，扼居庸，攄云中、上谷。”明·叶逢春本《三国志传》卷一：“攄汝贼害民，当以杀之。”

颾 jù　“飓”的繁体字“颶”的异体字。清·魏源《圣武记》卷六：“乌艚艇匪入盗中国，亦屡挫闽浙，碎于风飓。”清·沈天宝《公无渡河歌》：“中流飓母果为祟，狂飙拉杂翻蒙艟。”

鐫[#] juān “镌”的繁体字“鎸”的异体字。①雕刻。三国魏·曹丕《玛瑙勒赋》：“命夫良工，是剖是鐫。”②凿。《淮南子·本经》：“鐫山石。”汉·高诱注：“鐫，犹凿也。”

捲（一）juǎn “卷”的繁体字，实际是“卷”的异体字，由“卷”加偏旁分化而来。①动词，敛转成圆筒形。《淮南子·兵略》：“五指之更弹，不若捲手之一挃。”唐·司空图《二十四诗品·悲慨》：“玉柙珠帘捲，金钩翠幔悬。”敦煌曲《竹枝子》：“高捲朱帘垂玉牖，公子王孙女。”宋·周邦彦《片玉集》卷三《少年游》：“一夕东风，海棠花谢，楼上捲帘看。”②名词，弯曲而成的筒状物。《水浒传》第一回：“仙乐声中，绣袄锦衣，扶御驾，珍珠帘捲。”清·刘鹗《老残游记》第十七回：“随即黄升带着翠环家伙计，把翠环的铺盖捲也搬走了。”又量词。清·文康《儿女英雄传》第十八回：“靠马石台还放着一个竹箱儿合小小的一捲铺盖一个包袱。”（二）quán 气势。《说文》：“捲，气势也。从手，卷声。《国语》曰：‘有捲勇。’”《淮南子·修务》：“凡至勇武攘捲一捣，则折胁伤干（幹）。”○“捲”读去声 juàn，只用作汉朝地名“西捲”，其他一般语词没有读 juàn 的。◎卷 juǎn 繁体字系统也用于动词。《诗经·邶风·柏舟》：“我心非席，不可卷也。”《汉书·娄敬传》：“今陛下起丰沛，收卒万人，卷蜀汉，定三秦。”宋·司马光《温国文正司马公文集》卷一《灵物赋》：“卷之则小，舒之则钜。”

餻[*] juǎn “卷”的异体字。[餻子]卷状面食制品。宋·王谠《唐语林》卷二：“吾缘明日重阳，押一餻字，续寻思六经竟未见餻字，不敢为之。”清·蒲松龄《日用俗字·饮食》：“餻子擦穰留客饱，馍馍包馅解人馋。”魏巍《东方》第三部第二章:“炕桌上堆着七八个白面饍子。”繁体字多用“捲”。今台湾用“捲”。

弮[*] juàn “卷(juàn)”的异体字。元·陶宗仪《南村辍耕录》卷二:“弮即卷字,《真诰》中谓一卷为一弮。”清·钱大昕《十驾斋养新录》卷四:“道书以一卷为一弮。”清·章学诚《文史通义·内篇·篇卷》:“道书称弮,即卷者别名也,元人《说郛》用之。”

勬 juàn “倦”的异体字。①倦怠。《庄子·应帝王》:“物彻疏明,学道不勬。”《荀子·尧问》:“执一无失,行微无怠,忠信无勬,而天下自来。”②疲劳。汉·桓宽《盐铁论·击之》:“功业有绪,恶劳而不卒,犹耕者勬休而困止也。”唐·元稹《遣病》:“炎昏岂不勬,时去聊自惊。”

雋“隽”的异体字。(一)juàn ①鸟肉肥美。《说文》:“雋,肥肉也。”泛指肉美。宋·周去非《岭外代答·象》:“人杀一象,众饱其肉,惟鼻肉最美,烂而纳诸糟邱片腐之,食物之一雋也。”②意味深长。《汉书·蒯通传》:“通论战国时说士权变,亦自序其说,凡八十一首,号曰《雋永》。”③科举中指考试得中。宋·欧阳修《送徐生之渑池》:“名高场屋已得雋,世有龙门今复登。”又,隽脆、隽洁、隽句、隽流、隽美、隽妙、隽巧、隽声、隽谈、隽婉、隽味、隽蔚、隽永、隽语、隽誉、隽壮。繁体字系统多写“雋”。(二)jùn ①通“俊”。才智出众。《汉书·礼乐志》:“至武帝即位,进用英雋。”三国魏·刘劭《人物志·材能》:“至于国体之人,能言能行,故为众材之雋也。”明·徐霖《绣襦记》第一出:“郑子元和,荥阳人氏,雋朗超群。”又:隽拔、隽才、隽楚、隽德、隽发、隽辅、隽功、隽轨、隽豪、隽绝、隽朗、隽良、隽迈、隽茂、隽敏、隽气、隽器、隽人、隽乘、隽士、隽爽、隽望、隽伟、隽武、隽贤、隽秀、隽雅、隽彦、隽异、隽逸、隽英、隽造、隽哲、隽资。繁体字系统多写“雋”。②克敌。《北史·答奚武等传论》:“武协规文后,得雋小关,周瑜赤壁之谋,贾诩乌巢之策,何以能尚?”清·曾国藩《湘乡昭忠祠记》:“罗公暨李忠武公续宾率湘勇以从,于是大雋于岳州。”

睠 juàn “眷”的异体字。①回头看。清·吴伟业《送周子俶》:“睠此父母邦,过若远乡客。”②顾念。唐·范摅《云溪友议·弘农忿》:“庞严舍人睠眄诸歌姬,方戏于阶。”③关注。《史记·屈原贾生列传》:“[屈原]虽放流,睠顾楚国,系心怀王,不忘欲反。”〇“睠”不用于家属、亲属义。

獧 juàn ①“狷”的异体字。偏激。《孟子·尽心下》:“狂者又不可得,欲得不屑不洁之士而与之,是獧也。”②跑得快。《说文》:“獧,疾跳也。”明·徐弘祖《徐霞客游记·游嵩山日记》:“导者故老樵,獧捷如猿猴。”〇《集韵》隳缘切,对应今音为xuān,用于狡慧、轻捷等义。

噘 juē “撅”的异体字。用于嘴部动作。①咕嘟起。茅盾《虹》三:“张女士愤愤地说,把一张嘴噘得很高。”周而复《上海的早晨》第四部四五:“徐义德一点也不着急,只是对林宛芝噘了一下嘴。”②方言,斥责人。吕剧《李二嫂改嫁》第三场:“老婆婆整天价明噘暗骂,哪管你干活累眼花头晕。”〇“撅”的撅断义不能用“噘”。△《通用规范汉字表》稿:义为噘嘴,不再作为“撅”的异体字。

决 jué “决”的异体字。“决”的本字。《说文》:“决,行流也。”《尚书·益稷》:“予决九川,距四海。”《吴子·图国》:“有此三千人,内出可以决围,外入可以屠城矣。”

覔* “觉”的繁体字“覺”的异体字。(一)jué《京本小说·碾玉观音》:“东郊渐覔花供眼,南陌依稀草吐芽。”(二)jiào 睡醒。元·杨朝英辑《朝野新声太平乐府》卷一《鹦鹉曲》:“睡煞江南烟雨,覔来时满眼青山。”宋刊《中兴词选》陆游《夜游宫·记梦》:“睡覓寒灯里,漏声断,月斜窗纸。”

爴 jué “橛”的异体字。《列子·黄帝》:“吾处也,若爴株驹。”元·贡师泰《过仙霞岭》:“或锐若戈矛,或卓若爴杙。”

蹷# jué “蹶”的异体字。宋刊《老子道德经》三十九章:“万物无以生将恐灭,侯王无以贵高将恐蹷。”《淮南子·原道》:“先者论下,则后者蹷之。”

蹻 jué 见225页“蹻(qiāo)”。

麕* “麇”的异体字。(一)jūn 獐子。《诗经·召南·野有死麕》:“野有死麕,白茅包之。”(二)qún 聚集。清·顾炎武《钱粮论上》:“今若于通都大邑行商麕集之地,虽尽征之以银,而民不告病。”清·吴趼人《二十年目睹之怪现状》第一回:“上海地方,为商贾麕之区。”

雋 jùn 见152页“雋(juàn)”。

儁 jùn “俊”的异体字。

儁 jùn “俊”的异体字。才智过人者。《左传·庄公十一年》:“大崩曰败绩,得儁曰克。”唐·陆德明《释文》:“儁,本又作俊。”唐·孔颖达疏:“战胜其师,获得其军内之雄儁者。”《世说新语·言语》:“诣门者皆儁才清称及中表亲戚乃通。”

濬 jùn “浚”的异体字。①疏通水道。《尚书·益稷》:“予决九川,距四海,濬畎浍,距川。”②深。康有为《大同书》:“人智愈开,人脑愈濬。”〇濬,古地名,现在为河南浚县。

K

嘅 kǎi　“慨”的异体字。《诗经·王风·中谷有蓷》：“有女仳离，嘅其叹矣。”

欬 kài　见157页“欬(ké)”。

喫 kài　见33页“喫(chī)”。

栞 kān　“刊”的异体字。①削除。《汉书·地理志》：“九州岛逌同，四奥既宅，九山栞旅，九州岛涤原。”②订正。北魏·韩显宗《上书陈时务》：“永垂百世，不栞之范。”③雕刻，刊刻。明·叶盛《水东日记》：“先祖诗文早已栞完。”

埳 kǎn　“坎”的异体字。地面低洼之处。汉·王充《论衡·宣汉》：“夷埳坷为均平，化不宾为齐民，非太平而何？”宋·王溥《唐会要》卷十：“诸太祝以玉帛馔物置于埳。”

侃 kǎn　“侃”的异体字。①刚直。《隋书·房彦谦传》：“词气侃然，馆者属目。”清·刘大櫆《方庭粹六十寿序》：“君之子矩，从余游，其为人侃直，一遵其父训。”②和悦。晋·成公绥《延宾赋》：“誾誾侃侃，娱心肆情。”《新唐书·薛廷诚传》：“[薛廷诚]在公卿间，侃侃不干虚誉，推为正人。”

堿 kǎn　见134页“堿(jiǎn)”。

矙 kàn　“瞰”的异体字。窥视。《孟子·滕文公下》：“阳货矙孔子之亡也，而馈孔子蒸豚。”《明史·王恕传》：“平居食啖兼人，卒之日小减，闭户独坐，忽有声若雷，白气弥漫，矙之瞑矣。”清·薛福成《论不勤远略之误》：“数十年来，中国不勤远略之名闻于外洋，各国莫不欲夺我所不争，乘我所不备，矙瑕伺隙，事端遂百出不穷。”

忼[#] kāng “慷”的异体字。慷慨。《战国策·燕策三》:“复为忼慨羽声,士皆瞋目,发(fà)尽上指冠。”汉·扬雄《法言·渊骞》:“未信而分疑,忼辞免罿,几矣哉。”

粇 kāng 见145页“粇(jīng)”。

穅 kāng “糠”的异体字。当为本字。《说文》:“穅,谷皮也。”《逸周书·谥法》:“凶年无谷(穀)曰穅……穅,虚也。”《史记·平准书》:“故庶人之富者或累巨万,而贫者或不厌糟穅。”清·沈兆禔《吉林纪事诗》卷一:“穅粘麻秸即虾棚,红火初燃焰欲腾。”

骯 kǎng 见4页“骯(āng)”。

匟 kàng “炕”的异体字。清·小横香室主人撰《清朝野史大观·清宫遗闻·秘事奇闻》:“圣驾来矣,可奈何?无已,其暂藏匟床腹内。”

阬 kàng 见159页“阬(kēng)”。

攷 kǎo “考”的异体字。①考校。《周礼·夏官·大司马》:“大役,与虑事,属其植,受其要,以待攷而赏诛。”宋·蔡絛《铁围山丛谈》卷四:“然世事则益烂漫,上志衰矣,非复前日之敦尚攷验者。”鲁迅《坟·摩罗诗力说》:“攷其生平,诚如自述。”○《说文》:“攷,敂也。”“敂,击也。”清·段玉裁《说文解字注》认为,考校、考察,是“攷”的引申义。②称已死的父亲。唐·陈子昂《唐故朝议大夫梓州长史杨府君碑》:“攷坟其左,叔茔其旁。”

呵 kē 见1页“呵(ā)”。

痾 (一) kē (旧读ē) ①“疴”的异体字。病。《抱朴子·至理》:“治饥止渴,百痾不萌。”②病态。《晋书·五行志上》:“及六畜,谓之祸,言其著也。及人,谓之痾。痾,病貌也。”③宿怨。《后汉书·袁绍传》:“愿捐弃百痾,追摄旧义,复为母子昆弟如初。”(二) ē “屙”的异体字。排泄大便。清·吴敬梓《儒林外史》第二十三回:“肚子里响了一阵,痾了一抛大屎,登时就好了。”

欬(一)ké 《第一批异体字整理表》作为"咳"的异体字淘汰。《说文》:"欬,逆气也。从欠,亥声。"《玉篇》口载切,《广韵》苦盖切。对应今音为kài。咳嗽。《三国志·魏书·华佗传》:"昨使医曹吏刘租针胃管讫,便苦欬嗽,欲卧不安。"宋·苏轼《石钟山记》:"又有若老人欬且笑于山谷中,或曰,此鹳鹤也。"

剋(一)kè "克"的繁体字。同音归并。①战胜。《史记·龟策列传》:"夫汤伐桀,武王剋纣,其时使然。"《后汉书·党锢列传》:"诚自知衅责,死不旋踵,特乞留五日,剋殄元恶,退就鼎镬,始生之愿也。"②约束。晋·陆机《为顾彦先赠妇》:"欢沉难剋兴,心乱谁为理。"③严格限定时间。元·王实甫《西厢记》第五本第三折:"准备筵席茶礼花红,剋日过门者。"清·苍弁山樵《殛珅志略》:"旋授勒保为经略大臣,督抚提镇均听节制,明亮额勒登保并为参赞,剋期灭贼。"④能够。《后汉书·独行传序》:"或志刚金石,而剋扞强御。"⑤伤害。《西游记》第四十四回:"皆因命犯华盖,妨爷剋娘。"⑥克扣。元·佚名《来生债》第二折:"博个甚睁着眼去那利面上剋了我的衣食。"《元史·刑法志三》:"诸给散煎盐灶户工本,官吏通同剋减者,计赃论罪。"⑦辽代统军官名。《辽史·国语解》:"剋释鲁,剋,官名,释鲁,人名。后剋朗、剋台哂,仿此。"又,"三剋,统军官,犹云三帅也。"以上①—④,近代以来繁体字系统多写"克",⑤⑥写"剋"。(二)kēi ①训斥。康濯《一同前进》一:"他闹了一会儿情绪,干部跑来劝说两句,他老婆剋他两句,又鼓励他两句,他就好了。"和谷岩《茶花艳》:"我去找他谈谈,剋他一顿,他的老毛病又犯了。"②北方方言,抠取。赵霭如《日遭三险》(相声):"他给了一个小钱儿,一伸手用头里这两个手指头拿了一块,后头这三个手指头又剋了一块。"③认真读书。“这一阵他在家闭门剋书。”“这孩子真能剋。”△《通用规范汉字表》稿：kēi义为训斥，打人。读kè时用“克”。

勊[*] kè “克”的异体字，实际是“剋”的异体字。①约束。当是本字。《说文》：“勊，尤极也。”清·段玉裁注：“勊之字讹而从刀作克。”《隶释·汉北海相景君碑》：“勊己治身，寔溹寔刚。”②苛刻。清·李慈铭《越缦堂读书记·砥斋集》引清·王宏《甲申之变论》：“追咎神宗、追咎熹宗不已也，终之曰继之以崇祯勊剥自雄。”

尅[*] kè “克”的异体字。实际是“剋”的异体字。①战胜。《战国策·中山策》：“长平之事，秦军大尅，赵军大败。”宋·黄伯思《东观馀论》卷上《第八王会稽书下》：“稚恭遂进镇，东西齐举，想尅定有期也。”②砍削。《淮南子·说山》：“刀便剃毛，至伐大木，非斧不尅，物固有以适尅成不逮者。”③排减。宋·马庄父《临江仙·上元》：“尅除风雨外，排日醉红裙。”④限定时间。汉·繁钦《定情诗》：“中情既款款，然后尅密期。”南朝梁·江淹《为萧骠骑发徐州三五教》：“朝廷已尅辰纂严，令舆夙驾。”⑤伤害。前蜀·杜广庭《众修本命醮词》：“星耀息照临之数，行年除妨尅之凶。”关汉卿《调风月》第三折：“可使绝子嗣，妨公婆，尅丈夫。”

剋 kēi 见157页“剋(kè)”。

肎 kěn “肯”的异体字。①附着在骨上的肉。当是本字。《说文》：“肎，骨间肉肎肎着也，从肉，从骨省。”《庄子·养生主》：“技经肯綮之未尝，而况乎大軱乎。”唐·陆德明《释文》：“肯，《说文》作肎，《字林》同。”②可。《尚书·多方》：“有夏诞厥逸，不肎戚言于民。”宋·沈括《梦溪笔谈·异事》：“亲戚间有召之而不肎去者，两见有此，自后遂不敢召。”金·董解元《西厢记诸宫调》卷六：“必有私情，甚不肎承当。”

裉# kèn “裉”的异体字。上衣腋下的接缝部分。元·杨果《赏花时》套曲：“旧时衣裉，宽方出二三分。”《红楼梦》第三回：“[王熙凤]身上穿着缕金百蝶花大红云缎窄裉袄。”

阬（一）kēng “坑”的异体字。①低洼之地。《庄子·天运》：“在谷满谷，在阬满阬。”②沟。《后汉书·朱穆传》：“或时思至，不自知亡失衣冠，颠队（坠）阬岸。”[阬穽]陷阱。《大唐西域记·室罗伐悉底国》：“执法者奉王教，刖其手足，投诸阬穽。”③坑杀。《史记·秦始皇本纪》：“乃自除犯禁者四百六十余人，皆阬之咸阳。”（二）kàng 门。《说文》：“阬，门也。”《史记·司马相如列传》：“崔错癹骫，阬衡閜砢。”《汉书》作“坑”。

踁 kēng 见 147 页“踁(jìng)”。

硻# kēng “硁”的繁体字“硜”的异体字。①固执。唐·韩愈、孟郊《城南联句》：“毕景任诗趣，焉能守硻硻？”②坚硬。汉·桓宽《盐铁论·水旱》：“器多坚硻，善恶无所择。”

眗* （一）kōu “眍”的繁体字“瞘”的异体字。清·范寅《越谚》下：“眗，深目貌。俗言‘眼睛瞘进’即此。”（二）jū ①左右惊视。清·毕振姬《原心》：“豕有食于其死母者，眗然视而走。”②古代西南有的少数民族称盐为“眗”。唐·范绰《蛮书·蛮夷风俗》：“东爨谓城为弄，谓竹为箭，谓盐为眗。”

敂 kòu “叩”的异体字。敲击。《说文》：“敂，击也。”《周礼·地官·司关》：“凡四方之宾客敂关，则为之告。”清·冯桂芬《吴平斋古官印考藏序》：“所居与余邻，每敂君斋，辄见君廉。”

寇 kòu “寇”的异体字。《逸周书·铨法解》：“有如同好，以谋易寇，有如同恶，合计掬虑。”《世说新语·识鉴》：“后诸王骄汰，轻遘祸难，于是寇盗处处蚁合。”唐·权德舆《浑公神道碑铭序》：“然后穷追斩级，寇孽以平。”

寇* kòu “寇”的异体字。明·金幼孜《后北征录》：“去营十余里，寇云集于高山上，可三万余人。”

釦 kòu “扣”的异体字。①以金属缘饰器物。《说文》：“釦，金饰器口。”汉·扬雄《蜀都赋》：“雕镂釦器，百伎千工。”②纽扣。《新唐书·高丽传》：“玉服五采，以白罗制冠，革带皆金釦。”清·黄遵宪《新加坡杂诗》：“一釦能千万，单衫但裲裆。”③敲击。《国语·吴语》：“三军皆哗釦以振旅，其声动天地。”

寇* kòu “寇”的异体字。汉·王褒《四子讲德论》：“是以北狄宾洽，边不恤寇，甲士寝而旌旗仆地。”汉·荀悦《汉纪·平帝纪》：“时匈奴寇边。”

寇 kòu “寇”的异体字。宋·曾巩《湘寇》：“衡湘有寇未诛剪，杀气凛凛围江浔。”

簆# kòu “筘”的异体字。织机机件，用以确定经纱密度并保持经线位置，把纬线推向织口。宋·陈埴《木鐘集》卷一：“一升是八十缕，一眼簆用两缕，千二百眼簆，极细布。”明·宋应星《天工开物·乃服》：“凡丝穿综度经，必用四人列坐，过簆之人手执簆耙，先插，以待丝至，丝过簆则两指执定，足五十七簆，则绦结之。”

袴 kù ①“裤”的异体字。唐·冯贽《妆楼记·丹脂》：“误伤夫人颊，血污袴带。”宋·陆游《闻虏乱有感》：“儒冠忽忽垂五十，急装何由穿袴褶。”清·萧雄《西疆杂述诗》卷三《衣服》：“袍袴暑天齐尚白，腰间犹系一条棉。”清·俞樾《右台仙馆笔记》卷五：“其人了无疾苦，但言欲制某色衣，某色袴，某色鞋袜。”②分裹两胫的套裤。宋·苏轼《五禽》：“溪边布谷儿，劝我脱布袴。”[纨袴]即“纨绔”。《红楼梦》第一回：“锦衣纨袴之时，饫甘餍肥之日。”

咵# kuǎ “侉”的异体字。口音不正，多指外乡人口音。孙犁《风云初记》：“说话咵得厉害，对人可挺不错。”

凷[*] kuài “块”的异体字。当是本字。《说文》：“凷，墣也。塊(块)，凷或从鬼。”《礼记·丧大记》：“父母之丧，居倚庐，不涂，寝苫枕凷。”《汉书·律历志》：“重耳处狄十二年而行，过卫五鹿，乞食于野人，野人举凷而与之。”宋·司马光《温国文正司马公文集》卷五十八《上许州吴给事书》：“自是已来，非奔走吏道，则在苫凷衰絰中矣。”

鱠 kuài 《第一批异体字整理表》作为“膾(脍)”的异体字淘汰，1964年《简化字总表》第三表列有“鱠”的类推简化字“鲙”。现在“鲙”是规范字。①细切的肉。《吴越春秋·阖闾内传》：“吴闻三师将至，治鱼为鲙。”②[鲙鱼](1)经过切割加工的鱼。汉·枚乘《七发》：“薄耆之炙，鲜鲤之鲙。”(2)鳓鱼，又叫快鱼。通常不写“脍鱼”。[鲙鲈]、[鲈鲙]均即快鱼和鲈鱼。通常不写“脍”。“鲙炙”也作“脍炙”。

欵 kuǎn “款”的异体字。真诚，融洽。《魏书·神元帝纪》：“始祖召杀之，尽并其众，诸部大人悉皆欵服。”清·李斗《扬州画舫录·虹桥录》：“歌船逆行，座船顺行，使船中人得与歌者相欵洽。”[欵欵]徐缓。《楚辞·卜居》：“吾宁悃悃欵欵，朴以忠乎？”

誆 kuāng 《第一批异体字整理表》作为“誑”的异体字淘汰，1956年简化为“诳”。1964年《简化字总表》第三表列有“誆”的类推简化字“诓”。现在“诓”是规范字。用谎言骗人。《红楼梦》第八十二回：“更可笑的是八股文章，拿他诓功名，混饭吃，也罢了，还要说代圣贤立言。”→清·李宝嘉《官场现形记》第十三回：“地方文武官听了这个诳报，居然信以为真，雪片文书向省告急。”鲁迅《中国人失掉自信力了吗》：“要论中国人，必须不被搽在表面的自欺欺人的脂粉所诓骗，却看看他的筋骨和脊梁。”→鲁迅《我们不再受骗了》:“它一面去惩办,一面来诳骗。”“诓吓、诓惑、诓骗、诓言、诓诱、诓语、诓诈”等也写“诳”。

況 kuàng “况”的异体字。唐·杜荀鹤《赠秋浦张明府》:“他日亲知问官況,但教吟取杜家诗。”金·董解元《西厢记诸宫调》卷三:“生不胜怏怏,況是无聊,又闻夜雨。”

纊 kuàng “矿”的繁体字“礦”的异体字。汉·王褒《四子讲德论》:“精炼藏于纊朴,庸人视之忽焉,巧冶铸之,然后知其干(幹)也。”唐·司空图《诗品·洗练》:“犹纊出金,如铅出银。”

闚 kuī “窥”的繁体字“窺”的异体字。①从门中偷看。《说文》:“闚,闪也。”《周易·丰卦》:“闚其户,阒其无人,自藏也。”②泛指窥视、偷看。《公羊传·宣公十五年》:“于是使司马子反乘堙而闚宋城。”汉·王符《潜夫论·实边》:“西羌北虏,必生闚欲,诚大忧也。”

媿 kuì “愧”的异体字。当是本字。《说文》:“媿,惭也。从女,从鬼。愧,媿或从耻省。”(“耻”古作“恥”,《说文》分析作“心”为形旁,“耳”为声旁。)《汉书·文帝纪》:“以不敏不明而久抚临天下,朕甚自媿。”明·何良俊《语林》卷二十一:“因明烛观书,以俟其至,意将媿之。”宋代楼钥有《攻媿集》。

餽 kuì “馈”的繁体字“饋”的异体字。《管子·弟子职》:“各彻其餽,如于宾客。”《史记·淮阴侯列传》:“臣闻:千里餽粮,士有饥色。”○《说文》:“餽,吴人谓祭曰餽。”《战国策·中山策》:“劳者相饷,饮食餔餽。”汉·高诱注:“吴谓食为餽,祭鬼亦为餽。”“餽”的粮饷义由方言进入共同语。《史记·高祖本纪》:“镇国家,抚百姓,给餽饷,不绝粮道,吾不如萧何。”又转用于馈赠。《孟子·公孙丑下》:“前日于齐,王餽兼金一百而不受。”

崑 kūn “昆”的异体字。特

指“崑崙”即崑崙山，今写“昆仑”。北魏·郦道元《水经注·河水》：“三成为崑崙邱。”唐·卢鸿《终南草堂十记·倒景台第五》：“穷三休兮旷一观，忽若登崑崙兮终期汗漫仙。”敦煌曲《水鼓子》：“崑崙信物犀腰带，尽是通天鸟兽形。”［崑山］1.我国西部昆仑山的简称。2.在今江苏省苏州与上海市之间，今昆山市因以得名。晋·陆机《赠从兄车骑诗》：“仿佛谷水阳，婉娈崑山阴。”［崑玉］即“昆玉”，昆仑山出产的美玉。南朝梁·陆倕《新刻漏铭》：“陆机之赋，虚握灵珠；孙绰之铭，空擅崑玉。”［崑冈］即昆仑山。《千字文》：“金生丽水，玉出崑冈。”唐·杜牧《昔事文皇帝二十二韵》：“崑冈怜积火，河汉注清源。”又：昆党、昆调、昆峰、昆府、昆华、昆火、昆阆、昆陵、昆岭、昆圃、昆腔、昆丘、昆曲、昆台、昆体、昆味、昆墟、昆炎、昆玉、昆岳、昆轴。繁体字系统也作“崑”。◎昆 kūn ①同，共同。《说文》：“昆，同也。”扬雄《太玄·攡》：“理生昆群，兼爱之谓仁也。”②众。《大戴礼记·夏小正》：“昆小虫，抵蚳。昆者，众也。”③后，然后。《尚书·大禹谟》：“禹，官占，惟先蔽志，昆命于元龟。”孔传：“昆，后也。”④兄。《诗经·王风·葛藟》：“终远兄弟，谓他人昆。”毛传：“昆，兄也。”⑤后裔。晋·左思《吴都赋》：“虞［文秀］魏［周］之昆，顾［荣］陆［逊］之裔。”人际关系的“昆从、昆弟、昆娣、昆后（後）、昆季、昆苗、昆仍、昆娟、昆裔、昆友、昆侄、昆仲、后昆”等不作“崑”。古代民族名称“昆戎、昆吾、昆夷”和现代科学名称“昆布、昆虫”，历史名专“昆弥（昆莫）、昆阳、昆邪”以及云南昆明市、北京昆明湖等都不写“崑”。“昆”的以上义项都不能写“崑”。

崐 kūn “昆”的异体字，实际是

“崑”的异体字。《尚书·胤征》：“火炎崐冈，玉石俱焚。”《庄子·知北游》：“是以不过乎崐崘，不游乎太虚。”明·佘怀《虞初新志》卷四：“有曰南曲盖始于崐山魏良辅云。”

堃 kūn “坤”的异体字。多用于人名。现代人物有常宝堃、项堃。

鵾[#] kūn “鹍”的繁体字“鵾”的异体字。①古书上说的一种像鹤的鸟。唐·刘禹锡《飞鸢操》：“游鵾翔雁出其下，庆云清景相周旋。”②[鵾鸡]即“鹍鸡”。凤凰的别名。《淮南子·览溟》：“遇归雁于碣石，轶鹍鸡于姑馀。”

綑 kǔn ①“捆”的异体字。《西游记》第七十六回：“八戒道：‘我的脚綑麻了，跑不动。’”《古今小说·杨八老越国奇逢》：“不期老将军不行细审，一概綑吊。”②织。《墨子·非乐上》：“妇人夙兴夜寐，纺绩织纴，多治麻丝葛绪，綑布縿，此其分事也。”

睏 kùn “困”的繁体字。同音归并。①疲倦欲睡。柳青《铜墙铁壁》第九章：“前半夜看了几回，后半夜睏得厉害了，我睡死再没醒得过来。”老舍《龙须沟》第三幕第一场：“妈！我可睏得不行了！”②方言，睡。清·刘鹗《老残游记》第五回：“我睏在大门旁边南屋里，你老有事，来招呼我吧。”〇除疲倦欲睡和方言“睡”义之外，都不能写“睏”：困敝、困薄、困处、困悴、困瘁、困笃、困毒、困敦、困顿、困厄、困耗、困亨、困惑、困急、困境、困剧、困苦、困匮、困劣、困吝、困蒙、困勉、困难、困恼、困否、困迫、困穷、困扰、困辱、困守、困畏、困学、困折、困屯、困阻、交困、窘困、贫困、穷困、围困、困兽犹斗、扶危济困。

适 kuò “適”的简化字“适(shì)”的同形字。用于人名。春秋有孔子的弟子南宫适，宋代有学者洪适。《简化字总表》“适[適]”下注，古人南宫适、洪适的“适”读 kuò，用“逿”。

掹 kuò “括”的异体字。清·

谭嗣同《城南思旧铭》:“触其机搭,哽噎不复成诵。”

濶 kuò “阔”的繁体字“闊”的异体字。宋·姚宽《西溪丛语》卷上:“北望嘉兴大山,水濶二百馀里。”永乐大典本《顺天府志》卷十一:“南北两山相对,高百余丈,口濶二十丈。”《水浒传》第四十六回:“外面周回一遭濶港,粉墙傍岸。”明·徐树丕《识小录》卷二:“驾鹤飞起暮云平,鸷鸟东来海天濶。”

L

搚 lá　见 347 页“搚(zhé)”。

磖# lá　“砬”的异体字。用于地名。张天翼《路》：“咱们应当跟鸡冠磖的自家人取得联系。”

辢 là　“辣”的异体字。《太平广记》卷一九零引五代·范资《玉堂闲话·村妇》：“其家尝收莨菪子，其妇女多取之熬捣，一如辢末。”

臈 là　“腊”的繁体字“臘”的异体字。①岁末。宋刊《中兴词选》刘镇《水龙吟·丙子立春怀内》：“三山臈雪才消，夜来谁转回寅斗。”清·陈瑞生《再生缘》第三回：“梅花破臈年光近，书卷娱情景物移。”②古祭礼名，冬至后第三个戌日祭百神。《晏子春秋·谏下四》：“景公令兵抟治，当臈冰月之间而寒，民多冻馁，而功不成。”宋·周邦彦《片玉集》卷七《解语花》：“风销焰臈，露浥洪炉，花市光相射。”

鬎# là　“瘌”的异体字。鬎鬁，秃发疮。明·冯梦龙《挂枝儿·假相思》：“秃鬎鬁，梳了个光光油鬏。”

鬎*là　“瘌”的异体字。《古今小说·杨八老越国奇逢》：“平昔百姓中秃发鬎鬁，尚然被他割头请功，况且是在战阵上拿住，那管真假，定然不饶的。”清·钱泳《履园丛话·两槐夹井》：“俗语所谓十个胡子九个骚，十个鬎痢九个刁。”

勑 lài　见 35 页“勑(chì)”。

頼 lài　“赖”的繁体字“賴”的异体字。宋·黄伯思《东观馀论》卷上《第十王大令书下》：“又云，意甚无頼，君有好药云云。”明·何良俊《语林》卷十七:"元结举进士,礼部侍郎见其文,叹曰:'一第恩子耳,有司得子是赖。"

惏(一)lán "婪"的异体字。贪婪。《左传·昭公二十八年》:"贪惏无餍,忿纇无期,谓之封豕。"(二)lín［惏栗］寒冷。汉·王褒《洞箫赋》:"惏栗密率,掩以绝灭。"［惏悷］悲伤。宋玉《高唐赋》:"于是调讴,令人惏悷憯悽,胁息增欷。"

擥# lǎn "揽"的繁体字"攬"的异体字。把持,掌握。《说文》:"擥,撮持也。"汉·董仲舒《春秋繁露·考功名》:"擥名责实,不得虚言。"《新唐书·李密传》:"擥天下英雄驭之,使远近群归,公不如我。"

嬾 lǎn "懒"的繁体字"懶"的异体字。当是本字。《说文》:"嬾,懈也,怠也,一曰卧也。"清·段玉裁注:"俗作懶。"三国魏·嵇康《与山巨源绝交书》:"简与礼相背,嬾与慢相成。"《宋书·袁豹传》:"嬾惰无所容,力田有所望。"敦煌曲《捣练子》:"坐寒更,添玉泪,嬾频听。"

灠# (一)lǎn "漤"的异体字。用热水等浸泡去除柿子的涩味。《集韵》:"灠,渍果也。"(二)làn 泛滥。晋·佚名《石勘墓志》:"在事正色,使诛伐不灠。"

瑯 láng "琅"的异体字。唐·陈子昂《晦日宴高氏林亭序》:"列珍羞于绮席,珠翠瑯玕;奏丝管于芳圃,秦筝赵瑟。"清·黄景仁《晓过滁州》:"最高知瑯琊,翠色披满襟。"清·二石生《十洲春秋》下:"如宴客缀锦阁下,携十锦珐瑯杯,宣牙牌令。"邹韬奋《抗战以来》五十:"他们动手,我就瑯铛入狱。"

蜋 láng "螂"的异体字。［蜣蜋］、［螳蜋］即"蜣螂"、"螳螂"。《关尹子·四符》:"蜣蜋转丸,丸成精思之。"《后汉书·袁绍传》:"乃欲运螳蜋之斧,御隆车之隧。"

纍 "累"的繁体字。实际是"累"的异体字。(一)léi①绳索。《汉书·李广传》:"禹从落中以剑斫绝虆,欲刺虎。”②缠绕。《诗经·周南·樛木》:“南有樛木,葛藟虆之。”③失意。宋·陆游《渭南文集》卷八《谢夔路监司列荐启》:“意象虆然,揣分方安于下吏。”④拘禁。《左传·襄公二十五年》:“使其众男女别而虆,以待于朝。”宋·苏轼《进郊祀庆成诗状》:“肆眚之令,一宽于冥顽,已责之恩,大弛于虆縶。”(二)lěi ①堆积。《庄子·骈拇》:“骈于辩者,虆瓦结绳。”明·徐复祚《投梭记·穷迫》:“况今日手握重兵,江左危于虆卵。”②重叠。清·刘熙载《艺概·词曲概》:“虆虆乎端如贯珠,歌法以之,盖取分明而联络也。”(三)lèi 牵连。《战国策·楚策》:“东有越虆,北无晋,而交未定于齐秦,是楚孤也,不如速和。”

涙 lèi “泪”的异体字。宋·周邦彦《片玉集》卷八《满路花》:“帘烘涙雨干(乾),酒压愁城破。”清·李渔《笠翁文集》卷二:“时欲泣无声,且无涙矣。”《红楼梦》第三回:“林姑娘在这里伤心,自己淌眼抹涙的。”

稜 léng “棱”的异体字。棱角。汉·班固《西都赋》:“设璧门之凤阙,上觚稜而栖金爵。”唐·韩愈《南山诗》:“晴明出稜角,缕脉碎分绣。”

愣 lèng 《第一批异体字整理表》作为“楞”的异体字淘汰,1988年《现代汉语通用字表》收“愣”。“愣”现在是规范字。①卤莽,笨拙。清·文康《儿女英雄传》第四回:“只见他噗的一声,吹着了火纸,就把那烟袋往嘴里给愣入(擩)。”②失神。周而复《上海的早晨》第一部三:“娘扶着方桌子哭,爹愣在那里。”

棃 lí “梨”的异体字。《庄子·天运》:“故譬三皇五帝之礼义法度,其犹柤、棃、橘、柚耶,其味相反,而皆可于口。”清·钱泳《履园丛话》卷二十一:“遂收棃园为弟子,青楼为义女,无分上下,合为一家。”

犂 lí “犁”的异体字。《管

子·乘马》:"距国门以外,穷四竟(境)之内,丈夫二犂,童五尺一犂,以为三日之功。"金·元好问《寄答溪南诗老辛愿敬之》:"丈夫不合把锄犂,青鬓无情忽衰素。"

蔾 lí "藜"的异体字。[蒺蔾]即"蒺藜"。《周易·困卦》:"困于石,据于蒺蔾。"宋·司马光《温国文正司马公文集》卷十三《野轩》:"黄鸡白酒田间乐,蔾杖葛巾林下风。"宋刊《中兴词选》陈与义《虞美人·邢子友会上》:"照见幅巾蔾杖、带香归。"

琍 lí "璃"的异体字。

貍(一)lí "狸"的异体字。俗称豹猫。《淮南子·说山》:"貍头愈鼠,鸡头已瘘。"宋·洪迈《夷坚志·景阳台虎精》:"[妇人]着褐衫,系青裙,曳革履,抱小貍猫,乍后乍前,相随逐不置。"《本草纲目·兽二》:"貍有数种,大小似狐,毛杂黄黑,有斑如猫而圆头大尾者为猫貍,善窃鸡鸭,其气臭……"(二)mái "埋"的异体字。用土埋藏。《墨子·备称门》:"转射机,机长六尺,貍一尺。"

犛 lí 见187页"犛(máo)"。

氂 lí 见187页"氂(máo)"。

釐 lí (一)"厘"的异体字。①市制量词。(1)长度单位。尺的千分之一,十厘为一分,十分为一寸,十寸为一尺。《史记·太史公自序》:"故《易》曰:'失之豪(毫)釐,差以千里。"(2)重量单位,十六两秤的一两的千分之一,十厘为一分,十分为一钱,十钱为一两。清·吴敬梓《儒林外史》第二十二回:"饭是二釐[银子]一碗,荤菜一分,素的一半。"(3)面积单位,亩的百分之一,十厘为一分,十分为一亩。《太平天国·天朝田亩制度》:"当中尚田一亩三分五釐。"(4)利率,年利一厘为本金的百分之一,月利一厘为本金的千分之一。②治理。《资治通鉴·陈宣帝太建六年》:"命太子总釐庶政。"③分开。元·陶宗仪《南村辍耕录》卷二十五:"院本、杂剧其实一也,国朝,院本、杂剧始釐而二之。”又“厘比、厘弊、厘饬、厘次、厘丁、厘定、厘分、厘改、厘革、厘和、厘降、厘金、厘举、厘品、厘卡、厘然、厘任、厘税、厘剔、厘替、厘务、厘析、厘整、厘正、厘治、厘秩”等，繁体字系统多写“釐”。（二）xī 幸福。《史记·孝文本纪》：“今吾闻祠官祝釐，皆归福朕躬，不为百姓，朕甚愧之。”《史记·韩世家》：“襄王卒，太子咎立，是为釐王。”△《通用规范汉字表》稿：xī 仅用于姓氏人名。读 lí，用“厘”。

瓈 lí “璃”的异体字。[玻瓈]即“玻璃”。宋刊《中兴词选》刘克庄《清平乐·五月十五夜玩月》：“纤云扫迹，万顷玻瓈色。”金·蔡松年《萧闲老人明秀集》卷一《水调歌头·送陈咏之归锁阳》：“东垣步秋水，几曲冷玻瓈。闪鸥一点晴雪，知我老无机。”

灕 lí “漓”的繁体字。实际是“漓”的异体字。水渗流。《战国策·东周策》：“非效鸟集乌飞，兔兴马逝，灕然止于齐者。”宋刊《中兴词选》张孝祥《满江红·秋怀》：“秋满灕源，瘴云净，晓山如蔟。”[淋灕]1. 流滴。南朝梁·范缜《拟招隐士》：“岌峨兮倾欹，飞泉兮激沫，散漫兮淋灕。”2. 长而好。《楚辞·哀时命》：“冠崔巍而切云兮，剑淋灕而纵横。”3. 盛多。唐·李白《上云乐》：“淋灕飒沓，进退成行。”〇广西漓江，多作“漓”，《水经注》等书作“灕”。

裡 lǐ “里”的繁体字“裏”的异体字。宋·曾慥《类说》卷十五：“鹳鹊楼头日暖，蓬莱殿裡花香。”《水浒传》第四回：“鲁智深揭起帘子，走入村店裡来。”〇今台湾、香港用“裡”。

裏 lǐ “里”的繁体字。同音归并。①衣服的内层。《说文》：“裏，衣内也。”《汉书·贾谊传》：“白縠之衣，薄纨之裏。”②与“外”相对，内部，里边。（1）表示方位。清·吴敬梓《儒林外史》第二十四回：“城裏城外，琳宫梵字……”(2)表示范围。元·王实甫《西厢记》第五本第一折：“怎想到惜花心养成折桂手，脂粉丛裹包藏着锦绣?”③表示某个时间内。宋·佚名《张协状元》第十六出：“妾身年少裹，父母俱倾弃，在神庙六七年长独睡。”又，裹边、裹表、裹层、裹脊、裹间、裹面、裹手、裹头、裹屋、裹厢、裹向、裹言、裹院、暗裹、表裹、底裹、关裹、就裹、明裹、哪裹、那裹、内裹、头裹、下裹、乡裹(乡村里边，乡政府)、心裹、夜裹、这裹、背地裹、骨子裹、裹外裹、两下裹、四下裹、裹进外出、裹勾外连、裹挑外撅、裹通外国、裹应外合、表裹如一、吃裹爬外、忙裹偷闲、绵裹藏针、皮裹阳秋、笑裹藏刀、字裹行间、鞭辟入裹。“裹”和“里”意思本不相干，繁体字系统比较容易区分。◎里 lǐ ①人居住的地方。《说文》：“里，居也。”《诗经·郑风·将仲子》：“将仲子兮，无逾我里。”②街坊，巷弄。《周礼·地官·载师》：“以廛里任国中之地。”③古代户籍管理的组织，所辖户数说法不一，以25户说比较通行。《周礼·地官·遂人》：“五家为邻，五邻为里。”④长度单位，市制一百五十丈为一里，合500米。[乡里]1.家乡。叶圣陶《倪焕之》二六：“譬如蒋士镳，平时欺侮善良，横行乡里，那倒用当心点儿。”2.同乡。黄谷卿《虾球传·难童之家》：“好，我们两个算是同乡了。喂，乡里，你大还是我大?”

荔 lì “荔”的异体字。唐·颜元孙《干禄字书》：“荔，荔，上俗下正。”宋·吴曾《能改斋漫录》卷十五《贡荔枝地》：“涪州有妃子园荔枝，盖妃嗜生荔枝，以驿骑传递，自涪至长安有便路。”

涖 lì “莅”的异体字。《左传·隐公四年》：“陈人执戈，而请涖于卫。”《礼记·曲礼上》：“班朝治军，涖官行法，非礼威严不行。”明·谈迁《北游录·纪闻下》：“壬申除滋阳令，六月涖事。”

厤[*] lì ①"历"的繁体字"曆"的异体字。《尔雅·释诂下》："厤，秭，算，数也。"晋·郭璞注："厤，厤数也。"宋·邢昺疏："郭云'厤，厤数也'，推律所生之数。"《周易·革卦》："君子以治厤明时。"《尚书·洪范》："五纪……五曰厤数。"孔传："厤数节气之度以为厤，敬授民时。"②"历"的繁体字"歷"的异体字。依次列出。《庄子·天下》："[惠施]厤物之意，曰：'至大无外，谓之大一；至小无内，谓之小一。'"唐·陆德明《释文》："厤，古歷字。"〇古书中"厤"，用同"曆"比较常见，同"歷"的比较少见。

凓 lì "栗"的异体字。实际是"慄"的异体字。寒冷。《素问·气交变大论》："北方生寒，寒生水，其德凄沧，其化清谧，其政凝肃，其令寒，其变凓冽，其灾冰雪霜雹。"《辽史·兴宗仁懿太后萧氏》："尝梦重元曰：'臣骨在太子山北，不胜寒凓。'"△《通用规范汉字表》稿：义为寒冷、严肃，不再作为"栗"的异体字。

菈 lì "莅"的异体字。《国语·周语上》："是故祓除其心以和惠民，考中度衷以菈之。"

慄 lì "栗"的异体字。①畏惧。《诗经·秦风·黄鸟》："临其穴，惴惴其慄。"②战栗。《素问·疟论》："疟之始发也，先起于毫毛，伸欠乃作，寒慄鼓颔。"又：慄惓、慄慄、慄冽、慄然、慄锐、慄斯、慄缩、股慄、寒慄、悸慄、凛慄、战慄、颤慄、震慄、惴慄、慄慄危惧、不寒而慄。◎栗 lì ①树木名，又该树结的果实。《诗经·鄘风·定之方中》："树之榛栗，椅桐梓漆，爰伐琴瑟。"《周礼·天官·笾人》："馈食之笾，其实枣、栗、桃、乾䕩、榛实。"②庄敬，严肃。《尚书·舜典》："命汝典乐，教胄子，直而温，宽而栗。"③因惧怕而发抖。《论语·八佾》："夏后氏以松，殷人以柏，周人以栗，曰使民战栗。"按，松、柏、栗，本以树种论，解作“使民战栗”属借题发挥。△《通用规范汉字表》稿：义为因寒冷或恐惧而发抖，不再作为“栗”的异体字。

歴 lì “历”的繁体字“歷”的异体字。北魏·郦道元《水经注·河水三》：“河水歴峡北注，枝分东出。”宋·黄伯思《东观馀论》卷上《第十王大令书下》：“孙权据有江东，以歴三世。”元·张雨《燕山亭·杨梅》：“纤手素盘，歴乱殷红，浮沉半壶脂水。”

歴 lì “历”的繁体字“歷”异体字。唐·李商隐《咏史》：“歴览前贤国与家，成由勤俭破由奢。”

𨽁 lì “隶”的繁体字“隸”的异体字。唐·韩愈《柳州罗池庙碑》：“先时民贫，以男女相质，久不得赎，尽没为𨽁。”

隷 lì “隶”的繁体字“隸”的异体字。汉·荀悦《前汉纪·武帝纪》：“江充闾阎之隷臣耳。”

歷 lì “历”的繁体字。1956年汉字简化，“歷”和“曆”合并简化为“历”。繁体字系统，两字分工比较明确。①经历，经过。(1)指空间的。汉·司马迁《报任安书》：“深践戎马之地，足歷王庭，垂饵虎口。”(2)指时间的。《楚辞·天问》：“应龙何画？河海何歷？”②越过。《孟子·离娄下》：“礼，朝廷不歷位而相与言，不逾阶而相揖也。”明·徐弘祖《徐霞客游记·游雁宕山记》：“一步一喘，数里，始歷高巅。”③尽，遍。《尚书·盘庚下》：“今予其敷心腹肾肠，歷告尔百姓于朕志。”以下各词语，繁体字系统均写“歷”：历变、历朝、历程、历齿、历宠、历次、历代、历法（违犯法纪）、历访、历服、历观、历官（先后任职）、历级、历纪、历阶、历届、历久、历刺、历来、历览、历历、历练、历录、历乱、历年、历任、历赏、历涉、历时、历史、历世、历事、历试、历说、历算（周密考虑）、历岁、历听、历位、历问、历物、历险、历选、历远、历阅、历载、历政、历职、病历、简历、经历、来历、履历、亲历、学历、游历、阅历、资历。

曆 lì “历”的繁体字。用于日历及相关事物。①历法，历书。《史记·孝武本纪》：“夏，汉改曆，以正月为岁首，而色上黄，官名更印章以五字，因为太初元年。”敦煌曲《水鼓子》：“寒光憔悴暖光繁，推曆今朝是岁元。”《旧唐书·曆志一》：“玄宗召见，令造新曆。”②推算日月星辰运行及季节时令的方法。《淮南子·本经》：“星月之行，可以曆推得也。”③推算历法的人。《庄子·齐物论》：“自此以往，巧曆不能得，而况其凡夫。”④转指历运、命数。《汉书·诸侯王表》：“周过其曆，秦不及期。”唐·刘禹锡《慰义阳公主薨表》：“岂意遘兹短曆，奄谢昌辰。”又：曆草、曆法、曆官（曆法之官）、曆家、曆节、曆理、曆律、曆命、曆气、曆日、曆始、曆术、曆数、曆算（曆法）、曆头、曆图、曆尾、曆象、曆序、曆元、曆运、公曆、古曆、挂曆、皇曆、旧曆、年曆、农曆、日曆、台曆、夏曆、新曆、阳曆、阴曆、月曆、老皇曆、万年曆。○清高宗乾隆名弘曆，在位期间编纂的《四库全书》共七八万卷，避弘曆讳，没有一个“曆”字，该写“曆”的地方全写“歴”。阅读该书需加以判别。

癘[*] lì “痢”的异体字。弹词《水乡春意浓》：“说它有吧，像稀毛鬎癘一样，只有数得清的几棵，几亩田就此荒掉。”又参见“鬎(là)”。

糲[*] lì “粝”的繁体字“糲”的异体字。粗米。《汉书·司马迁传》：“饭土簋，啜土刑，糲粱之食，藜藿之羹。”

濼 lì 见216页“濼(pō)”。

亷 lián “廉”的异体字。明·何良俊《语林》卷二十二：“令狐峘为吉州刺史，齐映亷察江西。”

匳 lián “奁”的繁体字“奩”的异体字。古代女子梳妆用的镜匣。元·王士熙《送王在中代祀秦蜀山川》：“香浮晓露金匳湿，幡拂春烟绛节齐。"

匳 lián “奁”的繁体字“奩”的异体字。古代女子梳妆用的镜匣。清·纪昀《纪文达公遗集》卷十七《雨舟》:“一匳镜面和烟照,万叠靴纹拍岸流。”清·龚自珍《己亥杂诗》:“哭过支硎山下路,重抄梅冶一匳诗。”

廉 lián “廉”的异体字。宋·张君房《云笈七签》卷一十三:“裴令公少时,有术士云:命属北斗廉贞星将军。”元·余阙《青阳先生文集》卷四《送归彦温赴河西廉使序》:“我祖宗之置肃政廉访司于天下,大要以风俗为先,而其职以学习为重。”清·周霭联《西藏纪游》卷一:“时予捐廉,增宇竖碑。”

鎌 lián “镰”的异体字。汉·严遵《道德指归论·至柔》:“有形鎌利,不入无理。”《齐民要术·水稻》:“稻苗长七八寸,陈草复起,以鎌浸水芟之,草悉脓死。”

簾[*] lián “帘”的繁体字。竹帘,窗帘,门帘。《说文》:“簾,堂簾也。”《汉书·外戚传下》:“美人当有以予女,受来,置饰室中簾南。”宋·刘过《满江红·高帅席上》:“楼阁万家簾幕卷,江郊十里旌旗驻。”◎帘 lián 酒店、茶店的幌子。唐·刘禹锡《鱼腹江中》:“风樯好住贪程去,斜日青帘背酒家。”宋·朱翌《猗觉寮杂记》卷下:“酒家揭帘,俗谓之望子。”《水浒传》第二十七回:“见远远的土坡下约有十数间草屋,傍着溪边柳树上挑出个酒帘儿。”酒店幌子义,繁体字系统不写“簾”。

鐮 lián “镰”的异体字。

籢 lián “奁”的繁体字“奩”的异体字。古代女子梳妆用的镜匣。《玉台新咏》刘缓《和湘东王三首·秋夜》:“烛溜花行满,香燃籢欲空。”清·周之琦《天香·水仙花》:“银釭旧愁自写,倚冰籢薄寒吹麝。”

籨[*] lián “奁”的繁体字“奩”的异体字。古代女子梳妆用的镜匣。明·王朗《浪淘沙·闺情》:“疏雨滴青籨,花压重檐。”

歛 liǎn “敛”的繁体字“斂”的异体字。唐·刘禹锡《伤秦姝行》:“歛蛾收袂凝清光,抽弦缓调怨且长。”宋·周邦彦《片玉集》卷二《瑞鹤仙》:“斜阳映山落,歛馀红,犹恋孤城阑角。”明·何良俊《语林》卷二二:“徐徐结发,歛手向主,神色闲正,辞甚凄惋。”

鍊 liàn ①“炼”的繁体字“煉”的异体字。(1)冶炼。当是本字。《说文》:“鍊,冶金也。”清·段玉裁注:“鍊,引申之,凡治之使精曰鍊。”《淮南子·地形》:“是故鍊土生木,鍊木生火。”敦煌曲《内家娇》:“交招事无不会,解烹水银,鍊玉烧金。”《元史·刑法志三》:“诸出铜之地,民间敢私鍊者,禁之。”(2)修炼。宋·司马光《温国文正司马公文集》卷五十二:“但日诵徒流绞斩之书,习锻鍊文致之事,为士已成刻薄,从政岂有循良?”清·纪昀《纪文达公遗集》《直隶广平府同知前湖北武汉黄德道蕴斋卢公墓志铭》:“金百鍊而精,人百鍊而成。”[鍊习]即“练习”。清·六十七《番社采风图考·猎禽》:“时龄以上即领演弓矢,鍊习既熟,三四十步外取的必中。”②链条。《水浒传》第十七回:“吴用袖了铜鍊,刘唐起了朴刀,监押着五七担。”

涼 liáng “凉”的异体字。《红楼梦》第三十回:“却说伏中阴晴不定,片云可以致雨,忽然涼风过去,飒飒的落下一阵雨来。”

樑 liáng “梁”的异体字。只用于建筑物的横梁义。《淮南子·主术》:“是故贤主之用人也,犹巧工之制木也,大者以为舟航柱樑,小者以为楫楔。”敦煌曲《破阵子》:“画阁雕樑语新,卷帘恨去人。”太平天国《上阶条例》:“并拟省试、京试俱三年一次,考约士移于七月秋凉之时,俾士子等得以宽期习练,庶可倍获真材,储为樑栋。”又栋梁。

元·刘秉忠《留燕》："蜗舍虽微足容尔，画梁争得几多高。"今台湾用"樑"。常有误用于桥梁义作"橋樑"者。

糧 liáng "粮"的繁体字，实际是"粮"的异体字。当是本字。《说文》："糧，谷（穀）也。"《左传·哀公十三年》："吴申叔仪乞糧于公孙有山氏。"清·郁植《观灯行》："卖男鬻舍仅供糧，那有馀钱更行乐。"

瞭 liǎo "了(liǎo)"的繁体字，实际是"了"的异体字。"瞭"有上声 liǎo 和去声 liào 两读。1956 年汉字简化，"瞭"作为"了"的繁体字淘汰。1986 年重新公布《简化字总表》时恢复读去声的"瞭"，如"瞭望"。读上声仍作"了"。①眼珠明亮。《孟子·离娄上》："胸中正，则眸子瞭焉。"汉·赵岐注："瞭，明也。"②明白。汉·王充《论衡·自纪》："言瞭于耳，则事昧于心。"宋·陈淳《北溪先生字义·似道之辨》："观乎此，则死生罪福之说，真是真非瞭然。"又，瞭解、瞭亮、瞭然、明瞭、瞭如指掌、瞭若观火。

厸 lín "邻"的繁体字"鄰"的异体字。《汉书·叙传上》："东厸虐而歼仁兮，王合位虖三五。"唐·颜师古注："厸，古鄰字也。"

惏 lín 见 167 页"惏(lán)"。

粦 lín "磷"的异体字。当是本字。《说文》："兵死及牛马之血为粦。粦，鬼火也。从炎、舛。"晋·张华《博物志》："战斗死亡之处有人马血，积年为粦，着地入草木，如霜露不可见，有触者，着人体，便有光，拂拭即散。"

隣 lín "邻"的繁体字"鄰"的异体字。《管子·五行》："五谷隣熟，草木茂实。"宋·陆游《渭南文集》卷二十三《绍兴府众会黄箓青词》："君蒿凄怆，已悲万鬼之隣。"《水浒传》第四十五回："只见血渌渌的两个死尸，又吃一惊，叫起隣舍来。"

燐 lín ①"磷"的异体字。

《淮南子·氾论》:“老槐生火,久血为燐,人弗怪之。”清·蒲松龄《聊斋志异·龙飞相公》:“既见燐火浮游,荧荧满洞,因而祝之。”②萤火。《诗经·豳风·东山》“熠耀宵行”,毛传:“熠耀,燐也。燐,萤火也。”◎磷(一)lín 磷火。殷夫《孩儿塔》:“幽灵哟,把黝绿的磷火聚合。”[磷磷]清澈明净。唐·许浑《赠闲诗》:“秋江莫惜题佳句,正是磷磷见底时。”(二)lìn 减损。《论语·阳货》:“不曰坚乎,磨而不磷。”[磷磷]玉石色彩鲜明。唐·罗邺《吴王古宫井》:“含青薜荔随金甃,碧砌磷磷生绿苔。”(三)líng [磷磷]形容物体有棱角。唐·杜牧《阿房宫赋》:“钉头磷磷,多于在庾之粟粒。”

麐 lín “麟”的异体字。清·刘献廷《广阳杂记》卷四:“麐阁糟邱样子殊,罡风正厉片时无。”清·梁信芳《羊城即事》:“失巢如病鹤,避路似惊麐。”

禀 lǐn 见16页“禀(bǐng)”。

凛[#] lǐn “凛”的异体字。①寒冷的样子。宋·王安石《定林寺》:“众木凛交覆,孤泉静横分。”②畏惧。《三国志·蜀书·法正传》:“侍婢百余人,皆亲执刀侍立,先主每入,衷心常凛凛。”③严肃。元·高文秀《襄阳会》第三折:“某乃曹章,身凛然堂堂。”

廪[#] lǐn “廪”的异体字。①粮仓。《汉书·昭帝纪》:“朕虚仓廪,使使赈困乏。”唐·皮日休《贫居秋日》:“门小愧车马,廪空惭鼠雀。”②储藏。《管子·山国轨》:“泰春,民之且所用者,君已廪之矣。”③指俸禄。宋·苏轼《答杨君素》:“奉别忽四年,薄廪维绊,归计未成。”

悋 lìn “吝”的异体字。汉·刘向《说苑·尊贤》:“当此之时,诚使周公骄而且悋,则天下贤士至者寡矣。”宋·叶适《巩仲至墓志铭》:“天地之生材,甚爱甚惜,必有悋固之心。”

痳 lìn “淋(lìn)”的异体字。

痳（淋）病。《说文》："痳，疝病。"汉·刘熙《释名·释疾病》："痳，懔也，小便难，懔懔然也。"〇注意字形与"痲(má)"的区别。

淩* líng "菱"的异体字。宋·梅尧臣《邵郎中姑苏园亭》："折腰大淩不直钱，鸡鹄鸂鶒沙际眠。"

蔆 líng "菱"的异体字。《说文》："蔆，芰也。""芰，蔆也。"《周礼·天官·笾人》："加笾之实，蔆、芡、栗、脯。"今台湾"菱"、"蔆"并存。

櫺* líng "棂"的繁体字"欞"的异体字。窗户、栏杆上雕刻的格子。《说文》："櫺，楯间子也。"金·董解元《西厢记诸宫调》卷三："早是梦魂成不得，湿风吹雨入疏櫺。"明·孟称舜《娇红记》第二十九出："适闻窗外步履之声，今又弹响窗櫺，是有谁来也？"清·纪昀《乌鲁木齐杂诗》："云母窗櫺片片明，往来人在镜中行。"本以"櫺"为正体。选"欞"为繁体正体，方便类推简化为"棂"。今台湾用"櫺"。

劉 liū 见183页"劉(lù)"。

畄 liú "留"的异体字。

畱 liú "留"的异体字。明·叶逢春本《三国志传》卷一："不若撤去东南面，畱西北，尽力攻打。"清·永贵、苏尔德《新疆回部志》卷四："亦不畱发(fà)，不食猪肉。"

畱 liú "留"的异体字。当是本字。《说文》："畱，止也。从田，丣声。"敦煌曲《望江南》："每恨诸蕃生畱滞，只缘当路寇仇多。"万历刊明·黄文华辑《词林一枝》卷一《杜氏勘问小桃》："只为清明拜扫，畱下小桃，在家伏侍老爷。"清·肇麟等纂《回疆则例》卷八《回子蓄畱发辫》："愿畱发辫者，准其蓄畱。"

瑠 liú "琉"的异体字。敦煌变文《佛说阿弥陀经讲经文》："诸神统人师，伏愿瑠璃殿内，高燃般若诸灯……"清·纳兰性德《寻芳草·萧寺记梦》："一闪灯花堕，却对着瑠璃火。"

瑠 liú “琉”的异体字。《玉台新咏·古诗为焦仲卿妻作》：“移我瑠璃塔，出置前窗下。”元·曾瑞卿《留鞋记》第二折：“看一望琼瑶月色，似万盏瑠璃时间。”

瘤 liú “瘤”的异体字。汉·刘熙《释名·释疾病》：“瘤，流也。血流聚所生瘤肿也。”

栁 liǔ “柳”的异体字。《京本小说·碾玉观音》：“堤上栁，未藏鸦，寻芳趁步到山家。”

桺 liǔ “柳”的异体字。《逸周书·月令》：“季夏之月，日在桺。”《尚书大传》卷一下：“秋祀桺谷华山，贡两伯之乐焉。”金·董解元《西厢记诸宫调》卷四：“莲步小，脚儿忙，桺腰细，裙儿荡。”《水浒传》第四十六回：“有数百株合抱不交的大桺树。”

衖（一）lòng “弄”的异体字。南方称小巷。清·梁绍壬《两般秋雨盦随笔·衖堂》：“今堂屋边小径，俗呼衖堂，应是弄唐之讹。宫中路曰弄，庙中路曰唐，字盖本此。”茅盾《昙》：“她抄近路走进一条冷衖。”（二）xiàng“巷”的异体字。唐·李贺《绿章封事》：“金家香衖千轮鸣，扬雄秋室无俗声。”○“衖”有两个读音，所指事物同一，当是方言引致读音不同。《尔雅·释宫》：“衖谓之门闳。”晋·郭璞注：“闳，衖头门。”唐·陆德明《释文》：“衖，道也。《声类》犹以为‘巷’字。”

瘺[#] lòu “瘘”的繁体字“瘻”的异体字。《龙龛手镜》：“瘻，或作瘺。”

壚[*] lú ①“炉”的繁体字“爐”的异体字。宋·周邦彦《片玉集》卷四《侧犯》：“见说胡姬，酒壚寂静。”宋·陆游《山行国过僧庵不入》：“茶壚烟起知高兴，棋子声疏识苦心。”金·董解元《西厢记诸宫调》卷一：“寒侵安道读书舍，冷浸文君沽酒壚。”②“垆”的繁体字。(1)酒肆。汉·辛延年《羽林郎》：“胡姬年十五，春日独当壚。”《宋书·后废帝纪》：“趋步闤闠，酣歌壚肆，宵游忘返，宴寝营舍。”(2)黑色或黄黑色而坚硬的土。汉·刘向《九叹·思古》：“倘佯壚坂，沼水深矣。”汉·王逸注：“壚，黄黑色土也，言倘佯之山，其土玄黄。”《汉书·地理志上》：“厥土惟壤，下土坟壚。”唐·颜师古注：“壚谓土之刚黑者也。”《齐民要术·耕田》：“春，地气通，可耕坚硬强地黑壚土。”

罏# lú ①“炉”的繁体字“爐”的异体字。(1)火炉。唐·杨巨源《夏日苦热》：“火入天地罏，南方更何剧。”(2)香炉。岳珂《桯史》卷十一引宋陈瓘《进尊尧集表》：“至尊拜伏于罏前，故臣骄倨而坐视，百官气郁，多士心寒。”②酒肆。明·何良俊《语林》卷二十一：“只是拥罏，命歌舞，间以杂剧，引满大醉而已。”清·阮葵生《茶馀客话》卷二十：“买之曰沽，当肆曰罏。”

鑪 lú ①“炉”的繁体字“爐”的异体字。《淮南子·齐俗》：“鑪橐埵坊设，非巧冶不能以冶金。”唐·王仁裕《开元天宝遗事·七宝砚鑪》：“内库中有七宝砚鑪一所，曲尽其巧。”清·汪鋆《十二砚斋随笔》：“吾如大鑪然，金银铜锡，入吾鑪一铸而皆精良。”②酒肆。《史记·司马相如列传》：“买一酒舍酤酒而令文君当鑪。”覆宋本《玉台新咏》辛延年《羽林郎》：“胡姬年十五，春日独当鑪。”③金属元素，符号 Rf，序号 104。△《通用规范汉字表》稿类推简化为“钅＋卢”：仅用于科学技术术语，指一种人造放射性元素 Rf。

虜# lǔ “虏”的繁体字“虜”的异体字。①俘获。《说文》：“虜，获也。从毌，从力，虍声。”《汉书·周勃传》：“其将固可袭而虜也。”②被俘获者。《诗经·大雅·常武》：“铺敦淮濆，仍执丑虜。”③旧时用于对异民族的蔑称。明·方孔炤《全边略记》卷二《大同略》：“留部虜千余人于丰州，守其老幼。虜不耐寒，每夏辄徙帐大青山口外避之。"○清·顾蔼吉《隶辨·姥韵》:"虜,《说文》虜,从毌,从力。隶变相承从男字。"

滷 lǔ "卤"的繁体字。《汉字简化方案》把"滷"和"鹵"合并简化为"卤"。"滷"是在"鹵"基础产生的形声字。《说文》:"鹵,西方咸地也。从'卤'省,象盐形。"①盐碱地。《尔雅·释言》:"滷,苦也。"晋·郭璞注:"滷,苦地也。"②咸水。《梦溪笔谈·辨证一》:"滷色正赤,在版泉之下,俚俗谓之蚩尤血。"③盐水加多种香料煮制食物。老舍《骆驼祥子》十六:"自从虎妞搬来,什么卖羊头肉的,熏鱼的,硬面饽饽的,滷煮炸豆腐的,也在门前吆喝两声。"④浓稠的羹。《红楼梦》第三十四回:"只拿那糖腌的玫瑰滷子和了,吃了小半碗,不香甜。"⑤用肉、蛋等做汤并勾芡用以浇拌面条等食物的浓汁,如打滷面。○1.用"滷"的地方都可换用"鹵",但不能相反。2."鹵"还指盐。《史记·货殖列传》:"山东食海盐,山西食盐鹵。"3.以下与卤族元素有关,不写"滷":卤池、卤斥、卤地、卤缸、卤瘠、卤碱、卤脉、卤气、卤素、卤田、卤桶、卤味、卤虾、卤舄、卤烟、卤盐、卤灶、卤汁、卤质、舄卤。以下为假借义,不能写"滷":卤部、卤簿、卤盾、卤钝、卤夺、卤获、卤掠、卤莽、卤剽、卤器、卤人、卤拙、粗卤。

樐 lǔ "橹"的繁体字"櫓"的异体字。古代兵器,大盾。汉·贾谊《新书·过秦》:"秦有馀力而制其弊,追亡逐北,伏尸百万,流血漂樐。"

艪 lǔ "橹"的繁体字"櫓"的异体字。船橹。宋·杨万里《发杨港渡入交石夹》:"柔艪殊清响,征人自厌听。"清·龚自珍《湘月·壬申夏泛舟西湖》:"两般春梦,艪声荡入云水。"

艣 lǔ "橹"的繁体字"櫓"的异体字。①比桨大的划船工具。唐·郑巢《送韦弇》:"艣声过远寺,江色润秋芜。"敦煌曲《西江月》:"船压波光摇夜艣,贪欢不觉更深。"②船。

《醒世恒言·小水湾天狐贻书》:"那扬州隋时谓之江都,是江淮要冲,南北襟喉之地,往来樯艣如麻。"

艪 lǔ "橹"的繁体字"櫓"的异体字。比桨大的划船工具。唐·李白《淮阳书怀寄王宋城》:"沙墩至梁苑,二十五长亭;大舶夹双艪,中流鹅鹳鸣。"唐·刘采春《啰嗊曲》:"潮来打断缆,摇艪始知难。"

菉 lù 见本页"菉(lù)"。

僇[*] lù "戮"的异体字。①杀。《礼记·大学》:"有国者不可以不慎,辟则为天下僇矣。"②侮辱。《史记·楚世家》:"僇越大夫常寿过,杀蔡大夫观起。"③合力。《史记·商君列传》:"僇力本业,耕织致粟帛多者复其身。"

劉(一)lù "戮"的异体字。(二)liū[劉流]回转。汉·张衡《思玄赋》:"倚招摇摄提低佪劉流兮,察二纪五纬之绸缪遹皇。"

勠 lù "戮"的异体字。①合力。《国语·齐语》:"与诸侯勠力同心。"②勉力。《尚书·汤诰》:"聿求元圣,与之勠力,以与尔有众请命。"△《通用规范汉字表》稿:义为合力、齐力,不再作为"戮"的异体字。

穭[#] lǚ "稆"的异体字。野生植物。《齐民要术·种梨》:"若穭生及种而不栽者,则著子迟。"特指野生稻。明·杨慎《丹铅续录·穭秜》:"野稻不种而生曰穭,刈稻明年复生曰秜。"

菉(一)lù "绿"的繁体字"綠"的异体字。[菉豆]即"绿豆"。宋·欧阳修《归田录》卷二:"余世家江西,见吉州人甚惜此果,其欲久留者,则于菉豆中藏之,可经时不变。"(二)lù①草名,荩草。《楚辞·招魂》:"菉蘋齐叶兮,白芷生些。"②地名用字。广东省吴川市有梅菉。不能写"绿"。△《通用规范汉字表》稿:用于姓氏人名、地名,不再作为"绿"的异体字。

剠 lüè 见228页"剠(qíng)"。

畧 lüè “略”的异体字。金·董解元《西厢记诸宫调》卷二：“不是咱家口大，畧使权术，立退干戈。”明·叶盛《水东日记·黄少保才识》：“公所对与其所预计畧同，以是尤敬服之。”

崙 lún “仑”的繁体字“侖”的异体字。参见“崑”。又，崙菌，高大陡险。汉·王延寿《鲁灵光殿赋》：“连拳偃蹇，崙菌蜷嵯，傍欹倾兮。”

崘 lún “仑”的繁体字“侖”的异体字。参看“崐”。

囉（一）luó 1956年《汉字简化方案》把“囉”和“羅”合并简化为“罗”，1986年重新发表的《简化字总表》时调整为“囉”类推简化作“啰”。[囉唣]骚扰。《水浒传》第五十回：“孩儿快放了手，休要囉唣。”[囉唆]语言琐碎。《红楼梦》第八回：“黛玉站在炕沿上道：‘囉唆什么，过来，我瞧瞧罢。’”[喽囉]山寨兵众。《水浒传》第四十二回：“小喽囉飞奔下山来，直至店里，请得朱贵到来。”（二）luo 语气词。金·董解元《西厢记诸宫调》卷三：“谋退群贼，到今日方知是枉也囉。”茅盾《拟〈浪花〉》：“他这位兄弟是出过洋，学银行回来的囉。”

蠃 luó “骡”的繁体字“騾”的异体字。柳宗元《问答·晋问》：“然后驴蠃牛马之运，西出秦陇。”清·西清《黑龙江外纪》卷八：“土产驴蠃，形体皆小。”清·王闿运《上征赋》：“辕蠃牵缀而轮倾兮，叹执御之非正。”

躶 luǒ “裸”的异体字。《史记·陈丞相世家》：“臣躶身来，不受金无以为资。”《梁书·诸夷传·扶南国》：“扶南国俗本躶体，文身被（披）发，不制衣裳。”

蠃 luǒ ①“裸”的异体字。《楚辞·涉江》：“接舆髡首兮，桑扈蠃行。”②短毛兽。《周礼·地官·大司徒》：“五曰原隰，其动物宜蠃物。”③[果蠃]，即栝楼。《诗经·豳风·东山》：“果蠃之实，亦施于宇。”

濼 luò 见216页“濼（pō）”。

M

蔴 má　“麻”的异体字。用于麻类植物及其制品。元·佚名《白兔记》开篇：“故事搬的是李三娘蔴地捧印，刘知远衣锦还乡。”清·徐宗亮《黑龙江外纪》卷六：“呼兰粮食而外，以烟、靛、油、酒、苎蔴、干鱼为多。”清·黄六鸿《福惠全书·保甲部·防救失火》：“蔴搭一枝，火钩一杆。”

痲* má　“麻”的异体字。①感觉不灵或丧失。清·佚名《苦社会》第二十九回：“一个个身上肿了，面上倒瘦了，两脚痲了。”[痲痹]即“麻痹”。宋·史堪《史载之方·涎论》：“忽闷倒不知人事，良久复苏，即生痲痹。”②面部有斑点。清·范寅《越谚》卷中：“痲者，面有痘疤点。”③痘疮。[痲疹]即“麻疹”。明·王肯堂《幼科证治准绳·痲疹》：“痲疹浮小而有头粒，随出即收，不结脓疮。”明·万全《万氏家传痘疹心法·痲疹》：“俗名痲子者，火疹也。治法与痘不同，盖痘之治药，有温有凉，若痲疹，惟有清凉解毒耳。”又：痲疹、痲疯。〇注意字形与“痳(lìn)”的区别。

蟇 má　“蟆”的异体字。北魏·郦道元《水经注·穀水》：“晋《中州记》曰：惠帝为太子，出闻虾蟇声，问人为是官虾蟇私虾蟇。”唐·韩愈《月蚀诗效玉川子作》：“臣有一寸刃，可刳凶蟇肠。”

蟔* má　①“蟆”的异体字。宋·苏轼《艾子杂说》：“昨日龙王有令，应水族有尾者斩。吾鼍也，故惧诛而哭。汝虾蟔无尾，何哭？”宋·孟元老《东京梦华录》卷八：“方池柳步围绕，谓之虾蟔亭。”宋·周密《志雅堂丛抄·书史》：

“井谷射鲋，《易》传或以为虾，或以为蟇，程沙随以为虾蟆，朱子发以为蛙。”〇宋·彭乘《续墨客挥犀》卷六《异兽》：“《后汉书》，灵帝中平三年，铸天禄、虾蟆于平门外。”《后汉书·灵帝纪》作“蝦(虾)蟆”。“②“蚂(mà)”的繁体字“螞”的异体字。元·张国宾《薛仁贵》第一折：“那薛仁贵到的高丽地面，扑蟆蚱，摸螃蟹，掏蜓蜘(促织)，几曾会什么厮杀来?”

傌(一)mà ①“骂”的繁体字“駡”的异体字。鲁迅《集外集拾遗·破恶声论》：“有从者则任其来，假其投以笑傌，使之孤立于世，亦无慑也。”②汉代刑法之一。《汉书·贾谊传》：“古天子之所谓伯父，伯舅也，而令与众庶同黥、劓、刖、笞、傌、弃市之法。”(二)mǎ “马”的繁体字“馬”的异体字。中国象棋棋子，红方的马有写“傌”的。

罵 mà “骂”的繁体字“駡”的异体字。《左传·昭公二十六年》：“冉竖射陈武子，中手，失弓而罵。”宋·陆游《醉中作》：“爱酒长官罵，近花丞相嗔。”金·董解元《西厢记诸宫调》卷六：“夫人息怒，听妾话踪由，不须堂上高声挥喝罵无休。”《水浒传》第五十回：“看见儿子吃他絣扒在那里，便哭起来，罵那禁子们。”

麽 ma 见188页“麽(me)”。

貍 mái 见169页“貍(lí)”。

脈“脉”的异体字。(一)mài《史记·扁鹊仓公列传》：“传黄帝、扁鹊之脈书，五色诊病，知人生死。”(二)mò ①审视。北魏·郦道元《水经注·比水》：“脈其川流所会，诊其水土津注，宜是瀙水也。”②[脈脈](1)凝视。《古诗十九首·迢迢牵牛星》：“盈盈一水间，脈脈不得语。”(2)眼神传情。唐·杜牧《题桃花夫人庙》：“细腰宫里露桃新，脈脈无言几度春。”(3)同“默默”。邹鲁《黄花冈》：“冈上黄花冈下魂，精灵相通竟脈脈。”(4)连绵不断。《红楼梦》第四十五回：“秋霖脈脈，阴晴不定。”

衇 mài “脉”的异体字。

嵊 “脉”的异体字。(一)mài 元·佚名《抱妆盒·楔子》:“大王也,你须是一嵊流传亲叔侄,怎不念万里江山托付谁?”清·恽敬《与纫之论文书》:“如毛发肌肤骨肉之皆备而运于嵊也。”(二)mò 覆宋本《玉台新咏》张率《对房前桃树佳期赠内》:“无如一路阻,嵊嵊似云霞。”

衂* mài “脉”的异体字。元·陶宗仪《南村辍耕录》卷十九:“无求子云:脈之字从肉,从𠂢,又作衂。盖脈以肉为阳,衂以血为阴。”

漫* màn “漫”的异体字。三国魏·阮籍《大人先生传》:“望我何时反,超漫漫,路日远。”明万历年刊《节孝记》第二出:“大块寥寥,任双丸消长,漫教四序熏陶。”

貓 māo “猫”的异体字。《诗经·大雅·韩奕》:“有熊有罴,有貓有虎。”《礼记·郊特牲》:“迎貓,为其食田鼠也;迎虎,为其食田豕也。”

犛(一)máo “牦”的异体字。《国语·楚语上》:“巴浦之犀、犛、兕、象,其可尽乎?”(二)lí [犛靬]汉代西域国名。《汉书·张骞传》:“因益发使抵安息、奄蔡、犛靬、条支、身毒国。”又汉代张掖郡县名,在今甘肃省永昌县。

氂(一)máo “牦”的异体字。《汉书·郊祀志上》:“杀一氂牛,以为俎豆牢具。”明·徐弘祖《徐霞客游记·滇游日记七》:“其地多氂牛,尾大而有力,亦能负重。”(二)lí “厘”的繁体字“釐”的异体字。《晋书·律历志上》:“二尺八寸四分四氂,应黄钟之律。”

夘 mǎo “卯”的异体字。

丣 mǎo “卯”的异体字。《逸周书·世俘解》:“太公望命御方来,丁丣,望至,告以馘、俘。”元·周伯琦《六书正讹》:“丣,辟户也。从二‘户’,象門(门)两辟形。因声借为寅丣字,为日出物生之义。”〇地支“卯”与“酉”相对。“酉”又作“丣”,字形与

"丣"相应。

皃[#] mào "貌"的异体字,古字。容颜。《汉书·王莽传下》:"视事四年,蛮夷猾夏不能遏绝,寇贼奸宄不能殄灭,不畏天威,不用诏命,皃很自臧,持必不移。"唐·颜师古注:"皃,古貌字也。"覆宋本《玉台新咏》萧纲《妾薄命十韵》:"毛嫱皃本绝,踉跄入毡帷。"宋·张泌《女冠子》:"皃灭潜销玉,香残尚惹襟。"

冐 mào "冒"的异体字。《康熙会典》卷一四五《柔远清吏司》:"骁骑校冐称诈领进贡者,革职。"清·佚名《冈志》:"其间滥支冐领,其弊甚多。"

帽 mào "帽"的异体字。明·何良俊《语林》卷二十二:"管幼安在家恒着皂帽。"清异平署《临潼山》杂剧:"忽然闪出一将,头戴烟毡帽,一身穿皂布袍。"清·杨宾《柳边纪略》卷三:"京师人误指为海龙皮,染黑作帽。"

麽(一)me "么"的繁体字。宋·黄庭坚《南乡子》:"万水千山还麽去,攸哉。酒面黄花欲醉谁。"清·蒲松龄《聊斋志异·辛十四娘》:"十四娘近在闺中作麽生?"(二)ma 语气词,与"吗"相当。元·王实甫《西厢记》一本二折:"小娘子莫非莺莺小姐的侍妾麽?"(三)mó 小。《列子·汤问》:"江浦之间生麽虫,其名曰焦螟。"[幺麽]细小。汉·班彪《王命论》:"又况幺麽不及数子,而欲暗干天位者乎。"《三国志·吴书·孙权传》:"而睿幺麽,寻丕凶迹,阻兵盗土,未获厥诛。"△《通用规范汉字表》稿:mó 用于"幺麽"和姓氏人名等,读 me 时简化作"么"。

麼 "么"的繁体字,"麽"的异体字。(一)me 敦煌曲《凤归云》:"锦衣公子见,垂鞭立马,肠断知麼。"(二)mó 细小。《列子·汤问》:"江浦之间有麼虫。"

睂 méi "眉"的异体字。汉·扬雄《反离骚》:"知众嫭之嫉妒兮,何必颺累之蛾睂。"唐·颜师古注:"睂,古眉字。"覆宋本《玉台新咏》左思

《娇女诗》:“明朝弄梳台,黛䀹类扫迹。”谢朓《夜听妓》:“蛾䀹已共笑,清香复入襟。”

楳 méi “梅”的异体字。清·马位《秋窗随笔》九十一:“料得诗人远相忆,楳花清梦绕吴山。”

槑 méi “梅”的异体字。清·龚自珍《病槑馆记》:“江宁之龙蟠,苏州之邓尉,杭州之西溪,皆产槑。”

縻# méi “穈(méi)”的异体字。穈子,也叫穄子,与黍同类。前蜀·贯休《受春节进》:“境静消锋镝,田香熟稻縻。”元·王逢《浦东女》:“南邻北伴曾贫苦,糠籺縻粉随柴虀。”清·沈兆禔《吉林纪事诗》卷四:“稌粱色白黍縻黄,木碗盛来稗子香。”清·方式济《龙沙纪略》:“黄米酿米儿酒,阅日而成,縻亦堪酿,味甘而薄。”

黴 méi “霉”的繁体字,实际是“霉”异体字。两字在物品受潮而变色变质意思上相通。宋·苏轼《格物粗谈·服饰》:“梅菜煎汤洗夏衣黴点,即去。”→《红楼梦》第四十回:“再找一找,只怕还有;若有时,都拿出来,送这刘亲家两匹,白收着霉坏了。”意思为晦气的“倒霉、霉头”等不写“黴”。

羙* (一)měi “美”的异体字。宋刊《老子道德经》第三十一章:“胜而不羙,而羙之者,是乐杀人。”《吕氏春秋·慎行》:“王为[太子]建取妻于秦而羙。”明·田艺蘅《留青日札摘抄·非文事》:“各集羙语,编为数联。”(二)gāo “羔”的异体字。

媺* měi “美”的异体字。《周礼·地官·师氏》:“师氏掌以媺诏王。”唐·贾公彦疏:“媺,美也。”清·钱大昕《十驾斋养新录》卷二:“媺,古美字。”

鬽# mèi “魅”的异体字。传说中的鬼怪。《周礼·春官·神仕》:“以夏日至,致地示(祇)物鬽。”《孔丛子·陈士义》:“内怀容媚谄鬽,非大丈夫之节也。”

甿[#] méng　“氓”的异体字。古指农村居民。《说文》:“甿,田民也。”《周礼·地官·遂人》:“凡治野以下剂,致甿以田里,安甿以乐昏,扰甿以土宜,教甿稼穑以兴锄。”清·孙诒让《正义》:“甿、氓字通,并为田野农民之专称。”《唐书·张九龄传》:“甿庶,国家之本。”宋·范成大《晓出北郊》:“遐甿病瘠土,不肯昏作劳。”“氓”读māng,不作“甿”。

蝱 méng　“虻”的异体字。①昆虫,吸人、畜的血液。当是本字。《说文》:“蝱,啮人飞虫。”《史记·项羽本纪》:“夫搏牛之蝱,不可以破虮虱。”②草名,即贝母。《诗经·鄘风·载驰》:“陟彼阿丘,言采其蝱。”毛传:“蝱,贝母也。”按,《说文》引作“莔”。

濛 méng　“蒙”的繁体字。同音归并。①细雨。《诗经·豳风·东山》:“我来自东,零雨其濛。”清·纪昀《乌鲁木齐杂诗》:“河桥新柳绿濛濛,只欠春园杏子红。”台湾有一部电视连续剧《情深深雨濛濛》,大陆放映没有把“濛”字改为“蒙”。②笼罩。宋·徐铉《梦游》:“香濛蜡烛时时暗,户映屏风故故斜。”③地名。(1)今四川彭州市境濛阳镇,以古濛水得名。宋·陆游《渭南文集》卷四十二《天彭牡丹谱》:“自[天彭]城东抵濛阳,则绝少矣。”(2)今广西藤县有濛江镇,濛江在此汇入浔江。濛江源自蒙山,1914年改永安县为蒙山县。山名及县名作“蒙”,水名作“濛”,汉字简化以后,县以上地名改为“蒙”,濛江镇为县以下地名而未改。(3)今吉林靖宇县,1946年前为濛江县。〇蒙山,(1)在今山东省平邑县境;1942年至1952年曾因此设蒙山县。(2)在江西上高县与新余市之间。(3)在今山西太原市西南。(4)在今四川雅安市北。(5)今广西蒙山县境。△《通用规范汉字表》稿:仅用于姓氏人名、地名。

懞(一)méng　“蒙”的繁体字。同音归并。朴实敦厚。《西游记》二十三回："那呆子虽是心性愚顽，却只是一味懞直。"（二）měng 同"懵"。愚昧。清·文康《儿女英雄传》第三十回：何小姐精明也精明不到此，安公子懞懂也懞懂不到此。"

矇 méng "蒙"的繁体字。同音归并。①眼睛看不见。《说文》："矇，童蒙也。一曰不明也。"《诗经·大雅·灵台》："鼍鼓逢逢，矇瞍奏公。"毛传："有眸子而无见曰矇。"转指乐官，古代乐官多由盲人充任。《国语·周语上》："瞽献曲，史献书，师箴，瞍赋，矇诵。"章炳麟《辨诗》："瞽师瞍矇，皆掌声诗，即诗与箴一实也。"②昏暗。《淮南子·修务》："明镜之始下型，矇然未见形容。"③愚昧。《论衡·量知》："人未学问曰矇，矇者，竹木之类也。"◎蒙 méng 愚昧。《周易·蒙卦》："匪我求童蒙，童蒙求我。"三国魏·王弼注："童蒙之来求我，欲决所惑也。"唐·孔颖达疏："蒙者，微昧暗弱之名。"[蒙馆][蒙学]均指对儿童进行初始教育的场所。清·钱泳《履园丛话·东平王马夫诈人》："江阴诸生有陈春台者，家甚贫，以蒙馆自给。"清·吴沃尧《历史小说总序》："吾曾受而读之，蒙学、中学之书都嫌过简，至于大学或且仍用旧册矣。"[发矇]使盲者眼睛复明。《礼记·仲尼燕居》："三子者，既得闻此言也于夫子，昭然若发矇矣。"→[发蒙]启蒙教育。郭沫若《我的童年》第一篇四："我在发蒙两三年后，先生便要教我作对子。"

夣* mèng "梦"的繁体字"夢"的异体字。明·佚名《白袍记》第一折："苦谏休征辽兵，君不听凭，夣中详论举鼎立功勋。"明·叶逢春本《三国志传》卷一："庄主是夜夣见二帝卧于草畔。"

瞇（一）mī "眯"的异体字。眼皮微合。金·董解元《西厢记诸宫调》卷一："道着保也不保，焦（瞧）也不焦，眼瞇睽地佯呆着。"清·文康《儿女英雄传》第二十六回："无奈何,倒合人家闹了个躄躠,瞇缝着双小眼睛儿。"(二)mí 尘土等进入眼睛使视线不清。

彌"弥"的繁体字。(一)mí①满,遍。《史记·司马相如列传》:"于是乎离宫别馆,彌山跨谷。"②久远。汉·蔡邕《胡栗赋》:"彌霜雪而不凋兮,当纯夏而滋荣。"③广大。《汉书·扬雄传》:"天丽且彌,地普而深。"④缝合,补救。《周易·系辞上》:"故能彌纶天地之道。"(二)mǐ 通"弭",止息。《穆天子传》卷六:"击鼓以行丧,举旗以劝之;击钟以止哭,彌旗以节之。"〇与水有关的意思用"瀰",见下条。

瀰 mí "弥"的繁体字,实际是"弥"的繁体字"彌"的异体字。1956 年《汉字简化方案》规定,"瀰"和"彌"合并简化为"弥"。①深水。《诗经·邶风·匏有苦叶》:"有瀰济盈,有鷕雉鸣。"毛传:"瀰,深水也。"②水深满。《诗经·邶风·新台》:"新台有泚,河水瀰瀰。"唐·柳宗元《奉平淮夷雅表·方城》:"汝水沄沄,既清而瀰。"③泛指充满。南朝梁·沈约《八咏诗》:"出海涨之苍茫,入运途之瀰漫。"明·徐弘祖《徐霞客游记·滇游日记八》:"此处松株独茂,瀰山蔽谷。"

祕 mì "秘"的异体字。①神秘。当是本字。《说文》:"祕,神也。"汉·张衡《西京赋》:"祕舞更奏,妙材骋伎。"鲁迅《祝福》:"'就是——'她走近我,放低声音,极祕密似的切切的说……"②秘密,不公开的。《史记·陈丞相世家》:"高帝既出,其计祕,世莫得闻。"明·余怀《虞初新志》卷四:"此不传之祕也,良辅尽泄之。"③隐蔽。《文心雕龙·隐秀》:"夫隐之为体,义主文外,祕响旁通,伏采潜发。"④与皇帝有关的。南朝宋·柳元景《讨臧质等檄》:"群兵竞迈,祕驾徐启。"明·陶宗仪《南村辍耕录·窑器》:"末俗尚靡,不贵金玉而贵铜磁,遂有祕色窑器。"〇旧读 bì,[祕密]即"秘密",有一些方言现在还说 bìmì；南美洲国家秘鲁(Peru)今读 bì 一。△《通用规范汉字表》稿：仅用于姓氏人名。

覔 mì “觅”的繁体字“覓”的异体字。隋・侯白《启颜录》：“若覔如此能吠者，当出访之。”宋刊《中兴词选》危稹《沁园春・寿许贰车》：“叹同心相契，古来难覔。”清・纪昀《阅微草堂笔记・滦阳消夏录》：“急覔衣裤，已随风吹入河流矣。”

覛* mì “觅”的繁体字“覓”异体字。汉・张衡《西京赋》：“覛往昔之遗馆，获林光于秦馀。”

幂 mì “幂”的异体字。①覆盖。朱自清《独自》：“牛乳般雾露遮遮掩掩，像轻纱似的，幂了新嫁娘的面。”②覆盖物品的巾。《仪礼・公食大夫礼》：“簠有盖幂。”汉・郑玄注：“幂，巾也。”③数学名词，表示一个数自乘。清・戴震《句股割圜记》：“凡同限之句股弦，小大差并互为方，其幂等也。”

緜 mián “绵”的繁体字“綿”的异体字。①当是本字。《说文》：“緜，联微也。”[緜緜]连绵不断。《诗经・大雅・緜》：“緜緜瓜瓞，民生之初，自土沮漆。”毛传：“緜緜，不绝貌。”唐・孔颖达疏：“緜緜，细微之辞，故云不绝貌也。”南朝梁・沈约《八咏听晓鸿》：“夜緜緜而难晓，愁参差而盈臆。”清・汪琬《说铃》：“天畔星光仍晰晰，风前笛思转緜緜。”[緜幂]严密覆盖。唐・卢鸿《终南草堂十记・幂翠庭》：“幂翠庭者，盖峰巘积阴，林萝沓翠，其上緜幂，其下深湛。”②久远。晋・陆机《饮马长城窟行》：“冬来秋未反，去家邈以緜。”宋・陆游《渭南文集》卷一《皇帝御正殿贺表》：“诹太史涓吉之辰，采奉常緜蕝之议。”清・纪昀《纪文达公遗集》卷五《恭谢恩缓直隶上半年被水州县春季新赋折子》：“海岳緜长，惟群祝延洪之寿。”③丝绵。《后汉书・东夷列传》：“知种麻，养蚕，作緜布。”④用作“棉”。《齐民要术》引《吴录·地理志》："交址安定县有木緜。"

偭 miǎn 见85页"偭(fǔ)"。

靦[*] miǎn "腼"的异体字。[靦覥]即"腼腆"。明·陈汝元《金莲记·小星》："春蛾暗画羞靦腆，看歌管楼台当眼。"清·孔尚任《桃花扇·访翠》："孩儿靦覥，请个代笔相公罢。"

靣[#] miàn "面"的异体字。汉·蔡邕《独断》卷下："正月朝贺，三公奉璧上殿，向御座北靣。"金·董解元《西厢记诸宫调》卷一："更堪听窗儿外靣子规啼月。"明·何良俊《语林》卷二十三："有陈郡殷粲蒨善写人靣，与真不别。"明·叶逢春本《三国志传》卷一："朱雋分兵四靣围定，城中断粮。"

麪 miàn 《第一批异体字整理表》定为"麵"的异体字。古书多用"麪"。①面粉。《说文》："麪，麦屑末也。"南朝宋·袁淑《驴山公九锡文》："嘉麦既熟，实须精麪。"敦煌曲《望江南》："娘子麪，磑了再重磨。"②面粉制品。清·李汝珍《镜花缘》第七十九回："用过早麪，仍在园中各处散步。"清·吕坤《演小儿语》："筛锣打锣，要吃细麪，一斗麦儿，只收斤半。"③泛指粉末。《宋史·五行志四》："嘉祐元年三月，彭城县白鹤乡地生麪。"又：面包、面茶、面店、面坊、面肥、面粉（粮食磨成的粉）、面糊、面筋、面码、面坯、面片、面人、面软（和的面，水分比较多）、面生（没有煮或蒸熟）、面食、面市（买卖面粉的市场）、面塑、面汤（煮过面的水）、面条、面团（加水和成的面块；面粉制作成的球状食品）、抻面、发面、挂面、切面、烫面、面疙瘩、打卤面、刀削面、炸酱面。繁体字系统这个意思写"麪"或"麵"，不写"面"。◎面 miàn 脸；当面；跟"里（裏）"相对；平面；方面：面薄、面壁、面别（当面告别）、面禀、面陈、面斥、面对、面额、面告、面见、面粉（搽脸的粉：唐·元稹《生春》："手寒匀面粉，鬟动倚帘风。"）、面奉、面积、面见、面巾、面具、面孔、面临、面料、面貌、面门、面命、面目、面幕、面庞、面批、面皮、面墙、面洽、面前、面容、面软(顾及情面,拉不下面子)、面色、面纱、面善、面商、面生(面貌生疏)、面世、面市(商品开始投放市场)、面首、面受、面谈、面授、面熟、面瘫、面汤(洗脸的热水)、面团(形容脸面圆胖:宋·陆游《春日园中作》:"尘埃幸已赊腰折,富贵深知欠面团。")、面向、面相、面谢、面议、面罩、面子、版面、北面、背面、被面、表面、薄面、侧面、面面、场面……照面、正面。繁体字系统以上不能写"麪"或"麵"。

麵 miàn "面"的繁体字。①面粉。唐·张说《奉和喜雪应制》:"积如沙照月,散如麵从风。"②面粉制品。清·文康《儿女英雄传》第二回:"磕了三个头,吃了一碗麵,便匆匆的谢委禀辞,上任而去。"○"麵"和"麪"通用,偶有混用者。清·蒯德模《吴中判牍》:"闻何故羁押,曰摆开麵饼摊,欠金子和麪店钱七千文。"

耖 miǎo "眇"的异体字。元·王恽《卓行刘先生墓表》:"于是张皇幽耖,振濯汉灵,一何壮也。"

淼 miǎo "渺"的异体字。《楚辞·哀郢》:"当陵阳之焉至兮,淼南渡之焉如。"晋·郭璞《江赋》:"极泓量而海运,状滔天以淼茫。"△《通用规范汉字表》稿:仅用于姓氏人名、地名。

渺 miǎo "渺"的异体字。

玅 miào "妙"的异体字。曹植《长乐观画赞》:"玅哉平生,才巧若神。"

哶 miē "咩"的异体字。

哶 miē "咩"的异体字。

衊 miè "蔑"的繁体字,实际是"蔑"的异体字。①本义为污血。《说文》:"衊,污血也。"《素问·六元正纪大论》:"少阴所至,为悲妄衄衊。"②血染。《金史·李复亨传》:"刀衊马血,火煅之则刃青。"③泛指涂染。《新唐书·列女·崔绘妻卢》："是夕，出自窦，粪秽蠛面。"④以恶语诋毁。《汉书·梁怀王刘揖传》："污蠛宗室，以内乱之恶披布宣扬于天下。"《新唐书·桓彦范传》："彦范等未讯即诛，恐为仇家诬蠛，请遣御史按实。"◎蔑 miè ①削。《周易·剥卦》："剥床以足，蔑贞，凶。"高亨注："蔑即弃去。"②微小。汉·扬雄《法言·学行》："视日月而知众星之蔑也，仰圣人而知众说之小也。"③轻慢。《国语·周语中》："郑未失周典，王而蔑之，是不明贤也。"④无。《左传·僖公十年》："臣出晋君，君纳重耳，蔑不济矣。"⑤副词，表示否定。《国语·晋语二》："死吾君而杀其孤，吾有死而已，吾蔑从之矣。"以上①—⑤均不能写"蠛"。

泯 mǐn "泯"的异体字。消失。唐·张怀瓘《书断·妙品》："自杜林、卫密以来，古文泯绝，由[邯郸]淳复著。"清·华龙翔《翠声阁》："独坐泯见闻，悠然自来会。"

冥 míng "冥"的异体字。

寘 míng "冥"的异体字。唐·陆龟蒙《杂讽九首》："利尘白寘寘，独此情夜止。"宋·陆游《秋晴见天际飞鸿有感》："新晴天宇色正青，群鸿高鶱在寘寘。"

尒 mìng "命"的异体字。宋·王禹偁《小畜集·野兴亭记》："尒纪芳亭，因及盛德，亦万分之一尔。"

麽 mó 见188页"麽(me)"。

麼 mó 见188页"麼(me)"。

糢* mó ①"模"的异体字。[糢糊]即"模糊"。宋·苏轼《凤翔八观·石鼓》："古器纵横犹识鼎，众星错落仅名斗。糢糊半已似瘢胝，诘曲犹能辨跟肘。"《红楼梦》第一一六回："我此时心里糢糊，且不管他。"清·纪昀《纪文达公遗集》卷二十九《甓杜虎》："且看米家画，烟树青糢糊。"②古代计微量的单位。明·沈榜《宛署杂记·徭赋》："正赋中通共起存银叁千陆百陆拾捌两柒钱伍分贰厘陆毫伍丝肆微捌纤陆尘陆埃壹渺贰漠伍模。"

謩 mó "谟"的繁体字"謨"的异体字。谋略。《左传·襄公十一年》:"《书》曰:'圣有謩勋,明征定保。"《陈书·高祖纪》:"公英謩雄筭,电扫风行,驰御楼船,直跨沧海。"明·何良俊《语林》卷十七:"文宗尝问魏謩:'卿家书诏,颇悉存不?'"

饝 mó "馍"的繁体字"饃"的异体字。《西游记》第五十五回:"两个丫鬟,捧两盘饝饝。"清·萧雄《西疆杂述诗·耕种》自注:"平人常食者,每罄其麸而细之,不过筛,利其面多,以此作干(乾)饝,较香。"

万 mò "萬"的简化字"万"的同形字。[万俟]复姓。繁体字不作"萬"。宋朝有万俟卨(Mòqí Xiè)。

脈 mò 见186页"脈(mài)"。

蛨 mò 见187页"蛨(mài)"。

嚜* mò "默"的异体字。《墨子·贵义》:"嚜则思,言则诲,动则事。"宋·司马光《温国文正司马公文集》卷五十九《与范景仁书》:"其来也不为人喜,其去也不为人戚,嚜然不言人不以为责。"[嚜嚜蚩蚩]形容痴呆闷声不响。清·艾衲居士《豆棚闲话》:"我们虽是河山带砺,休戚世封,不好嚜嚜蚩蚩,随行逐队。"(二)hēi①叹词。王老九《王保京》:"嚜!保京这娃不简单,当真人力胜过天。"②拟声词。[嚜嚜]笑声。徐怀中《西线轶事》十:"一号嚜嚜地笑着说。"

鏌* mò "莫"的异体字。[鏌鋣][鏌鎁]即"莫邪"。古剑名。《庄子·大宗师》:"今之大冶铸金,金踊跃曰:'我且必为鏌鋣。'大冶必以为不祥之金。"清·纪昀《纪文达公遗集》卷二十七《荷塘习射图》:"赤土时时拭鏌鎁,几回拟逐李轻车。"

畂 mǔ "亩"的繁体字"畝"的异体字。

畆 mǔ "亩"的繁体字"畝"的异体字。

畒 mǔ “亩”的繁体字“畝”的异体字。晋·潘岳《藉田赋》:“三推而舍,庶人终畒。”唐·王勃《上巳浮江宴序》:“若夫遭主后之明圣,属天地之贞观,得畎畒之相保,以农桑为业,而托形宇宙者幸矣。”

畆 mǔ “亩”的繁体字“畝”的异体字。汉·刘向《列女传》卷一:“二女承事舜于畎畆之中,不以天子之女故而骄盈怠嫚。”清·侯轮《清明日作》:“安得故国营十畆,一犁烟雨傍吴淞。”

畞* mǔ “亩”的繁体字“畝”的异体字。清·王闿运《愁霖赋》:“农辍畞而买刀兮,固惟戎之是服。”

畮 mǔ “亩”的繁体字“畝”的异体字。当是本字。《说文》:“畮,六尺为步,步百为畮。”《周礼·地官·大司徒》:“不易之地,家百畮。”

幙 mù “幕”的异体字。《墨子·节葬下》:“车马藏乎圹,又必多为屋幙。”宋·赵彦瑞《谒金门·春半》:“燕子还来帘幙畔,闲愁天不管。”明·胡应麟《少室山房笔丛》卷四十一:“牛氏奴驱辎橐直入,即取牛氏居常玩好幙帐杂物,列庭庑间。”

N

吪* ń “嗯”的异体字。清·文康《儿女英雄传》第十八回:“姑娘道:‘[口兀]! 那纪贼被你说得这等利害。’”

呩 ń “嗯”的异体字。昆剧《刺梁冀》第三场:“[口五]! 这手怎么再也提不起?”

唔* ń “嗯”的异体字。夏衍《心防》第三幕:“唔,身体不舒服吗?”鲁彦《秋夜》:“唔,又是那声音?”

舒 ná “拿”的异体字。

拏(一)ná ①“拿”的异体字。宋·叶适《哀巩仲至》:“中天悬明月,争欲伸手拏。”《水浒传》十七回:何观察见众人四分五落,赶了一夜,不曾拏得一个贼人。”《警世通言·万秀娘仇报山亭儿》:“拏起一条拄杖,看着尹宗落夹背便打。”②牵引。《说文》:“拏,牵引也。”唐·韩愈《岣嵝山》:“科斗拳身薤倒披,鸾飘凤泊拏虎螭。”(二)nú 船桨。《庄子·渔父》:“乃下求之,至于泽畔,方将杖拏而引其船,顾见孔子,还乡而立。”

挐(一)ná “拿”的异体字。当是本字。《说文》:“挐,持也。”汉·扬雄《羽猎赋》:“熊罴之挐攫,虎豹之凌遽。”(二)rú①连续。《汉书·严安传》:“祸挐而不解,兵休而复起。”②纷乱。清·蒲松龄《聊斋志异·西湖主》:“忽闻人语纷挐,女摇手避去。”

廼 nǎi “乃”的异体字。实际是“迺”的异体字。副词。①相当于“就”。唐·柳宗元《视民诗》:“明翼者何,廼房廼杜。”②相当于“却”。明·何良俊《语林》卷二十三:“尧舜尚不能无过,今之庸人廼曰:‘我无过。’”

迺 nǎi “乃”的异体字。①在

判断句中，相当于“是”。《史记·魏公子列传》：“臣迺市井鼓刀屠者，而公子亲数存之。”②代词。(1)相当于“你”、“你的”。《汉书·项籍传》：“吾翁即汝翁，必欲亨(烹)迺翁，幸分我一杯羹。”宋·岳珂《桯史·汪革谣谶》：“迺事俟秋凉，即得践约。”(2)相当于“彼”、“其”。明·陶宗仪《南村辍耕录·檄》：“世济其恶，真凶悖之贾充；谋及迺心，效奸雄之曹操。”(3)相当于“此”。《晏子春秋·外篇上十一》：“五子不满隅，一子可满朝，非迺子耶？”③副词。(1)相当于“就”。《史记·夏本纪》：“迺召汤而囚之夏台。”(2)相当于“却”。《汉书·司马迁传》：“今已亏形为扫除之隶，在阘茸之中，迺欲卬(昂)首信眉，论列是非，不亦轻朝廷，羞当世之士乎？”④语首助词，无实义。《诗经·大雅·緜》：“迺立皋门，皋门有伉；迺立应门，应门将将。”⑤姓。元代有迺贤△《通用规范汉字表》稿：仅用于姓氏人名、地名，其他用“乃”。

妳(一)nǎi “奶”的异体字。①乳。《晋书·桓温传》：“妳媪每抱诣温，辄易人而后至。”②母。元·佚名《杀狗劝夫》第一折：“现如今爹爹妳妳都亡尽，但愿得哥哥嫂嫂休嗔忿。”(二)nǐ 同“你”，用于女性。宋·柳永《殢人娇》：“恨浮名牵系，无分得与妳恣情浓睡。”○今台湾多以“妳”表示女性，与以“她”表示女性相似。

嬭 nǎi “奶”的异体字。母，乳。宋·孔平仲《代小子广孙寄翁翁》：“爹爹与嬭嬭，无日不思尔。”明·西周生《醒世姻缘传》第四十九回：“这晁梁虽是吃嬭子的嬭，一夜倒有大半夜是晁夫人搂着他睡觉。”

柰* nài “奈”的异体字。宋·周邦彦《片玉集》卷六《氐州第一》：“渐解狂朋欢意少，柰犹悲思牵情绕。”《水浒传》第一回：“以禳天灾，救济万民，似此怎生柰何？”明万历年刊明·胡文涣编《群音类选·金印记·求官空回》："一别经年似箭，柰阻隔关山。"

冄 nán　见 234 页"冄(rǎn)"。

枏 nán　"楠"的异体字。《史记·货殖列传》："江南出枏、梓、姜、桂……"晋·崔豹《古今注·草木》："紫枏木出扶南，色紫，亦谓之紫檀。"

柟 nán　"楠"的异体字。《墨子·公输》："荆有长松文梓，楩柟豫章。"唐·李白《普照寺》："柟木白云飞，高僧顶残雪。"

儾*　(一) nàng　①"齉"的异体字。鼻子不通气。《西游记》第七十六回："妖怪被行者揪着鼻子，捏儾了，就如重伤风一般。"②宽缓。明·顾起元《客座赘语·论俗》："物宽缓不帖者曰儾。"明·佚名《飞丸记·权门狼狈》："看我面上，再儾他一儾。"(二) nāng 怯懦，窝囊。《三国志平话》卷中："夫人烦恼，高声骂：周瑜儾软！"

巙#　náo　"峱"的异体字。地名用字。《汉书·地理志下》："临淄名营丘，故《齐诗》曰：'子之营兮，遭我虖巙之间兮。"唐·颜师古注："巙，山名也。字或作峱。"今通行本《诗经》作"峱"。

嶩*　náo　"峱"的异体字。元代有书法家康里嶩嶩。

閙 nào　"闹"的繁体字"鬧"的异体字。唐·白居易《雪中晏起》："红尘閙热白云冷，好于冷热中间安置身。"《五灯会元·临济宗·万年昙贯禅师》："閙篮方喜得抽头，退鼓而今打未休。"宋刊《中兴词选》张仲宗《兰陵王·春思》："春光好巧，花脸柳腰，勾引芳菲閙莺燕。"

餧 něi　见 276 页"餧(wèi)"。

嫰 nèn　"嫩"的异体字。宋·司马光《温国文正司马公文集》卷五：《暮春同刘伯寿史诚之饮宋叔达园》："嫰笋玉縈箸，新樱珠照盘。"宋·高观国《风入松·春情》："秾欢寄桃叶桃根，绣被嫰寒清晓，莺声唤醒春酲。"

蜺 ní　①"霓"的异体字。虹

的一种，也叫副虹。《楚辞·天问》："白蜺婴茀，胡为此堂。"宋·赵令畤《侯鲭录》卷四："天弓，即虹也，又名帝弓，明者为虹，暗者为蜺。"②秋蝉。《方言》卷十一："蝉，黑而赤者谓之蜺。"

妳 nǐ　见200页"妳(nǎi)"。

儗 nǐ　"拟"的繁体字"擬"的异体字。①比拟。《礼记·曲礼下》："儗人必与其伦。"汉·郑玄注："儗，犹比也。"②准备。宋·林逋《偶书》："闲看是斯文，无秦儗自焚。"

暱 nì　"昵"的异体字。亲近。明·徐弘祖《徐霞客游记·滇游日记二》："其人不习汉语，而素暱彝风，故勾引为易。"

秊 nián　"年"的异体字。《说文》："秊，谷(穀)熟也。《春秋传》曰：'大有秊。'"晋葛洪《西京杂记》卷一："汉高帝七秊，萧相国营未央宫。"清·阮元《小沧浪笔谈》卷三："言岁时有秊，当即偿之，否则女匡之罚大也。"

黏 nián　《第一批异体字整理表》作为"粘"的异体字淘汰，1988年《现代汉语通用字表》收有"黏"，遂成为规范字。汉·王褒《僮约》："黏雀张鸟，结网捕鱼。"宋刊《中兴词选》叶梦得《贺新郎·春晚》："江南梦断横江，渚浪黏天，葡萄涨绿。"◎粘(一)nián有黏性。唐·白居易《朱藤谣》："泥粘雪滑，足力不堪。"清·文康《儿女英雄传》第二十一回："十来个鸡蛋，几块粘糕饼子，也都拿来供献供献，磕个头的。"(二)zhān粘贴。《文心雕龙·附会》："夫能悬识凑理，然后节文自会，如胶之粘木，豆之合黄矣。"《水浒传》第二回："这气球一似鳔胶粘在身上。"清·纪昀《纪文达公遗集》卷二十六《蕃骑射猎图》："白草粘天野兽肥，弯弓爱尔马如飞。"○1.读nián写"黏"，读zhān写"粘"，有利于字形分工。2."粘"用于姓氏或者女真金人的汉文名，如粘罕(粘没哈，即完颜宗翰)、粘割斡特剌等，读nián，不改写

“黏”。但宋·徐梦莘《三朝北盟会编》有时候也写“黏罕”。如卷九十九:“传闻黏罕二太子初入中国时,止看褐布衫。”且不止一处。该卷为《汴都记》,或作者张邦基概写“黏”。

撚 niǎn “拈”的异体字。用手指搓或转动。当是本字。《说文》:“撚,执也。从手,然声。一曰蹂也。”唐·韩偓《咏手》:“背人细撚垂臙鬓,向镜轻匀衬脸霞。”《水浒传》第四十八回:“只见一个大虫中了药箭在地上滚,两个撚着钢叉向前来。”清·叶礼《甘肃竹枝词》:“男撚羊毛女耕田,邀同姊妹受相牵。”章炳麟《新方言·释言》:“引绵作线揉纸使紧曰撚。”

唸 niàn ①“念”的异体字。只用于诵读。清·佚名《焉耆府乡土志·宗教》:“但知唸经,不通解义者,为红教。”清·佚名《昌吉县乡土志·人物》:“疗病改用马纳,唸经持刀扎审谓之禳袯。”清·佚名《新平县乡土志·礼俗》:“搅匀,分作两杯,唸经已毕,令男女各饮一杯。”曹禺《原野》第一幕:“常五伯,我在唸经呢,等等,我就唸完喽。”柯岩《奇异的书信·东方的明珠》:“她说:‘唸书吧,囡囡,唸书吧!’”②方言,嘴里发出声音,似读阳平 niánr。李克《地道战》:“德全不唸声,就往前跑去。”[唸唸呢呢]形容说话含糊不清。明·汤显祖《牡丹亭·诊祟》:“你听他唸唸呢呢,作的风风势。”

孃 niáng “娘”的异体字。指母亲。唐·杜甫《兵车行》:“耶孃妻子走相送,尘埃不见咸阳桥。”敦煌变文《汉将王陵变》:“倘若一朝拜金阙,莫忘孃孃乳哺恩。”○古代,“娘”指年轻女子,不写“孃”。宋·陆游《吴娘曲》:“吴娘十四未知愁,罗衣已觉伤春瘦。”元·王实甫《西厢记》一本一折:“颠不剌的见了万千,似这般可喜娘的庞儿罕曾见。”但指母亲可以写“娘”。敦煌变文《父母恩重经讲经文》:“为人不孝负于天,轻慢耶娘似等闲。”

嫋 niǎo “袅”的繁体字“裊”的异体字。宋·苏轼《观台》：“残磬风中嫋，孤灯雪后青。”清·钱谦益《列朝诗集小传·似虞周翁八十序》：“允兆跣而起，按节相和，歌声嫋嫋沸浔水，日上春，乃刺舟而别。”

裹 niǎo “袅”的繁体字“裊”异体字。陈·江总《游栖霞寺》：“披径怜深沉，攀条惜杳裹。”宋·吴文英《天香·腊梅》：“豆蔻钗梁恨裹，但怅望天涯岁华老。”清·纪昀《乌鲁木齐杂诗》：“腰裹经过浑不顾，可怜班固未全知。”

嬝 niǎo “袅”的繁体字“裊”异体字。梁·萧纲《赠张缵》：“洞庭枝嬝娜，澧浦叶参差。”

隉* niè “隍”的异体字。[隉杌][杌隉]均指倾危不安。《尚书·秦誓》：“邦之杌隉，曰由一人。”《朱子语类》卷三十四：“伯夷安于逃，叔齐安于让，而其心举无隉杌之虑。”梁启超《驳某报土地国有论》：“况乎彼之财政基础，杌隉而不能一日安，又众所共睹也。”

揑 niè “捏”的异体字。明·顾起元《客座赘语·诠俗》：“持人之阴事，使不敢肆焉，曰拿，或曰揑。”《二刻拍案惊奇》卷二十二：“那里什么旧主人？多是你令岳揑弄出来的。”

涅 niè “涅”的异体字。①染黑。宋·史达祖《齐天乐·白发(fà)》：“涅了重缁，搔来更短，方悔风流相误。”②[涅槃]佛教语。梵语 nirvāna 的音译，指熄灭轮回后的最高境界。《魏书·释老志》：“涅槃译云灭度，或言常乐我净，明无迁谢及诸苦累也。”

孼 niè “孽”的异体字。①。庶子。《史记·司马穰苴列传》：“穰苴虽田氏孼，然其人文能附众，武能威敌，愿君试之。”②邪恶。宋·范成大《吴船录》卷上：“相传李太守锁孼龙于离堆之下。”

櫱# niè “蘖”的异体字。树木砍后再生的枝条。《楚辞·大招》：“吴醴白櫱，和楚沥只。”清·黄叔敬《台海使槎录》卷三：“雨叶如糱，已大十围。”

齧 niè “啮”的繁体字“嚙”的异体字。①咬。杜甫《哀江头》：“辇前才人带弓箭，八马嚼齧黄金勒。”清·西清《黑龙江外纪》卷八：“谓天下无齧人之豕，特未见野猪故耳。”②侵蚀。《战国策·魏策二》：“昔王季历葬于楚山之尾，欒水齧其墓。”

糱 niè “蘖”的异体字。酒曲。《吕氏春秋·仲冬纪》：“乃命大酋，秫稻必齐，曲糱必时。”《汉书·匈奴传上》：“岁给遗我糱酒万石（担），稷米五千斛，杂缯万匹。”

囓 niè “啮”的繁体字“嚙”的异体字。①咬。《新唐书·李勣传》：“勣感涕，因囓指流血。”②侵蚀。《金史·张大节传》：“卢沟水囓安次，承诏护视堤城。”

寕 níng “宁”的繁体字“寧”的异体字。唐·韩愈《顺宗实录一》：“陛下未亲政事，群臣不敢安，宜存大孝，以寕万国，天下之幸。”唐·李朝威《柳毅传》：“吾行尘间，寕可致意耶？”

甯 “宁”的繁体字“寧”的异体字。（一）níng《庄子·天下》：“惠施不能以此自甯。”清·方拱乾《绝域纪略》：“八旗之居甯古者，多良而醇，不轻与汉人交。”○宁夏简称“宁”，繁体字系统常用“甯”。南京市，因隋代为江宁（县、府、郡），简称宁，繁体字系统常用“甯”。（二）nìng《春秋·襄公十六年》：“叔老会郑伯、晋荀偃、卫甯殖，宋人伐许。”人名、姓氏、地名多用“甯”。△《通用规范汉字表》稿：nìng，仅用于姓氏人名。

寍* níng “宁”的繁体字“寧”的异体字。《世说新语·德行》：“管寍华歆共园中锄菜，见地有片金。”清·杨宾《柳边纪略》卷四：“北镇毉巫闾山在辽东广寍县，辽太祖陵在广寍县中屯卫。”

寍* “宁”的繁体字“寧”的异体字。唐·韩愈《赠张童子序》：“童子请于其官之长，随父而蛮母。"

拗 niù　见5页"拗(ào)"。

𦩷 nóng　"农"的繁体字"農"的异体字。

挵 nòng　"弄"的异体字。《集韵》："弄，《说文》，'玩也。'或从手。"

鎒*（一）nòu"耨"的异体字。锄类农具。《庄子·外物》："春雨日时，草木怒生，铫鎒于是乎始修。"（二）hāo"薅"的异体字。拔草。《淮南子·说山》："治国者若鎒田，去害苗者而已。"

拏 nú　见199页"拏(ná)"。

㧕* nǔ　①"努"的异体字。指突出嘴的动作。《红楼梦》第七回："看见周瑞家的进来，便知有话要回，因往里㧕嘴儿。"②挪动。《红楼梦》第十三回："邢夫人等忙叫宝玉搀住，命人㧕椅子与他坐。"

衄 nǜ　"衄"的异体字。①鼻出血。《素问·金匮真言论》："故冬不按跷，春不鼽(qiú)衄。"②败血。《韩非子·说林上》："夫死者，始死而血，已血而衄，已衄而灰。"

䶊 nǜ　"衄"的异体字。

暝 nuǎn　"暖"的异体字。汉·班固《答宾戏》："孔席不暝，墨突不黔。"宋·陆游《局中春兴》："微暝已迎新到燕，轻阴犹护欲残花。"

煗 nuǎn　"暖"的异体字。《墨子·辞过》："冬则轻煗，夏则轻清。"《世说新语·文学》："左右进食，冷而复煗者数四。"

煖 nuǎn　"暖"的异体字。《孟子·尽心上》："五十非帛不煖，七十非肉不饱，不煖不饱，谓之冻馁。"敦煌曲《破阵子》："日煖风轻佳景，流莺似问人。"后蜀·欧阳炯《菩萨蛮》："红炉煖阁佳人睡，隔帘飞雪添寒气。"

挼 见237页"挼(ruó)"。

捼 见237页"挼(ruó)"。

稬 nuò　"糯"的异体字。《说文》："稬，沛国谓稻曰稬。"

穤 nuò　"糯"的异体字。宋·罗愿《新安志》卷二："穤有青秆、羊脂、白矮之名……有糯麦,宜为饭。"清・查慎行《花朝集忍冬齐月下饮》:"碧壶贮液清潋滟,黄穤流膏香稏亚。"

O

甌 ōu　见230页“甌(qú)”。

P

槃* pán “盘”的繁体字“盤”的异体字。①木盘，盘子。当是本字。《说文》：“槃，承盘也。鎜，古文，从金。盤，籀文，从皿。”《礼记·内则》：“进盥，少者奉槃，长者奉水。”汉·郑玄注：“槃，承盥水者。”宋·陆游《除夜》：“守岁全家夜不眠，杯槃狼藉向灯前。”②形状如盘的东西。清·恽敬《说弁》：“古者冠、冕、弁皆冠于发（fà），取其冠曰冠，取其俯曰冕，取其槃曰弁。”③量词。明·徐光启《农政全书》卷十八：“其轮高阔，轮轴围至合抱，长则随宜，中列三轮，各打大磨一槃。”④回旋盘绕。《隋书·室韦传》：“其俗，丈夫皆被（披）发，妇人槃发。”清·夏炘《学礼管释·释槃》：“承水者谓之槃。《说文》有‘槃’无‘盤’。《仪礼》皆作‘槃’，《丧大礼》皆作‘盤’。诸经或作‘槃’作‘盤’。槃者古字，盤者今字也。”⑤犁辕前可转动部分。唐·陆龟蒙《耒耜经》：“横于辕之前末曰槃，言可转也。”元·王祯《农书》卷十二：“耕槃，驾犁具也。”⑥槃瓠，古神话人物。汉·应劭《风俗通义》佚文：“时帝有畜狗，其毛五采，名曰槃瓠。”唐·刘知己《史通·断限》：“北貊起自淳维，南蛮出于槃瓠。”⑦涅槃，佛教用语。梵语 nirvāna 的音译，亦译“圆寂”，是佛教修行所要达到的最高境界。晋·僧肇《涅槃无名论》：“涅槃之道，盖是三乘之所归，方等之渊府。”〇①—⑤后代多用“盤（盘）”。查问清点、店铺转让等义用“盘”。清·吴敬梓《儒林外史》第二十一回：“他祖父牛老儿坐在店里闲着，把账盘一盘。”清·李宝嘉《官场现形记》第四十七回："于是变卖田地的也有，变卖房子的也有，把现成生意盘给人家的也有。"

袢*（一）pàn ①"襻"的异体字。扣住纽扣的布套。张贤亮《夕阳》："开始，他只注意到她紧紧地裹在圆口带袢的黑色平纹布鞋里的一双脚。"②[袷袢]维吾尔、哈萨克等民族穿的外衣。也作"夹袢"。徐珂《清稗类抄·服饰类》："新疆缠回谓衣为袷袢，圆袂而窄袪。"碧野《在葱岭下》："老人身穿一件长及膝盖的洁白的夹袢……"（二）fán 夏天穿的白色细葛内衣。《诗经·鄘风·君子偕老》："蒙彼绉絺，是绁袢也。"

徬（一）páng "彷"的异体字。[徬徨]即"彷徨"。《国语·吴语》："王亲独行徬徨于山林之中。"茅盾《小圈圈里的人物》："可说是有生以来第一次，贝师母感得了徬徨失措。"（二）bàng 靠在一旁。《周礼·地官·牛人》："凡会同军旅行役，共其兵车之牛，与其牵徬，以载公任器。"汉·郑玄注："牵徬，在辕外挽牛也，人御之，居其前曰牵，居其旁曰徬。"

龎# páng "庞"的繁体字"龐"的异体字。脸庞。元·沙正卿《斗鹌鹑·闺情》："实丕丕罪犯先招受，直到折倒了龎儿罢收。"◎龐 páng ①大。《国语·周语上》："敦龐纯固于是乎成。"②面庞。明·高明《琵琶记·书馆悲逢》："须知道仲尼、阳虎一般龐。"

逄 páng 见 84 页"逄（fēng）"。

髈 pǎng 见 9 页"髈（bǎng）"。

抛# pāo "抛"的异体字。《说文》新附："抛，弃也，从手，从尢，从力。"1965 年《印刷通用汉字字形表》选用"抛"。《康熙字典》、《国语辞典》、《新华字典》第一版均从"尢"作"抛"。今台湾通用"抛"。日本汉字作"抛"。

鉋 páo 见 10 页"鉋（bào）"。

麅# páo "狍"的异体字。狍子，亦称麞麅（獐狍）。清·

杨宾《柳边纪略》卷三："柳条边外，山野江湖产珠、人参、貂皮、獭、猞猁狲、鹿、麅、鲟鳇鱼诸物。"清·徐宗亮《黑龙江述略》卷六："麅麃诸肉，市亦有供食者，与兔相类。"周立波《暴风骤雨》第二部："她穿一件灰色棉袍子，脚上穿的是垫着麅子皮的芦苇编织的草鞋。"

砲 pào "炮"的异体字。火炮。《宋史·兵志十一》："火箭火砲不能侵。"冷兵器时代以机械发射石弹（石块），称为机石。三国魏·曹叡《善哉行》："发砲若雷，吐气如雨。"清·黄节注："诗所云发砲，即飞石也。"今台湾"砲"、"炮"并存。参看"礮"条。

皰 pào "疱"的异体字。《淮南子·说林》："溃小皰而发痤疽。"《大唐西域记·摩揭陀国上》："王闻心惧，举身生皰，肌肤攫裂，居未久之，便丧没矣。"

礮 pào "炮"的异体字。冷兵器时代以机械发射石弹（石块），称为机石。晋·潘岳《闲居赋》："礮石雷骇，激矢蝱飞。"后来也用于火炮。清·纪昀《纪文达公遗集》卷二十二《西域入朝大阅礼成恭纪三十首》："礮车飞起响砰訇，金铁都从掌上鸣。"清·徐树均《王壬甫〈圆明园词〉序》："英帅叩东便门，或有闭城者，闻礮而开。""孙中山《二次护法宣言》："不图六月十六日护法首都，突遭兵变，政府毁于礮火，国会遂以流离。"◎炮（一）pào①火炮。清·黄六鸿《福惠全书·庶政·严缉私贩》："更有大夥盐徒……弓刀炮火，白昼公行。"《清史稿·兵志三》："今江南机器局拨解新式快枪三千枝，快炮七尊。"②爆竹。《红楼梦》第五十四回："外头炮仗利害，留神天上掉下火纸来烧着。"（二）páo①一种烹调方法。带毛的肉，泥封烧烤。宋·张耒《冬日放言》："老妻坐我旁，肴胾（zì）屡炮煎。"②中药的一种制法。陆游《离家示妻子》："儿为检药笼，桂姜手炮煎。"（三）bāo 指一种烹调方法。

在锅上旺火急炒。《齐民要术·脯腊》:"食时,洗却盐,煮、蒸、炮任意,美于常鱼。"〇"砲"和"礮"只读 pào,没有 páo 和 bāo 的读音和用法。

坏 péi 见本页"坏(pī)"。

肧 pēi "胚"的异体字。怀孕一月。《说文》:"肧,妇怀孕一月也。"又泛指生物初期的发育幼体。晋·郭璞《江赋》:"类肧浑之未凝,象太极之构天。"唐·白居易《双石》:"结从肧浑始,得自洞庭口。"

珮# pèi 《第一批异体字整理表》未列。现版《新华字典》、《现代汉语词典》列为"佩"的异体字。现版《辞海》单立字头。古时衣饰上的装饰品。《诗经·秦风·渭阳》:"我送舅氏,悠悠我思;何以赠之,琼瑰玉珮。"《墨子·辞过》:"铸金以为钩,珠玉因为珮。"唐·李贺《感讽》:"腰袨珮珠断,灰蝶生阴松。"清·张照《劝善金科》第一本开篇:"玉女摇仙珮,河山一统。"清·方希孟《西征续录》下:"时值四月盛会,游女千百成群,衣香鬓影,珮响钗声。"也用于佩戴。《楚辞·涉江》:"被(披)明月兮珮宝璐。"〇1. 佩服义不用"珮"。2.《玉篇》:"本作佩。或从玉。"《论语·乡党》:"去丧,无所不佩。"唐·陆德明《释文》:"字或从王旁,非。"《礼记·内则》:"拂髦,緫角,衿缨,皆佩容臭。"3. 后代使用,"珮"主要用于名词义,"佩"用于动词义。《左传·昭公四年》:"公与之环而佩之矣。"有的字典还特加辨析。

掽 pèng "碰"的异体字。清·郑观应《盛世危言·商务》:"历观轮船之坏,非尽沉于飓风大雾中,多有因中酒脱略,刚愎自用,或艺术不精,搁沙掽石,水锅炸裂等弊。"

踫 pèng "碰"的异体字。

坏* (一)pī "坯"的异体字。①没有烧过的砖瓦陶器。当是本字。《说文》:"坏,丘再成者也。一曰瓦未烧。"汉·

扬雄《法言·先知》:"甄陶天下者,其在和乎。刚则甈,柔则坏。"②只有一重的山。宋·范成大《长安闸》:"千车拥孤隧,万马盘一坏。"(二)péi 屋的后墙。汉·扬雄《解嘲》:"士或自盛以橐,或凿坏以遁。"(三)huài 今为"壞"的简化字。

毘 pí "毗"的异体字。①辅佐。明·汤显祖《南柯记·荐佐》:"伏见司隶颍川周弁,忠亮刚直,有毘佐之器。"②相邻。《清史稿·邦交志一·俄罗斯》:"时新疆毘连俄境未立界碑鄂博。"③损伤。清·章学诚《文史通义·史德》:"因事生感而气失则宕,气失则激,气失则骄,毘于阳矣。"

痺 pí 见13页"痺(bì)"。

疋(一)pǐ "匹"的异体字。①相当,婚配。《白虎通义·嫁娶》:"配疋者何?谓相与偶也。"唐·道世《法苑珠林》卷六:"欲界诸天,则有男女相疋配。"②[疋夫]即"匹夫"。平常人。《孔子家语·弟子行》:"疋夫不怒,唯以亡其身。"繁体字系统多用"匹夫"。③量词,用于骡马或整卷的纺织物。《战国策·魏策一》:"车六百乘,骑五千疋。"《汉书·叔孙通传》:"乃赐通帛二十疋,衣一袭,拜为博士。"元·关汉卿《西蜀梦》第一折:"素衣疋马单刀会,觑敌军如儿戏,不若土和泥。"〇繁体字系统,计骡马等多用"匹"。《水浒传》第四九回:"将家里一应箱笼、牛羊马匹驴骡等项,都拿了去。"今台湾通用"匹"。(二)yǎ ①正。《说文》:"疋,古文以为《诗(经)·大疋》字。"今通行本作"雅"。清·谢章铤《词话》四:"顾附庸风疋,不足擅场。"②素常。清·王闿运《龙君七十六行状》:"不屑相引重,而皆疋善龙君。"(三)shū ①脚。《说文》:"疋,足也。上象腓肠,下从止。《弟子职》曰:'问疋何止?'……亦以为'足'字,或曰:'胥字。一曰,疋,记也。'"清·王筠《说文句读》:"今本作'问所何趾'。'疋'有所音，以音读易本文也。”②小吏。清·宋育仁《说文讲义·部首笺证》：“疋，或曰胥字，谓疋即胥之初文，胥乃疋之或体，几番说疋为胥之本字也。”按，据此，②当读 xù。

䢃[#] pǐ “嚭”的异体字。

闢 pì “辟”的繁体字，实际是“辟”的异体字，是“辟”的加偏旁分化字。①开。《说文》：“闢，开也。”《周易·系辞上》：“夫坤，其静也翕，其动也闢，是以广生焉。”覆宋本《玉台新咏》何逊《南苑》：“苑门闢千扇，苑户开万扉。”[征(徵)辟]征召平民出仕。《后汉书·儒林传·蔡玄》：“学通五经，门徒常千人，其著录者万六千人，征辟并不就。”[辟谷(穀)]不食五谷，道教的一种修炼法。《史记·留侯世家》：“乃学辟谷(穀)，道引轻身。”②开辟。《战国策·齐策六》：“且自田地之闢，民人之治，为人臣之功者，谁有厚于安平君者哉？”③开垦。《商君书·壹言》：“上令行而荒草闢，淫民止而奸无萌。”④开拓。《吴子·图国》：“闢土四面，拓地千里。”宋·吴潜《贺新郎·送吴叔季侍郎》：“问何人，自闢䟐䠠路，成败事，几今古。”⑤排除。《荀子·解蔽》：“是以闢耳目之欲，而远蚊虻之声。”唐·杨倞注：“闢谓屏去之。”⑥开阔。晋·潘岳《西征赋》：“蹈秦郊而始闢，豁爽垲以宏壮。”⑦驳斥。宋·叶适《上西府书》：“闢和同之论，息朋党之说。”邹韬奋《造谣与闢谣》：“我们看到塔斯社自欧战爆发以来，几于忙着不断地闢谣……”◎辟（一）pì 繁体字系统“闢”的各义项或有写“辟”的。（二）bì ①法。《诗经·大雅·板》：“民之多辟，无自立辟。”孔传：“辟，法也。”②天子，诸侯。《尚书·洪范》：“惟辟作福，惟辟作威，惟辟玉食。”《诗经·大雅·假乐》：“百辟卿士，媚于天子。”[复辟]失位的君主复位。唐·元稹《迁庙议状》：“中宗复辟中兴，当为百代不迁之庙。”③治理。《左传·文公六年》：

“宣子于是乎始为国政，制事典，正法罪，辟刑狱。”④效法。《逸周书·祭公》：“天子自三公上下辟于文武，文武之子孙大开，方封于下土。”⑤彰明。《汉书·扬雄传》：“惟天轨之不辟兮，何纯洁而离纷。”⑥征召。《管子·轻重乙》：“辟之以号令，引之以徐疾。”三国魏·阮籍《诣蒋公》：“辟书始下，下走为首。”○“闢”没有 bì 音，读 bì 的各义项不能用“闢”。

緶 pián 见14页“緶(biàn)”。

慓* piāo “剽”的异体字。轻捷。三国魏·曹植《白马篇》：“狡捷过猿猴，勇慓若豹螭。”徐珂《清稗类抄·战事类》：“婉贞于是率诸少年结束而出，皆玄衣白刃，慓疾如猿猴。”

飃 piāo “飘”的繁体字“飄”的异体字。《战国策·赵策三》：“鸿毛至轻也，而不能自举，夫飃于清风，则横于四海。”唐·孟郊《远愁曲》：“飃摇何所从，遗冢行未逢。”

闞# piáo “嫖”的异体字。清·李东沅《论招工》：“或炫以资财，或诱以闞赌，一吞其饵，即入牢笼。”

朴 piǎo 见217页“朴(pú)”。

蘋 pín “苹”的繁体字“蘋(píng)”的同形字。浅水多年生植物，又名田字草，可入药，也可作猪饲料。《诗经·召南·采蘋》：“于以采蘋，南涧之滨。”宋·寇准《江南春》：“江南春尽离肠断，蘋满汀州人未归。”宋刊《中兴词选》李邴《贺新郎·春晚》：“无限楼前沧波意，谁采蘋花寄取。”又，蘋蘩、蘋风、蘋末、蘋藻。△《通用规范汉字表》稿：用于表示植物名。读 píng，用“苹”。

苹 píng “蘋(píng)”的简化字“苹”的同形字。①白蒿。《诗经·小雅·鹿鸣》：“呦呦鹿鸣，食野之苹。”汉·郑玄注：“苹，藾萧。”②浮萍。《大戴礼记·夏小正》：“[七月]湟潦生苹，湟下处也。有湟然后有潦，有潦而后有苹草也。”汉字简化，借用为“蘋(píng)”的简化字。

鉼 píng　“瓶”的异体字。大腹小口的瓦器。当是本字。《说文》:“鉼,瓮也。从缶,从并。”《左传·昭公七年》:“人有言曰,虽有挈鉼之知,守不假器,礼也。”晋·陶渊明《归去来兮》序:“幼稚盈室,鉼无储粟。”

凴 píng　“凭”的繁体字“憑”的异体字。唐·元稹《连昌宫瓷》:“上皇正在望仙楼,太真同凴阑干立。”清·陈梦雷《易水怀古》:“河流呜咽增凴吊,策蹇城西日欲昏。”

濼* (一)pō　“泊”的异体字。《大宋宣和遗事》前集:“宋江为此,只得带领朱仝、雷横并李逵、戴宗、李海等九人,直奔梁山濼上。”明·徐有贞《敕修河道功完之碑》:“渠起张秋、金堤之首,西南行九里而至于濮阳之濼。”(二)luò　古水名,《说文》:“濼,齐鲁间水也。”《春秋·桓公十八年》:“公会齐侯于濼。”晋·杜预注:“濼水在济南历城县西北。”(三)lì　中药贯众的别名,蕨类植物。《尔雅·释草》:“濼,贯众。”《本草纲目·草一·贯众》:“此草叶茎如凤尾,其根一本而众枝贯之。”〇“濼”与读 bó 的“泊”没有关系。

緐 pó　见 79 页“緐(fán)”。

朴 pǒ,pò　见 217 页“朴(pú)”。

廹 pò　“迫”的异体字。唐·玄奘《大唐西域记》卷十二:“后嗣陵夷,见廹强国。”宋·黄伯思《东观馀论》卷下《跋细字华严经后》:“细不容发,廹而察之,乱目眩奇。”

寬 pò　“魄”的异体字。金·董解元《西厢记诸宫调》卷一:“但落寬一笑,人间今古难遇。”

髆 pò　见 19 页“髆(bó)”。

仆 pū　“僕”的简化字“仆(pú)”的同形字。①顿,以头触地。《说文》:“仆,顿也。”汉·王充《论衡·儒增》:“当门仆头,碎首而死。”②向前倾倒。《史记·项羽本纪》:“樊哙侧其盾以撞,卫士仆地。”唐·韩愈《送穷文》:“五鬼相与张眼吐舌,跳踉偃仆。”③泛指倒下。明·徐弘祖《徐霞客游记·滇游日记八》：“今前楼之四壁俱颓，后阁之西角将仆。”④使倾败。《汉书·邹阳传》：“卒仆济北，因弟于雍者，岂非象新垣平等哉。”唐·颜师古注：“济北王兴居反，见诛。”又：仆顿、仆废、仆僵、仆漏、仆灭、仆旗、仆死、仆质，繁体字系统均不作“僕”。

舖 “铺”的繁体字“鋪”的异体字。（一）pū 陈布。元·秦简夫《剪发待宾》第三折：“到那里则要你折腰叉手，休学那苫眼舖眉。”（二）pù ①店铺。明·沈榜《宛署杂记》卷一三：“盖舖居之民，各行不同。”清·哈达清格《塔子沟纪略》：“乾隆十八年阖城舖民公议，捐资建马神庙三间。”欧阳山《高乾大》（1949年版）第六章：“为的造下五间好房子，给那发了疯的串乡货郎药舖发财么？”②量词，十里为一舖。《初刻拍案惊奇》卷三：“行得一二舖，遥望见少年在百步外，正弓挟矢，扯个满月。”

撲 pū “扑”的繁体字。①打，击。《尚书·盘庚上》：“若火之燎于原，不可向迩，其犹可撲灭？”唐·杜甫《又呈吴郎》：“堂前撲枣任西邻，无食无儿一妇人。”②棰杖。唐·韦应物《示从子河南尉班》：“永泰中，余任洛阳丞，以撲抶（chì，击打）军骑。”◎扑 pū ①打，击。《史记·刺客列传》：“高渐离举筑扑秦始皇。”《列子·说符》：“杨布怒，将扑之。”②刑杖。《尚书·舜典》：“鞭作官刑，扑作教刑。”《左传·文公十八年》：“二人浴于池，歜以扑抶职。”○以上两义项同。“扑”又用同“仆”。《史记·周本纪》：“秦破韩、魏，扑师武，北取赵蔺、离石者，皆白起也。”南朝宋·裴駰《集解》引徐广曰：“扑，亦作仆。”以本字“扑”理解，属击而败之。也符合又作。

朴“樸”的简化字“朴（pǔ）”的同形字。（一）pú 姓。《三国志·魏书·武帝纪》：“[建安二十年]九月，巴七姓夷王朴胡……来附。”(二)pò①树皮。《说文》:”朴,木皮也。”汉·王褒《洞箫赋》:“秋蜩不食,抱朴而长吟兮。”②特指中药厚朴。汉·司马相如《上林赋》:“枇杷橪柿,亭柰厚朴。”唐·颜师古注:“张揖曰:‘厚朴,药名。’”③榆科落叶乔木。(三)pō 朴刀。《水浒传》第二回:“将了朴刀,各跨口腰刀,不骑鞍马,步行下山。”(四)piáo 姓。晋代有朴泰,明代有朴素。○1. 读pǔ,“朴”与“樸”或通《庄子·山木》:“既雕既琢,复归于朴。”晋·郭象注:“还用其本性也。”《荀子·性恶》:“今人之性,生面离其朴。”唐·杨倞注:“朴,质也。”2.“朴”读piǎo,pú,都是姓氏。

僕 pú “仆”的繁体字“僕”的异体字。覆宋本《玉台新咏》吴均《萧洗马子显古意》:“匈奴数欲尽,僕在玉门关。”

Q

嗤 qī 见50页“嗤(cuì)”。

淒 qī “凄”的异体字。①云起。当是本字。《说文》:“淒,云雨起也。”《汉书·食货志》引《诗经·小雅·大田》:“有渰淒淒,云兴祁祁。”唐·颜师古注:“淒淒,云起貌。”按,今本《诗经·大田》作“萋萋”,毛传:“萋萋,云行貌。”②寒凉。《诗经·邶风·绿衣》:“絺兮绤兮,淒其以风。”毛传:“淒,寒风也。”③悲凉。唐·李白《折杨柳》:“美人结长想,对此心淒然。”清·朱骏声《说文通训定声》云:“淒,俗字亦作凄。”

悽 qī “凄”的异体字。①悲痛。《说文》:“悽,痛也。”《楚辞·远游》:“意荒忽而流荡兮,心愁悽而增悲。”②寒冷。汉·秦嘉《赠妇》:“严霜悽怆,飞雪覆庭。”

棊 qī “棋”的异体字。《淮南子·齐俗》:“譬若播棊丸于地,员(圆)者走泽,方者处高,各从其所安。”汉·扬雄《法言·吾子》:“断木为棊,梡革为鞠,亦皆有法焉。”《世说新语·言语》注:“二子方八岁、九岁,融见收,弈棊端坐不起。”

棲(一)qī “栖”的异体字。①禽鸟停留。晋·左思《咏史》:“巢林棲一枝,可为达士模。”②居住。《国语·越语上》:“越王句践棲于会稽之山。”敦煌词《西江月》:“棹歌惊起乱棲禽,女伴各归南浦。”居住。覆宋本《玉台新咏》王僧孺《春怨》:“万里断音书,十载异棲宿。”③居息之处。晋·潘岳《寡妇赋》:“雀群飞而赴楹兮,鸡登棲而敛翼。”(二)xī 忙碌。《诗经·小雅·六月》:“六月棲棲,戎车既饬。”宋·司马光

《送聂之美摄尉韦城》："徒劳已足倦，漂泊益棲遑。"

碁 qī "棋"的异体字。《战国策·秦策四》："物至而反，冬夏是也；致至而危，累碁是也。"唐·陆龟蒙《幽居赋》序："仲宣方玩于碁枰，叔夜还眠于锻灶。""碁"与"棋、棊"，都是形声字，偏旁不同，结构部位不同。

慽 qī "戚"的异体字。忧伤。《汉书·王商传》："身无所受，居丧哀慽。"清·纳兰性德《卜算子·塞梦》："塞草晚才青，日落箫笳动；慽慽凄凄入夜分，催度星前梦。"参看下条。

慼（一）qī "戚"的异体字。忧伤。《左传·僖公二十四年》："《诗》曰'自诒伊慼'，其子臧之谓也。"唐·韩愈《元和圣德诗》："慼见容色，泪落入俎。"也指亲戚。《尚书·盘庚上》："率吁众慼(《说文》引作"戚")，出矢言。"◎戚（一）qī ①斧钺类兵器。《说文》："戚，戉(钺)也。"《诗经·大雅·公刘》："弓矢斯张，干戈戚扬。"毛传："戚，斧也；扬，钺也。"《礼记·明堂位》："朱干玉戚，冕而舞大武。"②亲近。《尚书·金縢》："未可以戚我先王。"孔传："戚，近也。"③亲戚。《吕氏春秋·论人》："何谓六戚？父母兄弟妻子。"④忧愁。《后汉书·皇甫规传》："前变未远，臣诚戚之。"宋·范仲淹《上执政书》："不以一心之戚，而忘天下之忧。"又，戚爱、戚宠、戚党、戚蕃、戚藩、戚辅、戚好、戚宦、戚家、戚旧、戚眷、戚里、戚孽、戚疏、戚属、戚畹、戚谊、戚裔、戚懿、戚姻、戚友、戚援、戚枝、戚族，均不作"慼、慽"。（二）cù，通"蹙"。①迅速。《周礼·考工记》序："凡察车之道，欲其朴属而微至……不微至，无以为戚速也。"②窘迫。清·王闿运《胡公祠碑》："而以旅之众，迫戚数里之地。"○"慼"和"慽"是"戚"的分化字，表示忧伤。

祇 qí 见357页"祇(zhǐ)"。

旂 qí "旗"的异体字。本指

旗的一种，帛上绘有二龙，竿头有铃。《说文》："旂，旗有众铃以令众也。"《诗经·大雅·韩奕》："王锡(赐)韩侯，淑旂绥章。"毛传："交龙为旂。"后泛指各种旗帜。《左传·僖公五年》："均服振振，取虢之旂。"晋·杜预注："军之旌旗。"

唘 qǐ "启"的繁体字"啓"的异体字。明·李中馥《原李耳载·星夜飞龙》："一日，公出甚蚤，四鼓唘门，见空中有龙从西北飞来，随身火星无数。"

啟 qǐ "启"的繁体字"啓"的异体字。《韩非子·有度》："齐桓公并国三十，啟地三千里。"清·李如篪《东园丛话·诸子言性》："起诸子纷纷之论者，盖自孟子啟之。是说何浅也。"

憇 qì "憩"的异体字。晋·陆机《于承明作与士龙》："南归憇永安，北迈顿承明。"唐·卢鸿《终南草堂十记·倒景台》："登路有三，皆可少憇，或曰三休台。"《旧五代史·晋史·张廷蕴传》："军至上党，日已暝矣，憇军方定，廷蕴首率劲兵百余辈，逾洫坎城而上。"

棄 qì "弃"的异体字。当是正体。《说文》："棄，捐也。从廾推𠦒棄之，从𠫓，𠫓，逆子也。"《诗经·周南·汝坟》："既见君子，不我遐棄。"《左传·昭公十三年》："南蒯子仲之忧，其庸可棄乎？"○繁体字系统两体并用，"棄"较通行。周人先祖后稷名，《尚书·舜典》作"棄"，《史记·周本纪》作"弃"。

噐# qì "器"的异体字。《张迁碑》："利噐不觌。"

祫 qiā 见131页"祫(jiá)"。

鉛 qiān "铅"的繁体字"鉛"的异体字。《汉书·景十三王传》："或髡钳以鉛杵舂。"宋·周邦彦《片玉集》卷四《塞翁吟》："梦念远别泪痕重，淡鉛脸斜红。"明·宋应星《天工开物·五金》："凡炒鉛丹，用鉛一斤，土硫磺十两，硝石一两。"

僉 qiān "愆"的异体字。①

过失。汉·司马相如《长门赋》："揄长袂以自翳兮，数昔日之諐殃。"宋·文天祥《赠明脉萧信叔》："寿彼方舆人，六气何由諐。"②逾越，违反。三国魏·何晏《景福殿赋》："欲此礼之不諐，是以尽乎巷道之先民。"

籖 qiān "签"的繁体字。1956年《汉字简化方案》，"籖"和"簽"合并简化为"签"。实际是"籖"合并入"簽"。在标志、签署、竹签等意思上用法相同，签票、签贴、签押、签子、题签等，繁体字系统也写"籖"。大致"籖"侧重于名词义。《世说新语·文学》："殷中军读小品，下二百籖，皆是精微，世之幽滞。"唐·陆龟蒙《奉和袭美二游》："风吹籖牌声，满室铿锵然。"又：籖告、籖函、籖记、籖牌、籖诗、籖疏、籖筒、籖帙等，通常不写"簽"。"簽"侧重于动词义。宋·欧阳修《归田录》卷二："凡文书非与长吏同簽书者，所在不得承受施行。"宋·司马光《乞降臣民奏状札子》："即乞依臣前奏，降付三省，委执政官分取看详，择其可取者用黄纸簽出。"又：簽呈、簽到、簽订、簽发、簽揭、簽解、簽判、簽注等，通常不写"籖"。

韆 qiān "千"的繁体字，实际是"千"的异体字。只用于"鞦韆（秋千）"。唐·杜甫《清明》："十年蹴踘将雏远，万里鞦韆习俗同。"清·蒲松龄《聊斋志异·西湖主》："穿过小亭，有鞦韆一架，上与云齐。"

拑# qián "嵌"的异体字。①钳制。《说文》："拑，胁持也。"《战国策·燕策二》："蚌方出曝，而鹬啄其肉，蚌合而拑其喙。"②闭住嘴巴。《红楼梦》第二十二回："进入贾政在席，也自拑口禁语。"

乹 qián 见91页"乹 gān"。

篏# qián "嵌"的异体字。镶嵌。《西游记》第二十三回："他一人结了一个珍珠篏锦汗衫儿。"

濳 qián "潜"的异体字。《周易·乾卦》："初九，濳龙勿用。”《庄子·达生》:“至人潜行不窒,蹈火不热。”

鍼 qián　见349页“鍼(zhēn)”。

薟# (一)qián　“荨”的繁体字“蕁”的异体字。唐·白居易《送客南迁》:“飓风千里黑,薟草四时青。”[薟麻]即“荨麻”。宋·张邦基《墨庄漫录》卷七:“川峡间有一种恶草……土人呼为薟麻。”(二)xián 菜名。《齐民要术·五谷(穀)果蓏菜茹非中国物产者》:“薟菜,徐盐反,似蓍筌菜也。”

蒨# qiàn　“茜”的异体字。①茜草。《文心雕龙·通变》:“夫青生于蓝,绛生于蒨。”唐·杜牧《村行》:“蓑唱牧牛儿,篱窥蒨裙女。”②鲜艳。南朝宋·谢灵运《山居赋》:“水香送秋而擢蒨,林兰近雪而扬猗。”③茂盛。唐·元希声《赠皇甫侍郎赴都》:“如彼松竹,春荣冬蒨。”

縴 qiàn　“纤”的繁体字。1956年《汉字简化方案》把“縴”和“纖(xiān)”合并简化为“纤”。原来两个繁体字没有同义、近义关系。拉船向前的绳子。《红楼梦》第十五回:“我比不得他们扯篷拉縴的图银子。”清·俞樾《縴夫行》:“顽青钝碧起迎面,高可千盘宽一线;舆丁欲上愁迁延,乃仿船家例用縴。”参看“纖(xiān)”。

羌 qiāng　“羌”的异体字。三国魏·曹植《幽思赋》:“望翔云之悠悠,羌朝霁而夕阴。”

羗 qiāng　“羌”的异体字。《吴越春秋·越王无余外传》:“家于西羗,地曰石纽。”宋·司马光《温国文正司马公文集》卷二《宿石堰闻牧马者歌》:“安得使传哀怨意,为我写之羗笛声。”宋·黄伯思《东观馀论》卷上《第七王会稽书中》:“与陶穀家所畜逸少《破羗帖》中所书事正同。”

鎗(一)qiāng　“枪”的繁体字“槍”的异体字。①兵器,长柄的一端有金属尖头。《水浒传》第十七回:“他刀笔精通,吏道纯熟,更兼爱习鎗棒,学得武艺多般。”清·王晫《兵仗记》："以刺为用者，鎗为利。"②利用火药气体压力发射弹头的武器。宋·周密《齐东野语》卷十八："各船置火鎗、火炮、炽炭、巨斧、劲弩。"（二）qiàng 在器物上填嵌金属等饰物。明·陶宗仪《南村辍耕录·鎗金银法》："若鎗金，则调雌黄；若鎗银，则调韶粉。"词义决定，不能写"槍（枪）"。（三）chēng①金、钟之声。唐·韩愈、孟郊《城南联句》："宝唾拾未尽，玉啼堕犹鎗。"②鼎类炊具。宋·黄庭坚《跛奚移文》："晨入庖舍，涤鎗瀹釜。"

強"强"的异体字。（一）qiáng 宋刊《老子道德经》第三十六章："将使弱之必固強之。"（二）qiǎng 勉强。敦煌曲《凤归云》："妾身如柏松，守志強过，曾女坚贞。"（三）jiàng 固执。元·李寿卿《伍员吹箫》第一折："恼得我伍员心怒，打这厮十分的口強。"

彊"强"的异体字。（一）qiáng 强大。《孙子·势篇》："乱生于治，怯生于勇，弱生于彊。"唐·韩愈《答元侍御书》："足下年尚彊，嗣德有继，将大书特书屡书不一书而已也。"（二）qiǎng 迫使。《晏子春秋·内篇·问上》："任人之长，不彊其短；任人之工，不彊其拙。"《史记·汲郑列传》："黯伏谢不受印，诏数彊予，然后奉诏。"（三）jiàng 固执。三国魏·刘劭《人物志·体别》："是故彊毅之人狠刚不和。"明·冯梦龙《智囊补·小慧》："此女性甚正彊，无有登车理。"（四）jiāng［彊彊］相随。《诗经·鄘风·鹑之奔奔》："鹑之奔奔，鹊之彊彊。"宋·王安石《祭程相公琳文》："发论彊彊，不苟其为。"

牆 qiáng "墙"的繁体字"墻"的异体字。《诗经·郑风·将仲子》："将仲子兮，无逾我牆。"宋·叶绍翁《游园不值》："春色满园关不住，一枝红杏出牆来。"〇繁体字系统以"牆"为正。《第一批异体字整理表》选"墻"为正体，便于类推简化为"墙"。今台湾通用"牆"。

艢 qiáng “樯”的繁体字“檣”的异体字。明·郭勋编《雍熙乐府·一枝花·归隐》：“锦缆牙艢簇簇，金沙流水茫茫。”

繈 qiǎng ①“襁”的异体字。《墨子·明鬼下》：“鲍幼弱，在荷繈之中。”《吕氏春秋·直谏》：“不谷（穀）免衣繈緥而齿于诸侯。”②丝节粗长。《说文》：“繈，粗纇也。”清·段玉裁《说文注》：“丝节粗长谓之繈。”引申指穿钱的绳索。《管子·国蓄》：“岁适凶，则市籴釜十繈，而道有饿民。”《汉书·食货志下》：“千室之邑必有千钟之臧，臧繈百万。”

蹡[#] （一）qiàng “跄”的繁体字“蹌”的异体字。①［踉蹡］走路偶然不稳。唐·李贺《感讽六首》：“不惭金印重，踉蹡腰鞬力。”②行走不正。《西游记》第四十七回：“你等取经，怎么不走正路，却蹡到我这里来了。”（二）qiāng 行走。清·徐珂《清稗类钞·时令类》：“夕则司祝束腰铃，执手鼓，蹡步诵神歌以祷，鼓拍板和之。”

帬[*] qiāo “缲”的繁体字“繰”的异体字。

碻 qiāo 见233页“碻（què）”。

鍫 qiāo “锹”的繁体字“鍬”的异体字。铁锹。宋·林景熙《州内河记》：“鍫飞畚运，委土成丘。”也指形状像铁锹的用具。清·徐珂《清稗类钞·物品·鼻烟壶》：“连于盖者为鍫，则以牙为之，以取烟。”

蹻 （一）qiāo “跷”的繁体字“蹺”的异体字。把脚举高。《素问·针解》：“巨虚者蹻足。”汉·扬雄《长杨赋》：“莫不蹻足抗首，请献厥珍。”（二）jiǎo ①勇健。唐·杜甫《天狗赋》：“偶快意于校猎兮，尤见疑于蹻捷。”②［蹻蹻］（1）骄傲。《诗经·大雅·板》：“老夫灌灌，小子蹻蹻。”（2）强壮。《诗经·周颂·酌》：“我龙受之，蹻蹻王之造。”毛传：“蹻蹻，武貌。”③指古代名盗庄蹻。《宋书·顾恺之传》：“尔乃蹻、跖横行,曾原窘步。”(三)jué①草鞋。《三国志·蜀书·董和传》:“违覆而得中,犹弃弊蹻而获珠玉。”②不稳定。《吕氏春秋·情欲》:“意气易动,蹻然不固。”

荍 qiáo ①“荞”的繁体字“蕎”的异体字。《新唐书·高承简传》:“野有荍实,民得以食。”宋·苏轼《中秋月寄子由》:“但见古河东,荍麦如铺雪。”②锦葵。《诗经·陈风·东门之枌》:“视尔如荍,贻我握椒。”

燋 qiáo 见138页“燋(jiāo)”。

癄 qiáo “憔”的异体字。[癄瘁]即“憔悴”。《汉书·礼乐志》:“是以纤微癄瘁之音作,而民思忧。”晋·傅玄《傅子·正心》:“秦之暴君……口穷天下之味,宫室造天而起,万国为之癄瘁,犹未足以逞其欲。”

顦 qiáo “憔”的异体字。[顦顇]即“憔悴”。汉·班固《答宾戏》:“朝为荣华,夕为顦顇。”宋·陆游《渭南文集》卷十一《谢台谏启》:“伏念某遭回薄命,顦顇馀生。”梁启超《暴动与外国干涉》:“各省新经兵燹之后,人民生计顦顇。”

陗 qiào “峭”的异体字。①高峻陡峭。唐·玄奘《大唐西域记》卷二:“伽蓝西南,深涧陗绝,瀑布飞流。”②严酷。《淮南子·原道》:“夫陗法刻诛者,非霸王之业也。”

翹[#] qiào “翘”的繁体字“翹”的异体字。《水浒传》第九十八回:“踏宝镫,鞋翹尖红;提画戟,手舒嫩玉。”

慝 qiè “惬”的繁体字“愜”的异体字。心意满足。《汉书·文帝纪》:“朕既不德,上帝神明未歆飨也,天下人民未有慝志。”《资治通鉴·唐昭宗天复三年》:“受命则无违逆之患,使令则有称慝之效。”

捦 qín “擒”的异体字。急持,捉。《说文》:“捦,急持衣襟也。”清·段玉裁注:“当作‘急持也,一曰持衣襟也。’”《元朝秘史》卷五:“我若被捦,我说本是投降你的人。”

清·吴广成《西夏书事》卷九:“所居当绥州要路,德明部族出入多为捡戮。”

琹 qín “琴”的异体字。宋·乐史《太平寰宇记·大秦国》:“其殿以琹瑟为柱,黄金为地,象牙为门扇,香木为栋梁。”金·董解元《西厢记诸宫调》卷四:“若论着这弹琹,不是小儿得宠。”明·曹荃《刻初唐四子集序》:“嗟夫,人琹俱亡,昔人所痛。”

廑# qín 见143页“廑(jǐn)”。

懃 qín “勤”的异体字。①尽心竭力。汉·王符《潜夫论·明忠》:“是故势治者,虽委之不乱;势乱者,虽懃之不治也。”②劳苦。《列子·周穆王》:“人有慰喻其懃者。”③愁苦。汉·东方朔《七谏·自悲》:“居愁懃其谁告兮,独永思而忧悲。”④殷勤。晋·潘岳《西征赋》:“心翘懃以仰止,不加敬而自祗。”[慇懃]即“殷勤”。敦煌曲《洞仙歌》:“慇懃凭驿使追访,愿四塞来朝明帝,令戎客休施流浪。”宋·晏殊《清平乐》:“萧娘劝我金卮,慇懃更唱新词。”

寑 qǐn “寝”的繁体字“寢”的异体字。《战国策·齐策一》:“暮寑而思之。”元·刘埙《隐居通议·诗歌》:“桂舟公古学古貌,与世少可,居常以寑陋期限自恨,而修读述作,至老不衰。”

寖 (一) qǐn “寝”的繁体字“寢”的异体字。《新唐书·杨慎矜传》:“帝爱其辩惠,留宫中,寖侍左右。”(二) jìn 逐渐。宋·司马光《温国文正司马公文集》卷七十八《龙图阁直学士李公墓志铭》:“仁宗春秋寖高,未有继嗣,公因侍祠高禖,遂奏赋。”《金史·世纪》:“昭祖稍以条教为治,部落寖强。”

吢# qìn “吣”的异体字。清·蒲松龄《日用杂字·饮食章》:“吐酒犹如猫狗吢,好土空把堑坑填。”

唚# qìn “吣”的异体字。管桦《清风店》二:“不吃啦,粥做的破破唧唧,活像狗唚的。”又贬指人说话。《红楼梦》第七十五回："这一起没廉耻的小挨刀的！再灌丧了黄汤，还不知唚出些什么新样儿的来呢。"

捦 qìn "揿"的繁体字"撳"的异体字。明·袁于令《西楼记·空泊》："闰一更漏鼓还侥幸，捦不住两岸鸡鸣。"

剠* (一) qíng "黥"的异体字。面额刺字。汉·焦赣《易林·睽之贲》："剠刖髡劓，人所贱弃。"唐·韩愈《送文畅师北游》："又闻识大道，何路补剠刖。"(二) lüè "掠"的异体字。明·沈鲸《双珠记·避兵失侣》："吾自起兵以来，攻城剠地，势如破竹。"

庼* qǐng "庼"的繁体字"廎"的异体字。《说文·高部》："庼，小堂也。廎，庼或从广，頃声。"

蘏# qǐng "苘"的异体字。[蘏麻]即"苘麻"。《周礼·天官·典枲》"掌布缌缕纻之麻草只物"，汉·郑玄注："草、葛、蘏之属。"

檾# qǐng "苘"的异体字。麻类植物。当是本字。《说文》："檾，枲属。"明·叶宪祖《寒衣记》第一折："搅得我芳心一寸檾麻块。"

惸# qióng "茕"的繁体字"煢"的异体字。①无兄弟的人。《周礼·秋官·大司寇》："凡远近惸独老幼之欲有复于上而其长弗达者，立于肺石，三日。"汉·郑玄注："无兄弟曰惸，无子孙曰独。"宋·陆游《渭南文集》卷三十二《右朝散大夫陆东墓志铭》："卒敛智略，老于里闾，二十三年，燕及惸孤。"②忧愁。唐·韩愈、孟郊《城南联句》："猛毙牛马乐，妖残枭鴒惸。"

邱 qiū 《第一批异体字整理表》作为"丘"的异体字淘汰，1988年公布的《现代汉语通用字表》列有"邱"，从而恢复为规范字。相关的县级地名有河北省丘县、任丘、内丘，山西省灵丘，安徽省霍丘，山东省安丘、章丘，河南省封丘、商丘、沈丘，云南省丘北。河北省丘县，1996年10月经国务院批准改回"邱"。其他县市仍用"丘"。〇清·雍正三年规定,除四书五经,凡"丘"加(右)"阝"作"邱"。《说文》即有"邱",雍正规定,意在以"丘"专用于孔子名,其他用"邱"。

坵 qiū "丘"的异体字。元·郑光祖《老君堂》第一折:"绕着这周围看,尽都是坵冢摧残,埋没了多少英雄汉。"明·沈受先《三元记》第五出:"遥指荒坵,正在跨涧危桥畔,只恐废垒残碑,不美观。"[坵垤(dié)],小山丘。明·徐弘祖《徐霞客游记·黔游日记二》:"北则石崖排空,突兀上压;南则坠壑下盘,坵垤纵横,皆犁为田。"

烁 qiū "秋"的异体字。《十六国春秋·夏录·赫连定》:"三年烁,魏军来袭,十一月克安定。"

鞦[#] qiū ①"秋"的异体字。见215页"鞦(qiān)"。②"鞧"的异体字。牲口的两股之间。晋·潘岳《射雉赋》:"青鞦莎靡,丹臆兰綷。"《世说新语·政事》:"阁东有大牛,和峤鞅,裴楷鞦。"[后鞦]即"后鞧",络在牲口股尾的皮带。清·文康《儿女英雄传》第十一回:"[张老]便把牲口拢住,鞭子往后鞦里一掖,抄着手,靠了车辕站住不动,也不答话。"

䲡 qiū 《第一批异体字整理表》合并于"鰍",1956年简化为"鳅"。1964年《简化字总表》第三表有"䲡"的类推简化字"䲡"。1988年《现代汉语通用字表》和2009年《通用规范汉字表》稿未收。①海鳅。清·屈大均《广东新语·海䲡》:"海䲡之出入以潮,非海䲡之自能为潮也。"②泥鳅类动物。《庄子·齐物论》:"麋与鹿交,䲡与鱼游。"

龝 qiū "秋"的异体字。金·董解元《西厢记诸宫调》卷三:"眉儿细凝翠蛾,眼儿媚剪龝波。"清·闵元衢《癸辛杂识跋》:"松雪以先生本齐人,故画鹊华龝色卷赠之。"

虬 qiú "虯"的异体字。当是本字。《说文》:"虬,龙子有角者。"三国魏·何晏《景福殿赋》:"如螭之蟠,如虬之停。"一说无角龙。《后汉书·冯衍传》:"驷素虬而驰骋兮,乘翠云以相佯。"唐·李贤注:"虬,龙之无角者也。"

捄 qiú 见148页"捄(jiù)"。

毬 qiú "球"的异体字。①鞠丸,皮丸,古代以足踢或杖击为戏。唐·白居易《洛桥寒食日作十韵》:"蹴毬尘不起,泼火雨新晴。"唐·封演《封氏闻见记·打毬》:"吐蕃赞咄奏言:臣部曲有善毬者,请与汉敌。"敦煌变文《维摩诘经讲经文》:"此处说毬场,有相道场,有十件利益,有十件不利益。"②泛指球状物。宋·范成大《橘园》:"沉沉剪采山,垂垂万星毬。"◎球 qiú ①美玉。《说文》:"球,玉声也。"《尚书·益稷》:"戛击鸣球,搏拊琴瑟以咏。"与玉有关的事物,不能写"毬"。②鞠丸。宋·陆游《送襄阳郑帅唐老》:"三更传令出玉帐,平旦按阵来球场。"

麯 qū "曲(qū)"的繁体字。《第一批异体字整理表》"麴"合并于"麯"。1956年《汉字简化方案》简化为"曲"。用于酒、酒曲义,二字意思、用法相同。唐·元稹《解酒》:"亲烹园内葵,凭买家家麯。"→陆游《寓舍偶题》:"平生麴道士,岁晚欲深交。"繁体字系统多用"麴"。又姓氏,"麯"与"麴"是不同的两个姓。

麴 qū "曲(qū)"的繁体字"麯"的异体字。用于酒、酒曲义,二字意思、用法相同。《尚书·说命下》:"若作酒醴,惟尔麴糵。"《齐民要术·笨麴并酒》:"治麴欲净,锉麴欲细,曝麴欲干(乾)。"唐·杜甫《饮中八仙歌》:"汝阳三斗始朝天,道逢麴车口流涎。"又姓氏,"麴"与"麯"是不同的两个姓。○"曲(qū)"的弯曲、曲折等义,"曲(qǔ)"的乐曲、歌曲等义,不作"麴"或"麯"。△《通用规范汉字表》稿:仅用于姓氏人名。

佢[*] qú “渠”的异体字。只用于代词，他。郭沫若《海涛集·涂家埠》：“‘今晚好不好去通知他？’‘唔得！听晨（明天早晨）我同你一道见佢去。’”［佢们］他们。李大钊《劳动问题的祸源》：“佢们的工作仍是一样，那有什么问题呢？”

躯[*] qú “驱”的繁体字“驅”的异体字。宋·苏轼《监试呈诸试官》：“却顾老钝躯，顽朴谢镌锓。”《刘知远诸宫调·知远走慕家庄沙佗村入舍》：“土床上卧着年少人，七尺堂堂貌美，御躯凛凛如神。”

駈 qú “驱”的繁体字“驅”的异体字。汉·刘騊駼《郡太守箴》：“有嬴駈除，焚旧典纪，荡灭藩畿，罢侯置守。”敦煌曲《还京乐》：“知道终駈（钟馗）猛勇，世间专，能翻海，解移山，捉鬼不曾闲。”康有为《上海强学会后序》：“駈虏拆掠，有若犬羊。”

敺（一）qú “驱”的繁体字“驅”的异体字。①驱赶。《战国策·赵策二》：“世有顺我者，则胡服之功未可知也。虽敺世以笑我，胡地中山吾必有之。”《汉书·贾山传》：“今方正之士皆在朝廷矣，又选其贤者使为常侍诸吏，与之驰敺射猎，一日再三出。”②驾御。《荀子·强国》：“然则胡不敺此胜人之势，赴胜人之道，求仁厚明通之君而托王焉。”（二）ōu“殴”的繁体字“毆”的异体字。殴打。《汉书·文三王传》：“后数复敺伤郎。”《南史·元凶刘劭传》：“劭闻而怒，敺杀之。”

蠷[*] qú “蠼”的异体字。猿猴类动物。《史记·司马相如列传》：“其上则有赤猨蠷蝚，鹓雏孔鸾，腾远射干。”

蜡 qù 见343页“蜡（zhà）”。

覰[#] qù “觑”的繁体字“覷”的异体字。①窥视。汉·蔡邕《汉津赋》：“覰朝宗之形兆，瞰洞庭之交会。”②看。唐·韩愈《秋怀诗十一首》：“不如覰文字，丹铅事点勘。”

覻[#] qù “觑”的繁体字“覷”的异体字。偷看。前蜀·贯休《题成都玉局观孙位画龙》："游人争看不敢近，头觑寒泉万丈碧。"宋·何籀《宴清都》："故要得，别后思量，归时觑见。"

捲 quán 见 151 页"捲(juǎn)"。

踡[*] quán "蜷"的异体字。《淮南子·精神》："踡局而谛，通夕不寐。"《红岩》二十章："小萝卜头踡曲在床头，早已进入梦乡。"

劵 quàn "券"的异体字。《说文》："券，契也。券别之书，以刀判契其旁，故曰契券。"宋·司马光《温国文正司马公文集》卷六十五《序賻礼》："乡人负取债久不偿者，永一辄毁券以愧其心。"〇劵是"倦"的本字。《说文》："劵，劳也。从力，卷省声。"按，即取"卷"下部表音。后来用"倦"。把"券"写作"劵"，是手写体误写。

卻 què "却"的异体字。《史记·天官书》："前方而后高者，兑；后兑而卑者，卻。"

卻 què "却"的异体字。①退。《说文》："卻，节欲也。"《马王堆汉墓帛书·称》："内乱不至，外客乃卻。"②返回。《史记·封禅书》："[新垣]平又言：'臣候日再中。'居顷之，日卻复中。"③推辞。《孟子·万章下》："卻之为之不恭。"④副词，表示强调。唐·李白《把酒问月》："人攀明月不可得，月行卻与人相随。"

塙[#] què "确"的繁体字"確"的异体字。"確"的古字。《说文》："塙，坚定不可拔也。"清·俞樾《春在堂随笔》卷八："然坡公此语，是不甚塙。"鲁迅《吴郡郑蔓镜跋》："吴越接壤，便于市卖，所释当塙。"

搉 què ①"榷"的异体字。(1)专卖。《后汉书·孝灵帝纪》："豪右辜搉，马鞍一匹至二百万。"宋·范仲淹《奏论陕西兵马利害》："以臣所见，今搉货务商客，才有一百来名。"(2)商讨。唐·权德舆《陆宣公翰苑集序》："公之秉笔内署也，搉古扬今，雄文藻思，敷之为文诰，伸之为典谟。”清・纪昀《纪文达公遗集》卷九《袁清悫公诗集序》：“率半月而义会，商搉制义，往往至宵分。”②粗略。《汉书・叙传下》：“扬搉古今，监世盈虚。”③敲击。宋・王安石《寓言》：“父母子所养，子肥父母充。欲富搉其子，惜哉术之穷。”④较量。五代・齐己《寄吴拾遗》：“新竹将谁搉重轻，皎然评里见权衡。”

愨# què “悫”的繁体字“慤”的异体字。当是本字。《说文》：“愨，谨也。”①恭谨。《荀子・非十二子》：“其冠进，其衣逢，其容愨。”②忠厚诚实。《淮南子・主术》：“其民朴重端愨。”〇今台湾以“愨”为正体。

榷 què “榷”的异体字。

碻# （一）què “确”的繁体字“確”的异体字。清・陈作霖《养和轩随笔》：“张文和公谓此论甚碻，能发杜诗之神髓。”清・黄远庸《记盐政计画》：“本部所研计画，亦未敢信为碻当，仍应派员分赴各省实地调查。”（二）qiāo［碻礉］石多而不平。宋・黄简《犁春操为谢耕道作》：“水淫兮石啮，田碻礉兮一跬九折。”

帬 qún “裙”的异体字。当是本字。《说文》：“帬，下裳也。裠，帬或从衣。”《乐府诗集・陌上桑》：“缃绮为下帬，紫绮为上襦。”

裠 qún “裙”的异体字。《新唐书・颜师古传》：“巾褐裠帔，放情萧散。”偏旁“衣”和“巾”义通。覆宋本《玉台新咏・古诗为焦仲卿妻作》：“朝成绣夹裠，晚成单罗衫。”

羣 qún “群”的异体字。当是本字。《说文》：“羣，辈也。”《诗经・小雅・无羊》：“谁谓尔无羊，三百维羣。”《礼记・檀弓上》：“吾离羣而索居，亦已久矣。”唐・王仁裕《开元天宝遗事・索斗鸡》：“每有所行之事，多不协羣议。”

麇 qún 见 154 页“麇（jūn）”。

R

髯 rán “髯”的异体字。胡须。晋·崔豹《古今注·鸟兽》：“羊一名髯须主簿。”宋·苏轼《阳关曲·军中》：“受降城下紫髯郎，戏马台南旧战场。”

冄（一）rǎn “冉”的异体字。柔弱。《说文》：“冄，毛冄冄也。”（二）nán ①汉代西南少数民族名。《史记·西南夷列传》：“南越破后，及汉诛且兰、邛君，并杀筰侯，冄、駹皆振恐，请臣置吏。”又《司马相如列传》：“因朝冄从駹，定筰存邛。”②西周初封国名。《史记·管蔡世家》：“其（周文王）长子曰伯邑考……次曰冄叔季载。”唐·张守节《正义》：“冄，国名也。”

遶 rào “绕”的繁体字“繞”的异体字。环绕，迂回。三国魏·曹植《杂诗》：“飞鸟遶树翔，噭噭鸣索群。”敦煌变文《秋吟一本》：“吟聒地之清音，讽遶梁之雅韵。”明·孟称舜《死里逃生》第一折：“魂遶天涯，魂遶天涯，几番儿暗逐东风嫁？”清·李调元《辛卯除夕》：“不为穷途泣，岂能遶道过。”〇“遶”和“繞”旧有上声、去声二读，意思有区别。

刄 rèn “刃”的异体字。清·纪昀《纪文达公遗集》卷十八：“祭理藩院尚书显庭留公文》：“气吐虹霓，心轻锋镝；提刄摩天，鸣弰没石。”

姙 rèn “妊”的异体字。《越绝书·吴内传》：“［纣王］刳姙妇，残朝涉。”晋·张华《博物志》卷二：“故古者妇人姙娠，必慎所感。”

袵 rèn “衽”的异体字。①衣襟。《韩非子·初见秦》：“出其父母怀袵之中，生未尝见寇耳。”②衣袖。《管子·弟子职》："先生将食，弟子馔馈，摄衽盥漱，跪坐而馈。"

軔 rèn "韧"的繁体字"韌"的异体字。

靭 rèn "韧"的繁体字"韌"的异体字。清·龚自珍《明良论》四："戒庖丁之刀曰：多一割亦笞汝，少一割亦笞汝。靭伯牙之弦曰：汝今日必志于山，而勿水之思也。"

韌 rèn "韧"的繁体字"韌"的异体字。《管子·制分》："故凡用兵者，攻坚则韌。"

韧 rèn "韧"的繁体字"韌"的异体字。清·朱彝尊《日下旧闻·风俗》引《金史》："球状小如拳，以轻韧木枵其中而朱之。"

紝# rèn "纴"的异体字。纺织。《墨子·节葬下》："使妇人行此，则必不能夙兴夜寐纺绩织紝。"唐·元稹《桐花》："剑士还农野，丝人归织紝。"

餁 rèn "饪"的繁体字"飪"的异体字。煮熟。汉·桓宽《盐铁论·散不足》："古者不粥餁，不市食。"[餁鼎]饪鼎。烹饪的鼎。比喻朝廷大政。《魏书·咸阳王禧传》："元弟禧虽在事不长，而戚连皇极，且长兼太尉，以和餁鼎。"[鼎餁]鼎饪。相传傅说(yuè)向商王武丁以眺鼎烹饪之事喻说治国之理。后以"鼎餁"比喻治理国家和治国之臣。唐·司空图《丁巳元日》："鼎餁和方剂，台阶润欲平。"

毧 róng "绒"的繁体字"絨"的异体字。明·费信《星槎胜览·榜葛剌国》："铺毧毯于殿地，待我天使，宴我官兵，礼之甚厚。"清·阮葵生《茶馀客话》卷二十："扫雪大于貂，毧白毫长。"

羢 róng "绒"的繁体字"絨"的异体字。特指细羊毛。元·仇远《送刘竹间归庐陵》："驿路梅花漠漠寒，羢衫絮帽出长安。"《醒世恒言·蔡瑞虹忍辱报仇》："闻得李癞子、白满随着山西客人贩卖羢货。"

蝺 róng "融"的异体字。《醒世恒言·郑节使立功神臂弓》:“丽日蝺蝺,是处绿杨芳草地。”

鎔 róng 《第一批异体字整理表》作为“熔”的异体字淘汰。1993 年 9 月 3 日国家语委给中国信息处理协会文字处理分会的《关于“镕”字的使用问题的批示》中指出,所谓异体字是指同音同义而字形不同的字,而“鎔”有熔化、铸造、铸器的模型等几个义项,只有熔化这一义项“鎔”、“熔”意思完全相同,“鎔”是“熔”的异体字。“鎔”的另外几个义项是“熔”不具备的。人名用字中的“鎔”表示熔化以外的意思时,“鎔”不是“熔”的异体字,可以继续使用,并且按照偏旁类推简化原则,“鎔”字简化为“镕”。这个批示给了简化字“镕”字合法地位。《汉书·董仲舒传》:“犹金之在镕,惟冶者之所铸。”意思是铸模。汉·桓宽《盐铁论·通有》:“公输子以规矩,欧冶子以镕铸。”意思镕化而铸造。宋·范仲淹《镕金赋》:“观此镕金之义,得乎为政之谋。”是说从“镕金”中得出治国的道理。宋·辛弃疾《贺新郎·中秋》:“万顷镕成银世界,是处玉壶风露。”“镕”而“成”,意思更清楚。只是上述批示的精神并不广为人知,以致用简体字排印古书,把“鎔”改换成“熔”。而“熔”字实际也就一百年左右的历史。

宂 rǒng “冗”的异体字。当是本字。《说文》:“宂,散也。从宀,人在屋下,无田事。”①闲散。唐·韩愈《进学解》:“三年博士,宂不见治。”②多余。宋·苏轼《贡院札子·论特奏名》:“臣等伏见,从来天下之患,无过官宂。”③繁忙。清·蒲松龄《聊斋志异·武孝廉》:“或署中务宂,尚为暇遑,乞修尺一书,为嫂寄之。”

挐 rú 见 199 页“挐(ná)”。

蝡* rú ①“蠕”的异体字。《荀子·劝学》:“端而言,蝡而动,亦可以为法则。”《汉书·匈奴传上》:“跂行喙息蝡动之类,莫不就安利,避危殆。”②蛇名。《山海经·海内经》："有灵山，有赤蛇在木上，名曰蝡蛇，木食。"

輭 ruǎn "软"的繁体字"軟"的异体字。《三国志·吴书·鲁肃传》："更以安车輭轮征肃，始当显耳。"宋·张耒《春日遣兴》："日烘柳烟輭于丝，桃李成尘绿满枝。"清·沈兆禔《吉林纪事诗》卷四："革履嫌坚挞草垫，细如丝线輭如绵。"

蕋 ruǐ "蕊"的异体字。花蕊。三国魏·曹植《远游篇》："琼蕋可疗饥，仰首吸朝霞。"金·董解元《西厢记诸宫调》卷一："采蕋的游蜂两两相携，弄巧的黄鹂双双作对。"明·沈受先《三元记》第五出："织柳莺梭缓，刺蕋蜂须软。"

橤 ruǐ ①"蕊"的异体字。花蕊，花苞。唐·白居易《牡丹芳》："牡丹芳，牡丹芳，黄金橤绽红玉房。"②通"繠(ruǐ)"。下垂。晋·卢谌《时兴》："摵摵芳叶零，橤橤芬华落。"

蘂 ruǐ "蕊"的异体字。晋·左思《蜀都赋》："红葩紫饰，柯叶渐苞，敷蘂葳蕤，落英飘飖。"宋·周邦彦《片玉集》卷八《三部乐》："趁暗香未远，冻蘂初发。"

叡 ruì "睿"的异体字。圣明。《周易·系辞》："古之聪明叡知，神武而不杀者夫！"《吕氏春秋·审时》："耳目聪明，心意叡智。"晋·陆机《孔子赞》："孔子叡圣，配天弘道。"

挼 ruó 《第一批异体字整理表》把"挼"和"捼"作为"挪"的异体字淘汰。现版《辞海》"挪"下列有异体字"挼、捼"。按，这两个字与"挪"没有音义关系。①揉搓。《齐民要术·笨曲并酒》："以曲末于瓮中和之，挼令调匀。"唐·韩愈《读东方朔杂事》："瞻相北斗柄，双手自相挼(一本作"捼")。"清·洪昇《长生殿·春睡》："蓦然揭起鸳帏，星眼倦还挼。"②皱，弄皱。这个意思口语里说 ruá：不要把纸挼了。

捼 ruó 详见上条。揉搓。

《南史·王志传》:"志叹曰:'冠虽弊,可加足乎?'因取庭树叶挼服之。"元·王恽《番禺杖》:"灵寿轻无赖,梅条皱可挼。"章炳麟《新方言·释言》:"今谓按摩为挼。"

篛 ruò "箬"的异体字。①嫩竹。《尚书·顾命》"笋席",孔传:"笋,篛竹。"②箬竹的叶。南朝宋·谢灵运《山居赋》:"抽笋自篁,擿篛于谷。"③用于地名。清·姚莹《耒孝女传》:"舟至篛洋,遇风。"篛洋即箬洋,在闽江入海处。

S

灑（一）sā “洒”的繁体字，实际是“洒”的异体字。①洒水。《说文》：“灑，汛也。”《楚辞·大司命》：“令飘风兮先驱，使涷雨兮灑尘。”②东西洒落。宋玉《高唐赋》：“蹄足灑血。”《红楼梦》第二十七回：“[黛玉]方转过来，尚望着门灑了几滴泪。”③不拘束。清·蒲松龄《聊斋志异·辛十四娘》：“十四娘为人，勤俭灑脱，日以衽织为事。”（二）xǐ 洗。《三国志·魏书·管宁传》：“又居宅离水七八十步，夏时诣水中澡灑手足。窥于园圃。”（三）xiǎn 惊惧的样子。《聊斋志异·公孙夏》：“某闻之，灑然毛悚，身暴缩，自顾如六七岁儿。”

颯（風立）sà “飒”的繁体字“颯”的异体字。衰落。宋玉《风赋》：“楚襄王游于兰台之宫，宋玉、景差侍，有风颯然而至。”唐·白居易《答问·答卜者》：“病眼昏似夜，衰鬓颯如秋。”

揌* sāi “塞”的异体字。《红楼梦》第八回：“袭人摘下那‘通灵宝玉’来，用绢子包好，揌在褥子底下。”

顋 sāi “腮”的异体字。《孔子家语·本命》：“八月生齿，然后能食。三年顋合，然后能言。”清·文康《儿女英雄传》第二十五回：“止要姑娘眼皮儿一低，顋颊儿一热，含羞不语，这门亲事就算定规了。”

弎* sān “三”的异体字。古字。也可看作“叁”的繁体字“叄”的异体字。表示“三”，为防止篡改数值，“一”借用“壹”，“二”借用“贰”，“三”借用“参”而把“彡”换成“三”，改写为“叄”，简化为“叁”。

“弌”、“弍”很容易篡改，“弎”不容易篡改，因为“四”没有“弋”下四画的字，随着弃用“弌”、“弍”，“弎”也很少使用。《说文》“三”下列有古文“弎”，实际是战国时期的文字。明朝季本《说理会编》卷十五《关子明所传洞极真经》“东方三为资之弌……西北六为资之弌，而极有二画矣。又以西方七为生之弎，东方八为育之弎”云云，不涉实际数目，用亦无爽。

散 sǎn “散”的异体字。

繖 sǎn “伞”的繁体字“傘”的异体字。《晋书·王雅传》：“遇雨，请以繖入。”宋·陆游《镜湖女》：“女儿妆面花样红，小繖翻翻乱荷叶。”宋·宇文懋昭《大金国志》：卷三十三：“旗上绘以日，曰御座繖。”

桒 sāng “桑”的异体字。《汉隶·汉山阳太守祝睦后碑》：“七子在桒，乘蕡远逊。”

丧# sāng, sàng “丧”的繁体字“喪”的异体字。《大元圣政国朝典章》卷十七《户部三》：“其父母疾笃冀亡殁之后，不以求医、侍疾、丧葬为事，止以相争财产为务……拟合酌古准今。”清·陈一油修《清溪县志》卷四：“死丧不成服，不埋葬，以火化。”清·陈奇典纂修《永北府志》卷六《风俗》：“丧礼，丧具称家之有无，葬先定期具状请亲友于葬前一二日开吊。”

埽 sǎo “扫”的繁体字“掃”的异体字。（一）sǎo 扫除。《史记·魏其武安侯列传》：“魏其与其夫人益市牛酒，夜洒埽，早帐具至旦。”覆宋本《玉台新咏》左思《娇女诗》：“明朝弄梳台，黛眉类埽迹。”宋·胡寅《崇正辩》卷二下：“彗有埽除之象，示除旧而布新，星之变也。”（二）sào[埽帚]即“扫帚”。宋·胡寅《崇正辨》卷二下：“释道纪每出，以经书、塔像为一头，老母、埽帚为一头，躬自荷担，有塔斯埽。”○埽 sǎo 治河工程用以护岸的设施。《宋史·河渠志一》：“埽之制，密布芟索铺梢，梢芟相重，压之以上，杂以碎石，以巨竹索横贯其中，谓之心索，卷而束之，复以大芟索系其两端，别以竹索自内旁出，其高至数丈，其长倍之。”宋·王安石《侍卫亲军冯鲁公神道碑》：“河怒动埽，埽且陷，公坐其上，指画自若也，遂号其部人，以一日塞之。”

澁 sè “涩”的繁体字“澀”的异体字。唐·柳宗元《答问》：“而仆乃朴鄙艰澁，培塿潗湁。”明·顾起经《类笺唐王右丞诗集·早春行》：“紫梅发初遍，黄鸟歌犹澁；谁家折柳女，弄春初不及。”清·纪昀《阅微草堂笔记·如是我闻一》：“辄面赪语澁，不能出一字。”

濇 sè “涩”的繁体字“澀”的异体字。当是本字。《说文》：“濇，不滑也。”《素问·通评虚实论》：“脉虚者不象阴也，如此者，滑则生，濇则死也。”清·蒲松龄《聊斋志异·云翠仙》：“山路濇，母如此蹜蹜，妹如此纤纤，何能便至？”

挱 shā “挲”的异体字。[挓挱]，手张开。《集韵》：“挱，挓挱，开貌。”明·顾起元《客座赘语·诠俗》：“解两家之忿或调剂其成事曰挱。”郭澄清《大刀记》第二十章：“小勇一见志勇的面，就把扛在肩上的红缨枪一扔，挓挱着胳膊扑过来。”

儍# shǎ “傻”的异体字。《红楼梦》第五十八回：“你也学些服侍，别一味儍玩儍睡。”老舍《柳家大院》：“老王回来也儍了。”

啑 shà 见 64 页“啑(dié)”

廈 shà “厦”的异体字。繁体字系统“廈”是正体，“厦”是俗体。汉·卢谌《感交》：“大廈须异材，廊庙非庸器。”清·蒲松龄《聊斋志异·尸变》：“但求一席廈宇，更不敢有所择。”用于地名“廈门”，读 xià。

刪 shān “删”的异体字。当是本字。《说文》作“刪”。明·陈第《毛诗古音考自序》：“患在是今非古，执字泥音，则支离日甚，孔子所刪，几于不可读矣。”参见 24 页“冊”。

姗 shān “姍”的异体字。当是本字。《说文》作“姗”。参见24页“冊”。

栅 shān “柵”的异体字。当是本字。《说文》作“栅”。参见24页“冊”。

搧* shān “扇”的异体字。“扇”的加偏旁分化字。繁体字系统，“搧”只有阴平shān一读，用作动词。①扇动扇子。宋·李石《捣练子·送别》：“扇儿搧，瞥见些。”也用于扇动别的物件。柳青《铜墙铁壁》第二章：“葛专员用草帽搧着光穿衬衣的怀里。”老舍《龙须沟》第一幕第一场：“手持芭蕉扇，一劲的搧，似欲赶走臭味。”②转指批击，用手掌打。元·佚名《争报恩》第二折：“你的女，恼了我，搧你那贼子孩儿。”郭澄清《大刀记》第十七章：“我搧了他一个耳刮字，又抓住他的裤腰带。”也指甩动。《水浒传》第四回：“智深把皂直裰褪膊下来，把两只袖子缠在腰里，露出脊背上花绣来，搧着两个膀子上山来。”③施展。清·蒲松龄《聊斋志异·红玉》：“宋官御史，坐行赇免，居林下，大搧威虐。”〇繁体字系统，“扇”也有阴平shān的读音，用于动词义。①摇动扇子或其他对象。《淮南子·人间》：“武王荫暍人于樾下，左拥而右扇之。”②煽动。《后汉书·刘表传》：“初，荆州人情好扰，加四方骇震，寇贼相扇，处处糜沸。”③风吹动。三国魏·嵇康《杂诗》：“微风清扇，云气四除。”④宣扬。唐·李白《留别金陵诸公》：“地扇邹鲁学，诗腾颜谢名。”唐·封演《封氏闻见记·声韵》：“时王融、刘绘、范韵之徒，皆称才子，慕而扇之。”⑤用手打人：扇他俩耳刮子。

羴 shān “膻”的异体字。①羊的膻气。《说文》：“羴，羊臭也。从三羊。羶，羴或从亶。”清·谭嗣同《治言》：“吾中国帝王之土，岂容混以腥羴。”②群羊。清·俞樾《儿笘录》：“羴者，群也。”③鼻烟的一种。清·赵之谦《勇卢闲诘》：“[鼻烟]凡品目四等：

曰彝，曰酸，曰燥，曰豆。”

羶 shān “膻”的异体字。①羊的气味。明·宋应星《天工开物·乃服》：“胞羔、乳羔，为裘不羶。”②泛指气味。《吕氏春秋·本味》：“夫三群之虫，水居者腥，肉玃者臊，草食者羶。”③指肉类食物。唐·皮日休《喜鹊》：“弃羶在庭际，双鹊来摇尾。”④春天草木的气味。《礼记·月令》：“[孟春之月]其味酸，其臭羶。”〇繁体字系统用“羶”。今台湾用“膻”，“羶”为或体。

赸* shàn ①“讪”的繁体字“訕”的异体字。勉强装笑。《红楼梦》第一〇九回：“[五儿]便只是赸笑，也不答言。”清·文康《儿女英雄传》第三十七回：“那个孩子也是发赸，不肯进屋子，只在屋门外叫。”②走开。元·王实甫《西厢记》第三本第二折：“你也赸，我也赸，请先生休赸，早寻个酒阑人散。”③跳跃。清·洪昇《长生殿·合围》：“马蹄儿泼剌剌旋风赸。”

饍 shàn “膳”的异体字。汉·刘珍《东观汉纪·崔瑗列传》：“爱士好宾客，盛修肴饍。”宋·苏轼《题鲁公放生池碑》：“问安侍饍，不改家人之礼。”

鱓（一）shàn “鳝”的繁体字“鱔”的异体字。《山海经·北山经》：“其中多滑鱼，其状如鱓，赤背。”《淮南子·览冥》：“蛇鱓著泥百仞之中。”（二）tuó“鼍”的繁体字“鼉”的异体字。即扬子鳄。《史记·太史公自序》：“少康之子，实宾南海，文身断发，鼋鱓与处。”《大戴礼记·夏小正》：“二月，剥鱓以为鼓也。”

鞝# （一）shàng “绱”的繁体字“緔”的异体字。绱鞋。清·孙锦标《南通方言疏证·释服》：“鞝，通俗以革补履头，谓之打鞝子。”（二）zhǎng 把皮缝在鞋头或鞋底。清·蒲松龄《日用杂字·皮匠章》：“剩下碎皮还打鞝，錣鞋也要细刓钻。”〇二读音所指为同一行为，当是方言读音之别。

箾 shāo “筲”的异体字。盛饭、淘米或洗菜用的竹编容器。明·徐光启《农政全书·农器》：“箾，饭箾也，……今人亦呼之为箾箕。”

杓* （一）sháo “勺”的异体字。《汉书·息夫躬传》：“霍显之谋将行于杯杓，荆轲之变必起于帷幄。”《齐民要术·饼法》：“大铛中煮汤，以小杓子挹粉，著铜钵内。”明·萧大亨《夷俗记·食用》：“今诸夷已粗制木碗、木杓矣。”（二）biāo 勺子柄。《说文》：“杓，枓柄也。”常用以指北斗柄部的三颗星。《史记·天官书》：“[北斗七星]杓携龙角，衡殷南斗，魁枕参首。”宋·沈括《贺年启》：“伏以杓见于寅，会三元而为朔。”

卲# shào “劭”的异体字。高尚，美好。《广雅·释诂四》：“卲，高也。”清·王念孙疏证：“《法言·修身篇》云：‘公仪子、董仲舒之才之卲也。’……卲，各本讹作邵。”

虵（一）shé “蛇”的异体字。汉·刘向《说苑·君道》：“齐景公出猎，上山见虎，下泽见虵。”三国魏·曹植《大暑赋》：“虵折鳞于灵窟，龙解角于皓苍。”（二）yí 曲折通过。北魏·郦道元《水经注·淮水》：“淮水又北，左合椒水，水上承淮水，东北流，径虵城南。”[委虵]即“委蛇”。《史记·苏秦列传》：“嫂委虵蒲服，以面掩地而谢。”

捨 shě “舍”的繁体字，实际是“舍”的异体字。①舍弃。唐·韩愈《与崔群书》：“或初不甚知耳语之已密，其后无大恶，因不复决捨。”宋·司马光《温国文正司马公文集》卷四十九《乞裁断政事札子》：“若甲是而乙非，当捨乙而从甲；乙是而甲非，当捨甲而从乙。”《水浒传》第十七回：“兄弟是心腹兄弟，我捨着条性命来救你。”②离开。明·徐弘祖《徐霞客游记·粤西游日记》：“又一里，上小岭，捨官道，右入山。”③施舍。清·文康《儿女英雄传》第三十八回：“又有捨了一吊香钱，抱个纸元宝去，说是借财气的。”④佛教名词，心境平静而执著。《俱捨论》卷四：“心平等性，无警觉性，说名为捨。”◎舍（一）shě ①舍弃。《荀子·劝学》：“锲而不舍，金石可镂。”②离开。《世说新语·方正》：“斯人乃妇女，与人别，唯啼泣，便舍去。”③施舍。《左传·昭公十年》：“施舍不倦，求善不厌，是以有国。”《京本小说·错斩崔宁》：“将这一半家私舍入尼姑庵中。”（二）shè ①客馆。《逸周书·大聚》：“辟开修道，五里有郊，十里有井，二十里有舍。”②军队住一宿为一舍。《左传·庄公三年》：“犯师一宿为舍，再宿为信，过信为次。”③行军三十里为一舍。《左传·僖公二十三年》：“若以君之灵，得反晋国，晋楚治兵，遇于中原，其辟君三舍。”（成语“退避三舍”由此而来。）○由“舍（shě）”分化出“捨”。繁体字系统“捨”没有去声 shè 的读音。《吴越春秋》：“吴师败而亡舟，光惧因捨。”意思是止宿。清·俞樾指出，“捨”为假借。“捨”的各个义项也写“舍”。

躲 shè “射”的异体字。《楚辞·天问》：“何启惟忧，而能拘是达，皆归躲籥，而无害厥躬。”

慴 shè（旧读 zhè） “慑”的繁体字“懾”的异体字。①恐惧。《庄子·达生》：“死生惊惧，不入乎其胸，是故忤物而不慴。”唐·陈子昂《上军国机要事》：“一者以慴奸豪异心，二者得精兵讨贼。”②威慑。汉·枚乘《七发》：“恐虎豹，慴鸷鸟。”宋·叶适《上宁宗皇帝札子》：“诚宜深谋，诚宜熟虑，宜百前而不慴，不宜一却而不收。”

蓡 shēn “参（shēn）”的繁体字“參”的异体字。清·方回《家人至芜阴……归江上》：“五蓡黄者贵，不病亦须求。”

蘉 shēn “参（shēn）”的繁体字“參”的异体字。《本草纲目·草一》：“人蓡年深浸渐长成者根如人形，有神。”

滲 shēn “深”的异体字。三国魏·曹植《妾薄命行》："进者何人齐姜，恩重爱湲难忘。"覆宋本《玉台新咏》秦嘉《赠妇诗》："浮云起高山，悲风激湲谷。"《水浒传》第四十九回："一丈青见宋江义气且湲重，推却不得。"

蔘 shēn　"参(shēn)"的繁体字"參"的异体字。清·杨宾《柳边纪略》卷三："辽东人蔘，四月发芽，五月花。"清·徐兰《塞上杂记》："辽东产蔘之地有二，近者鹰额口，远者江獭。"清·高士奇《扈从东巡日录》："采人蔘者，言于春中生苗，多在背阴湿润处。"

瀋 shěn　"沈"的繁体字。①。汁液。《说文》："瀋，汁也。"《左传·哀公三年》："无备而官办者，犹拾瀋也。"清·王蕴章《碧血花·旧愤》："墨瀋未干(乾)，深情如诉，是好句也呵。"②水名。在今沈阳市南。瀋(沈)阳市因以得名。地名只用于这一处。○"沈"读 chén，与"瀋"无关。四川蓬溪县境沈水，读 shěn，繁体字不能作"瀋"。又，"瀋"不据"審"简化为"审"而类推简化。国家语言文字主管部门发布的文件没有把"渖"作为规范字。

昚 shèn　"慎"的异体字。古字。《叔夷钟》："昚中毕(juē)罚。"《辽史·百官志一》："肃祖长子洽昚之族在五院司。"战国慎到和他的著作《慎子》，过去多写"昚"。

昇 shēng　"升"的异体字。①日上升，升起。南朝梁·江淹《石劫赋》："日照水而东昇，山出波而隐没。"宋·杨万里《念奴娇·上章乞休》："休说白日昇天，莫夸金印斗。"②泛指登升。汉·王逸《九思·哀岁》："昇车兮命仆，将驰兮四荒。"③晋级。《旧唐书·马周传》："古郡守县令，皆妙选贤德，欲有擢昇宰相，必先试以临人。"又：升班、升补、升超、升沉(沈)、升黜、升递、升第、升调、升扶、升格、升官、升冠、升华、升级、升阶、升降、升进、升力、升灭、升攀、升旗、升迁、升荣、升堂、升腾、升天、升遐、升霞、升仙、升扬、升耀、升值、升陟、升转、超升、飞升、回升、晋升、上升、提升、跃升等，有时也写“昇”。［昇平］指太平。唐·王昌龄《放歌行》：“昇平贵论道，文墨将何求。”元·佚名《白兔记》开篇：“喜贺昇平，黎民乐业，歌谣处庆赏丰年。”［昇平署］清朝中央政府主持朔望节令及喜庆典礼等活动的演出机构，取歌舞昇平之意。又唐朝以今南京为昇州。又姓氏，宋朝有昇元中。活字术发明人毕昇，简体字系统也不宜写“升”。◎升 shēng ①量器。晋·陶渊明《搜神后记》卷十：“忽见石窠中有二卵，大如升。”②容量单位。《庄子·外物》：“君岂有升斗之水而活我哉?”③点燃，生火。元·王祯《农书》卷二十：“诘旦升香，割鸡设醴，以祷先蚕。”以上不能写“昇”。“昇”的各个义项多写“升”。姓氏。南北朝有升元。△《通用规范汉字表》稿：仅用于姓氏人名。

陞 shēng “升”的异体字。上升，提升。唐·韩愈《南海神庙碑》：“公遂陞舟，风雨少弛，棹夫奏功。”《水浒传》第十七回：“连夜回到济州，正值府尹陞厅。”明·陈与郊《义犬》第二出：“闻得出首小儿者官陞三级，赏赐千金。”清刊《新镌楚曲十种·祭风台》封面：“文陞堂寓在汉口永宁巷上首大街老案巷内便是。”1945 年出版陈白尘所作话剧《陞官图》。北京老字号鞋店内联陞，不写“升”。京剧传统剧目《连陞店》，汉字简化以后，上演广告有时仍写“陞”。△《通用规范汉字表》稿：今用于姓氏人名。

乘 shèng 见 32 页“乘(chéng)”。

椉 shèng 见 32 页“椉(chéng)”。

賸 shèng ①“剩”的异体字。剩余。唐·杜甫《即事》：“秋思抛云髻，腰支賸宝衣。”刘半农《拟儿歌——铁匠镗镗》：“好人杀光呒饭吃，賸得罔两杀罔两。”②增益。《说文》：“賸，物相增加也。一曰送也。”宋·陈岘《依缘亭》：“净扫莓苔分径岸，賸添桃李结亭台。”宋·戴复古《满庭芳·楚州上巳万柳池莺监丞饮客》:“仍须待,賸栽兰芷,为国洗河湟。”转指多。金·元好问《鹧鸪天》:“还家賸买宜城酒,醉尽梅花不要醒。”③送别。南朝梁·张缵《谢东宫赉园启》:“每賸春迎夏,华卉竞发,背秋向冬,云物澄霁。”④真。唐·杜牧《代人寄远》:“賸肯新年归否?江南绿草迢迢。”△《通用规范汉字表》稿:今用于姓氏人名。

屍 shī “尸”的异体字。尸体。《说文》:“屍,终主。”《管子·小匡》:“君何不杀而受之其屍。”晋·干宝《搜神记》卷十五:“贵人虽是先帝所幸,屍体污秽,不宜配至尊。”《水浒传》第四十七回:“吃得饱了,把李鬼的屍首拖放屋下,放了把火。”◎尸 shī ①陈列。《说文》:“尸,陈也,象卧之形。”汉·扬雄《太玄·沈》:“前尸后丧。”清·俞樾《诸子平议》:“尸当训陈,言前虽陈列之,后终丧失也。”②古代祭祀时代表死者受祭的活人,为死者的属下或晚辈。《诗经·小雅·楚茨》:“鼓钟送尸,神保聿归。”《仪礼·士虞礼》:“一人衰絰奉篚哭从尸。”汉·郑玄注:“尸,主也。孝子之祭,不见亲之形象,心无所系,立尸而主意焉。”转指神主牌。《庄子·逍遥游》:“庖人虽不治庖,尸主不越樽俎而代之。”唐·成玄英注:“尸,太庙中神主也。”又转指立神主。《庄子·庚桑楚》:“子胡不相与尸而祝之,社而稷之乎?”③比喻在其位而无所作为。《尚书·五子之歌》:“太康尸位以逸豫,灭厥德,黎民咸贰。”汉·王充《论衡·状留》:“而尸禄素餐之谤,喧哗甚矣。”以上是繁体字系统“尸”的基本用法,均不能写为“屍”。④尸体。《周易·师卦》:“师或舆尸,凶。”又指陈尸示众。《左传·僖公二十八年》:“曹人尸诸城上。”

溼 shī “湿”的繁体字“濕”的异体字。①低下潮湿。当是本字。《说文》:“溼,幽溼也,从水;一,所以覆也,覆而有土,故溼也。”《庄子·让王》:“是漏下溼,匡坐而弦歌。”《韩诗外传》卷五:“敛乎太阴而不溼,散乎太阳而不枯。”②沾湿。唐·王昌龄《采莲曲》:“吴姬越艳楚王妃,争弄莲舟水溼衣。”◎濕(一)shī ①潮湿。唐·杜甫《春夜喜雨》:“晓看红湿处,花重锦官城。”②沾湿。巴金《家》四:“她自言自语,说到这里,泪水湿了她的衣裳。”(二)tà 古水名。《说文》:“濕,水。出东郡东武阳,入海。桑钦云:出平原高唐。”(谭其骧主编《中国历史地图集》取桑钦《水经》说。)《后汉书·郡国志四》:“[平原郡]高唐湿水出。”(三)xí 通“隰”。《谷(穀)梁传·襄公八年》:“郑人侵蔡,获蔡公子湿。”唐·陆德明《释文》:“公子湿,本又作隰。”

蝨 shī “虱”的异体字。①虱子。当是本字。《说文》:“蝨,啮人虫。”宋玉《小言赋》:“烹蝨胫,切虮肝,会九族而同哜,犹委馀而不殫。”②置身。唐·韩愈《泷吏》:“不知官在朝,有益国家不?得无蝨其间,不武亦不文。”

峕 shí “时”的繁体字“時”的异体字。《楚辞·思美人》:“迁逡次而勿驱兮,聊假日以须峕。”

丗[*] shì “世”的异体字。《尧庙碑》:“丗丗廉约。”

卋[#] shì “世”的异体字。《金史·孙即康传》:“睿宗庙讳上字从‘未’,下字从‘卋’。”

柹 shì “柿”的异体字。《本草纲目·果二》:“柹高树大叶,圆而光泽。”

昰 shì “是”的异体字。清·汪中《贾谊〈新书〉序》:“使得昰千百说而通之,岂复有末师之陋哉?”

眎 shì ①“视”的繁体字“視”的异体字。《列子·天瑞》:“国君卿大夫眎之,犹众庶也。”《淮南子·氾论》:“夫鸱目大而眎不若鼠。”宋·陆游《渭南文集》卷三十三《陆孺人墓志铭》:“旦以告承议,呼乳医眎之而信。”②“示”的异体字。《汉书·赵充国传》:

“至春省甲士卒，循河、湟漕谷至临羌，以眎羌虏。”

眂 shì “视”的繁体字“視”异体字。《周礼·春官·司服》：“凡兵事，韦弁服，眂朝，则皮弁服。”《汉书·王莽传》：“公每见，叩头流涕固辞，今移病，固当听其让，令眂事邪。”

寔 shì ①“实”的繁体字“實”的异体字。《诗经·召南·小星》：“肃肃宵征，夙夜在公，寔命不同。”宋·朱熹注：“寔与实通。”唐·李白《为吴王谢责》：“驽拙有素，天寔知之。”②通“是”。此，这。《尚书·仲虺之诰》：“寔繁有徒。”孔传：“若是者繁，多有徒众。”《春秋·桓公六年》：“春，正月，寔来。”《谷(穀)梁传》：“寔来者，是来也。”《公羊传》：“犹曰是人来也。”宋·司马光《温国文正司马公文集》卷五十七《贺皇子昕建节表》：“斯寔堂构之远谋，黎苗之隆福也。”

諡 shì “谥”的繁体字“謚”的异体字。《第一批异体字整理表》定“諡”为正体，1964年《简化字总表》改以“謚”为繁体正体，并简化为“谥”。谥号，加上谥号。南朝宋·颜延之《释达性论》：“然总庶类，同号众生，亦含识之名，岂上哲之谥。”《魏书·江式传》：“以书文昭太后尊号諡册，特除奉朝请，仍符节令。”○旧以“諡”为正体。《说文》：“諡，行之迹也。”又，“謚，笑貌，从言，益声。”《康熙字典》“謚”条引《正字通》：俗用为诔行之“諡”，非。

収# shōu “收”的异体字。宋·周邦彦《片玉集》卷三《南乡子》：“景色动妆楼，短烛荧荧悄未収。”明·叶逢春本《三国志传》卷一：“一醉醒来，収拾军兵，只恨无马匹可乘。”

几 shū 见 128 页“几(jī)”。

疋 shū 见 213 页“疋(pǐ)”。

尗* shū ①“叔”的异体字。《周虢尗旅钟铭》：“虢尗旅曰：不显皇考吏尗，穆秉元明德。”②“菽”的异体字。《后汉书·光武帝纪》：“野谷

(穀)旅生,麻尗尤盛。野蚕成茧,被于山阜。"

倏 shū "倏"的异体字。急速。晋·干宝《搜神记》卷十八:"[青衣小儿]乃发声而泣,倏然不见。"清·李渔《巧团圆·哗嗣》:"乱世天公好异奇,倏离倏合把人移。"

疎 shū "疏"的异体字。①疏远。《韩诗外传》卷九:"与人以实,虽疎而必密;与人以虚,虽戚而必疎。"明·孟称舜《二胥记》第十七出:"这就里亲疎有辨,怎忍得与你两分开。"②稀阔。宋刊《老子道德经》第七十三章:"天网恢恢,疎而不漏。"宋·刘镇《沁园春·和刘潜夫送孙花翁韵》:"况白首逢说旧游,记疎风淡月,寒灯古寺。"③淡漠。隋·王通《中说·礼乐》:"子谓薛收善接小人,远而不疎,近而不狎,颓如也。"④疏忽。《水浒传》第十七回:"你们不要担阁,倘有疎失,如之奈何?"⑤贫乏。清·蒲松龄《聊斋志异·乐仲》:"然家计日疎,居二年,割亩渐尽,竟不能蓄僮仆。"

俶 shū 见265页"俶(tì)"。

儵 (一)shū "倏"的异体字。迅疾。《楚辞·少司命》:"荷衣兮蕙带,儵而来兮忽而逝。"《吕氏春秋·决胜》:"儵忽往来,而莫知其方。"(二)tiáo 儵鱼。①一种白色的小鱼。《庄子·秋水》:"儵鱼出游从容,是鱼之乐也。"②传说中的一种怪鱼。《山海经·北山经》:"西流注于芘湖之水,其中多儵鱼。"

藷 (一)shǔ "薯"的异体字。薯蓣,山药类植物。宋·苏轼《闻子由瘦》:"土人顿顿食藷芋,荐以熏鼠烧蝙蝠。"(二)zhū 藷蔗,甘蔗。《说文》:"藷,藷蔗也。"汉·张衡《南都赋》:"若其园圃则有蓼、蕺、蘘荷、藷蔗、姜、𧃙。"

庻 shù "庶"的异体字。《世说新语·豪爽》唐写本:"桓石虔(通行本作"宽"),司空豁之长庻也。"

樹* shù "树"的繁体字"樹"的异体字。覆宋本《玉台新咏》颜延之《秋胡诗》："原隰多悲凉，回飙卷高樹。"唐·卢照邻《双槿樹》："聊寄词于庭樹，倘有感于平津。"唐·李朝威《柳毅传》："洞庭之阴，果有社橘，遂易带，向樹三击。"《京本小说·碾玉观音》："陇头几樹红梅落，红杏枝头未着花。"

潄 shù "漱"的异体字。《公羊传·庄公三十一年》："何以书？讥。何讥尔？临民之所潄浣也。"《红楼梦》第二十八回："一时吃过饭，宝玉一则怕贾母惦记，二则也惦着黛玉，忙忙的要茶潄口。"

豎 shù "竖"的繁体字"豎"的异体字。①直立。《说文》："豎，立也。"唐·韩愈《送穷文》："毛发尽豎。竦肩缩颈。"《红楼梦》第十三回："更有两面朱红销金大牌，豎在门外。"②纵向。《晋书·陶侃传》："有善相者师圭谓侃曰：'君左手中有豎理，当为公。'"清·魏源《读书吟示儿者》："横传之远画胜文，豎传之久文胜画。"

躃# shuāi "摔"的异体字。蒋和森《风萧萧》十一："好几次又差点躃下来，但每次都很快地抱住马颈。"碧野《没有花的春天》第十二章："他脚下的一块石头一滚，他又躃了下来。"

雙# shuāng "双"的繁体字"雙"的异体字。《清平山堂话本·花灯轿莲女成佛记》："只见一个婆婆，雙目失明，年纪七旬以上。"明·史盘《鹣钗记》第十六出："听娘且避爹雙眼，怎缝得这些破绽？"古本小说《贪娱误》第三回："内中有一个少年，也不去看船，一雙眼不住的仰望那大姑。"清·查继佐《罪惟录·洪武逸纪》："天生廖将，与傅成雙。"

廝 sī "厮"的异体字。①旧称仆役。《清平山堂话本·简帖和尚》："皇甫殿直看着那廝震威一喝。"又役使。《史记·司马相如列传》："廝征伯侨而役羡门兮，属岐伯使尚方。"②互相。欧阳修《渔家傲》："莲子与人长廝类，无好意，年年苦在中心里。"〇繁体字系统"厮"是正体。《国语辞典》、《新华字典》第一版以"厮"为正。今台湾用"厮"。

佀 sì ①"似"的异体字。马王堆汉墓帛书《老子》："渊呵佀万物之宗。"金·董解元《西厢记诸宫调》卷四："莺即至矣，看手段何佀。"②姓氏。明朝有佀钟。

枱* sì "耜"的异体字。当是本字。《说文》："枱，臿(锸)也。"三国魏·曹植《藉田赋》："尊趾勤于耒枱，玉手劳于耕耘。"

飤 sì "饲"的繁体字"飼"的异体字。汉·东方朔《七谏·怨思》："子推自割而飤君兮，德日忘而怨深。"〇《说文》："飤，粮也。"清·段玉裁注："以食食(sì)人、物，其字本作食，俗作飤，或作饲。"

竢 sì "俟"的异体字。《离骚》："冀枝叶之峻茂兮，愿竢时乎吾将刈。"汉·贾谊《吊屈原赋》："恭承嘉惠兮，竢罪长沙。"

禩 sì "祀"的异体字。①世代。唐·李贺《相劝酒》："永垂奕禩，而使嗣叶昌茂。"②年。《金瓶梅词话》第七十一回："朕今即位二十禩于兹矣。"

騃 sì 见53页"騃(dāi)"。

崧# sōng "嵩"的异体字。①山高。《诗经·大雅·崧高》："崧高惟岳，骏极于天。"②嵩山。《汉书·翼奉传》："左据成皋，右阻黾池，前乡(向)崧高，后介大河。"金·元好问《寄答赵宜之……》："秋鸿社燕飘零梦，颍水崧山去住心。"

鬆 sōng "松"的繁体字。实际是"松"的异体字。①头发乱。唐·韩偓《昼寝》："烦襟乍触冰壶冷，倦枕徐欹宝髻鬆。"宋·史达祖《东风第一枝·春雪》："行天入镜，做弄出轻鬆纤软。"②疏松。唐·王建《宫词》之四十二："蜂须蝉翼薄鬆鬆，浮动搔头似有风。"③软弱无用。明·汤显祖《南柯记·启寇》："有这等一个鬆驸马。"④解开，放开。

《水浒传》第三十五回："当时宋江和燕顺都下了马，入酒店里来，叫孩儿们鬆了马肚带……"⑤瘦肉做成的绒状或碎末状食品。清·徐珂《清稗类钞·肉鬆》："肉鬆者，炒猪肉以成末也。"又《鱼鬆》："碎切鱼肉为屑，炒之，曰鱼鬆。"○"松"的树木义及象征坚贞等义，不能写"鬆"。

蒐 sōu ①"搜"的异体字。搜集，寻求。《商君书·修权》："区区然皆欲擅一国之利而蒐一官之重。"晋·陆机《辨亡论》："讲八代之礼，蒐三王之乐。"②打猎之礼，多指春天打猎。《尔雅·释天》："春猎为蒐。"《左传·隐公五年》："春蒐，夏苗，秋猕，冬狩，皆于农隙以讲事也。"《史记·楚世家》："周武王有盟津之誓，成王有岐阳之蒐。"宋·王谠《唐语林》卷一："高宗曰：'既有此言，我止度陇，存问故老，蒐即还。'"③检阅。《国语·晋语四》："乃大蒐于被庐，作三军。"④聚集。《左传·成公十六年》："蒐乘补卒，秣马利兵。"《新唐书·郭元振传》："请郭虔瓘使拔汗那蒐其铠马以助军。"⑤草名，即茜草。《山海经·中山经》："其阳多玉，其阴多蒐。"因茜草可以染绛，故以蒐代紫红色。清·黄遵宪《番客篇》："地隔衬蒐白，水纹铺流黄。"○繁体字系统以上②—⑤与"搜"无关。△《通用规范汉字表》稿：仅用于表示草名和春天打猎。

嗽 sòu "嗽"的异体字。

甦 sū "苏"的繁体字"蘇"的异体字。①苏醒。宋·赵师侠《一煎梅·丙辰冬长沙作》："暖日烘梅冷未甦，脱叶随风，独见枯株。"《元史·布智儿传》："血流满体，闷仆几绝……浸热血中，移时遂甦。"②恢复。南朝梁·萧衍《净业赋》序："独夫既除，苍生甦息。"清·黄宗羲《明儒学案·甘泉学案》："昔曾子芸瓜，误断其根，父建大杖击之，死而复甦。"③免除。明·沈德符《野获编·热审之始》："文皇之初，其时止甦轻罪。"◎蘇 sū ①苏醒。

《左传·宣公八年》："晋人获秦谍，杀诸绛市，六日而苏。"②恢复。《尚书·仲虺之诰》："徯予后，后来其苏。"③解救。《辽史·杨佶传》："何以苏我？上天降雨。"④取。《离骚》："苏粪壤以充帏兮，谓申椒其不芳。"⑤柴草。《颜氏家训·治家》："樵苏脂烛，莫非种殖之物也。"⑥植物名，即紫苏。汉·枚乘《七发》："秋黄之苏，白露之茹。"以上④—⑥不能写"甦"。

蘓 sū "苏"的繁体字"蘇"的异体字。敦煌斯4511卷《丑女缘起》："于是王郎既被唬倒，左右宫人，一时扶接，以水洒面，良久乃蘓。"明·何良俊《语林》卷二十一："有铭云，青州世子，东海女郎。帝问学士鲍照、徐爰、蘓宝生，并不能悉。"清·杨宾《柳边纪略》卷四："油皆蘓子所打，斗得油八九斤。"

囌 sū "苏"的繁体字。1956年《汉字简化方案》，"囌"和"蘇"合并简化为"苏"。只见于"噜囌"、"囉囌（啰唆）"等词。清·李宝嘉《文明小史》十五回："拿张片去讨情，亦就立刻放行，没有什么囉囌。"茅盾《林家铺子》："话是说到尽头了，上海客人只好不再噜囌，可是他坐在那里不肯走。"沪剧《罗汉钱》第一幕第一场："听五婶噜哩噜囌说一阵，不由我心里暗思忖。"

泝 sù "溯"的异体字。①逆水而上。《左传·文公十年》："[子西]沿汉泝江，将入郢。"明·徐弘祖《徐霞客游记·游嵩山日记》："第沿江泝流，旷日持久，不若陆行舟返，为时较速。"②流向。《史记·司马相如列传》："上畅九垓，下泝八埏。"③追溯。明·杨慎《词品·王筠楚妃吟》："予论填辞，必泝六朝，亦昔人穷探黄河源之意也。"后代多用"溯"。

宿 sù "宿"的异体字。《说文》："宿，止也。"覆宋本《玉台新咏》杨方《合欢诗》："飞鸟亦何乐，夕宿自作群。"又陆机《乐府燕歌行》："双鸠关关宿河湄，忧来感物涕不晞。”

遡 sù “溯”的异体字。①逆水而上。《诗经·秦风·蒹葭》：“遡洄从之，道阻且长。”②朝向。《诗经·大雅·公刘》：“夹其皇涧，遡其过涧。”宋·陆游《渭南文集》卷五十《木兰花慢》：“对翠风披云，青鸾遡月，宫阙萧森。”③追溯。宋·刘昌诗《芦浦笔记叙》：“凡先儒之训传，历代之故实，文字之讹舛，地理之迁变，皆得遡其源而循其流。”

膆[#] sù “嗉”的异体字。鸟类的嗉囊。晋·潘岳《射雉赋》：“当味值胸，裂膆破觜。”清·徐珂《清稗类钞·植物类》：“有羽灰色鳞纹，重可斤许之野鸡，出内蒙古，其膆内常有未化草实。”

愬 sù “诉”的繁体字“訴”的异体字。①告诉。《诗经·邶风·柏舟》：“薄言往愬，逢彼之怒。”②进谗言。《论语·宪问》：“公伯寮愬子路于季孙。”

痠[*] suān “酸”的异体字。因疲劳或疾病引致的身体酸痛无力的感觉。《素问·刺热论》：“肾热病者，先腰痛胻痠。”《灵枢经·癫狂病》：“骨痠体重，懈惰不能动。”唐·张鷟《游仙窟》：“鼻里痠痹，心中结缭，少时眼花耳热，脉胀筋舒。”◎酸 suān①指醋。《楚辞·招魂》：“大苦醎酸，辛甘行些。”②悲苦。晋·陆机《感时赋》：“矧余情之含瘁，恒睹物而增酸。”③因疲劳或疾病引致的身体酸痛无力的感觉。《素问·长刺节论》：“骨重不可举，骨髓酸痛。”又《气交复打论》：“肌肉瞤酸。”《乐府诗集·陇头流水歌辞》：“山高谷深，不觉脚酸。”○《广雅·释诂二》：“痠，痛也。”清·王念孙疏证：“痠字通作酸。”

祘[#] suàn “算”的异体字。《说文》：“祘，明视以筭之。从二小。读若筭。”

筭[*] suàn “算”的异体字。宋·司马光《温国文正司马公文集》卷五十三《申明役法札子》：“新差之人多不谙熟数筭行遣，及案下文字未曾交割。”元·关汉卿《西蜀梦》第一折：“今日被歹人将你筭，畅则为你大胆上落便宜。”万历年刊明·黄文华选辑《词林一枝》卷一《夫妻闹祠》：“性情乖，把威风仗，好教人气满胸膛，心儿上筭不了冤家账。”

歳 suì “岁”的繁体字“歲”的异体字。南朝梁·刘潜《为江侍中荐士表》：“资寒暑而成歳，宸居垂拱。”清·曹家驹《说梦·明代运漕法之变迁》：“因元之旧，每歳海运粮七十万石。”

繐[#] suì ①“穗”的异体字。用丝线等扎成的装饰品。《水浒传》第三十一回：“却留得他一个铁界箍、一身衣服、一领皂布直裰、一条短繐绦。”周而复《上海的早晨》第二部二十六：“他理一理晨衣上垂下来的有点乱了的紫色的丝繐子。”以上也写“穗”。→宋·王珪《宫词》：“纱幔薄垂金麦穗，帘钩纤挂玉葱绦。”《红楼梦》第三回：“束着五彩丝攒花结长穗宫绦。”②古代丧服用的疏麻布。《仪礼·丧服礼》：“繐衰者何？以小功之繐也。”〇麦穗、谷（穀）穗等，不作“繐”。

飱（一）sūn “飧”的异体字。①吃晚饭。《国语·晋语二》：“里克辟奠，不飱而寝。”②以汤泡饭，汤泡的饭。《太平御览》卷八五〇引《通俗文》：“水浇饭曰飱。”清·谭嗣同《仁学界说》：“衰国之民，饔飱不继。”（二）cān “餐”的异体字。唐·李白《明堂赋》：“飱元气，酌太和。”

筍（一）sǔn ①“笋”的异体字。当是正体。《说文》：“筍，竹胎也。”《诗经·大雅·韩奕》：“其蔌维何，维筍及蒲。”《三国志·吴书·三嗣主传》注引《楚国先贤传》：“宗母嗜筍，冬节将至，时笋尚未生，宗入竹林哀叹，而筍为之出。得以供母。”金·董解元《西厢记诸宫调》卷二：“春筍般指头儿十个，与张弓怎发金凿。”②古代悬挂乐器的横木。《周礼·考工记·梓人》：“梓人为筍虡。”③通“榫”。萧军《五月的矿山》八："或者是竖柱和横梁之间接笋的地方开口太大。"（二）xùn 竹轿。《公羊传·文公十五年》："何以不言来？内辞也。胁我而归之，笋将而来也。"（三）yún 篾皮。《尚书·顾命》："西夹南向，敷重笋席。"

簑 suō "蓑"的异体字。《水浒传》第十九回："船头上立着一个人，头戴青箬笠，身披绿簑衣。"清·戴名世《田字说》："负耒耜，荷簑笠。"

㪽# suǒ "所"的异体字。《世说新语·规箴》唐写本："后面未期，亦欲尽㪽怀，愿公勿复谈。"明·萧大亨《夷俗记·帽衣》："或以麦草为辫，绕而成之，如南方农人麦笠然，此男女之㪽统冠者。"明·张问达《刻〈西儒耳目资〉序》："果如良甫㪽言，且多发前人之㪽未发，补诸家之㪽未补。"清·黄浚《红山碎叶》："此间㪽最缺者，书、纸、笔、墨、砚……"

瑣 suǒ "琐"的繁体字"瑣"的异体字。宋·岳珂《桯史》卷三："盖其机阱根于心，虽嵬瑣弗自觉。"

璅 suǒ "琐"的繁体字"瑣"的异体字。汉·张衡《东京赋》："薄狩于敖，既璅璅焉。"明·胡应麟《四部正讹》下："凡史之讹，杂传记为盛，璅说次之。"清·张之洞《读古人文集》："若坊刻《文选集腋》，讹脱璅啐，首尾不全，掇拾入文，无益有害。"

鎻 suǒ "锁"的繁体字"鎖"的异体字。唐·韩愈《奉和李相公题萧家林亭》："岩洞幽深门尽鎻，不因丞相几人知。"元·武汉臣《生金阁》第一折："这厮好生无理，小的每（们）拿大铁鎻鎻在马房里。"

鏁* suǒ "锁"的繁体字"鎖"的异体字。《墨子·备蛾傅》："为铁鏁，钩其两端之县（悬）。"唐·白居易《潜别离》："深笼夜鏁独栖鸟，利剑春断连理枝。"宋·司马光《温国文正司马公文集》卷六《追和张学士从沂公游广固城》："重围经岁合，严鏁夜深开。"

T

佗 tā “他”的异体字。《战国策·宋卫策》:“愿王博事秦,无有佗计。”晋·陶渊明《挽歌》:“亲戚或馀悲,佗人亦已歌。”宋·司马光《温国文正司马公文集》卷七十七《太常少卿司马府君墓志铭》:“佗人或仕宦绝在兄后,耳才能出兄下远甚。”

牠(一)tā “它”的异体字。茅盾《春蚕》:“老通宝满脸恨意,看着这小轮船来,看着牠过去。”张天翼《春风》:“有时候轻轻飘过一阵风,谁都摸不定牠打那儿来,往什么地方去。”1949年版《高乾大》第九章:“他茫然瞪着满是红丝丝的眼睛,和像一匹快要死是牲畜望着牠的主人一样,呆呆地望着区长。”老舍《龙须沟》第三幕第二场:“以前这儿是臭沟,人民政府把牠修成了大道!”(二)tuó 牛无角。见《龙龛手镜》。○“牠”和“它”是现代分化字,用于人以外的物。异体字整理选“它”而淘汰“牠”。

墖 tǎ “塔”的异体字。唐·皎然《题报德寺清幽上人西峰》:“双墖寒林外,三陵暮雨间。”清·李滢《望罗浮歌》:“伏虎岩前天乐鸣,飞云墖外狂歌起。”清·永贵、苏尔德《新疆回部志》卷二:“古墖在叶尔羌城内,座周十二三丈。”

搨(一)tà “拓(tà)”的异体字。①影摹,把碑刻或器物上的字、图摹印在纸上。唐·张彦远《历代名画记·论画体工用搨写》:“好事者常宜置宣纸百幅,用法蜡之,以备摹写。古时好搨画,十得七八不失风采笔踪。”②用纸墨从器物上捶印文字图画。唐·王建《原上新居》:

“古碣凭人搨，闲诗任客吟。”宋·黄伯思《东观馀论》卷上《论书六条》：“世言其搨本与真迹同。”鲁迅《〈朝花夕拾〉后记》：“现在手头既没有搨本，也没有《金石萃编》，不能考查了。”（二）dá　①贴。元·欧阳玄《渔家傲·五月都城右衣夹》：“血色金罗轻汗搨，宫中画扇传油法。”②套。明·朱有燉《豹子和尚自还俗》：“大沉枷锁项上搨，粗麻绳脊背后绑。”

溼 tà　见248页“溼(shī)”。

枱* tái　“台”的异体字。实际是“檯”的异体字。“檯”和“臺”一起简化为“台”，只能说是规范字“台”的异体字。桌类器物。清·程麟《此中人语·石龟》：“笋里城隍庙，有一个石龟大如枱。”清·李宝嘉《文明小史》第四十五回：“今天跟着抚台去拜俄罗斯武官，不懂话，当面坍了一个枱，大为扫兴。”

臺 tái　“台”的繁体字，实际是“台”的异体字。①高平的建筑物。《说文》：“臺，观，四方而高者。”《尚书·泰誓上》：“惟宫室臺榭。”泛指高平像台的处所。②古代中央官署名。汉·应劭《汉官仪》上：“尚书郎初入臺，为郎中。”③用于对人的尊称。《长生殿·进果》：“望臺下轻轻放手。”清·张春帆《宦海》第一回：“制臺和抚臺听了，也不说好，也不说不好。”［台臺］古代对长官的尊称。明·佚名《四贤记·迁擢》：“关山险阻，道路迢遥，深欲附骥同行，未审台臺允否。”清·黄六鸿《福惠全书·筮仕·六四启式》：“恭维老大人台臺，元精间气，大雅希音。”［臺盏］有托的杯子。宋·程大昌《演繁露·托子》：“古者彝有舟，爵有坫，即今俗称臺盏之类也。”《辽史·礼志二》：“大使近前跪，捧臺盏，进奠酒三。”③山名。《淮南子·地形》：“时、泗、沂出臺、台、术。”汉高诱注：“臺、台、术皆山名。”又姓氏。汉代有臺崇，现代有臺静农。◎台（一）tái　①三台，星名，后代比喻三公。《后汉书·

安帝纪》:“遂复计金授官,移民逃寇,推究台衡,以答天眚。”唐·李贤注:“台谓三台,三公象也。”晋·陆机《岁暮赋》:“凭台光之发晖兮,荷宠灵而来集。”②敬辞,称呼对方或与对方相关的行为。宋·欧阳修《与程文简公书》:“某顿首,伏承台诲,欲使撰述先公神道碑,岂胜愧恐。”清·吴敬梓《儒林外史》第三十四回:“极蒙台爱,恕治晚不能恭送了。”(二)tāi 用于地名、山名:台州(在浙江)、天台山(一在陕西,一在浙江)。(三)yí ①古汉语第一人称代词。《尚书·汤誓》:“非台小子,敢行称乱。”②喜悦。《史记·太史公自序》:“唐尧逊位,虞舜不台。”

颱 tái “台”繁体字。只用于“颱風(台风)”。清·王士祯《香祖笔记》卷二:“台湾风信与他海殊异,风大而烈者为颶,又甚者为颱。颶倏发倏止,颱常连日夜不止。”清·俞正燮《癸巳类稿》卷九:“山上有识颱草,一节则一年一颱汛,无节则无颱。颱,大具风也。”〇简体字“台风”,一即“颱風”,一指演员在舞台上的风度或作风。

薹 tái 规范字,由于笔画多,该写“薹”的地方,人们常误写“苔”甚至“台”,如“麦子抽苔(薹)”、“蒜台(薹)”,“芸薹”写作“芸苔”。

擡* tái “抬”的异体字。唐·王仁裕《开元天宝遗事·依冰山》:“若立于屋中,使人擡头不得。”

檯 tái “台”的繁体字,实际是“枱”的异体字。桌类器物。明·王圻等《三才图会·器用》:“几,汉·李尤《几铭叙》曰:‘黄帝轩辕作……今曰燕几,曰檯,曰书卓(桌)。’”明·文秉《皇烈小识》卷二:“一日,上御讲筵,足加于檯楞上,意有情容。”

沈 tái 见 30 页“沈(chěn)。”

墰* tán “坛”的繁体字“壇”的异体字。

墰* tán “坛”的繁体字“壇”的异体字。元·周致中《异域志》卷下:“其国有酋长无王，宋庆元间进五墰。”

澹 tán 见 55 页“澹（dàn）”。

鐔 tán “坛”的繁体字“壇”的异体字。宋·庄绰《鸡肋编》卷下：“李文定公族孝博之子倢，喜食糟蟹，自造一大鐔，凡几百枚。”《红楼梦》第六十三回：“已经抬了一鐔好绍兴酒，藏在那边了。”

墰 tán “坛”的繁体字“壇”的异体字。唐·陆龟蒙《谢山泉》：“决决春泉出洞霞，石墰封寄野人家。”

罎[*] tán “坛”的繁体字。实际是“坛”的繁体字“壇”的异体字。清·吴敬梓《儒林外史》第三十一回：邵老丫想起来道：‘是有的。是老爷上任那年，做了一罎子酒埋在那边第七进房子后一间小屋里。’”

襢 tǎn “袒”的异体字。裸露。《诗经·郑风·大叔于田》：“襢裼暴虎，献于公所。”《礼记·丧大记》：“父母之丧，居倚庐，不涂，不寝苫枕甶，非丧事不言，君为庐宫之，大夫、士襢之。”

探 tàn “探”的异体字。晋·傅玄《和班氏诗》：“秋胡见此妇，惕然怀探汤。”

歎 tàn “叹”的繁体字“嘆”的异体字。①吟咏。《说文》：“歎，吟也。”《荀子·礼论》：“《清庙》之歌，一唱而三歎也。”②感叹。《三国志·蜀书·魏延传》：“延常谓亮为怯，歎恨己才用之不尽。”《水浒传》第四十八回：“孙立歎了一口气，说道。”③赞美。《论语·子罕》：“颜渊喟然歎曰：‘仰之弥高，钻之弥坚，瞻之在前，忽焉在后。’”

趟[*] tāng 《第一批异体字整理表》作为“趟”异体字淘汰。按，“趟”与“趟”无音义关系。辽·释行均《龙龛手镜》认为是“趾”的讹字。

蹚“趟”的异体字。（一）tāng ①从浅水中走过。沈西蒙等《南征北战》：“两匹马从北岸驰来，蹚水过河激起水花，朝高营长奔来。”②踏，走过。吴运铎《把一切献给党》：“这山连一条路也没有，那些人蹚出来的小路，光溜溜跟滑板一样。”③用犁翻土除杂草并给苗培土。周立波《暴风骤雨》第一部十四：“八月末尾，铲蹚才完，正是东北农村挂锄的时候。”（二）tàng 量词，遍，次。清·佚名《官场维新记》第十二回：“袁伯珍得了这个差使，知道是得亲到各州县走一蹚的，便到辕门上谢了委。”

蹚“趟”的异体字。（一）tāng ①从浅水中走过。老舍《骆驼祥子》十八：“他咬上了牙，蹚着水不管高低深浅的跑起来。”②踢，行不正。徐光耀《平原烈火》四：“大洋马一纵一纵的蹚起漫天尘土。”（二）tàng 量词。来去的次数。清·华广生《白雪遗香·马头调·寂寞寻春》：“我看你白跑这一蹚。”义为蹚水、蹚地，不再作为“趟”的异体字。

餹 táng “糖”的异体字。《本草纲目·石蜜》：“石蜜，即白沙餹也。”清·王闿运《莫姬哀词》：“酒通餹味，烛共花摇。”

儻# （一）tǎng “倘”的异体字。①连词，表示假设。《史记·伯夷列传》：“儻所谓天道，是邪非邪？”[儻若]即“倘若”。南朝宋·谢灵运《酬从弟惠连》：“儻若果归言，共陶暮春时。”②副词，或许。《资治通鉴·汉高帝十一年》：“吕后欲召，恐其儻不就。”元·胡三省注：“儻，或然之辞。”③[倜儻]即“倜傥”。(1)豪爽洒脱。《三国志·魏书·阮瑀传》：“才藻艳逸，而倜儻放荡。”(2)卓尔不群。汉·司马迁《报任安书》：“古者富贵而名摩灭，不可胜记，惟倜儻非常之人称焉。”（二）tàng 侥幸，意外。《庄子·缮性》：“物之儻来寄者也。”唐·成玄英注：“儻者，意外忽来者耳。”

攩 tǎng 见 57 页“攩(dǎng)”。

弢# tāo ①“韬”的繁体字“韜”的异体字。(1)包藏。《史记·乐书》：“车甲弢而藏之府库而弗复用。”(2)用兵的谋略。《庄子·徐无鬼》：“从说之则以《金版》、《六弢》。"唐·陆德明《释文》："本又名《六韬》。"《汉书·艺文志》："周史《六弢》六篇。"唐·颜师古注"即今之《六韬》也，盖言取天下及军旅之事。弢字与韬同也。"②弓带。是本义。《说文》："弢，弓衣也。"《左传·哀公二年》："吾伏弢呕血，鼓音不衰。"

絛 tāo "绦"的繁体字"縧"的异体字。用丝编成的带子。当是本字。《说文》："絛，扁绪也。"清·段玉裁以为当作"扁诸"，义为"合众采(彩)"。《第一批异体字整理表》确定以"縧"为正，类推简化为"绦"。《淮南子·说林》："絛可以为繶，不必以紃。"金·董解元《西厢记诸宫调》卷三："系一条水运絛儿。"

搯 tāo "掏"的异体字。唐·韩愈《贞曜先生墓志铭》："刿目鉥心，刃迎缕解，钩章棘句，搯擢胃肾。"《金瓶梅词话》七十八回："我不知怎的搯了眼儿不待见他。"

縚 tāo "绦"的繁体字"縧"的异体字。唐·杜牧《鹦鹉》："华堂日见高，雕槛系红縚。"

謟 tāo 《第一批异体字整理表》作为"谄"的繁体字"諂"的异体字淘汰。"謟"并无 chàn 音。①可疑。《左传·昭公二十六年》："天道不謟，不贰其命，若之何禳之？"《荀子·性恶》："其言也謟，其行也悖。"②超越本分。《逸周书·酆谋解》："帝念不謟应时作谋，不敏殆哉。"

迯# táo "逃"的异体字。明·徐渭《避暑豁然堂大雨》："本言迯炎苛，翻令咏奇致。"明·叶逢春本《三国志传》卷一："张让、段珪拥逼少帝及陈留王冒突后宫门离城，往北邙山而走迯难。"清·七十一《西域闻见记》卷二十一："大兵进剿，布吉尔适当其冲，迯亡略尽，仅存百余户。"

咷# táo "啕"的异体字。哭。唐·韩愈《祭河南张员外文》："颠于马下，我咽君咷。"[号咷]即"号啕"。《周易·同人卦》："先号咷而后笑。"

鲁迅《呐喊·明天》:“宝儿的呼吸从平稳到没有,单四嫂子的声音也就从呜咽变成号咷。”

籐 téng “藤”的异体字。南朝齐·谢朓《别江水曹》:“花枝聚如雪,垂籐散似网。”《水浒传》第一回:“山边竹籐里簌簌地响,抢出一条吊桶大小雪花也似蛇来。”〇竹类用“籐”,如籐椅。草类用“藤”。泛指蔓生植物,通用“藤”。广西藤县,繁体字不作“籐”。

嗁 tí “啼”的异体字。《后汉书·第五伦传》:“永平五年,坐法征,老小攀车叩马,嗁呼相随。”覆宋本《玉台新咏》王僧孺《春怨》:“积愁落芳鬓,长嗁坏美目。”宋·洪迈《踏莎行》:“杜鹃嗁月一声声,等闲又是三春尽。”

蹏 tí “蹄”的异体字。《淮南子·兵略》:“有角者触,有齿者噬,有毒者螫,有蹏者趹。”晋·左思《吴都赋》:“罿罕琐结,罠蹏连纲。”

躰* tǐ “体”的繁体字“體”的异体字。《大戴礼记·曾子大孝》:“身者,亲之遗躰也。”唐·皇甫湜《论业》:“躰无常轨,言无常宗。”金·董解元《西厢记诸宫调》:卷一:“躰若凝酥,腰如细柳。”

骵* tǐ “体”的繁体字“體”的异体字。明·邱濬《举鼎记·梦助》:“身骵困倦,且自盹睡片时。”清·查继佐《罪惟录·礼志》:“撰文书启皆直陈,不用四六骵。”

軆* tǐ “体”的繁体字“體”的异体字。宋玉《舞赋》:“軆如游龙,袖如素蜺。”汉·蔡邕《篆势》:“苍颉循圣,作则制文,軆有六篆,要妙入神。”《梁书·诸夷传·扶南国》:“扶南国俗本裸軆,文身被发,不制衣裳。”

俶* (一)tì “倜”的异体字。[俶儻]即“倜傥”。《史记·司马相如列传》:“奇物谲诡,俶儻穷变。”(二)shū 善。《说文》:“俶,善也。”《诗经·大雅·既醉》:“令终有俶,公尸嘉告。”(三)chù ①始。《尚书·胤征》:“俶扰天纪,遐弃厥司。”②作,动。《诗经·大雅·崧高》:"有俶其城,寝庙既成。"③厚。《公羊传·隐公九年》:"庚辰大雨雪,何以书?记异也。何异?尔俶甚也。"○杭州有保俶塔。

屜[#] tì "屉"的异体字。抽屉。北周·庾信《镜赋》:"暂设妆奁,还抽镜屜。"

遏[#] tì "逖"的异体字。远。南朝宋·谢灵运《上留天行》:"悠哉遏矣征夫,上留田。"清·蒲松龄《聊斋志异·吕无病》:"一朝有他,汝兄弟如虎狼,再求离遏,岂可复得?"

薙 tì ①"剃"的异体字。《周礼·秋官》"薙氏",汉·郑玄注:"薙,读如鬀小儿头之鬀。"宋·庄绰《鸡肋编》卷中:"欲落发,则行定;既薙度,乃成礼。"清·李赓芸《炳烛编》卷四:"(唐)宣宗为光王时,避武宗害,薙发为沙门,更名琼俊。"②除草。《礼记·月令》:"土润溽暑,大雨时行,烧薙行水,利以杀草。"引申指割下的杂草。宋·陈旉《农书·育蚕之法》:"蚕将饱,必勤视,去粪薙。"③删削。《晋书·束晳传》:"薙圣籍之荒芜,总群言之一至。"○剃发义,当是除草的转义。

鬀 tì "剃"的异体字。当是本字。《说文》:"鬀,鬄发也。大人曰髡,小人曰鬀,尽及身毛曰鬄。"明·陈继儒《读书镜》卷三:"富丞相一日于坟寺鬀度一僧。"《明史·洪钟传》:"时有谣曰:'贼如梳,军如篦,士兵如鬀。'"

寘 tián 见358页"寘(zhì)"。

掭 tiǎn 见30页"掭(chēn)"。

儵 tiáo 见251"儵(shū)"。

篠 tiǎo 见295页"篠(xiáo)"。

覜 tiào ①"眺"的异体字。远望。《后汉书·张衡传》:"流目覜夫衡阿兮,睹有黎之圮坟。"晋·左思《魏都赋》:"抗旗亭之嶤嶭,侈所覜之博大。"②古代诸侯每三年行聘问相见之礼。《周礼·春官·大宗伯》:"时聘曰问,殷覜曰视。"《宋书·裴松之传》:"昔王者巡功,群后述职,不然,则有存省之礼,聘規之规。”

銕# tiě “铁”的繁体字“鐵”的异体字。宋·周敦颐《爱莲诗》:“銕衣一色应无杂,星眼霜明自不花。”宋·陆游《渭南文集》卷四十《退谷云禅师塔铭》:“至吴,见銕庵以大禅,为侍者。”明·刘侗等《帝京景物略·西山上》:“长陵靖难,把百斤銕枪,好先登陷阵。”

仝 tóng ①“同”的异体字。唐·卢仝《与马异结交诗》:“昨日仝不仝,异自异,是谓大仝而小异。”清·李本源修《循化厅志》卷七:牦牛仝家牛生者为犏牛,犏牛仝牦牛生者为哈力巴。”②姓氏。△《通用规范汉字表》稿:仅用于姓氏人名。

穜 tóng 见363页“穜(zhòng)”。

峝 tóng “峒”的异体字。《清史稿·穆宗本纪》:“庚午,黔军克永宁、镇宁、归化苗寨,破郎岱、水城各峝寨。”

捅# tǒng “捅”的异体字。李劼人《大波》第三部第九章:“傅隆盛摇头叹道:‘我看军政府开张不利,要倒灶。’田街正忙用手肘在他腰眼上一捅道:‘莫乱说!’”浩然《艳阳天》第八十三章:“喜爷爷,刚才差一点儿让捅了漏子。”许多《老杨开车》:“我劝你还是别捅马蜂窝。”

筩 tǒng “筒”的异体字。《汉书·赵广汉传》:“又教吏为缿(xiàng)筩,及得投书,削其主名,而托以为豪桀大姓子弟所言。”北魏·杨衒之《洛阳伽蓝记·闻义里》:“复有佛锡杖,长丈七,以木筩盛之,金箔其上。”

衕(一)tòng “同(tòng)”的异体字。用于街巷、衚衕(胡同)义。《说文》:“衕,通街也。”清·段玉裁注:“京师胡衕字如此作。”宋·楼钥《小溪道中》:“后衕环村尽溯游,凤山寺下换轻舟。”清·孔尚任《桃花扇·拒媒》:“胸中一部缙绅,脚下千条胡衕。”(二)dòng 中医学病名。腹泻。清·李调元《卍斋琐录》卷七:“衕,病名,洞下也。

《山海经》云……‘劳水多飞鱼，状如鲋鱼，食之可以已衕。’此言痔衕，俗名痔漏，非街道之衕也。”

媮（一）tōu ①“偷”的异体字。苟且。《楚辞·卜居》：“宁正言不讳，以危生乎？将从俗富贵，以媮生乎？”《汉书·元帝纪》：“媮合苟从，未肯极言，朕甚闵焉。”唐·颜师古注：“媮，与偷同。”②轻视。《左传·襄公三十年》：“晋为可媮也。”晋·杜预注：“媮，薄也。”（二）yú “愉”的异体字。《楚辞·远游》：“内欣欣而自美兮，聊媮娱以自乐。”《汉书·酷吏传》：“当是之时，吏治若救火扬沸，非武健严酷，恶能胜其任而媮快乎？”《史记》作“愉”。

塗 tú “涂”的繁体字。实为“涂”的异体字。①泥，泥土。《汉书·叙传》：“振拔洿塗，跨腾风云。”唐·颜师古注：“塗，泥也。”②污染。《庄子·让王》：“其并乎周以塗吾身也，不如避之以洁吾行。”③扫除涂抹。《史记·刺客列传》：“乃变姓名为刑人，入宫塗厕。”④道路。《论语·阳货》：“孔子时其亡，而往拜之，遇诸塗。”以上义项也写“涂”。⑤塗山，古国名、山名。《尚书·益稷》：“予创若时，娶于塗山。”孔传：“塗山，国名。”《左传·哀公七年》：“禹合诸侯于塗山，执玉帛者万国。”晋·杜预注：“塗山在寿春东北。”安徽当涂县，繁体字作“當塗”。〇涂（tú）水，古水名，发源于今云南寻甸县。涂（chú），水名，即今滁河。又，姓氏。繁体字系统以上不作“塗”。

兎 tù “兔”的异体字。宋刊《中兴词选》康与之《诉衷情令·长安怀古》：“阿房废址汉荒丘，狐兎又群游。”《水浒传》第一回：“山中狐兎尽潜藏，涧下獐狍皆敛迹。”清·徐宗亮《黑龙江述略》卷六：“狍鹿诸肉，市亦有供食者，与兎相类。”

兔 tù “兔”的异体字。宋·彭大雅《黑鞑事略》：“猎而得者，曰兔，曰鹿……”《元史·

祭祀志》:“豆之用八者,无脾析菹、酡食、兎醢、糁食。”明·方孔炤《全边略记》卷二:“[万历]四十一年正月,自扯力克之殁,卜失兎以长孙嗣封。”清·马思哈《塞北纪程》:“走则颠蹶,借蛩蛩以吭,非跳兎类。”

糰 tuán “团”的繁体字“團”的异体字。只用于米、面等制成的球状食品。唐·白居易《寒食日过枣糰店》:“寒食枣糰店,春低杨柳枝。”萧红《生死场》五:“王婆把米饭用手打成坚实的糰子,进城的父子装进一袋去,算做午餐。”〇“团(團)粒”属新词,繁体字不用“糰”。

骽 tuǐ “腿”的异体字。唐·张鷟《朝野佥载》:“[诸葛昂]先令爱妾行酒,妾无故笑。昂叱下。须臾蒸此妾,坐银盘……遂擗骽以啖[高]瓒。”清·范寅《越谚》卷中:“火骽肉,猪骽腌腊,色红如火,出金华。”章炳麟《新方言·释形体》:“胫后通谓之骽肚。”

退 tuì “退”的异体字。《国语·晋语五》:“范文子莫(暮)退于朝,武子曰:‘何莫也?’”《仪礼·士昏礼》:“匕者逆退,复位于门东,北面西上。”清·顾炎武《日知录》卷三:“于文,日夕为退,是以尊罍无卜夜之宾。”

穨 tuì “颓”的繁体字“頽”的异体字。晋·常璩《华阳国志·蜀志》:“岷山多梓柏、大竹,穨然水流。”

穨 tuì “颓”的繁体字“頽”的异体字。《世说新语·容止》:“李安国穨唐如玉山之将崩。”朱熹《大学章句序》:“教化陵夷,风俗穨败。”

臋 tún “臀”的异体字。《周礼·考工记·栗氏》:“其臋一寸,其实一豆。”清·蒲松龄《聊斋志异·胡氏》:“主人适登厕,俄见狐兵,张弓挟矢而至,乱射之,集矢于臋。”

拕 tuō “拖”的异体字。①曳引,拉。《汉书·严助传》:“避人匀进泪,拕袖倚残晖。”②夺。《淮南子·人间》:“秦牛缺径于山中而遇盗夺之车马……拕其衣被。”

侻[#] tuō ①“脱”的异体字。《老子》第三十六章：“鱼不可侻于渊。”清·毛奇龄《徐公墓表》：“操舟者窥客装有无以卜生杀，公故侻衣卧，得渡。”②简易。《淮南子·本经》：“其言略而循理，其行侻而顺情。”③轻率。《三国志·魏书·王粲传》：“表以粲貌寝而体弱通侻，不甚重也。”

託 tuō “托”的异体字。①寄托，托付。《说文》：“託，寄也。”《论语·泰伯》：“可以託六尺之孤，可以寄百里之命。”《史记·太史公自序》：“凡人所生者神也，素託者形也。”宋刊《中兴词选》赵鼎《怨春风·闺怨》：“欲将远意託湘弦。”②假托。《世说新语·言语》注：“或中途改从，或託狂悖。”宋·苏轼《与孙知损运使书》：“必先使北贼小小盗边，託为不知。”清·苍弁山樵《殛珅志略》：“平日穷乏之员，家资顿臻饶馀，往往託词请假。”又，託爱、託庇、託便、託病、託称、託大、託法、託分、託福、託付、託公、託孤、託故、託管（委托管理）、託国、託好、託后、託怀、託疾、託交、託口、託赖、託蒙、託名、託巧、託情、託人、託任、託色、託舍、託身、託神、託生、託世、託事、託书、託说、託胎、託体（委身）、託天、託息、託心、託信、託形、託兴、託言、託依、託意、託音、託姻、託喻、託运、託正、託政、託终、託嘱、拜託、付託、顾託、寄託、假託、交託、恳託、请託、全託、日託、受託、推託、委託、相託、信託、央託、依託、重託、嘱託、转託。託儿所，是托付教养管理儿童，不是手托着儿童。◎托 tuō ①以手承举。《水浒传》第二回：“庄客托出一桶盘，四样菜蔬，一盘牛肉。”②承托物。宋·程大昌《演繁露·托子》：“托始于唐，前世无有也。”衬垫。唐·冯贽《云仙杂记·半月履》：“作半月履，裁千纹布为之，托以精银，缜以绛蜡。”又，托裱、托钵、托叉、托底、托荤、托里、托盘、托腔、托腮、托体（体操动作)、衬托、烘托、花托。◯繁体字系统二字或通用。《庄子・天运》“託宿”,清・王士祯《池北偶谈》“托宿”;《三国志》“託孤”,《三国演义》“托孤”。明・叶逢春本《三国志传》卷一:“帝从之,宣[何]进,托以后事。”《水浒传》四八十回:“备说投託入伙,献计一节。”又,“今来共有八人,投托大寨入伙。”

牠 tuó 见 259 页“牠(tā)”。

馱 tuó 见 72 页“馱(duò)”。

駄* tuó “驮”的繁体字“馱”的是异体字。牲口负物。《大藏经・华严经》:“值伽罗鸠孙駄如来,承事供养。”

駞 tuó “驼”的繁体字“駝”的异体字。唐・封演《封氏闻见记・蜀无兔鸽》:“象出南越,駞出北胡,今皆育于中国。”明・孔方炤《全边略记》:“授大国师秩,而送礼把四人还,马駞衣缯俱焉。”清・杨宾《柳边纪略》卷三:“席百北有鹿,大若橐駞。”清・西清《黑龙江外纪》卷八:“骆駞,呼伦贝尔有之。”

橐# tuó “槖”的异体字。一种口袋。《淮南子・主术》:“天下之物,莫凶于鸡毒,然而良医橐而藏之,有所用也。”清・苍弁山樵《殛珅志略》:“试想此项肥橐之资,皆婪索地方官吏。”

鱓 tuó 见 243 页“鱓(shàn)”。

涶 tuò “唾”的异体字。南朝梁・慧皎《高僧传》:“又闻蛇所吞鼠能疗疮疾,即行取涎涶以傅癣上,所傅既遍,鼠亦还活,信宿之间,疮痍顿尽。”

欜* tuò “柝”的异体字。当是本字。《说文》:“欜,夜行所击者。”

W

空[#] wā “挖”的异体字。明·高明《琵琶记·拐儿绐误》：“何用剜墙空壁，强如黑夜偷儿。”《醒世恒言·蔡瑞虹忍辱报仇》：“大凡吏员考满，依次选去，不知等上几年；若用了钱，空选在别人的前面指日便做得官，这谓之飞过海。”《水浒传》第四十五回：“杨雄向前把刀先空出舌头，一刀便割了。”

鼃 wā “蛙”的异体字。《庄子·秋水》：“子独不闻乎埳井之鼃乎？”唐·段公路《北户录·绯猿》：“其音凄人肝脾，方知当一部鼓吹，岂独鼃声然哉？”宋·陆游《渭南文集》卷十七《宁德县重修城隍庙记》：“又有气雾之毒，鼃黾蛇蚕守宫之蛊。”

譌 wá 见73页“譌(é)”。

韎 wà “袜”的繁体字“襪”的异体字。《宋书·沈庆之传》：“上开门召庆之，庆之戎服履韎缚裤入。”《南史·徐孝嗣传》：“泰始中，以登殿不着韎，为书御史蔡准所奏，罚金二两。”

韤 wà “袜”繁体字“襪”的异体字。《左传·哀公二十五年》：“褚师声子韤而登席。”《韩非子·外储说左上》：“韤系解，因自结。”宋·周邦彦《片玉集》卷四《侧犯》：“风定看步韤，江妃照明镜。”

韈[*] wà “袜”的异体字。应该看作“襪”的异体字。当是本字。《说文》：“韈，足衣也。”《史记·张释之冯唐列传》：“张廷尉方今天下名臣，吾故抑辱廷尉，使跪结韈，欲以重之。”清·谭嗣同《刘云田传》卷中：“跪则血濡韈履，盖蹈伤足及践死人血也。”清·顾炎武《日知录》：“古人之袜，大抵以皮为之。”所以形旁从“韦(韋)”或“革”。后来用布类制作，遂从“衣”。

翫 wán “玩”的异体字。①玩忽。《说文》：“翫，习厌也。”《左传·僖公五年》：“晋不可启，寇不可翫。”②戏耍。《左传·昭公二十年》：“水懦弱，民狎而翫之，则多死焉。”宋刊《中兴词选》康与之《瑞鹤仙·上元应制》：“堪羡绮罗从里兰，麝香中正宜游翫。”③观赏。《吴越春秋·勾践归国外传》：“虽有五台之游，未尝一日登翫。”转指观赏之物。北魏·杨衒之《洛阳伽蓝记》卷二：“斋宇光丽，服翫精奇。”④研习。三国魏·嵇康《琴赋序》：“余少好音声，长而翫之。”◎玩。《说文》：“玩，弄也。”《尚书·旅獒》：“玩人丧德，玩物丧志。”〇二字区别，“翫”侧重于轻慢忽视，“玩”侧重于游玩戏要，运用中逐渐没有区别。

甇 wǎn “碗”的异体字。《说文》：“甇，小盂也。”宋·徐铉曰：“今俗别作‘椀’，非是。”〇《说文》“甇”、“盌”均释“小盂”，可能所指不完全相同。或是造字理据不同。从“皿”，着眼于用途。从“瓦”或“木”，着眼于质料。

盌 wǎn “碗”的异体字。《说文》：“盌，小盂也。”《三国志·吴书·甘宁传》：“宁先以银盌酌酒，自饮两盌。”《世说新语·德行》：“殷仲堪既为荆州，值水，俭食，常五盌盘，外无馀肴。”《齐民要术·炙法》：“出铛，及热置柈上，盌子底按之令拗。”〇“碗”字是后来产生的。

埦* wǎn “碗”的异体字。晋·崔豹《古今注·杂注》：“魏武帝以马瑙石为马勒，砗磲为酒埦。”

椀 wǎn “碗”的异体字。三国魏·曹植《车渠椀赋》：“惟新椀之所生，于凉风之浚滨。”金·董解元《西厢记诸宫调》卷四：“先点建溪茶，猛吃了几椀。”清·蒲松龄《聊斋志异·瓜异》：“黄瓜上复生蔓，结西瓜一枚，大如椀。”

△《通用规范汉字表》稿：仅用于科学技术术语，如“橡椀”。

輓 wǎn “挽”的异体字。①牵引。《说文》：“輓，引之也。”《左传·襄公十四年》：“夫二子者，或輓之，或推之，欲无入，得乎？”②用车运。《史记·留侯世家》：“诸侯安定，河渭漕輓天下，西给京师。”③哀悼死者。唐·岑参《仆射裴公輓歌》：“哀輓辞秦塞，悲笳出帝畿。”《金史·世纪补》：“改葬明德皇后于坤厚陵，帝徒行輓灵车。”〇繁体字系统哀悼死者义，多用“輓”，也作“挽”。輓词、輓辞、輓歌、輓联、輓丧、輓诗、輓送、輓章等，亦写“挽”。

踠* wǎn “碗”的异体字。晋·干宝《搜神记》卷十六：“女抱儿还[卢]充，又与金踠。”《天启铜踠》铭文：“天启三年七月初三日上节义东支铸造铜踠一付。”

尪* wāng “尩”的异体字。胫、脊椎或胸部的病。《吕氏春秋·尽数》：“辛水所，多疽与痤人；苦水所，多尪与伛人。”

亾 wáng “亡”的异体字。宋·贾似道《促织经》卷上《晚秋看法》：“若不吃食，不可当场斗(鬥)矣，此必衰老有病，将亾之故也。”古本小说《贪欣误》第三回：“其父沈子仁把他许与於潜县中俞国柱为妻，未嫁夫亾，其女在家守孝三年。”清·七十一《西域闻见记》卷二十一：“大兵进剿，布吉尔适当其冲，逃亾略尽，仅存百余户。”

亾* (一) wáng “亡”的异体字。宋·王傥《唐语林·补遗》：“宋沇为太常丞，每言诸悬钟磬亾坠至多，补之者又乖律吕。”宋·蔡絛《铁围山丛谈》卷二：“河阳守臣遁去，而河阳溃，中原人多亾命者，皆直大河而南走。”清·曹抡翰纂《雅州府志》卷十一：“千户马京力战，破贼，身死，弟亭嗣立，亦力战阵亾。”(二) wú “无”的繁体字“無”的古字。宋·李纲《重校正杜子美集叙》：“子美诗凡千四百三十馀篇，其忠义气节、羁旅艰难、悲愤亾聊，一见于诗。”

罔 wǎng “罔”的异体字。

徃 wǎng “往”的异体字。《尉缭子·治本》：“徃世不可及，来世不可待。”“宋·沈辽《走笔酬亨甫……》诗：“少壮已徃谁能逐，此身正如车轪毂。”《水浒传》第四十八回：“既然众位好汉肯作成山寨，且休上山，便烦疾徃祝家庄行此一事。”

朢 wàng “望”的异体字。朔望的望。《说文》：“朢，月满与日相望，以朝君也。从月，从臣，从壬。壬，朝廷也。”（按，“壬”似为“挺”义）马王堆汉墓帛书《十六经·姓争》：“日月相朢，以明其当。”唐·窦臮《述书赋》：“如春林之绚彩，实一朢而写忧。”◎望 wàng 《说文》：“望，出亡在外，望其还也。”原来二字意思、用法有别，后通用“望”。

為# wéi，wèi “为”的繁体字“爲”的异体字。四部丛刊影印宋刊本《礼记·曲礼上》：“席南乡（向）北乡，以西方為上；东乡西乡，以南方為上。”四部丛刊影印元至正本《战国策·魏策》：“臣以為，燕、赵可法，而宋、中山可无為也。”1956 年《汉字简化方案》把“爲”简化作“为”，并且有以“爲”为偏旁的“僞”的简化字“伪”，《简化字总表》有类推简化字“沩［溈］”和“妫［嬀］”。《第一批异体字整理表》没有列“為”和“爲”的关系。繁体字系统多用“爲”，《说文》只收“爲”，后代一些字书也认“爲”作正体，如《康熙字典》不收“為”。

溈# wéi “沩”的繁体字“溈”的异体字。

爲 wéi，wèi “为”的繁体字。参见“為”条。

偽# wěi “伪”的繁体字“僞”的异体字。宋·黄伯思《东观馀论》卷上《法帖刊误叙》：“凡论真偽，皆有据依。”

韡 wěi 见 304 页“韡（xuē）”。

磈* wèi “硙”的繁体字“磑”的异体字。

蝟 wèi “猬”的异体字。《淮南子·说山》：“膏之杀鳖，鹊矢中蝟。”隋·侯白《启颜录》：“有一大虫欲向野中觅肉，见一刺蝟仰卧。”

衞[*] wèi “卫”的繁体字“衛”的异体字。当是正体。《说文》：“衞，宿卫也。”①守卫，守卫者。《国语·齐语》：“筑五鹿、中牟、盖与、牧丘，以衞诸夏之地。”《世说新语·德行》注：“唯绍俨然端冕，以身衞帝。”清·苍弁山樵《殛珅志略》：“即如在京谙达侍衞章京，遇有军务，无不营求前往。”②边远的地方，古代九服或五服之一。《国语·周语上》：“邦外侯服，侯衞宾服，蛮夷要服。”

餧（一）wèi “喂”的异体字。给动物吃东西。《礼记·月令》：“田猎罝罘，罗罔毕翳，餧兽之药，毋出四门。”《楚辞·九辩》：“骥不骤进而丘服兮，凤亦不贪餧而忘食。”唐·宋之文《江南曲》：“采花惊曙鸟，摘叶餧春蚕。”宋·司马光《温国文正司马公文集》卷二十九《陈治要上殿札子》：“譬如开门揖盗，以肉餧虎。”（二）něi “馁”的繁体字“餒”的异体字。饥饿。《荀子·效儒》：“虽穷困冻餧，必不以邪道为贪。”明·萧大亨《夷俗记·待宾》：“又有生平不相知识，或贫或餧，不必卑辞哀请，直入其幕而坐之。”

餵 wèi “喂”的异体字。给动物吃东西。敦煌曲《水鼓子》：“理曲遍来双腋弱，教人把箸餵樱桃。”唐·王仁裕《开元天宝遗事·鹦鹉告事》：“封鹦鹉为绿衣使者，付后宫养餵。”清·蒲松龄《姑妇曲》：“餵鸡餵狗，餵鸭餵鹅。”

螡 wén “蚊”的异体字。清·曹寅《不寐》：“饥螡鼓长喙，哀鸣彻耳根。”清·唐孙华《秋雨不止书闷》：“梧竹清有声，螡蚋迹如扫。”

蟁 wén “蚊”的异体字。当是本字。《说文》：“蟁，啮人飞虫也。蚊，俗蟁。”《晏子春秋·外篇下十四》：“东海有虫，巢于蟁睫，再乳再飞，而蟁不为惊。”《汉书·中山靖王刘胜传》：“夫众煦漂山，聚蟁成雷，朋党执虎，十夫桡椎。”清·姚鼐《夏夜》：“扰攘蟁虻无一影，缠绵络纬有馀声。”

脗 wěn　“吻”的异体字。《庄子·齐物论》：“旁日月，挟宇宙，为其脗合，置其滑涽，以隶相尊。”唐·白居易《无可奈何歌》：“是以达人静则脗然与阴合迹。”清·黄宗羲《明儒学案·甘泉学案》：“与天地宇宙生生之理气，脗合为一体著，流动于腔子，形见于四体，被及于人物。”

甕 wèng　“瓮”的异体字。《周易·井卦》：“井谷射鲋，甕敝漏。”唐·孟浩然《戏题》：“已言鸡黍熟，复道甕头清。”明·叶逢春本《三国志传》卷二：“他伏在甕城边，若撞入去，必然有失。”

罋 wèng　“瓮”的异体字。《墨子·备城门》：“百步一井，井十罋，以木为系连。”《荀子·礼论》：“罋庑虚而不实。”

臥[*] wò　“卧”的异体字。当是本字。《说文》：“臥，休也。”《孟子·公孙丑下》：“坐而言，不应，隐几而臥。”汉·王充《论衡·订鬼》：“昼日则鬼见，暮臥则梦闻。”清·钟琦《皇朝琐屑录》卷四十：“旧传，人裸臥雪中，貂就而温之，人因扑而杀之。其说妄也。”

汙 wū　“污”的异体字。《说文》：“汙，薉（秽）也。”《尚书·胤征》：“旧染汙俗，咸与维新。”《左传·宣公十五年》：“高下在心，川泽纳汙。”

汚 wū　“污”的异体字。《管子·中匡》：“入者不说(悦)，出者不誉，汚名满天下。”金·董解元《西厢记诸宫调》卷七：“玉翼蝉，才读罢，仰面哭，泪把青衫汚。”

杇[#] wū　“圬”的异体字。当是本字。《说文》：“杇，所以涂也。”《论语·公冶长》：“朽木不可雕也，粪土之墙不可杇也。”

吳[*] wú　“吴”的异体字。当是本字。大声说话。《说文》:“吴,大言也。从夨口。”清·段玉裁注:“大言非正言也,故从夨口。”《楚辞·涉江》:“乘舲船余上沅兮,齐吴榜以击汰。”汉·王逸注:“士卒齐举大棹而击水波。”《世说新语·言语》:“臣犹吴牛,见月而喘。”○“吴”本为俗字。《三国志·吴书·薛综传》:“无口为天,有口为吴。”

無 wú “无”的繁体字。二字意思、用法相同,繁体字系统以“無”为正。《说文》:“無,亡也。无,奇字。”①没有。《孙子·军争》:“是故军無辎重则亡,無粮食则亡,無委积则亡。”②非,不是。《管子·形势》:“则国非其国,而民無其民也。”③不。《尚书·洪范》:“無偏無党,王道荡荡。”○《周易》用“无”。《周易·益卦》:“天施地行,其益无方。”《庄子》多用“无”。《庄子·逍遥游》:“今子有大树,患其无用,何不树之于无何有之乡,广莫之野。”

牾 wǔ “忤”的异体字。当是本字。《说文》:“牾,逆也。”《汉书·酷吏传》:“自郡吏以下皆畏避之,莫敢于牾。”《后汉书·桓典传》:“贼破,还,以牾宦官,赏不行。”

阢* wù “杌”的异体字。[阢陧]即“杌陧”,倾危不安。参看“陧”。

痦# wù “痦”的异体字。鲁易等《团结立功》:“他有个记号,正脑门儿上有个黑痦子。”

悞* wù “误”的繁体字“誤”的异体字。唐·白居易《不如来饮酒》:“莫学长生曲,仙方悞杀君。”敦煌曲《渔歌子》:“睹颜多,思梦悞,花枝一见狠无门路。”宋·叶适《太府少卿李公墓志铭》:“边事既坏矣,尚多夸诩,以悞朝德。”宋·史达祖《万年欢·春思》:“燕子春愁未醒,悞几处芳音辽绝。”清·顾炎武《与魏某书》:“下病农夫,上悞国课。”

隖 wù “坞”的繁体字“塢”的异体字。当是本字。《说文》:“隖,小障也。一曰卑城也。”①四边高中间底的地方。宋·史达祖《杏花天·清明》:“过花隖,香吹醉面,归来立马斜阳岸。”②小城堡。元·周权《意行》:“山寺依岩间,村舂隔隖闻。”

噁 wù 见74页“噁(ě)”。

X

晳 xī　“晰”的异体字。从“析”从“日”。①清楚。汉·王充《论衡·刺孟》:“操见于众,昭晳议论。”《文心雕龙·正纬》:“孝论昭晳,而钩谶葳蕤。”②明亮。唐·杨炯《庭菊赋》:“其在夕也,言庭燎之晳晳,其向晨也,谓明星之煌煌。”③白色。《诗经·鄘风·君子偕老》:“玉之瑱也,象之揥也,扬且之晳也。”历代不同版本或作“皙”,且多有辩说。《诗经》孔传说:“晳,白晳。”《说文》:“皙,人色白也。从白,析声。”《说文》无“晳”(从日)字,而另有“晢”字,注曰:“昭,晣明也。从日,折声。”“昭”字注:“日明也。”显然与“晳”或“皙”白色义无关。《诗经·君子偕老》作“皙”当是。又,《论语·先进》所记孔子弟子曾点(《史记·仲尼弟子列传》作“蒧”),字晳,与名用字反义取字。多种版本《论语》作“皙”。如果以《诗经》、《说文》为据,应该认为“晳”(从日)的白色义,特别是指人的皮肤白色义,属借用字形,严格说属误用;这种“误用”由来已久。《论衡·死伪》:“汤晳以长,颐以髯,锐上而丰下,倨身而扬声。”这里是与“伊尹黑而短”相比较说的,意思是商汤肤色白。陶曾佑《中国文学之概观》:“慎勿数典忘祖,徒欢迎晳种之余唾。”晳种,白种人。〇1.“晳”与“晢”词义无关。2.注意,“晳”从“日”,下边的“皙”从“白”。

腊 xī　“臘”的简化字“腊(là)”的同形字。①干肉。《周易·噬嗑卦》:“噬腊肉,遇毒,小吝无咎。”唐·孔颖达疏:“腊是坚刚之肉也。”

《周礼·天官·腊人》:"腊人掌干(乾)肉。"汉·郑玄注:"腊,小物全干(乾)。"②制作干肉。《庄子·外物》:"任公子得若鱼,离而腊之。"唐·柳宗元《捕蛇者说》:"[蛇]得而腊之以为饵,可以已大风、挛踠、瘘、疠,去死肌,杀三虫。"③皮肤干裂。《灵枢经·寒热病》:"毛发焦,鼻槁腊。"④副词。极。《国语·周语下》:"高位寔疾颠,厚味寔腊毒。"三国吴·韦昭注:"腊,亟也。"〇今规范字系统,"腊"通常读 là,如"腊(là)肉",冬天腌制的肉;"腊(xī)肉",干(乾)肉,肉干。需根据上下文确定读音。

晳 xī "晰"的异体字。从"析"从"白"。①肤色白净。《周礼·地官·大司徒》:"四曰坟衍,其动物宜介类,其植物宜荚物,其民晳而瘠。"《汉书·霍光传》:"光为人沉静详审,长才七尺三寸,白晳。"②白色。《左传·定公九年》:"有先登者,臣从之,晳帻而衣貍制。"杨伯峻注:"晳,白色。"章炳麟《菌说》:"而谓至戚不异于行路,华种无间于晳人,其可乎?"晳人,白种人。参看"晳"。△《通用规范汉字表》稿:义为人的皮肤白,不再作为"晰"的异体字。

棲 xī 见 219 页"棲(qī)"。

熙 xī "熙"的异体字。

熈 xī "熙"的异体字。宋刊《老子道德经》第二十章:"众人熈熈,如享太平,如登春台。"明·何良俊《语林》卷十七:"魏中山王熈,博识之士。"

郗 xī "膝"的异体字。《史记·范雎蔡泽列传》:"郗行蒲伏(匍匐),稽首肉袒。"《世说新语·德行》:"太傅时年七八岁,著青布裤,在兄郗边坐。"

谿 xī "溪"的异体字。①山中不通外界的沟渎。《说文》:"谿,山渎无所通者。"《墨子·亲士》:"谿陕(xiá)者速涸,逝浅者速竭。"②山间的水流。晋·左思《蜀都赋》:"山阜相属,含谿怀谷。"

南朝梁·庾肩吾《咏舞曲应令》:"石城定若远,淇谿应几深。"③山间低洼狭长地带。《韩非子·守道》:"夫贪盗不赴谿而掇金,赴谿掇金则身不全。"《吕氏春秋·察微》:"使治乱存亡若高山之与深谿,若白垩之与黑漆,则无所用智。"汉·高诱注:"有水曰涧,无水曰谿。"《汉书·郊祀志》:"又至云阳,行谿谷中,厄狭且百里。"④中医学术语。《素问·气穴论》:"肉之大会为谷,肉之小会为谿。肉分之间,谿谷之会,以行荣卫,以会大气。"以上,繁体字系统不作"溪"。又:谿盎、谿边、谿春、谿父、谿极、谿卡、谿滩、谿心,不作"溪"。◎溪 xī 只有山间水流义与"谿"同,"谿"的其他义项不写"溪"。△《通用规范汉字表》稿:仅用于姓氏人名、地名。

鳌 xī 见 169 页"鳌(lí)"。

譆 xī "嘻"的异体字。叹词。《战国策·齐策三》:"齐王和其颜色曰:'譆,先君之庙在焉。'疾兴兵救之。"《文选·曹植〈七启〉序》:"玄微子俯而应之曰:'譆,有是言乎?'"唐·李善注:"郑玄《礼记》注曰:'譆,悲恨之声也。'譆与嘻古字通也。"○《说文》:"譆,痛也。"

蓆 xí "席"的异体字。"席"的分化字。①芦苇、竹篾等编成的坐卧铺垫用具。《韩非子·存韩》:"韩事秦三十余年,出则为捍蔽,入则为蓆荐。"清·文康《儿女英雄传》第二十九回:"你倒是揭起炕毡子来,把那蓆篾儿给我撅一根来罢。"○本作"席"。《诗经·邶风·柏舟》:"我心匪席,不可卷也。"《孟子·滕文公上》:"皆衣褐,捆屦织席以为食。"又:蓆箔、蓆地、蓆卷(捲)、蓆棚、芦蓆、苇蓆、幕天蓆地,也写"席"。②广大。《说文》:"蓆,广多也。"《诗经·郑风·缁衣》:"缁衣之蓆兮,敝,予又改作兮。"孔传:"蓆,大也。"○"席"的其他义项不作"蓆"。

灑 xǐ 见 239 页"灑(sǎ)"。

係 xì "系"的繁体字。实为

“系”的异体字。《第一批异体字整理表》把“係”和“繫”作为“系”的异体字淘汰。三个字的意思相关而不完全相等。①束缚，捆绑。《周易·坎卦》：“係用徽纆，置于丛棘，三岁不得。”《左传·襄公十八年》：“献子以朱丝係玉二瑴。”②系（jì）物的带子。《吕氏春秋·不苟》：“武王至殷郊，係堕。”③维系。《庄子·大宗师》：“况万物之所係而一化之所待乎。”《北史·齐纪上》：“孙腾以为朝廷隔绝，不权立天子，则众望无所係。”④继续。《后汉书·安帝纪》：“亲德係后，莫宜于祜。”唐·李贤注：“係即继也。”清·郝懿行《宋琐语》卷上：“时袁豹、江夷相係为昶司马。”⑤缀。《后汉书·马武传》：“其外又有王常、李通、窦融、卓茂，合三十二人，故依其本第係之篇末，以志功臣之次云尔。”⑥是。宋·苏轼《相度准备赈济第三状》：“访闻苏秀最係出米地分。”《水浒传》第三回：“捕捉打死郑屠犯人鲁达，即係经略府提辖。”明·孟称舜《二胥记》第十九出：“有一老儿，称係元帅故人申包胥差来求见。”又，係臂、係词、係道、係缚、係羁、係晋、係虏、係路、係是、係数、係嗣、係琐、係蹄、係仰、係引，繁体字系统习惯不写“繫”或“系”。係风、係胫、係累、係恋、係縻、係念、係属、係心、係意、係踵，也写“繫”。○参看“繫”。

戲 xì “戏”的繁体字“戲”的异体字。《吴越春秋·勾践伐吴外传》：“国中童子戲而遇孤，孤餔而啜之。”《北史·司马子如传》：“子如性滑稽，不事检裁，言戲秽亵，识者非之。”宋·姜夔《翠楼吟·武昌安远楼成》：“此地宜有词仙，拥素云黄鹤与君游戲。”

毄* （一）xì “系”的繁体字“繫”的异体字。①拘系，拴缚。《睡虎地秦墓竹简·秦律十八种》：“人奴妾毄称旦春，貣衣食公，日未备而死者，出其衣食。”②豢养牲畜。《汉书·景帝纪》：“郡国或硗狭，无所农桑毄畜。”唐·颜师古注:“毄谓食养之……毄,古繫字。”(二)jī“击”的繁体字“擊”的异体字。打击。《周礼·考工记·庐人》:“毄兵同强。”唐·贾公彦疏:“毄,以殳长丈二尺而无刃,可以毄打人。”《睡虎地秦墓竹简·为吏之道》:“申之义,以毄畸,欲令之具下勿议。”

繫“系”的繁体字。实为“系”的异体字。(一)xì ①捆绑。《国语·周语下》:“铸之金,磨之石,繫之丝木。”三国魏·韦昭注:“繫丝木以为琴瑟也。”《礼记·礼器》:“三日繫,七日戒,三日宿,慎之至也。”汉·郑玄注:“繫,繫牲于牢也。”按,这一意思或可读jì。②系(jì)物的带子。《仪礼·士丧礼》:“握手用玄纁里长二尺,广五寸,牢中旁寸,著组繫。”《韩非子·外储说左下》:“文王伐崇,至凤凰虚,袜繫解,因自结。”③约束。汉·贾谊《鹏鸟赋》:“愚士繫俗兮,窘若囚居。”特指拘禁。《史记·越王勾践世家》:“汤繫夏台,文王囚羑里。”元·关汉卿《裴度还带》第二折:“累及好人,无故繫狱。”④连缀。《逸周书·作洛解》:“南繫于洛水,北因于郏山。”《周礼·天官·大宰》:“以九两繫邦国之民。”⑤关涉。张衡《西京赋》:“处沃土则逸,处瘠土则劳,此繫乎地者也。”明·李贽《答焦漪园书》:“年来有书三种,惟此一种繫千百年是非。”⑥世系。《周礼·春官·瞽蒙》:“讽诵诗,世奠繫,鼓琴瑟。”汉·郑玄注:“谓帝繫诸侯卿大夫世本之属也。”《史记·五帝本纪》:“孔子所传《宰予问五帝德》及《帝繫姓》,儒者或不传。”又:繫帛、繫船、繫辞、繫怀、繫考、繫缆、繫缧、繫铃、繫络、繫马、繫迷、繫名、繫命、繫囚、繫世、繫束、系托(託)、繫衔、繫象、繫械、繫腰、繫狱、繫治、繫滞、繫舟、繫肘、繫足、繫组,繁体字系统不写“係”或“系”。(二)jì打结。唐·王仁裕《开元天宝遗事·传书燕》:“燕遂泊于肩上,见有一小封书,繫于足上。”《水浒传》第十六回:“杨志戴上凉笠儿,穿着青纱衫子，繫了缠带行履麻鞋。”明·宋应星《天工开物·锤锻》：“重千钧者，繫巨舰于狂渊。”◎系 xì ①系(jì)物的带子，或为单股合成。《后汉书·舆服志》：“凡先合单纺为一系，四系为一扶，五扶为一首……首多者系细，少者系粗。”《乐府诗集·捉搦歌》：“黄桑柘屐蒲子履，中央有系两头繫。”②连缀。班固《幽通赋》：“系高顼之玄胄兮，氏中叶之炳灵。”③继承。《后汉书·班固传》：“系唐统，接汉绪。”金·王若虚《王氏献茔之碑》：“乃叙其大略，而系之以铭。”④世系。汉·刘向《别录》：“《世本》，古史官明于古事者之所记也，录黄帝以来帝王诸侯及卿大夫系谥名号，凡十五世。”唐·杜甫《赠比部萧郎中十兄》：“有美生人杰，由来积德门。汉朝丞相系，梁日帝王孙。”⑤现代科学用语。(1)学科中的分类：奥陶系(地质学)、汉藏语系(语言学)。(2)高等院校按专业划分的行政一教学单位：历史系、数学系。又：系列、系谱、系统、父系、母系、派系、旁系、谱系、山系、水系、体系、直系，不写“係、繫”。

陜 xiá ①“狭”的繁体字“狹”的异体字。《墨子·备穴》：“廉版以穴高下广陜为度。”《史记·孙子吴起列传》：“马陵道陜，二旁多阻隘，可伏兵。”②“峡”的繁体字“峽”的异体字。《汉书·地理志》：“媪围、苍松、南山，松陜水所出，北至揟次入海。”唐·颜师古注：“陜，两山之间也。松陜，陜名。”○注意，右边为“夾”，从“人”，与“陕”的繁体字“陝”(从“入”)的区别。

陿 xiá ①“狭”的繁体字“狹”的异体字。《淮南子·本经》：“大而行小，则陿隘而不容。”《汉书·景帝纪》：“郡国或峣陿，无所农桑毄畜。”②“峡”的繁体字“峽”的异体字。汉·刘向《九叹·思古》：“聊浮游于山陿兮，步周流于江畔。”《汉书·赵充国传》：“遣骑候四望陿中，亡虏。”

叚 xiá　见132页“叚”。

舝[#] xiá　“辖”的繁体字“轄”的异体字。①古代为固定车轮而插在车轴两头的关键。当是本字。《说文》：“舝，车轴耑(端)键也。两穿相背。”《诗经·小雅·车舝》：“间关车之舝兮，思娈季女逝兮。”清·顾炎武《日知录》卷三：“兔丝女萝，情同车舝。”②星名。《史记·天官书》：“旁有两星曰衿，北一星曰舝。”〇管辖义不作“舝”。

鎋[#] xiá　“辖”的繁体字“轄”的异体字。《战国策·齐策一》：“主者，循轶之途也，鎋击摩车而相遇。”《淮南子·缪称》：“故终年为车，无三寸之鎋，不可以驱驰。”

廈 xià　见241页“廈(shà)”。

杴[#] xiān　“锨”的繁体字“鍁”的异体字。《齐民要术·作豉法》：“以杴东西作垅，耩豆，如谷(穀)垅形，令稀穊均调。”宋·陆游《纸阁午睡》：“纸阁砖炉火一杴，断香欲出碍蒲帘。”

秈 xiān　“籼”的异体字。唐·元结《拟骚》：“献水芸兮饭霜秈，与太灵兮千万年。”

僊 xiān　“仙”的异体字。《庄子·天地》：“千岁厌世，去而上僊。”《史记·秦始皇本纪》：“于是遣徐市发童男女数千人，入海求僊人。”《李卓吾先生批评琵琶记》上：“有神僊幽怪，琐碎不堪观。”

纎[*] xiān　“纤”的繁体字“纖”的异体字。①细小。宋·黄伯思《东观馀论》卷上《第九王大令书中》：“一行之中，洪纎顿异。”②形容女子的手指。宋刊《中兴词选》张孝祥《满江红·秋怀》：“借春纎、缕鲙擣香齑，新篘熟。”

纖 xiān　“纤”的繁体字。1956年《汉字简化方案》，“纖”和“縴”合并简化为“纤”。①细小。《说文》：“纖，细也。”《尚书·禹贡》：“厥篚玄纖缟。”《三国志·蜀书·诸葛亮传》：“善无微而不赏，恶无纖而不贬。”②细纹丝织品。《楚辞·招魂》：“被文服纖，丽而不奇些。”

《三国志·吴书·吴主传》："抗疏称藩，兼纳纖絺南方之贡。"③纤维，细绒。晋·张望《蜘蛛赋》："吐自然之纖绪，献皇羲而结网。"④形容女子手指。明·汤显祖《紫钗记·得鲍成言》："露春纖弹去了粉红涴，半捻春衫辨。"⑤古代计量单位，一寸或一两的千万分之一。(1)度量单位。明·程大位《算法统宗·零数》："寸、分、厘、毫、丝、忽、微、纖、沙、尘、埃。"(2)重量单位。清·顾炎武《天下郡国利病书·江南六》："均徭银共改一万七百一十八两八钱三厘六毫七丝二忽五微二纖九尘。"(3)计时单位。清·阮元《畴人传·汤若望》："太阳一日平行五十九分八秒一十九微四十九纖三十六芒，最高一年行四十五秒。"〇纖夫，小人；纖手，柔细的手。→縴夫、縴手，拉纤的人。简化字都是"纤夫、纤手"，需要根据上下文辨别。

鱻 "鲜"的繁体字"鮮"的异体字。(一)xiān①新鲜。《周礼·天官·庖人》："凡其死生鱻薨之物，以共王之膳。"唐·贾公彦疏："新杀为鱻。"②鱼名。汉·张衡《南都赋》："归雁鸣鵽，黄稻鱻鱼。"③泛指鱼类。晋·郭璞《江赋》："衣则羽褐，食惟蔬鱻。"(二)xiǎn少。《汉书·叙传上》："惟天地之无穷兮，鱻生民之脢在。"

次 xián "涎"的异体字。口水，唾液。宋·陈师道《礼五台山坐化僧》："欹侧脚不停，竟脱蛟鱼次。"元·姚燧《乌木杖赋》："依居蛟蜃，漱沫濡次。"

絃 xián "弦"的异体字。汉·马融《长笛赋》："曲终阕尽，馀絃更兴。"敦煌曲《破阵子》："携剑弯月沙碛边，抛人如断絃。"宋·周邦彦《片玉集》卷八《兰陵王》："闲寻旧踪迹，又酒趁哀絃，灯照离席。"清·汪琬《说铃》："吾写怀送抱，如絃之有音；所怀既往，则絃停音寂。"又用作动词，弹奏。《吕氏春秋·慎人》："孔子烈然返瑟而絃。"

啣 xián “衔”的繁体字“銜”的异体字。①口含。唐·李贺《苦昼短》:“天东有若木,下置啣烛龙。”清·王夫之《黄书·大正》:“挂吏议,左降褫錮者,犹啣舟络马,飞运以返乡里。”清·蒲松龄《聊斋志异·丐仙》:“鸜鵒又呼曰:‘酒来!’即有青鸾黄鹤,翩翩自日中来,啣壶啣杯,纷置案上。”②怀记在心。《水浒传》第五十回:“在雷横已是啣愤在心,又见母亲吃打,一时怒从心起。”《西游记》第六十二回:“国王疑僧盗宝,啣冤取罪,上下难明。”○官阶、头衔义不作“啣”。

閒(一)xián “闲”的繁体字“閑”的异体字。①空闲。《管子·山国轨》:“高田抚,閒田山不被。”老舍《龙须沟》第一幕第一场:“这么多人家里只有程疯子一个閒人。”②闲暇。《楚辞·湘君》:“交不忠兮怨长,期不信兮告余以不閒。”清·吴家桢《都门纪变百咏》:“阿侬日日閒无事,百首新诗次第编。”③无关紧要。宋·佚名《张协状元》第五出:“据事似孩儿去则犹閒,且是无人照管我门户。”④安静。《庄子·大宗师》:“其心閒而无事。”⑤徒然。金·董解元《西厢记诸宫调》卷六:“一双儿心意两相投,夫人白甚閒疙皱。”◎閑 xián ①栅栏。《周礼·夏官·虎贲氏》:“军旅会同,亦如之,舍则守王闲。”②马厩。苏轼《书韩幹〈牧马图〉》:“碧眼胡儿手足鲜,岁时剪刷供帝闲。”③防御,限制。《诗经·齐风·敝笱序》:“齐人恶鲁桓公微弱,不能防闲文姜,使至淫乱,为二国患焉。”汉·扬雄《太玄·闲》:“闲其藏,固珍宝。”晋·潘尼《乘舆箴》:“所以闲其邪僻年,而纳诸正道。”④捍卫。《孟子·滕文公下》:“闲先圣之道,距杨墨,放淫辞,邪说者不得作。”⑤法度,规范。《论语·子张》:“大德不逾闲,小德出入可也。”⑥通“閒”。(1)空暇。唐·白居易《观刈麦》:“田家少闲月,五月人倍忙。”明·叶逢春本《三国志传》卷一："荀攸亦告闲居，朝廷大臣去其大半。"（2）闲暇。唐・韩愈《把酒》："扰扰驰名者，谁能一日闲。"宋・刘光祖《临江仙・自咏》："闲坐闲行闲饮酒，闲拈闲字闲文，诸公留我笑纷纷。"（3）安静。《淮南子・本经》："质真而素朴，闲静而不躁。"（4）无关紧要。《文心雕龙・章句》："据事似闲，在用实切。"○"閒"和"閑"，自古就有纠缠。《诗经・魏风・十亩之间》："十亩之间兮，桑者闲闲。"通行本大都写"闲"，词义解释也没有分歧。现在看到的西汉的毛传和东汉末年的郑玄笺，均以"闲闲"出目。唐朝初年陆德明《经典释文》则以"閒閒"出目，注曰："音闲。本亦作闲。"与陆德明几乎同时代的孔颖达的撰《毛诗正义》则作"閑閑"。大致可以说，最晚在唐朝初年就有两种写法，或者说当时至少有两种本子流传，有一种肯定是后人改过的。（二）jiān"间"的繁体字"間"的异体字。《说文》："閒，隙也，从门，从月。"南唐・徐锴《说文系传》："大门当夜闭，闭而见月光，是有间隙也。"①中间，内。《孟子・梁惠王上》："七八月之閒旱，则苗槁矣。"②一会儿。《列子・黄帝》："立有閒，不言而出。"③量词。晋・陶渊明《归田园居》："方宅十余亩，草屋八九閒。"（三）jiàn"间"的繁体字"間"的异体字。①空隙。《庄子・养生主》："彼节者有閒，而刀刃者无厚。"②距离，差别。《庄子・天地》："跖与曾、史行义有閒矣，然其失性均也。"③嫌隙。《颜氏家训・兄弟》："况以行路之人，处多争之地，能无閒者，鲜矣。"④离间。《国语・晋语一》："且夫閒父之爱而嘉其贶，有不忠焉。"⑤间谍。《孙子兵法・用閒》："非圣智不能使閒，非仁义不能使閒。"⑥参与。《左传・庄公十年》："肉食者谋之，又何閒焉。"○不计读音，古书写"閒"的地方，大多对应"間（间）"。上列读阴平、去声诸例，传刻过程中，有意无意中或改写“閒(间)”。有一部分词语需据文意辨别。[閒人]《汉书·韩信传》:“信使閒人窥知其不用,还报,则大喜,乃敢引兵遂下。”对应“间”。唐·元稹《酬乐天频梦微之》:“我今因梦魂颠倒,唯梦閒人不梦君。”对应“闲”。[閒行]《史记·项羽本纪》:“审食其从太公、吕后閒行,求汉王,反遇楚军。”对应“间”。唐·张籍《与贾岛闲游》:“城中车马应无数,能解閒行有几人。”对应“闲”。[閒言]南朝齐·王俭《褚渊碑文》:“孝敬淳深,率由斯至,尽欢朝夕,人无閒言。”对应“间”。宋·沈瀛《减字木兰花》:“笑杀常何,空有閒言长语多。”对应“闲”。同一意思,同一本书有时候会有不同写法。如金·董解元《西厢记诸宫调》卷一[仙吕调·赏花时]“素閒琴画,德行文章没包弹”,同卷[高平调·木兰花]“譬如闲走与你看去”。清·孙诒让为《墨子》作注解,书名为《墨子閒诂》。清·叶德炯跋云:“閒诂犹言夹注,与‘笺’同实而异名。”读 jiān。对应简化字是“间”,不能换做“闲”又[閒閒](jiàn jiàn),斤斤分辨是非。《庄子·齐物论》:“大知闲闲,小知閒閒;大言炎炎,小言詹詹。”[閒閒](xián xián),从容自得。《诗经·魏风·十亩之间》:“十亩之间兮,桑者闲闲兮,行与子还兮。”《史记·齐太公世家》:“崔杼怒,因其伐晋,欲与晋合谋袭齐而不得閒。庄公尝笞宦者贾举,贾举复侍,为崔杼閒公以报怨。”

衔 xián “衔”的繁体字“銜”的异体字。晋·左思《蜀都赋》:“候雁衔芦。”《新唐书·张万福传》:“万福因驰至涡口,驻马于岸,悉发漕船相衔进。”

嫺* xián “娴”的繁体字“嫻”的异体字。①文静,雅静。《说文》:“嫺,雅也。”汉·司马相如《上林赋》:“夫若青琴、宓妃之徒,绝殊离俗,妖冶嫺都。”三国魏·曹植《静思赋》:“夫何美女之嫺妖,红颜晔而流光。”②熟练,熟习。《史记·屈原贾生列传》:“博闻强志,明于治乱,嫺于辞令。”明·谢肇淛《五杂俎·地部》:“士子习于周旋,文饰俯仰,应对嫺熟,至不可耐。”

癇 xián “痫”的繁体字。“閒”作为“闲”的异体字淘汰,“癇”类推简化为“痫”。病名。即羊角风。当是本字。《说文》:“癇,病也。”《灵枢经·寒热病》:“暴挛癇眩,足不任身,取天柱。”汉·王符《潜夫论·忠贵》:“哺乳太多,则必掣纵而生癇。”

藖 xián 见223页“藖(qián)”。

醎 xián “咸”的繁体字“鹹”的异体字。①像盐的味道。《战国策·楚策四》:“昼游乎茂树,夕调乎酸醎。”清·陈启源《毛诗稽古编》卷二《采蘩》:“景差《大招》云‘吴酸蒿蒌,不沾薄只’,谓吴人善调酸醎,爚蒌蒿以为齏,其味不浓不薄而甘美也。”②用盐淹渍。《齐民要术·种竹》:“糜熟,须令冷,内竹笋醎糜中一日。”

鹹 (一)xián “咸”的繁体字。同音归并。像盐的味道。当是本字。《说文》:“鹹,銜也。北方味也。”《荀子·正名》:“甘苦鹹淡,辛酸奇味,以口异。”清·文康《儿女英雄传》第二十六回:“姐姐,盐从那么鹹,醋打那么酸,不有当初,怎有今日。”(二)jiǎn 盐土。《本草纲目·金石五》:“鹹音有二:音咸者,润下之味。音减者,盐土之名。”老舍《龙须沟》第三幕第二场:“洗衣裳,跟洗脸,滑滑溜溜又省胰子又省鹹(jiǎn)。”◎咸 ①皆,都。《周易·乾卦》:“首出庶物,万国咸宁。”②普遍。《国语·鲁语上》:“小赐不咸,独恭不优。”又:咸丰、咸阳、咸与维新、老少咸宜,都不能写“鹹”。繁体字系统“咸”不表示像盐的味道。[咸池]相传为尧时乐曲名;又神话中日浴之处。不指盐池。

鷳 xián “鹇”的繁体字,实际是“鷴”的异体字。“閒”作为

“閑”的异体字淘汰，“鷴”据以类推简化为“鹇”。“鷴”当是本字。《说文》：“鷴，鵰也。”南朝宋·谢惠连《雪赋》：“皓鹤夺鲜，白鷴失素。”宋·韩元吉《武夷精舍记》：“鸟则曰鷴、鹧鸪，闻人声，或磔磔集崖上，散漫飞走，而无惊惧之态。”清·徐珂《清稗类钞·动物》：“鷴，亦称白鷴，似山鸡而色白，有黑文。”

尠 xiǎn “鲜(xiǎn)”的繁体字“鮮”的异体字。少。《楚辞·王逸〈疾世〉》：“居嵺廓兮尠畴。”明·朱权《荆钗记·奸诘》：“冀推年谊，借重一言，赞襄岳父母上道，以全半子终养之情，感德岂尠尠哉。”清·徐宗亮《黑龙江述略》卷六：“寺观无僧道，行脚者亦尠，惟呼兰、三城间一遇焉。”

尟 xiǎn “鲜(xiǎn)”的繁体字“鮮”的异体字。少。《周易·系辞下》：“力小而任重，尟不及矣。”唐·玄奘《大唐西域记·蓝摩国》：“窣堵波侧不远，有一伽蓝，僧众尟矣。”清·龚自珍《乙丙之际著议第九》：“巷无才偷，市无才駔，薮无才盗，则非但尟君子也，抑小人甚尟。”

灑 xiǎn 见 239 页“灑(sǎ)”。

玁[#] xiǎn “猃”的繁体字“獫”的异体字。［玁狁］即“猃狁”。周朝时北方的少数民族。《诗经·小雅·采薇》：“靡室靡家，玁狁之故。”毛传：“玁狁，北狄也。”汉·郑玄注：“北狄，今匈奴也。”鲁迅《再论雷峰塔的倒掉》：“玁狁早到过中原，五胡来过了，蒙古也来过了。”

陷[*] xiàn “陷”的异体字。《孝经·谏诤章》：“副器有争(诤)字，则身不陷于不义。”《永乐大典》本古杭书会《小孙屠》：“陷兄弟必贵，盆吊死郊中。”明·叶逢春本《三国志传》卷一：“青州太守龚景有牒文告急，言黄巾围城将陷，乞赐救应。”清·苍弁山樵《殛珅志略》：“伊等即不顾身家，宁忍陷朕于不孝，自列于不忠。”

綫 xiàn “线”的繁体字“綫”

的异体字。《周礼·天官·缝人》:“缝人掌王宫之缝線之事。”唐·韩愈《赠侯喜》:“举竿引線忽有得,一寸才分鳞与鬐。”敦煌曲《倾杯乐》:“闲凭着绣床,时拈金線。”鲁迅《祝福》:“见她瞪着的眼睛的视線,就知道明明是向我走来的。”又姓氏。明代有線补衮。△《通用规范汉字表》稿:仅用于姓氏人名。

舡 xiāng 见 43 页“舡(chuán)”。

廂 xiāng “厢”的异体字。繁体字系统通用“廂”。①东西廊。唐·韦应物《拟古诗十二首》:“徘徊东西廂,孤妾谁与俦。”②正房两侧的房屋。明·张羽《古本董解元西廂记序》:“西廂记者,金董解元所著也。”清·刘鹗《老残游记》十九回:“东廂两间,一间做厨房,一间就是大门。”③旁边。《齐民要术·种瓜》:“其瓜蔓本低,皆令土下四廂高。”《北史·白济国传》:“其冠两廂加翅,戎事则不。”④靠近城区的地方。《宋史·职官志六》:“城内外分南北左右廂。”《明史·吕大器传》:“良玉、大器不和,兵私斗,焚南昌关廂。”清·李宝嘉《官场现形记》第五十一回:“城廂出了盗案,是老兄们负责任。”

瓖[*] xiāng ①“镶”的繁体字“鑲”的异体字。一物嵌于另一物,或围在另一物边缘。明·方以智《物理小识·器用类》:“故县(悬)壁不瓦,瓖攒必俟天润。”清·周嘉胄《装潢志·衬边》:“补缀既完,用画心一色纸,四围飞衬,出边二三分许,为裁瓖用糊之地,庶分毫无侵于画心。”②马头上的玉佩。汉·张衡《东京赋》:“方釳左纛,钩膺玉瓖。”◎镶(一)xiāng ①一物嵌于另一物,或围在另一物边缘。《红楼梦》第四十回:“单拿了一双老年四楞象牙镶金的筷子给刘姥姥。”清·刘鹗《老残游记》第三回:“穿了一件蓝布外褂儿,一条蓝布裤子,都是黑布镶滚的。”②古兵器名。《急就篇》卷三:“矛鋋镶盾刃刀钩。”汉·刘熙《释名·释兵》:"钩镶,两头曰钩,中央曰镶。"(二)ráng 铸铜铁器模型的瓤子。《说文》:"镶,作型中肠也。"南唐·徐锴《说文系传》:"镶,铸钟镛属使内空者,于型范中更作土模,所以后却流铜也,又若果实之穰。"

亯 xiǎng "享"的异体字。元·蒋正子《山房随笔》:"中斋作相,身亯富贵三十年。"

饟 xiǎng "饷"的繁体字"餉"的异体字。①馈赠的食物。《诗经·周颂·良耜》:"其饟伊黍,其笠伊纠。"宋·王明清《挥麈录馀话》卷二:"并以白金为饟。"②运送军粮。《汉书·张耳陈馀传》:"章邯军钜鹿南棘原,筑甬道属河,饟王离。"

衖 xiàng 见180页"衖(lòng)"。

閧 xiàng 见112页"閧(hòng)"。

闀 xiàng 见113页"闀(hòng)"。

曏 xiàng ①"向"的繁体字"嚮"的异体字。方向,朝向。《仪礼·乡射礼》"主人以觯适西阶上酬大夫",唐·贾公彦注:"云其既实觯进西南面立,曏所酬。"○这种意思的实例很少。通常大多用"向"。"向"的其他用法不作"曏"。②从前,不久以前。《说文》:"曏,不久也。"《仪礼·士相见礼》:"曏者,吾子辱使某见,请还挚于将命者。"清·王夫之《宋论·理宗》:"则曏之浮气坌兴,山摇川绝者,今安往邪?"③明,表明。《庄子·秋水》:"证曏今故,故遥而不闷,掇而不跂,知时无止。"◎向 xiàng ①朝北的窗户。《说文》:"向,北出牖也。"《诗经·豳风·七月》:"穹室熏鼠,塞向墐户。"②方向,趋势。《国语·周语上》:"明利害之向。"③对着,朝向。《庄子·秋水》:"河伯始旋其目,望洋向若而叹。"晋·左思《蜀都赋》:"亦有甲第,当衢向术。"唐·韩愈《南山》:"或背若相恶,或向若相佑。"④崇尚。《史记·汲郑列传》:"上方向儒术,尊公孙弘。"⑤偏爱,袒护。《红楼梦》第五十五回:"偏一个向一个,仗着老太太、太太威势的就怕，不敢惹，只拿着软的做鼻子头。”⑥接近，临近。唐·白居易《东坡种花二首》：“东坡春向暮，树木今何如？”以上①和④⑤⑥都不能写“嚮”。△《通用规范汉字表》稿：义为以前，不再作为“向”的异体字。

嚮（一）xiàng “向”的繁体字。①趋向。《尚书·多士》：“嚮于时夏，弗克庸帝。”②朝向。《孟子·滕文公上》：“入揖于子贡，相嚮而哭。”清·王夫之《周易外传》卷一《否》：“是故阴阳有十二位焉，其嚮背相值也。”③方向。唐·柳宗元《送从兄偁罢选归江淮诗序》：“今吾逴逴末路，寡偶希合，进不知嚮，退不知守。”④窗户。《淮南子·说山》：“四方皆道之门户牖嚮也。”⑤从前。《吕氏春秋·察今》：“病变而药不变，嚮之寿民，今为殇子矣。”（二）xiǎng 与“响”的繁体字“響”通。《周易·系辞上》：“其受命也如嚮。”唐·陆德明《释文》：“嚮，又作響。”

殽（一）xiáo “淆”的异体字。混杂，杂乱。当是本字。《说文》：“殽相杂错也。”《国语·周语下》：“如是，而加之以无私，重之以不殽，能避怨矣。”《汉书·食货志》：“铸作钱布，皆用铜，殽以连锡。”（二）yáo ①通“肴”。菜肴。《诗经·小雅·宾之初筵》：“笾豆有楚，殽核维旅。”《西游记》第一回：“锅灶傍崖存火迹，樽罍靠岸见殽渣。”②通“崤”。山名。《左传·僖公三十二年》：“晋人御师必于殽。”清·王夫之《黄书·离合》：“河南则出潼、殽、嵩、少、熊耳、桐柏之山。”△《通用规范汉字表》稿：xiáo 仅用于地名。

篠#（一）xiǎo “筱”的异体字。细竹。《尚书·禹贡》：“三江既入，震泽底定，篠簜既敷。”孔传：“篠，竹箭。”唐·孔颖达疏：“篠为小竹。”唐·许浑《和宾客相国咏雪》：“霁添松篠媚，寒积蕙兰猜。”（二）tiào “蓧”的异体字。除草工具。北周·庾信《竹杖赋》:“终堪荷篠,自足驱禽。”◎筱 xiǎo 小竹。《说文》:“筱,箭属。小竹也。”宋·陆游《过大蓬岭度绳桥至杜秀才山庄》:“柳空丛筱出,松偃翠萝蒙。”

効 xiào “效”的异体字。《楚辞·怀沙》:“抚情効志兮,冤屈而自抑。”《三国志·魏书·辛毗传》:“陛下用思者,诚欲取其効力,不贵虚名也。”明·何良俊《语林》卷二十一:“齐高祖于华林宴,命诸臣各効伎。”

咲 xiào “笑”的异体字。《汉书·外戚传下》:“《易》曰:‘鸟焚其巢,旅人先咲后号咷。”敦煌变文《太子成道变文》:“太子并总不看,见前劫婢女破面与咲。”元·揭傒斯《送涂云章》:“相顾一咲粲,青春满南天。”明·叶逢春本《三国志传》卷一:“玄德曰:‘昔高祖得天下也,盖为能招降纳明,公何不容。’隽咲曰……”

笑* xiào “笑”的异体字。《竹书纪年》卷上:“舜乃磬堵持衡而笑。”《谷(穀)梁传·定公十年》:“笑君者罪当死,使司马行法。”宋刊《中兴词选》康与之《瑞鹤仙·上元应制》:“风柔夜暖花影乱,笑声喧。”金·董解元《西厢记诸宫调》卷一:“但落魄一笑,人间今古难遇。”○唐宋字书认为“笑”是“笑”的正体,“咲”是通用体。唐·颜元孙《干禄字书》:“咲,通;笑,正。”

傚 xiào “效”的异体字。《诗经·小雅·鹿鸣》:“我有嘉宾,德音孔昭,视民不恌,君子是则是傚。”汉·桓宽《盐铁论·未通》:“民相仿傚,田地日芜。”晋·葛洪《抱朴子·审举》:“上为下傚,君行臣甚。”宋·岳珂《桯史·何处难忘酒》:“自唐白乐天始为《何处难忘酒》诗,其后诗人多傚之。”

蠍 xiē “蝎”的异体字。《北齐书·南阳王绰传》:“多取蠍,将蛆混,看极乐。”清·蒲松龄《聊斋志异·蠍客》:“南商贩蠍者,岁至临朐,收买甚多。”

叶 xié 参见 317 页“葉(yè)”。

衺 xié “邪”的异体字。《墨子·辞过》:“是以其民饥寒并至,故为衺奸。”《周礼·天官·宫正》:“去其淫怠与其奇衺之民。”

脅 xié “胁”的繁体字“脇”的异体字。《说文》:“脅,两膀也。”《楚辞·天问》:“平脅曼肤,何以肥之。”《礼记·礼运》:“冕弁兵革,藏于私家,非礼也,是谓脅君。”

絜 xié 见 140 页“絜(jié)”。

擕 xié “携”的异体字。《世说新语·德行》:“后贼追至,王[朗]欲舍所擕肉。”

擕 xié “携”的异体字。汉·陈琳《为袁绍檄豫州》:“[曹操]父嵩,乞丐擕养,因赃假位,舆金辇璧,输货权门。”《晋书·王雅传》:“雅素被优遇,一旦失权,又以朝廷方乱,内外擕离,但慎默而已,无所辩正。”

攜 xié “携”的异体字。晋·张协《七命》:“若乃目厌常玩,体倦帷幄,攜公子而双游,时娱观于林麓。”

鞵 xié “鞋”的异体字。宋·陆游《渭南文集》卷二十四《雍熙请伦老疏》:“青鞵布袜,忽寻秦望之盟。”宋·冯取洽《沁园春·中和节日为黄玉林寿》:“青鞵布袜乌巾,试勇往蓉溪一问津。”清·俞樾《右台仙馆笔记》卷五:“其人了无疾苦,但言欲制某色衣,某色裤,某色鞵袜。”

攜 xié “携”的异体字。《说文》:“攜,提也。”《诗经·大雅·板》:“天之牖民,如埙如篪,如璋如珪,如取如攜。”敦煌曲《破阵子》:“攜剑弯弓沙碛边,抛人如断弦。”宋·司马光《温国文正司马公文集》卷十《送致仕朱郎中令孙》:“囊中虽乏千金直,膝下常攜两绶儿。”清·永贵、苏尔德《新疆回部志》卷二:“张围广猎,亦有乘马具橐鞬攜弓矢鸟枪者。”

洩 (一)xiè “泄”的异体字。发泄。《管子·山至数》:“故善为天下者,谨守重流,而天下不吾洩矣。”清·蒲松龄《聊斋志异·梦狼》：“我等之来，为一邑之民洩冤愤耳。”唐朝避唐太宗李世民讳而改“世”旁“泄”为“曳”旁“洩”。(二)yì[洩洩]。①舒畅和乐的样子。《左传·隐公元年》：“姜出而赋曰：‘大隧之外，其乐也洩洩。’”②飞翔的样子。晋·木华《海赋》：“翔雾连轩，洩洩淫淫。”清·王昶《后蜀毛诗石经残本》：“‘泄泄’从‘世’，改作‘洩洩’……盖从(唐)开成本之原文。”

渫(一)xiè ①“泄”的异体字。《庄子·秋水》：“天下之水，莫大于海，万川归之而不盈，尾闾渫之而不虚。”《金史·选举志》：“泰和三年，上以弥封官渫语于举人，敕自今女直司则用右选汉人封，汉人司则以女直司封。”②散发。汉·枚乘《七发》：“虚中重听，恶闻人声。精神越渫，百病咸生。”③淘井，以清除污秽。《说文》：“渫，除去也。”《周易·井卦》：“井渫不食，为我心恻。”清·孙星衍注引向秀曰：“渫者，浚治去污浊也。”晋·木华《海赋》：“群山既略，百川潜渫。”转指污浊。《汉书·王褒传》：“去卑辱奥渫而升本朝，离疏释蹻而享膏粱。”(二)dié[渫渫]泪流不断。汉·佚名《孤儿行》：“泪下渫渫，清啼累累。”[渫血]血流遍地。清·夏燮《中西纪事·庚申换约之后》：“粤事决裂，而后天津畿辅鼓其狂澜，煽其逆焰，以致禁城渫血。”

絏 xiè “绁”的繁体字“紲”的异体字。①绳索。《左传·僖公二十四年》：“臣负羁絏，从君巡于天下。”②拘系。《论语·公冶长》：“虽在缧絏之中，非其罪也。”唐·皮日休《遇谤》：“手欲动兮似拲(gǒng)，足将行兮如絏。”

蠏 xiè “蟹”的异体字。晋·干宝《搜神记》卷十三：“蟛蜞，蠏也，尝通梦于人，自称长卿。”宋·周邦彦《片玉集》卷五《齐天乐·秋思》：“凭高眺远，正玉液新篘，蠏螯初荐。”宋·王镃《溪村》：“行蠏上枯岸，饥禽衔落花。”

燮 xiè “燮”的异体字。调和，协调。汉·张衡《东京赋》：“北燮丁令，南谐越裳，西包大秦，东过乐浪。”唐·韩愈《为宰相贺雪表》：“臣等职在燮和，惭无效用，睹斯庆泽，寔荷鸿休。”宋·司马光《温国文正司马公文集》卷五十六《赐宰臣曾公亮已下贺寿星出现批答》：“卿等浚明一心，寅亮元化，燮友器物，导迎善祥。”

訢 xīn 《第一批异体字整理表》作为“欣”的异体字淘汰。1964年《简化字总表》有类推简化字“䜣”。1988年《现代汉语通用字表》未收。○《孟子·尽心》：“终身訢然，乐而忘天下。”义为喜悦，可以换用“欣”。《礼记·乐记》：“天地訢合，阴阳相得。”义为和气交感，读 xī。《汉书·石奋传》：“僮仆訢訢如也，唯谨。”义为谨慎戒惧，读 yín。后二例明显不能换用“欣”。△《通用规范汉字表》稿：xīn 仅用于姓氏人名。

顖# xìn “囟”的异体字。囟门，脑门。汉·刘向《说苑·辨物》：“[人生]三年顖合而后能言。”宋·赵珙《蒙鞑备录·风俗》：“留三搭头，在顖门者稍长则剪之。”元·陶宗仪《南村辍耕录》：“恐顶顖有顶，涂其迹耳。”《西游记》第二回：“自顖门中吹入六腑，过丹田，穿九窍，骨肉消疏，其神自解。”

莕* xìng “荇”的异体字。《尔雅·释草》：“莕，接余，其叶苻。”唐·陆德明《释文》：“莕，本亦作荇。”《说文》：“莕，菨馀也，从艸，杏声。荇，莕或从行，同。”

倖 xìng “幸”的异体字。①侥幸。清·吴敬梓《儒林外史》第三十五回：“不由进士出身，骤跻卿贰，我朝祖宗无此法度，且开天下以倖进之心。”[僥倖]即“侥幸”。汉·蔡邕《独断》：“世俗谓幸为僥倖。”②宠爱。《后汉书·黄香传》：“宠遇甚盛，议者讥其过倖。”参看138页“儌”和139页“徼”。

兇 xiōng “凶”的异体字。①凶恶。《世说新语·自新》：“周处年少时，兇强侠气，为乡里所患。”唐·韩愈《元和圣德诗》：“有恇其兇，有饵其诱。”宋·司马光《温国文正司马公文集》卷五十八《上庞副枢论贝州事宜书》：“自馀皆迫于兇威，不得已而从之者也。”②凶狠险恶的人。三国魏·曹植《责躬》：“将置于理，元兇是率。”金·董解元《西厢记诸宫调》卷六：“论策则立摧兇丑。”《水浒传》四十七回：“这李逵自小兇顽，因打死了人，逃走江湖上，一向不曾回归。”③使人恐惧。《左传·僖公二十八年》：“师迁焉，曹人兇惧，为其所得者棺而出之。”◎凶①不吉利，灾祸。《诗经·王风·兔爰》：“我生之后，逢此百凶，尚寐无聪。”《左传·昭公三十二年》：“越得岁，而吴伐之，必受其凶。”②灾荒，收成不好。《孟子·梁惠王上》：“河内凶，则移其民于河东，移其粟于河内；河东凶，亦然。”清·龚自珍《农宗》：“丰凶肥硗，寡庶易不易，法不尽同，关群吏。”③夭折。《尚书·洪范》：“六殛，一曰凶短折。”唐·孔颖达疏引郑玄云：“未龀曰凶，未冠曰短，未婚曰折。”〇“兇”是“凶”的增符分化字。《说文》：“兇，扰恐也，从人在凶下。”[凶谶]不吉利的预兆。[凶德]违背仁义的恶行。[凶服]丧服。[凶耗]死讯。[凶礼]逢凶事而举行的哀吊仪式。[凶门]办丧事之家以白布等扎成的门形。[凶年]荒年。[凶信]死讯；不吉的消息。[凶仪]葬礼。繁体字系统，“凶”①②③不写“兇”。后代二字或相混。不吉利的预兆也写“兇兆”。“凶神”、“兇神”有时所指相同。清·黄小配《廿载繁华梦》第二十回：“周庸佑只得先遣那暗差回去，转进金小霞的房子来，像凶神恶煞的问道。”→许地山《女儿心》：“黑老爷也是面团团，腹便便，绝不像从前那兇神恶煞的样子。”

洶 xiōng “汹”的异体字。当是本字。《说文》：“洶，涌也。”唐·杜甫《水会渡》:“大江动我前,洶若溟渤宽。”宋刊《中兴词选》张孝祥《水调歌头》:“雷震灵鼍万叠,洶洶欲崩空。”清·吴铭道《恒山游记》:“风松泉竹,一时振响,如在波涛洶涌中。”

胷 xiōng “胸”的异体字。《左传·僖公二十八年》:“魏犫伤于胷,公欲杀之,而爱其材。”晋·左思《魏都赋》:“开胷殷卫,跨躡燕赵。”

脩 xiū ①“修”的异体字。《诗经·小雅·六月》:“四牡脩广,其大有颙。”《淮南子·本经》:“立仁义,脩礼乐。”《礼记·学记》:“故君子之于学也,藏焉,脩焉,息焉,游焉。”②干(乾)肉。《说文》:“脩,脯也。”《周礼·天官·膳夫》:“凡肉脩之颁赐,皆掌之。”③致送教师的酬金。《论语·述而》:“自行束脩以上,吾未尝无诲焉。”《镜花缘》第十三回:“小儿跟随肄业,以房资作为脩金。”④干枯。《诗经·王风·中谷有蓷》:“中谷有蓷,暵其脩矣。”毛传:“且干(乾)也。”《吕氏春秋·辨土》:“寒则雕,热则脩。”清·俞樾《诸子平议》:“热则脩者,言热则干(乾)缩也。”○“脩”和“修”是两个字。《说文》:“修,饰也。”古代该写“修”的地方往往写“脩”,该写“脩”的地方不能换成“修”。近代以来多写“修”。△《通用规范汉字表》稿:仅用于表示干肉,如“束脩”。

繡 xiù “绣”的繁体字“綉”的异体字。当是本字。《说文》:“繡,五采备也。”《诗经·秦风·终南》:“君子至止,黻衣繡裳。”敦煌曲《思越人》:“美东邻,多窈窕,繡裙步步轻抬。”清·俞蛟《湖嘉风月·丽景》:“彩袖曳风,唾花凝碧,繡鞋步月,瘦玉生香。”

鏽 xiù “锈”的繁体字“銹”的异体字。宋·欧阳修《日本刀歌》:“令人感激坐流涕,鏽涩短刀何足云。”明·刘基《杂诗》十七:“谁谓蚊虻微,积鏽能销铁。”

虗[*] xū “虚”的异体字。宋·司马光《温国文正司马公文集》卷七十九《书孙之翰墓志后》:“窃惧后之人见欧阳公之文,以为如世俗之铭志,但饰虗美以取悦其子孙耳。”金·董解元《西厢记诸宫调》卷一:“僧斋擗掠得好清虗,有蒲团、禅几、经案、瓦香炉。”

鬚 xū “须”的繁体字。实际是“須”的异体字。只用于髫鬚(胡须)义。《左传·昭公二十六年》:“有君子白皙,鬒鬚眉,甚口。”《水浒传》十七回:“只见一个三髭鬚白净面皮的抢将过来,答应道……”清·钱彩《说岳全传》第二十九回:“[汤怀]与大哥差不多本事,只少几根胡鬚。”○胡须义,本作“須”。《说文》:“須,面毛也。”《周易·贲卦》:“贲其须,与上兴也。”《汉书·高帝纪》:“高祖为人,隆准而龙颜,美须髯,左股有七十二黑子。”“須”常用于必须义,增“髟”旁专表胡须。参看116页“髫”。

卹 xù “恤”的异体字。①忧愁。《庄子·德充符》:“寡人卹焉,若有亡也。”②怜悯。《汉书·项籍传》:“今不卹士兵而徇私,非社稷之臣也。”③畏惧。明·何景明《芳树》:“秋风不足卹,华兹亦有时。”④救济。《三国志·魏书·任峻传》:“于饥荒之际,收卹朋友孤遗。”

邮 xù “恤”的异体字。汉·司马相如《上林赋》:“曳独茧之褕绁,眇阎易以邮削。”宋·沈遘《五言出都》:“王事戒靡盬,臣心敢它邮。”清·方东树《考槃集文录》卷九《都君传》:“遗命子周邮族人惟厚。”

昫[*] xù “煦”的异体字。温暖。《说文》:“昫,日出温也。”《三国志·吴书·吴主传》注引《魏略》:“吴王孙权,幼竖小子,无尺寸之功,遭遇兵乱,因父兄之绪,少蒙卵翼昫伏之恩,长含鸱枭反逆之性,背弃天施,罪恶积大。”

勗 xù “勖”的异体字。《诗经·邶风·燕燕》:“先君之恩，以勗寡人。”《后汉书·列女传·曹世叔妻》：“间作《女诫》七章，愿诸女各写一通，庶有补益，裨助汝身；去矣，其勗勉之。”

敍 xù “叙”的异体字。①次序。《说文》：“敍，次第也。”《尚书·洪范》：“五者来备，各以其敍，庶草蕃庑。”②记述。覆宋本《玉台新咏》石崇《王昭君辞序》：“其造新曲多哀怨之声，故敍之于纸云尔。”③头绪。三国魏·曹植《社颂》：“建国承家，莫不修攸敍。”唐·柳宗元《记里鼓歌》：“异铜浑之仪，亦可敍紫微之星次。”

敘 xù “叙”的异体字。①正常的次序。《周礼·地官·乡师》：“凡邦事，令作秩敘。”②评定功绩。唐·温大雅《大唐创业起居注》卷二：“官之大小，并帝自手注，量才敘效，咸得厥宜。”③陈述。清·汪琬《说铃》：“予北游时，金来话别，值宾客盈座，金都不敘语。”清·苍弁山樵《殛珅志略》：“每进见后出外，向廷臣敘说，谈笑如常。”

壻 xù “婿”的异体字。《说文》：“壻，夫也。从士，胥声。《诗》曰：‘女也不爽，士贰其行。’士者，夫也。婿，壻或从女。”汉乐府《陌上桑》：“东方千余骑，夫壻居上头。”《水浒传》第四十八回：“本州岛有个六案孔目，姓王名正，却是毛太公的女壻。”明·孟称舜《花前一笑》第一折：“他父亲临没时嘱咐要觅一快壻以托终身，奈眼前未得其偶。”又，水名。北魏·郦道元《水经注·沔水》：“左谷水出西北，即壻水也。”

賉 xù “恤”的异体字。《晋书·郗鉴传》：“鉴复分所得，以賉宗族及乡曲孤老。”

聟* xù “婿”的异体字。晋·王羲之《杂帖》五：“取卿女聟为长史。”南朝宋·傅亮《观世音应验记》：“于寘王女聟名天忍，为从弟所锁系。”敦煌变文《秋胡变文》：“新妇夫聟游学，经今九载，消息不通，阴(音)信隔绝。”

蕿 xuān “萱”的异体字。

蕿 xuān　“萱”的异体字。

諠 xuān　“喧”的异体字。汉·王褒《洞箫赋》：“惟详察其素体兮，宜清静而弗諠。”清·徐大椿《洄溪道情·戒争产》：“争田地，终日諠。”

藼 xuān　“萱”的异体字。明·吾丘瑞《运甓记·剪发延宾》：“长随藼室，惭莫慰其倚闾。”清·陈裴之《湘烟小录·香畹楼忆语》：“孰能奉吾老母者，采兰树藼，此事固未容草草也。”［藼室］即“萱室”，义同“萱堂”，母亲的住处，指母亲。［树藼］即“树萱”。种植萱草。萱草，俗名忘忧草。喻指消忧。

蕙 xuān　“萱”的异体字。《说文》：“蕙，令人忘忧草也。从艸，宪声。《诗》曰：‘安得蕙艸。’蕿，或从煖；萱，或从宣。”按，今本《诗经·卫风·伯兮》作“焉得諼草”，唐·陆德明《释文》：“諼，本又作萱。《说文》作蕙。或作藼。”清·梁章鉅《归田琐记·楹联剩语》：“桂岭芜城，随地齐歌众母母；蕙心莲性，生天早现法身身。”

衒# xuàn　①“炫”的异体字。自我夸耀。宋·陆游《即事》：“组绣纷纷衒女工，诗家于此欲途穷。”明·徐复祚《投梭记·拒奸》：“王敦篡逆，神人共愤，卑人岂无包胥之志，奈朝廷未尝见知，终难衒玉自售。”②沿街叫卖。《楚辞·天问》：“妖夫曳衒，何号于市？”③眩惑。晋·王嘉《拾遗记·夏禹》：“夫神迹难求，幽暗罔辨，希夷仿佛之间，闻见以之衒惑。”④古谓士人不征自往。三国魏·曹植《求自试表》：“夫自衒自媒者，士女之丑行也。”◎炫 xuàn①光亮。汉·司马相如《长门赋》：“五色炫以相曜兮，烂耀耀而成光。”②艳丽。宋·秦观《蔡氏哀辞》：“颜色炫而未暮兮，所天忽以殒殂。”③迷惑。汉·刘珍《东观汉纪·承宫传》：“彼徒炫名，非实识也。”④夸耀。南朝梁·江淹《草木颂·薯蓣》：“华不可炫，叶非足怜。”○1. 北魏散文学家杨衒之，著有《洛阳伽蓝记》。2. 两字只在夸耀义上相通。

楥 xuàn “楦”的异体字。《说文》：“楥，履法也。”明·方以智《通雅·谚源》：“鞋工木胎为楥头，改作楦，至今呼之。”

璿 xuàn “璇”的异体字。美玉。当是本字。《说文》：“璿，美玉也。”《尚书·舜典》：“在璿玑玉衡，以齐七政。”《穆天子传》卷一：“天子之宝，玉果、璿珠、烛银、黄金之属。”晋·皇甫谧《帝王世纪》：“[武王]命原公释百姓之囚，归璇台之珠玉。”历代多用“璇”。《山海经·中山经》：“[升山]黄酸之水出焉，而北流注于河，其中多璇玉。”

鏇 xuàn “旋”的繁体字，实际是“旋”的异体字。“旋”的增旁分化字。①回旋着切削。《齐民要术·种榆白杨》：“梜者，鏇作独乐及盏。”明·薛论道《林石逸兴·俗语》：“机儿不快梭儿快，鏇的不圆砍的圆。”②旋子，温酒器，用旋子温酒。元·高文秀《黑旋风双献功》第一折：“吃酒处就与他绰鏇提觥。”元·康进之《李逵负荆》第一折：“老王，这酒寒，快鏇热酒来。”以上，繁体字系统或写“旋”。◎旋 xuàn ①转动。唐·李白《大鹏赋》：“左回右旋，倏阴忽明。”②副词。(1)临时。元·马致远《恬退》：“酒旋沽，鱼新买，满眼云山画图开。”(2)频，屡。宋·陆游《夜兴》：“剧谈频剪烛，久坐旋更衣。”以上繁体字系统不写“鏇”。

鞾 xuē “靴”的异体字。汉·曹操《与太尉杨彪书》：“并遗足下贵室错彩罗縠裘一领，织成鞾一量。”宋·周密《武林旧事·公主下降》：“赐玉带鞾笏鞍马及红罗百匹。”

韡(一) xuē “靴”的异体字。元·李治《敬斋古今黈》卷八引宋·陶穀诗：“尖檐帽子卑凡厮，短靿韡儿末厥兵。”清·杜文澜《古谣谚·佛书引语》：“赤脚人赶兔，着韡人吃肉。”(二) wěi ①美。三国魏·曹植《七启》：“于是玄微子攘袂而兴曰：‘韡哉言乎！’”②光明盛大。《诗经·小雅·常棣》：“常棣之华，鄂不韡韡。”晋·潘岳《笙赋》：“旭韡煜熠。”

斈# xué “学”的繁体字“學”的异体字。宋刊《中兴词选》李刘《贺新郎·上赵侍郎生日》：“不斈花奴簪红槿，且看秋香宜晚。”明·薛近兖《绣襦记》第一出：“复整精神，刷目劝斈登科参军之任。”

勳 xūn “勋”的繁体字“勛”的异体字。功业。当是本字。《说文》：“勳，能成王功也。勛，古文勳从員。”《第一批异体字整理表》选“勋”作为正体，它本身笔画少，并且便于类推简化为“勋”。《尚书·大禹谟》：“尔尚一乃心力，其克有勳。”《国语·周语中》：“郑武、庄有大勳于平、桓。”〇繁体字系统通行“勳”。今台湾用“勳”。

壎 xūn “埙”的繁体字“塤”的异体字。《说文》：“壎，乐器也。以土为之，六孔。”《诗经·小雅·何人斯》：“伯氏吹壎，仲氏吹篪。”《诗经·大雅·板》：“天之牖年，如壎如篪。”《诗经》用“壎”，《尔雅》、《周礼》等作“塤”。今台湾“壎”和“塤”并存。

薰 xūn “熏”的异体字。《第一批异体字整理表》合并入“熏”，1988年《现代汉语通用字表》收“薰”，从而成为规范字。①香草。《说文》：“薰，香草也。”《左传·僖公十年》：“一薰一莸，十年尚犹有臭(嗅)。”②香。宋·欧阳修《踏莎行》：“候馆梅残，溪桥柳细，草薰风暖摇征辔。”③和暖。唐·白居易《首夏南池独酌》：“薰风自南至，吹我池上林。”④温和。《庄子·天下》：“薰然慈仁，谓之君子。”◎熏(一)xūn①烟火上升。《说文》：“熏，火烟上出也。”梁·陶弘景《许长史旧馆坛碑》：“兰缸烈耀，金炉扬熏。”②用烟火熏。《诗经·豳风·七月》：“穹窒熏鼠，塞向墐户。”③烧灼。《诗经·大雅·云汉》：“我心惮暑，忧心如熏。”④烟气侵袭。南朝宋·鲍照《代苦热行》：“瘴气昼熏体，草露夜沾衣。”

(二)xùn 指煤气中毒。也指某种气味刺激而引致呼吸道等器官难受。明·西周生《醒世姻缘传》第二十八回："那些普面的妖魔鬼怪，醺得那毒气直触天门，熏戗得玉皇大帝也几乎坐不稳九霄凌虚宝殿。""薰"无此音义。〇两字意思、用法有交叉。"薰"也用于烟气义。南朝宋·鲍照《芜城赋》："薰歇烬灭，光沉响绝。"明·何良俊《语林》卷十八："昔越王翳让位。逃往巫山之穴，越人薰而出之。""熏"也用于香草义。唐·陆龟蒙《奉酬袭美先辈吴中苦雨一百韵》："歌谣废大雅，捃摭为小说；上可补熏茎，傍堪跐芽蘖。""薰"恢复为规范字，实际主要用于香草义。

燻 xūn "熏"的异体字。《墨子·节葬下》："其亲戚死，聚柴薪而焚之，燻上，谓之登遐。"南朝梁·刘孝标《广绝交论》："九域耸其风尘，四海叠其燻灼。"

廵 xún "巡"的异体字。

尋 xún "寻"的繁体字"尋"的异体字。宋·黄伯思《东观馀论》卷上《第六王会稽书上》："追尋帖米以为大令书，非也。字势圆紧，非献之体。"宋·周邦彦《片玉集》卷一《应天长》："强带酒紬尋前迹，市桥远，柳下人家，犹自相识。"金·董解元《西厢记诸宫调》卷三："细尋思此作事对面难，陈师兄略暂听闻。"

蕁 xún 见 223 页"蕁"(qián)。

鱏* xún "鲟"的繁体字"鱘"的异体字。①鲟鱼。宋·程大昌《演繁露·牛鱼》："《燕北录》云：'牛鱼，嘴长，鳞硬，头有脆骨，重百斤，即南方鱏鱼也。'鱏、鱘同。"②白鲟的古称。《说文》："鱏，鱼也。"《史记·屈原贾生列传》："横江湖之鳣鱏兮，固降制于蚁蝼。"南朝宋·裴駰《集解》引臣瓒曰："鱏鱼无鳞，口近腹下。"

狥 xùn ①"徇"的异体字。(1)顺从。《鹖冠子·世兵》："烈士狥名，贪夫狥财。"唐·

刘知几《史通·直书》："盖烈士狥名，壮夫重气，宁为兰摧玉碎，不作瓦砾长存。"(2)谋求。南朝宋·谢灵运《登池上楼》："狥禄反穷海，卧痾对空林。"②通"殉"。三国魏·曹丕《谥庞德策》："昔先轸丧元，王蠋绝脰，殒身狥节，前代美之。"

筍 xùn 见257页"筍(sǔn)"。

Y

枒（一）yā “丫”的异体字。丫杈，枝丫。唐·杜甫《王兵马使二角鹰》：“悲台萧瑟石巃嵸，哀壑杈枒浩呼汹。”元·王恽《赵邈齪虎图行》：“巅崖老树缠冰雪，石嘴枒杈横积铁。”（二）yē 同“椰”。晋·左思《蜀都赋》：“其树则有木兰梫桂，杞櫹椅桐，椶枒楔枞。”

椏 yā ①“丫”的异体字。丫杈，枝丫。唐·皮日休、陆龟蒙《寂上人院联句》：“经笥安岩匼，瓶囊挂树椏。”清·泊明《凤城琐录》：“亦有一根生二梃，各作三四椏者。”②掩，闭。元·李子昌《梁州令》：“春昼永，朱扉半椏，东风静，湘帘低挂。”△《通用规范汉字表》稿：仅用于姓氏、地名和科学技术术语，如五椏果科。

鵶 yā “鸦”的繁体字“鴉”的异体字。《南史·侯景传》：“或走马遨游，弹射鵶鸟。”唐·孟郊《招文士饮》：“梅芳已流管，柳色未藏鵶。”宋·周邦彦《片玉集》卷六《醉桃源》：“再来重约日西斜，倚门听暮鵶。”宋刊《中兴词选》康与之《卖花声·闺思》：“夜过春寒愁未起，门外鵶啼。”

厓# yá ①“崖”的异体字。当是本字。《说文》：“厓，山边也。”南朝齐·谢朓《游山》：“凌厓必千仞，寻溪将万转。”明·汤显祖《嗤彪赋》：“谅厓柴之已去，放野牧以逡巡。”②“涯”的异体字。水边。汉·扬雄《甘泉赋》：“东烛沧海，西耀流沙，北熿幽都，南炀丹厓。”清·徐珂《清稗类钞·战事类》：“忽得明成祖勒铭功之石于水厓。”○“厓”分化，从“山”作“崖”，指山边；从“水”作“涯”，指水边。

琊[*] yá　地名“琅邪（yá）”也作“琅琊”。汉·扬雄《徐州牧箴》：“降周任姜，镇于琅琊。”参看167页“瑯”。

崕[#] yá　“崖”的异体字。宋玉《高唐赋》：“盘石险峻，倾崎崕隤。”

疋[*] yǎ　见213页“疋（pǐ）”。

菸（一）yān　“烟”的异体字。繁体字系统用于指植物类的“菸草、菸丝、菸叶”等词语，如“南洋兄弟菸草公司”。不用于物质燃烧产生的气体。清·徐宗亮《黑龙江外纪》卷六：“呼兰粮食而外，以菸、靛、油、酒、苎麻、干鱼为多。”清·萨英额《吉林外纪》卷七：“独汤头沟有地四五垧，所生菸叶，止有一掌，与别处所产不同。”〇今台湾用“菸”。（二）yū　枯萎。《说文》：“菸，郁（鬱）也。”《楚辞·九辩》：“叶菸邑而无色兮，枝烦挐而交横。”

煙 yān　“烟”的异体字。宋·周邦彦《片玉集》卷五《华胥引》：“川原澄映，煙月冥蒙，去舟如叶。”金·董解元《西厢记诸宫调》卷一：“同业大众众僧都来到，宝兽炉中瑞煙飘。”明·方以智《物理小识·草木类》：“淡巴姑，煙草……其本似春不老，而叶大于菜。”清·汪琬《说铃》：“千条万缕最堪怜，夜带啼鸟晓带煙。”〇今台湾用“煙”。

湮 yān　见321页“湮（yīn）”。

渰[*] yān　①“淹”的异体字。宋·欧阳修《赵康靖公》：“某为水所渰，仓皇中搬家来唐书局。”《水浒传》第五十五回：“水中生擒二百余人，一半水中渰死，些少逃得性命回去。”②阴云。《诗经·小雅·大田》：“有渰萋萋，兴云祁祁。”晋·张协《杂诗十首》：“凄风起东谷，有渰兴南岑。”

醃“腌”的异体字。（一）yān　用盐等浸制菜等食物。宋·陆游《晚兴》：“山童新斫朱藤杖，伧婢能醃白苣荠。”

清·文康《儿女英雄传》第十六回："又褚大娘子里边弄的家园里的瓜菜，自己醃的肉腥。"（二）āng［醃髒］即"肮脏"。《西游记》第十三回："三藏见这般凶险醃髒，不敢久坐，遂出了草亭。"

懕* "恹"的繁体字"懨"的异体字。（一）yān 病态。唐·韩偓《春尽日》："把雨送春愁怅在，年年三月病懕懕。"（二）yàn ①满足。《梁书·王僧辩传》："刳肝斮趾，不懕其快。"②心服。《世说新语·言语》："张玄之、顾敷是顾和中外孙，皆少而聪慧，和并知之，而常谓顾胜，亲重偏至，张颇不懕。"③厌恶。《资治通鉴·梁武帝普通六年》："岂懕久生而乐速死哉。"

臙 yān "胭"的异体字。［臙脂］即"胭脂"。唐·杜甫《曲江对雨》："林花着雨臙脂湿，水荇牵风翠带长。"清·厉鹗《柳营曲·寻秦淮旧院遗址》："名士词公，狎客歌终，醉卧锦臙丛。"〇"胭"有咽喉义。柳宗元《东门行》："绝胭断骨那下补，万金宠赠不如土。"不写"臙"。

閆* yán "阎"的繁体字"閻"的异体字。①里巷。明·佚名《吕翁三化邯郸店》第二折："向东华，上九霄，你到南閆走一遭。"②姓氏。清·吕熊《女仙外史》第六十六回："谭忠又有家将二名，一閆细狼，一张黑胖驴。"〇一说"閆"和"閻"是两个姓，《百家姓》两字全收。

喦 yán "岩"的异体字。南朝齐·谢朓《郡内登望》："威纡距遥甸，巉喦带远天。"清·李汝珍《镜化缘》四十六回："此处不独清秀幽僻，而且前面层喦错落。"

嵒 yán "岩"的异体字。三国魏·曹丕《浮淮赋》："仰嵒冈之崇阻兮，径东山之曲阿。"明·陈继儒《珍珠船》卷三："谷帘水，在庐山，被嵒而下三十派，其广七十尺。"

簷 yán "檐"的异体字。北魏·杨衒之《洛阳伽蓝记》卷三："虽外有四时，而内无寒暑。房簷之外，皆是山池。"

金·董解元《西厢记诸宫调》卷一:"普天下佛寺无过普救,有三簷经阁,七层宝塔。"《水浒传》第四十五回:"石秀看见店中簷下插着十数把好朴刀。"

巖 yán "岩"的异体字。《诗经·鲁颂·閟宫》:"泰山巖巖,鲁邦所詹。"《庄子·山木》:"夫丰狐文豹,栖于山林,伏于巖穴,静也。"敦煌曲《浣溪沙》:"所以将身巖薮下,不朝天。"

巗 yán "岩"的异体字。唐·杜牧《题池州弄水亭》:"孤歌倚桂巗,晚酒眠松坞。"明·姚士粦《见只编》卷上:"白蘋洲有学士石三,为赵文敏家玩石,亦浑沌无大巗壑。"

菴 yǎn 见2页"菴(ān)"。

揜[#] yǎn "掩"的异体字。①遮蔽,掩藏。《淮南子·齐俗》:"其耕不强者,无以养生;其织不强者,无以揜形。"宋·陆游《渭南文集》卷十八《彭州贡院记》:"后王公不出己,二不忌其成,揜其能。"②捕取。《谷(穀)梁传·昭公八年》:"车轨尘,马候蹄,揜禽旅。"晋·范宁注:"揜取众禽。"三国魏·曹植《七启》:"曳文狐,揜狡兔,梢鷫鸘,拂振鹭。"③承袭。《荀子·儒效》:"教诲开导成王,使谕于道,而能揜迹于文武。"④困迫。《周易·困卦》:"困,刚揜也。"唐·孔颖达疏:"兑阴卦为柔,坎阳卦为刚,坎在兑下,是刚见揜于柔也。"《礼记·表记》:"君子慎以辟祸,笃以不揜,恭以远耻。"汉·郑玄注:"揜,犹困迫也。"

晻 yǎn 见3页"晻(àn)"。

鼴 yǎn "鼹"的异体字。宋·刘守《满江红·刘守解任》:"荣对辱,饮河鼴鼠,无过满腹。"明·汤显祖《感宦籍赋》:"鸾视虫其一粒,豹觉鼴以随窠。"

焰[*] yàn "焰"的异体字。宋·周邦彦《片玉集》卷七《解语花》:"风销焰蜡,露浥洪炉。"明·宋濂《宋学士文粹》卷三《志释寄胡征君仲申》:"班生投毫,令名煌燿;

终童请缨，其齿甚少。不有焰焰，孰灒其爓。”《水浒传》第十七回：“约有三四十火发焰，腾腾地一齐都着。”明·叶逢春本《三国志传》卷一：“赶在翠花楼上放火，跳下楼，就楼前剁做肉泥，宫中火焰烧天。”

鴈 yàn “雁”的异体字。宋·司马光《温国文正司马公文集》卷七《山中早春》：“攲巾望归鴈，伏槛听新雷。”宋·周邦彦《片玉集》卷五《风流子》：“望一川暝霭，鴈声哀怨，半规凉月，人影参差。”金·董解元《西厢记诸宫调》卷一：“淅零零疏雨滴梧桐，听哑哑鴈归南浦。”

燄 yàn “焰”的异体字。《尚书·洛诰》：“无若火，始燄燄。”《水浒传》第四十九回：“后门解珍、解宝便去马草堆里放把火，黑燄冲天而起。”

騐 yàn “验”的繁体字“驗”的异体字。唐·罗让《闰月定四时》：“气熏灰琯騐，数扐卦辞推。”明·归有光《张贞女狱事》：“及典史来验，岩尚扬扬在外，为赂騐者。”

嚥 yàn “咽(yàn)”的异体字。《论衡·效力》：“渊中之鱼，递相吞食，度口所能容，然后嚥之。”《暴风骤雨》第一部十八：“有好些人，白天乐得嚥不下饭，下晚喜得睡不着觉。”〇“嚥”不是“咽(yān，yè)的异体字。

贋 yàn “赝”的繁体字“贗”的异体字。伪，假。《南史·戴法兴传》：“帝尝使愿儿出入市里，察听风谣，而道路之言，谓法兴为真天子，帝为贋天子。”宋·赵彦卫《云麓漫钞》卷六：“后因召至长安，上作贋本出示以试之。”明·唐顺之《与贾太守书》：“后忽言此人先造贋书，以误左右之听，闻之不胜惶悚。”

鷰 yàn “燕”的异体字。隋·侯白《启颜录》：“白与众赌讫，解云：‘此是胡鷰窠。’”《全辽文·王说墓志铭》：“鷰集衔泥，鸟来下泪。”唐·王仁裕《开元天宝遗事·传书鷰》：“绍兰目睹堂中，有双鷰戏于梁间。”宋·司马光《温国文正司马公文集》卷七《山中早春》:“岩静闻冰折,巢空喜鸎来。”

醼 yàn “宴”的异体字。汉·枚乘《七发》:“往来游醼,纵恣于曲房隐间之中。”清·方苞《记梦》:“追念平生,侍先君与诸公醼集时甚少,而与先兄谐,则尤加少焉。”

讌 yàn ①《第一批异体字整理表》合并入“宴”,1964年《简化字总表》列有“讌”的类推简化字“䜩”。1988年《现代汉语通用字表》和2009年《通用规范汉字表》未收。①宴会。汉·刘向《列女传·鲁季敬姜》引《诗经·小雅·鹿鸣》:“我有旨酒,嘉宾式讌以乐。”今本《诗经》作“燕”。《后汉书·刘玄传》:“[更始]日夜与妇人饮讌后庭。”清·俞蛟《湖嘉风月·丽品》:“每逢讌集,酒酣拇战,群嚣纷起。”②聚谈。《晋书·王羲之传》:“衣食之馀,欲与亲知时共欢讌。”明·何良俊《语林》卷二十一:“明日对宾客自言其事,后讌集,必举以为笑。”③安处。唐·谷神子《博异记·张遵言》:“前殿浅陋,非四郎所讌处。”

豔 yàn “艳”的繁体字“艶”的异体字。清·蒲松龄《聊斋志异》卷二《水莽草》:“移时,门外一女子入,华妆豔丽,伏地拜母。”清·全祖望《梅花岭记》:“大将豔其色,欲强娶之。”清·吴兰修《黄竹子传》:“语笑于群豔,居红牙绿绮间者数年。”

讞* yàn “谳”的异体字。①案件。《晏子春秋·内篇问上》:“左右多过,狱讞不中,则弦章昵侍。”②审判定罪。清·方苞《狱中杂记》:“复请之,吾辈无生理,而主讞者亦各罢去。”〇“谳”是由“献(獻)”类推简化,没有左“言”右“献”的繁体字。

豓 yàn “艳”的繁体字“艶”的异体字。当是本字。《说文》:“豓,好而长也。从豐(丰),豐,大也。”《诗经·小雅·十月之交》:“楀维师氏,豓妻煽方处。”汉·陈琳《神女赋》："既叹尔以豔采，又说我之长期。"晋·范宁《谷(穀)梁传序》："左氏豔而富，其失也巫。"《醒世恒言·十五贯戏言成巧祸》："在京甚是华豔动人，少不得修了一封家书，差人接取家眷入京。"清·西清《黑龙江外纪》卷六："良妇爱好冶容豔饰，出入于丛祠闹市间。"

敭 yáng "扬"的繁体字"揚"的异体字。《宋书·恩幸传》："明敭幽仄，唯才是与。"清·孔尚任《桃花扇·阻奸》："内为曹郎，外作监司，敭历十年，不曾一日安枕。"

颺 yáng "扬"的繁体字"揚"的异体字。晋·陶渊明《归去来辞》："舟遥遥以轻颺，风飘飘而吹衣。"敦煌曲《凤归云》："孤眠鸾帐里，枉劳魂梦，夜夜飞颺。"清·俞蛟《湖嘉风月·丽品》："每夕阳含波，晚风微颺。"△《通用规范汉字表》稿：飏，仅用于姓氏人名。

么* yāo "幺"的异体字。"麽"的简化字"么"的同形字。①数字"一"的俗称。晋·陆机《文赋》："犹弦么二徽急，故虽和而不悲。"②最后的。沙汀《困兽记》十四："至少民国么年它总会实行啦！"③指排行最小的。转泛指小。宋·岳飞《辞太尉第三札子》："臣一介么微，言语鄙浅。"[么麽]今作"幺麽"。微不足道的人，小人。《三国志·吴书·吴主传》："而睿么麽，寻丕凶迹。"○"么"读me，不写"幺"。

殀 yāo "夭"的异体字。①短命。《孟子·尽心上》："殀寿不贰，修身以俟之。"清·李渔《闲情偶寄·词曲部·结构》："年将九十，即旦夕就木，不为殀矣。"②摧折。龚自珍《病梅馆记》："又不可以使天下之民，斫直，删密，锄正，以殀梅，病梅为业以求钱也。"

署 yāo "腰"的异体字。《玉篇》："腰，胯也。《说文》作'署'。"今本《说文》无此字。《荀子·君道》："楚庄王好细署，故朝有饿人。"覆宋本《玉台新咏》沈约《少年新婚为之咏》:"丰容好姿颜,便僻工言语;胥肢既软弱,衣服亦华楚。"清·谭嗣同《刘云田传》:"臂鹰胥弓矢。"

徼 yāo 见 139 页"徼(jiǎo)"。

傜[#] yáo ①"徭"的异体字。徭役。《史记·李斯列传》:"赋敛愈重,戍傜无已。"晋·潘岳《河阳县作》:"昔倦都邑游,今掌河朔傜。"②瑶族,古也写"傜"。宋·陈师道《后山丛谈》卷四:"二广居山谷间,不隶州县,谓之傜人。"

殽 yáo 见 295 页"殽(xiáo)"。

窰 yáo "窑"的异体字。繁体字系统为正体。唐·段成式《酉阳杂俎·雷》:"及午,介山上有黑云,气如窰烟。"清·富察敦崇《燕京岁时记·瑶台》:"瑶台即窰台,在正阳门外黑窰厂地方。"清·俞樾《右台仙馆笔记》卷一:"附近有砖窰,相距里许,窰人舁之归,谋奉为窰神。"

窯 yáo "窑"的异体字。当是本字。《说文》:"窯,烧瓦灶也。"《墨子·备穴》:"穴内口为灶,令如窯。"明·陶宗仪《南村辍耕录·窯器》:"末俗尚靡,不贵金玉而贵铜磁,遂有秘色窯器。"《清史稿·周元理传》:"并请开附近潘家口汎煤窯。"

餚 yáo "肴"的异体字。肉类熟食。《国语·周语中》:"亲戚宴飨,则有餚烝。"明·徐弘祖《徐霞客游记·滇游日记四》:"割鸡为饷,餚多烹牛杂脯而出,甚精洁。"

繇[*] (一)yáo "徭"的异体字。徭役。《商君书·徕民》:"民无一日之繇,官无数钱之费。"《资治通鉴·秦二世二年》:"今上急益发繇,治阿房宫。"(二)yóu 通"由"。①用。《吕氏春秋·贵当》:"名号大显,不可强求,必繇其道。"②自。《史记·孝文本纪》:"祸自怨起,而福繇德兴。"(三)zhòu 通"籀"。古时占卜的文辞。《左传·闵公二年》:"成风闻成季之繇,乃事之,而属僖公焉。"
〇"繇"的几个读音都有多项

用法，比较生僻，不详列。

齩 yǎo “咬”的异体字。《汉书·食货志》：“罢（pí）夫羸老，易子而齩其骨。”唐·韩愈《答孟郊》：“见倒谁肯扶，从嗔我须齩。”清·褚人获《坚瓠九集》卷三：“礼祠主膳，啖虀吃面；兵职驾库，齩姜呷醋。”闻一多《红烛·死》：“让你那无情的牙齿齩死我。”

燿 yào “耀”的异体字。①光耀。《老子》第五十八章：“是以圣人方而不割，廉而不刿，直而不肆，光而不燿。”《淮南子·修务》：“察于辞者，不可以燿以名。”②日、月与五行合称七燿（耀）。后作“曜”。晋·范宁《春秋谷（穀）梁传序》：“阴阳为之愆度，七曜为之盈缩。”唐·陆德明《释文》：“燿，本又作曜。”

枒 yē 见309页“枒（yā）”。

鎁[*] yé 参见197页“鏌（mò）”。

埜 yě “野”的异体字。《晏子春秋·外篇十九》：“及庄公陈武夫，尚勇力，欲辟胜于邪，而婴不能禁，故退而埜处。”南朝梁·江淹《空青赋》：“都广之国，番禺之埜。”

壄 yě “野”的异体字。《管子·小匡》：“是故圣王之处士必与闲燕，处农必就田壄，处工必就官府，处商必就市井。”汉·马融《长笛赋》：“山鸡晨群，壄雉朝雊。”

抴[#] yè “曳”的异体字。牵引。《说文》：“抴，捈也。”清·段玉裁释为“横引”，即横向拉。《荀子·非相》：“故君子之度己则以绳，界人则以抴。”晋·常璩《华阳国志·蜀志》：“见一大蛇入穴中，一人揽其尾，掣之不禁，至五人相助，大呼抴蛇，山崩。”

亱 yè “夜”的异体字。

葉 yè （一）“叶”的繁体字。①植物的叶子。《说文》：“葉，草木之叶也。”《楚辞·湘夫人》：“洞庭波兮木葉下。”②书页。《三国演义》第七十八回：“全卷已被烧毁，只剩得一两葉。”③世，时期。

清·章学诚《文史通义·古文十弊》:“明中葉后,门户朋党,声气相激。”(二)shè 今河南省叶县,繁体字系统写“葉”,旧读 shè。今统读 yè。◎叶 xié “叶(yè)”的同形字。①和洽,押韵。宋·陈亮《酌古论一·曹公》:“方腾遂不叶,求还京畿,此其势易服矣。”清·俞樾《春在堂随笔》卷五:“夫叶韵乃词中最要之处。”②合,共。唐·白居易《僧正明远大师塔碑铭序》:“师与徐州节度使王侍中有缘,遂合愿叶力再造寺宇。”宋·王禹偁《重修北岳庙碑并序》:“今将相叶谋,人神共忿。”③协助。《晋书·元帝纪》:“然晋室遘纷,皇舆播越,天命未改,人谋叶赞。”唐·皇甫澈《赋四相诗》:“谋猷叶圣朝,披鳞奋英节。”○繁体字系统“叶”无 yè 音。汉字简化,因为笔画少而选作“葉”的简化字。很早就有把“葉”写为“叶”的。宋·陆游《渭南文集》卷二十一《湖州常照院记》:“叶帅以老疾请辞院事,屏居西岩。”

曄 yè 《第一批异体字整理表》合并入“燁(烨)”,1964年公布的《简化字总表》收有“曄”的类推简化字“晔”,从而成为规范字。①盛美,宋玉《神女赋序》:“美貌横生,晔兮如华,温乎如莹。”汉·马融《长笛赋》:“奄忽灭没,晔然复扬。”②光明灿烂。汉·张衡《思玄赋》:“丰隆軯其震霆兮,列缺晔其照夜。”唐·韩愈《答李翊书》:“根之茂者其实遂,膏之沃者其光晔。”

爗 yè “烨”的繁体字“燁”的异体字。当是本字。《说文》:“爗,盛也。”《诗经·小雅·十月之交》:“爗爗震电,不宁不令,百川沸腾。”宋·司马光《依前韵奉送才元和甫使北》:“会书专对美,爗爗满秋�。”

弌# yī “壹”的异体字。比“壹”笔画少,写起来简便,但实际很少用,因为下面加一横是“弍”,再加一横就是“弎”,起不到大写防止改动的目的。《说文》“一”下有

“古文式”，当是战国时期的文字。参看“式”和“弎”。

呷 yī “咿”的异体字。拟声词。唐·王昌龄《箜篌引》：“或有强壮能呷嗄，意说被他边将仇。”清·洪昇《长生殿·惊变》：“烹龙炰凤堆盘案，呷呷哑哑乐声催趱。”清·吴梅村《琵琶行》：“辘轳夜半转呷哑，呜咽无声贵人哭。”

毉# yī “医”的繁体字“醫”的异体字。《国语·晋语八》：“上毉毉国，其次疾人，固毉官也。”宋·王安石《上凌屯田书》：“俞柎，疾毉之良者也。”金·董解元《西厢记诸宫调》卷一：“这些病何时可？待毉来却又无个方本。”

虵 yī 见244页“虵(shé)”。

迻 yí “移”的异体字。①移动，迁徙。汉·贾谊《惜誓》：“或推迻而苟容兮，或直言之谔谔。”敦煌变文《韩擒虎话本》：“擒虎得对，先进上主将二人，然后迻过萧墙。”②誊写，移录。清·俞樾《春在堂随笔》卷八：“余从前试学中州，每试一郡毕，吏辄具卷，请召诸生迻写所作诗文。”严复《译〈天演论〉自序》：“夏日如年，聊为迻译。”

彝# yí “彝”的异体字。①古代宗庙礼器的总称。南朝梁·沈约《为南郡王让中军表》：“徒升国彝，空袭宸宠。”②通“夷”。清·查继佐《罪惟录·帝系·太祖高皇帝》：“黄岩海盗张阿马引倭彝入寇，击斩之。”

叺 yǐ “以”的异体字。四部丛刊影印元至正刊本《战国策·魏策》：“白珪谓魏王曰：‘王不如阴使人说成阳君曰：“君入秦，秦必留君，而叺多割于韩矣。韩不听，秦必留君而伐韩矣。”’”清·铁船居士《藏纪概》：“擅术增人所翻转之……利刃亦悬其内，叺动人之信畏也。”

㠯 yǐ “以”的异体字。汉·曹操《鹖鸡赋序》：“今人㠯鹖为冠，象此也。”

迆* yǐ “迤”的异体字。当是本字。《说文》：“迆，斜行也。”汉·张衡《东京赋》：“立戈池戛，农舆辂木。”北魏·郦道元《水经注·河水》：“大河右池，东注漯水矣。”

螘[#] yǐ “蚁”的繁体字“蟻”的异体字。①蚂蚁。晋·刘琨《与石勒书》：“天下不足定，螘寇不足扫。”明·张岱《陶庵梦忆自序》：“今当黍熟黄粱，车旅螘穴，当作如何消受？”②酒面上的泡沫。宋·司马光《送稻醴与才子》：“螘浮杯面白，味撇瓮头醇。”

檥[#] yǐ ①“舣”的繁体字“艤”的异体字。使船靠岸。《史记·项羽本纪》：“于是项王乃欲东渡乌江，乌江亭长檥船而待。”清·徐珂《清稗类钞·棍骗类》：“檥舟江浒，登岸游览。”②立木。《说文》：“檥，榦也。”清·李斗《扬州画舫录·草河录上》：“高桥马头在桥下，有檥有杙，画舫集焉。”

洩 yì 见 297 页“洩(xié)”。

異 yì “异”的异体字。①不同。《礼记·曲礼上》：“别同異，明是非也。”②怪异。《庄子·徐无鬼》：“[黄帝曰]異哉小童！”〇繁体字系统以“異”为正，“异”为“異”的古字。〇“异”另有停止义。《尚书·尧典》：“岳曰：‘异哉，试可乃已。’”孔传：“异，已也，退也。”

蓺[*] yì “艺”的繁体字“藝”的异体字。①种植。《诗经·齐风·南山》：“蓺麻如之何？衡从其亩。”明·宋濂《清风亭记》：“乃于堂之西偏，蓺竹数万竿。”②才能。《史记·鲁周公世家》：“旦巧能，多材多蓺，能事鬼神。”晋·葛洪《抱朴子·行品》：“创机巧以济用，总音数而并精者，蓺人也。”

瞖 yì “翳”的异体字。①白内障。宋·梅尧臣《别张景嵩》：“犹能洗君目，病瞖云销岑。”②生白翳。《宋史·理宗谢皇后传》：“后生而黧黑，瞖一目。”

囈[#] yì “呓”的繁体字“囈”的异体字。说梦话。元·关汉卿《谢天香》第三折：“待道是癫狂睡囈，兀的不青天这白日。”清·黄景仁《练江舟中》："舟人醉眠时囈语，百呼不应天将明。"

囙 yīn "因"的异体字。《汉成阳令唐扶颂》："苗胄枝分，相土脓居，囙氏唐焉。"金·董解元《西厢记诸宫调》卷三："先辈停头，只囙此物。"清·永贵、苏尔德《新疆回部志》卷二："囙其践害禾稼，亦掘阱而驱纳之。"

陻 yīn "堙"的异体字。堵塞，堙没。《尚书·洪范》："我闻在昔，鲧陻洪水，汩陈其五行，帝乃震怒。"唐·陈子昂《明必得贤科》："凡贤人君子，未尝不思效用，但无其类获进，所以陻没于时。"

陰 yīn "阴"的繁体字"陰"的异体字。《山海经·南山经》："又东三十里曰基山，其阳多玉，其陰多怪木。"宋刊《中兴词选》吕本中《西江月·警悟》："片时欢笑且相亲，明日陰晴未定。"金·董解元《西厢记诸宫调》卷一："九十日光陰能几，早鸣鸠呼妇，乳燕携雏。"

湮* （一）yīn"洇"的异体字。液体着物向外散。元·赵禹圭《风入松·忆旧》："泪痕湮透，香罗帕，凭栏杆望夕阳西下。"明·刘兑《娇红记》："那时节染香花剪下这衫袖口，我如今错看啼红湮透。"（二）yān ①堵塞。《逸周书·大明武》："城高难平，湮之以土。"②埋没。《国语·周语下》："绝后无主，湮替隶圉。"《宋史·五行志》："漂民庐，湮田稼。"

婣 yīn "姻"的异体字。《周礼·地官·大司徒》："二曰六行：孝、友、睦、婣、任、恤。"宋·王明清《挥麈后录》卷三："方通，兴化人，与蔡元长乡曲婣娅之旧，元长荐之以登要路。"清·纪昀《纪文达公遗集》卷八《渠阳王氏世系考序》："余与王氏为婣家，锦堂孝廉以此谱求余为序。"

慇 yīn "殷"的异体字。［慇懃］即"殷勤"。敦煌曲《洞仙歌》："慇懃凭驿使追访，愿四塞来朝明帝，令戎客休施流浪。"宋·晏殊《清平乐》："萧娘劝我金卮，慇懃更唱新词。"金·董解元《西厢记诸宫调》卷三:"那法师忙贺喜道,那每(么)慇懃的请你,待对面商议。"[慇慇]忧伤。《诗经·小雅·正月》:"念我独兮,忧心慇慇。"参看227页"懃"。

瘖 yīn "喑"的异体字。哑。当是本字。《说文》:"瘖,不能言也。"《史记·吕太后本纪》:"太后遂断戚夫人手足,去眼,煇耳,饮瘖药,使居厕中。"转指缄默不语。唐·柳宗元《与萧翰林俛书》:"用是更乐瘖默,思与木石为徒,不复致意。"清·龚自珍《己亥杂诗》:"九州生气恃风雷,万马齐瘖究可哀。"

唫(一)yín "吟"的异体字。①叹息。《楚辞·悲回风》:"孤子唫而抆泪兮,放子出而不还。"②歌咏。明·王思任《萍吟草序》:"饮辄醉,醉辄唫,久之成帙。"(二)jìn ①闭口不言。《墨子·亲士》:"臣下重其爵位而不言,近臣则喑,远臣则唫。"②吸。扬雄《太玄·摊》:"嘘则流体,唫则凝形。"

婬 yín "淫"的异体字。不正当的男女关系。当是本字。《说文》:"婬,私逸也。"清·段玉裁注:"婬之字,今多以淫代之,淫行而婬废矣。"《韩诗外传》卷九:"君其遗之女乐以婬其志,乱其政,其臣下必疏。"《百喻经·叹父德行喻》:"愚人答曰:'我父小来断绝婬欲,初无染污。'众人语曰:'若断婬欲,云何生汝?'"《新唐书·西域传上》:"葱岭以东俗喜婬,龟兹、于阗置女肆,征其钱。"

滛 yín "淫"的异体字。①淫荡。《太平御览》卷七五一引张彦远《历代名画记》:"魏曹植言:见放臣斥子,莫不叹息;见滛夫妒妇,莫不侧目。"②侵犯。晋·陆机《演连珠》:"足于性者,天损不能入;贞于期者,时累不能滛。"

歓 yǐn "饮"的繁体字"飲"的异体字。清·毛奇龄《家贞女堕楼记》:"其病中之扶持起居,尝药和歓……"清·王闿运《衡州西禅寺碑》:"是以龙宫象阙，兴自信心，坐树歈河，还其所息。”

廕 yìn “荫(yìn)”的繁体字“蔭”的异体字。形声字，从广，陰(阴)声。①覆盖。《左传·文公七年》：“公族，公室之枝叶也，若去之，则本根无所庇廕也。”②庇护。《管子·君臣上》：“夫为人君者，廕德于人者也。”③因祖先勋劳而延及子孙。唐·佚名《李林甫外传》：“自后以廕叙，累官至赞善大夫。”清·孔尚任《桃花扇·辞院》：“一面奏闻朝廷，加他官爵，廕他子侄。”◎蔭 形声字，从艹，陰(阴)声。(一)yìn ①覆盖。《楚辞·山鬼》：“山中人兮芳杜若，饮石泉兮荫松柏。”晋·陶渊明《归田园居》：“榆柳荫后檐，桃李罗堂前。”〇以上多读阴平 yīn。②庇护。《南齐书·王僧虔传》：“况吾不能为汝荫，政应各自努力耳。”③因祖先勋劳而延及子孙。《隋书·柳述传》：“少以父荫，为太子亲卫。”金·董解元《西厢记诸宫调》卷三：“若承家荫践仕途久矣，奈非本心。”明·沈德符《野获编·国初荫叙》：“洪武中，太师韩国公李善长及礼部官，议荫叙之法凡五。”(二)yīn ①树阴。《荀子·劝学》：“树成荫而众鸟息焉。”晋·左思《吴都赋》：“擢本千寻，垂荫万亩。”宋·王谠《唐语林》卷一：“此木易长，三数年间，宫中可荫影。”〇“荫”本有阴平和去声两读，1985 年公布的《普通话异读词审音表》规定，“荫”统读去声 yìn，“树荫”、“林荫道”应作“树阴”、“林阴道”。对这一规定，社会上议论颇多，认为“柳荫街”等改为“柳阴街”欠妥；黑龙江嘉荫(yīn)县没有也不应该改写为“阴”，也不应该保持原来写法而改读去声 yìn。②日影。宋·叶适《祭晏几道文》：“余痼且老，视荫永息，期君雁荡，并坐岩石。”

甖 yīng “罂”的繁体字“罌”的异体字。小口大腹的容器。晋·刘伶《酒德颂》：“先生于是方捧甖承槽，衔杯漱醪。”清·蒲松龄《聊斋志异·狐妾》：“门外一甖，可供数日饮。”

鸎 yīng　“莺”的繁体字“鶯”的异体字。《南史·陈伯之传》：“杂花生树，群鸎乱飞。”敦煌变文《长兴四年中兴殿应圣节讲经文》：“晚日照身归远舍，晓鸎啼树去开荒。”宋·周邦彦《片玉集》卷四《满庭芳》：“风老鸎雏，雨肥梅子，午阴嘉树清圆。”

籯# yíng　“籝”的异体字。箱笼类竹器。《汉书·韦贤传》：“故邹鲁谚曰：‘遗子黄金满籯，不如一经。’”唐·骆宾王《夏日游德州赠高四》：“谈玄明毁璧，拾紫陋籯金。”◎籯 yíng《说文》：“籯，笭也。”清·段玉裁注：“竹笼。”《宋书·臧焘徐广傅隆传》：“汉世登士，闾党为先，崇本务学，不尚浮诡，然后可以俯拾青组，顾蔑籯金。”

頴 yǐng　“颖”的异体字。唐·欧阳詹《送洪孺卿赴举序》：“金欲求锻，玉将就磨，光铓颕耀，朝夕以冀。”宋·曾巩《李氏素风堂》：“果有过庭子，颕然材思精。”明·顾起伦《国雅品·士品四》：“伯兄自少颕秀博览，过目不忘。”《诗经·大雅·既醉》“孝子不匮，永锡尔类”句，汉·郑玄笺：“《春秋传》曰，颕考叔纯孝也。”清·阮元校勘记引《广韵》云：“颕，又姓，《左传》有颕考叔，颕即颖之别体俗字。”

暎 yìng　“映”的异体字。①映照。三国魏·曹植《大暑赋》：“暎扶桑之高炽，燎九日之重光。”宋·陆游《渭南文集》卷二十一《万卷楼记》：“烟岚云岫，洲渚林薄，更相暎发，朝暮万态。”清·洪昇《长生殿·哭像》：“爇腾腾宝香，暎荧荧烛光。”②光影。汉·王粲《七哀诗》：“山冈有馀暎，岩阿增重阴。”

雝 yōng　①“雍”的异体字。(1)雝州，即雍州。《尔雅·释地》：“河西曰雝州。”《尚书·禹贡》：“黑水西河惟雝州。”(2)[雝雝]和乐。《诗经·周颂·雝》：“有来雝雝，至止肃肃。”毛传：“雝雝，和也。”《诗经·邶风·匏有苦叶》："雝雝鸣雁，旭日始旦。"毛传："雝雝，雁声和也。"→《礼记·少仪》："鸾和之美，肃肃雍雍。"《汉书·王莽传上》："是以四海雍雍，万国慕义，蛮夷殊俗，不召自至。"②通"壅"。阻塞。《荀子·法行》："《诗》曰：涓涓源水，不雝不塞。"唐·杨倞注："雝读为壅。"《淮南子·时则》："止流水，雝溪谷。"

慂 yǒng "恿"的繁体字"慂"的异体字。［慫慂］即"怂(慫)恿"。宋·王迈《简同年刁时中俊卿诗》："君言虽怂慂，帅意竟缩瑟。"宋·陈埴《木鐘集》卷十一："高祖盖不胜其忿，而欲奋于一击之间，周勃等又从而怂慂之。"明·徐弘祖《徐霞客游记·滇游日记》："先是主人言其灵异，怂慂余行。"清·蒲松龄《聊斋志异·王大》："王从旁怂慂之，李乃诺。"

詠 yǒng "咏"的异体字。《说文》："詠，歌也。或从口。"《礼记·乐记》："诗言其志也，歌詠其声也。"汉·曹操《步出夏门行》："幸甚至哉，歌以詠志。"

湧 yǒng "涌"的异体字。《史记·司马相如列传》："其西则有湧泉清池，激水推移。"唐·杜甫《秋兴》："江间波涛兼天湧，塞上风云接地阴。"明·叶逢春本《三国志传》卷二："宋宪就城上掷下吕布戟来，大开城门，一湧而入。"

慂 yǒng "恿"的异体字。《方言》卷十："怂慂，劝也。南楚凡己不欲喜而旁人说(悦)之，不欲怒而旁人怒之谓之食阎，或谓之怂慂。"

佣 yòng "傭"的简化字"佣(yōng)"的同形字。繁体字系统只用于"佣金"。

肬# yóu "疣"的异体字。《荀子·宥坐》："今学者未知肬赘，则居然欲为人师。"唐·韩愈、孟郊《会合联句》："嘉言写清越，愈病失肬肿。"

遊 yóu "游"的异体字。①游乐。唐·王仁裕《开元天宝遗事·裙幄》："长安士女，遊春野步。"宋刊《中兴词选》康与之《瑞鹤仙・上元应制》："绮罗丛里，兰麝香中，正宜遊翫。"宋・姜夔《翠楼吟・武昌安远楼成》："宜有词仙，拥素云黄鹤，与君遊戏。"②游客。宋・周邦彦《片玉集》卷八《蝶恋花》："舞困低迷如着酒，乱丝偏近遊人手。"③逛游。清・俞蛟《湖嘉风月・丽景》："扮剧中故事，随神遊行，望之粲然。"◎游 yóu 基本意思是人或动物在水里行动。《诗经・邶风・谷风》："就其浅矣，泳之游之。"《淮南子・地形》："食水者善游能寒。"引申指河流。《史记・项羽本纪》："古之帝者地方千里，必居上游。"再引申指流动。《管子・幼官》："四机不明，不过九日，而游兵惊军。"○1.“游”本读 liú，即“斿”，古代指连缀于旗帜正幅下的垂饰。《说文》："游，旌旗之流（旒）也。"2.先有“游”，游走、游水义，古都用“游”。“遊”字产生以后，非游泳义仍常写“游”。《晏子春秋・问下》："春省耕而补不足者谓之游。"《礼记・学记》："故君子之学也，藏焉，修焉，息焉，游焉。"3.现代繁体字系统，涉水义用“游”，游动、游玩义用“遊”。下列两句略可表现区分："园内遊人观看水中鱼儿游动。""遊船上的遊客不得下水游泳。"4.福建省仙游县，繁体字作“遊”，仙是神话中长生不死的人。陕西省麟游县，繁体字作“遊”，麒麟是传说中的陆地兽。浙江省龙游县，繁体字也作“游”，龙是传说中的水中动物。浙江省龙游县自五代吴越存在至今；隋朝至明朝，今四川乐山县境有龙遊县。龙游、龙遊，凭字形区别而同时存在。5.姓氏“游”，不作“遊”。6.宋朝诗人陆游，繁体字不作“遊”。

繇 yóu 见 316 页“繇（yáo）”。

菸 yū 见 310 页“菸（yān）”。

於（一）yú “于”的异体字。《第一批异体字整理表》作为“于”的异体字予以淘汰。1988 年公布的《现代汉语通用字表》有“於”，从而成为规范字。据国家语言文字工作委员会汉字处编的该表的拼音顺序表,“於”只在阴平 yū 下,并不意味着全面恢复它的功能。“於”和“于”两个字意思、用法相同,古汉语中用作介词。《周易》、《尚书》、《诗经》大多用“于”。《周易·明夷卦》:“明夷于飞,垂其翼;君子于行,三日不食。”《尚书·太甲上》:“予弗狎于弗顺,营于桐宫。”《诗经·邶风·凯风》:“雄雉于飞,上下其音。”其他书多用“於”,《左传》等书两字并用。后来一直没有严格区分。(二)wū ①[於鹊]鸟名。《穆天子传》卷三:“徂彼西土,爰居其野,虎豹为群,於鹊与处。”②文言叹词。《诗经·周颂·赉》:“时周之命,於绎思。”宋·朱熹《诗集传》:“於,叹词。”[於夫罗](东汉至三国时期我国北方民族名)、[於陵](复姓),读 yú;[於菟]读 wū,均不作“于”。今浙江省临安市有於潜镇,原来是於潜县,1958 年撤消,并入昌化县,1960 年又一起并入今临安市,因为是县以下地名,未予改动。“於”和“于”是不同的姓氏。汉朝有於单,明朝有於敖。○以下均不作“於”。1.于儿,传说中的神。2.《诗经》名句“黄鸟于飞”、“之子于归”、“君子于役”。3.于阗,地名。

媮 yú 见 268 页“媮(tōu)”。

踰 yú “逾”的异体字。①越过。《说文》:“踰,越也。”《诗经·郑风·将仲子》:“将仲子兮,无踰我墙。”明·夏完淳《大哀赋》:“既度陕而叩关,复踰河而入晋。”②超过。唐·王仁裕《开元天宝遗事·县妖破胆》:“县之积弊,[李]杲尽革之,踰月之中,县务清简。”清·苍弁山樵《殛珅志略》:“所盖楠木房屋,僭侈踰制。”◎逾 yú《说文》:“逾,䟖(越)也。”“䟖,踰也。”意思没有明显区别。

餘 yú “余”的繁体字。其余,剩余。《战国策·秦策五》:“今力田疾作,不得暖衣餘食。”金·董解元《西厢记诸宫调》卷二:“大师休怕,众僧三百餘人,只管絮聒聒地,空有身材。”◎余，文言第一人称代词。《离骚》：“名余曰正则兮，字余曰灵均。”孙中山《遗嘱》：“余致力国民革命凡四十年。”○“余”和“餘”都是单音节词，本不相干。把“餘”简化为“余”，实际运用中有时候产生混淆干扰。“余三十六”，有下剩三十六、我们三十六人、或我三十六岁等义。《后汉书·祢衡传》的“馀子碌碌”是说其他人都不怎么样。如果写成“余子”，就成了“我的儿子”。《简化字总表》在“余〔餘〕”下加了个注：“在余和馀意义可能混淆时，仍写馀。如文言句‘馀年无多’。”这里略去了“餘”并没有类推简化为“馀”一层。《简化字总表》第三表没有“馀”，实际上是限制使用。问题还在于怎样掌握“意义可能混淆”？实际情况是，知道可能混淆的混淆不了，不知道可能混淆的往往混淆，所以有时候看见简体转繁体时把文言第一人称写成“餘”或“馀”。另外，浙江省杭州市余杭区（原余杭县）、余姚市，江西省余干县、余江县，原来都是“餘”。而江西省新余市，本作新喻，是为减少生僻字而改，其实，“喻”不是生僻字，它在3500常用字内。春秋时吴国有餘祭。又，余儿，传说中的登山神；余丘，复姓；余吾，读xú；繁体字不作“餘”，也不能写作“馀”。

轝[*] yú “舆”的繁体字“輿”的异体字。《墨子·公输》：“今有人于此，舍其文轩，邻有敝轝，而欲窃之。”宋刊《老子道德经》第八十章：“虽有舟轝无所乘之。”

庽 yù “寓”的异体字。

瘉 yù ①“愈”的异体字。疾病痊愈。《说文》：“瘉，病瘳也。”南唐·徐锴《说文系传》：“今作愈字。”《汉书·高帝纪》：“汉王疾瘉，西入关，至栎阳。”唐·颜师古注：“瘉与愈同。”《史记》作“病愈，西入关，至栎阳”。梁·萧纲《答湘东王书》：“吾春初卧疾，极成委弊，虽西山白鹿，惧不能瘉。”②病。《诗经·

小雅·正月》："父母生我，胡俾我瘉。"唐·柳宗元《敌戒》："敌存而惧，敌去而舞，废备自盈，只益为瘉。"

慾 yù "欲"的异体字。由"欲"分化而来，专表欲望、嗜欲。今本《论语·公冶长》："枨也慾，焉得刚？"三国魏·何晏《集解》引孔安国曰："慾，多情慾。"《朱子语类》卷八十七："有心'慾'字是无心'欲'字之母。"◎欲 yù 欲望。《说文》："欲，贪欲也。"《周易·损卦》："君子以惩忿窒欲。"又，邪淫，色欲。《素问·上古天真论》："以欲竭其精，以耗散其真。"唐·王冰注："乐色曰欲。"《礼记·乐记》："君子乐得其道，小人乐得其欲。"○"慾"是后起字。清·邵瑛《群经正字》："《说文》无'慾'字，纯当作'欲'为正。""慾"字的产生年代不能具体确定。一些古书里的"欲"，当是后人所改。"欲海、欲火、欲界、欲念、欲心、色欲、嗜欲、纵欲"等产生早，"慾海、慾火、慾界、慾念、慾心、色慾、嗜慾、纵慾"等产生晚。20世纪70年代出土的河北定州汉墓《论语》，上引"枨也慾"，作"欲"。

禦 yù "御"的繁体字。同音归并。①祭祀以免除灾祸。《说文》："禦，祀也。"《逸周书·世俘解》："戊辰，王遂禦，循自祀文王，时日王立政。"晋·孔晁注："禦，追；循亦祀：以克纣告祖考檀墠而祭，是日立王政，布天下。"（清·于鬯认为这个"禦"当作"祡"，烧柴以祭天。）②抵御，防御。《诗经·小雅·常棣》："兄弟阋于墙，外禦其侮。"金·董解元《西厢记诸宫调》卷二："虽朝廷兴兵，我莫禦矣。"③匹敌，相当。《国语·齐语》："天下大国之君莫之能禦。"④禁止。《周易·系辞上》："夫易广矣大矣，以言乎远则不禦。"《周礼·秋官·司寤氏》："禦晨行者，禁宵行者。"⑤通"御"。(1)进献。《左传·昭公二十二年》："跋涉山林以事天子，唯是桃弧、棘矢，以共禦王事。"(2)统御。唐·韩愈《赠太傅董公行状》："至于惟恭，每加厚焉，故士卒骄不能禦。”◎御 yù ①驾驭车马。《说文》：“御，使马也。”《论语·子罕》：“吾何执？执御乎？执射乎？吾执御矣。”转指驾车的人。《左传·成公十六年》：“其御屡顾，不在马。”由驾驭引申出许多用法。(1)治理。《尚书·大禹谟》：“临下以简，御众以宽。”(2)控制。《孙子·谋攻》：“将能而君不御者胜。”(3)登临。明·徐弘祖《徐霞客游记·滇游日记十二》：“道由望台可上，至是已越中支之顶而御东支矣。”(4)进献。汉·王符《潜夫论·赞学》：“黼黻之章……可御于王公。”(5)侍奉。《商君书·更法》：“公孙鞅、甘龙、杜挚散大夫御于君。”②古代指与帝王有关的事物。《春秋·桓公十四年》：“秋八月壬申，御廪灾。”《汉书·王莽传上》：“衣重练，减御膳。”《后汉书·灵帝纪》：“熹平五年，冬十月壬午，御殿后槐树自拔倒竖。”③通“禦”。(1)抵挡。《诗经·邶风·谷风》：“我有旨蓄，亦以御冬。”(2)对当。《史记·匈奴列传》：“是岁，汉兵之出击匈奴者，不得言功多少，功不得御。”(3)阻止。《左传·襄公四年》：“匠庆用蒲圃之槚，季孙不御。”○“禦”由“御”分化而来。写“禦”的地方或者可以写“御”，正如清·段玉裁所说：“后人用此为禁禦字，古只用御字。”“禦”和“御”分工大致明确。“御”主要是驾御和御用两个系列，“禦”主要是抵挡、防御系列，虽然有互通的用法。“御”的①②不能用“御”，如御夫、御林军、监察御史。

魊[#] yù “蜮”的异体字。汉·张衡《东京赋》：“八灵为之震慑，况魃魊与毕方。”唐·刘禹锡《吊马文》：“虎咆空林，魊斗(鬥)荒馗。”

癒 yù “愈”的异体字。疾病痊愈。《初刻拍案惊奇》卷三十二：“不多几时，铁生全癒，胡生腰痛起来。”梁启超《新民说》九：“形而为役，犹可癒也；心而为役，将奈之何？”

爵 yù “郁”的繁体字“鬱”的异体字。金·董解元《西厢记诸宫调》卷三：“是日张生正爵闷，闻言点头微哂道。”明·叶逢春本《三国志传》卷一：“玄德听候，日久不得除授，三人爵爵不乐。”

鬰 yù “郁”的繁体字“鬱”的异体字。北魏·郦道元《水经注·济水》：“其势鬰蒙涛怒。”唐·聂夷中《短歌行》：“朝出东郭门，嘉树鬰参差。”

鬱 yù “郁”的繁体字。同音归并。①丛集茂密。《说文》：“鬱，木丛生者。”《诗经·秦风·晨风》：“鴥彼晨风，鬱彼北林。”引申指茂盛。北周·庾信《周祀宗庙歌》：“丕哉驭帝箓，鬱矣当天命。”又引申指幽深。明·黄端伯《理学奇事记题词》：“李大经谈理鬱深，学者不能测其义。”转指忧愁。明·夏完淳《大哀赋》：“鬱国家之烦冤。”②植物。(1)郁李。《诗经·豳风·七月》：“六月食鬱及薁，七月亨葵及菽。”(2)鬱金，即郁金。《新唐书·西域传下》：“[个失蜜]出火珠、鬱金、龙种马。”(3)郁金香。唐·皮日休《九夏歌·昭夏》：“有鬱其鬯，有俨其彝。”前蜀·花蕊夫人《宫词》：“青锦地衣红绣毯，尽铺龙脑鬱金香。”③神名。梁·宗懔《荆楚岁时记》卷一引《括地图》：“桃都膳有大桃树，盘屈三千里，上有金鸡，日照则鸣。下有二神，一名鬱，一名垒(lǜ)。并执苇索以伺不祥之鬼，得则杀之。”汉·张衡《东京赋》：“度朔作梗，守以鬱垒，神荼(shū)副焉，对操索苇。”④水名。今广西境西江支流。北魏·郦道元《水经注·温水》：“又东至鬱林广鬱县，为鬱水。”又地名。《汉书·地理志》：“鬱林郡，故秦桂林郡。”20世纪50年代初为鬱林县，1956年改为玉林县。⑤姓。明朝有鬱让。◎郁 yù ①香气浓。汉·司马相如《上林赋》：“芬芳沤郁，酷烈淑郁。”南朝梁·刘峻《广绝交论》：“且心同琴瑟，言郁郁于兰茝。”②多文采。晋·张协《七命》：

"群萌反素,时文载郁。"《文心雕龙·徵圣》:"是以远称唐世,则焕乎为盛;今褒周代,则郁乎可从。"○1.[鬱鬱](1)忧伤。《楚辞·哀郢》:"惨鬱鬱而不通兮,蹇侘傺而含戚。"(2)幽暗。唐·柳宗元《亡妻弘农杨氏志》:"佳城鬱鬱,闭白日兮。"(3)烟气升腾。唐·白居易《伤大宅》:"一堂费百万,鬱鬱起青烟。"2.[郁郁](1)文采盛。《论语·八佾》:"周监于二代,郁郁乎文哉,吾从周。"(2)仪态端庄。《史记·五帝本纪》:"其瑟郁郁,其德嶷嶷。"唐·司马贞《索隐》:"郁郁犹穆穆也。"3."鬱鬱"通"郁郁"。(1)茂盛。汉·刘向《九叹·愍命》:"冥冥深林兮,树木鬱鬱。"→晋·陆云《为顾彦先赠妇往返》:"翩翩飞蓬征,郁郁寒木荣。"(2)香气浓溢。《楚辞·思美人》:"纷郁郁其远承兮,满内而外扬。"→金·元好问《泛舟大明湖》:"兰襟鬱鬱散芳泽,罗袜盈盈见微步。"(3)美好。《魏书·高允传》:"使先王之道,光演于明时;郁郁之音,流闻于四海。"→明·唐寅《咏怀》:"鬱鬱梁栋姿,落落璠玙器。"

籲 yù "吁"的繁体字。同音归并。呼告。《尚书·召诰》:"夫知保抱携持厥妇子,以哀籲天,徂厥亡,出执。"明·刘基《平西蜀颂》:"万姓鱼喁,无所籲告。"郭沫若《洪波曲》第九章四:"流亡青年舌敝唇焦地呼籲过武装民众。"又:籲祷、籲号、籲恳、籲留、籲请、籲求、籲天、籲地呼天。◎吁(一)yù 应答声。《方言》卷十二:"吁,然也。"(二)yū 喝止牲口声。张贤亮《绿化树》五:"他'吁、吁'地把牲口呵止住。"(三)xū ①叹词。汉·扬雄《法言·君子》:"吁!是何言欤?"②叹息。唐·杜牧《感怀》:"累圣但日吁,阃外将谁寄?"又:吁怪、吁号、吁嗟、吁气、吁然、吁谈、吁吁、吁嘘。③吐气。柯岩《奇异的书简·美的追求者》:"这时,每当这时,我总是不由自已地深深吁出一口闷气,像拂去我从儿时起就贮留下来的某些遗憾。”

寃 yuān “冤”的异体字。

寃 yuān “冤”的异体字。唐·李朝威《柳毅传》:“帝知其寃而宥其失,前所遣执,因而获免。”

猨 yuán “猿”的异体字。《楚辞·涉江》:“深林杳以冥冥兮,猨狖之所居。”唐·柳宗元《憎王孙文》:“猨、王孙居异山,德异性,不能相容。”

蝯 yuán “猿”的异体字。《管子·形势解》:“坠岸三仞,人之所大难也,而猱蝯饮焉。”唐·韩愈《燕喜亭记》:“谿郴逾岭,蝯狖所家,鱼龙所宫。”

願 yuàn “愿”的繁体字。①愿望。《诗经·郑风·野有蔓草》:“邂逅相遇,适我願兮。”②愿意。《论语·公冶长》:“颜渊曰:‘願无伐善,无施劳。”③希望。宋·周邦彦《片玉集》卷七《六丑》:“願春暂留,春归如过翼,一去无迹。”◎愿 yuàn ①老实,谨慎。《尚书·皋陶谟》:“愿而恭。”孔传:“慤愿而恭恪。”唐·孔颖达疏:“愿者,慤谨良善之名。”《左传·襄公三十一年》:“愿,吾爱之,不吾叛也。”又:愿法、愿恭、愿洁、愿谨、愿款、愿谅、愿民、愿朴、愿慤、愿婉、愿中、乡愿,均不作“願”。②愿望。《清平善山堂话本·花灯轿莲女成佛记》:“张待诏许下愿心,拜告神明。”○“愿”①,繁体字系统不写“願”。

戉[#] yuè ①“钺”的繁体字“鉞”的异体字。古斧类兵器。《说文》:“戉,斧也。”《尚书·牧誓》“武王左杖黄钺”,唐·陆德明《释文》:“钺音越,本又作戉。”②星名。《汉书·天文志》:“东井西曲星曰戉。”《史记》作“钺”。

嶽 yuè “岳”的异体字。①特指五岳。《说文》:“嶽,东岱,南霍,西华,北恒,中泰(太)室,王者之所以巡狩所至。”《世说新语·言语》注:“尧因就其墓,号曰箕山公神,以配食五嶽,世世奉祀。”②泛指大山。唐·李白《古风五十九首》:“药物秘海嶽,采铅青溪滨。”③姓氏。明朝有嶽崇。◎岳 yuè ①特指五岳。汉·张衡《思玄赋》:“二女感于崇岳兮,或冰折而不营。”旧注:“岳,五岳也。”②高大的山。南朝齐·孔稚珪《北山移文》:“偶吹草堂,滥巾北岳。”③对妻子父母辈的称谓。明·高明《琵琶记·散发归林》:“女婿要同归,岳丈意如何?”《史记·封禅书》有“汧洛二渊,鸣泽、蒲山、岳嵋山之属”语,或为“岳婿”之源。④姓氏。○两字的①②通。1.“嶽”和“岳”是两个不同的姓。2.岳父、岳母等,不能写“嶽”。

雲 yún “云”的繁体字。同音归并。①风云的“云”的本字。《说文》:“雲,山川气也,从雨,云象云回转形。云,古文省‘雨’。”《诗经·小雅·白华》:“英英白雲,露彼菅茅。”②形状像云的。唐·杜甫《月夜》:“香雾雲鬟湿,清辉玉臂寒。”◎云 yún ①说。三国蜀·诸葛亮《出师表》:“临表涕泣,不知所云。”鲁迅《书信集·致曹靖华》:“日前无力,进入看医生,云是胃病。”“云尔、云耳、云乎、云已、云云、云者”等都是由“说”义构成的语助词。②同“雲”。《战国策·秦策四》:“楚燕之兵云翔不敢校。”○繁体字系统,风云义偶写“云”。“说”义不能写“雲”。

澐* yún “沄”的异体字。长江大波。《说文》:“澐,江水大波谓之澐。”唐·于邵《送郑判官之广州序》:“游以舟楫,欲别不能,涨涛涌澐,长空不分。”[澐澐]水流汹涌。唐·独孤及《招北客文》:“其东则有大江澐澐,下绝地垠。”◎沄 yún 水波回旋。《说文》:“沄,转流也。”《后汉书·张衡传》:“扬芒熛而绛天兮,水泫沄而涌涛。”清·魏源《赣江舟中棹歌七首》:“底事江山寥寂久,空瞻万矗锁千沄。”[沄沄]1.水流汹涌。汉·王逸《九思·哀岁》:“窥见兮溪涧,流水兮沄沄。”自注:“沄沄,沸流。”唐·杜甫《次空灵岸》:“沄沄逆素浪,落落展清眺。”2.像水一样迅速流逝。宋・王安石《次韵答陈正叔》:“功名落落求难值,日月沄沄去不回。”3.比喻长远流传。唐・元结《大唐中兴颂》:“能令大君,声容沄沄。”4.纷乱。宋・文天祥《贺何尉书》:“别后不图事变沄沄,天下大事几去。”

筍 yùn 见257页“筍(sǔn)”。

暈 yùn 见120页“暈(huī)”。

煇 yùn 见121页“煇(huī)”。

韻 yùn “韵”的异体字。汉・蔡邕《琴赋》:“繁弦既抑,雅韻复扬。”宋・周邦彦《片玉集》卷五《风流子》:“砧杵韻高,唤回残梦,绮罗香减,牵起馀悲。”

Z

帀 zā “匝”的异体字。①环绕。当是本字。《说文》：“帀，周也。”《淮南子·原道》：“钧旋毂转，后而复帀。”北魏·郦道元《水经注·河水五》：“水帀隍壍，于城东北合为一渎。”②周，圈。《庄子·秋水》：“孔子游于匡，宋人围之数帀，而弦歌不辍。”唐·韩愈《李花》：“旁有一株李，颜色惨惨似含嗟。问之不肯道所以，独绕百帀至日斜。”

紥 zā “扎”的异体字。缠束。洪深《赵阎王》第一幕：“腿上也无紥布，只散着脚走。”

紮“扎”的异体字。(一)zā ①缠束。清·文康《儿女英雄传》第二十七回：“一个手里抱着一只鹅，用红绒紮着腿，捆得它噶噶的山叫。”(二)zhā 驻扎。《三国演义》第九十五回：“街亭东北上有一城，乃山僻小路，此可安营紮寨。”《水浒传》第二回：“如今近日上面添了一伙强人，紮下一个山寨。”〇“紥”和“紮”读 zā，为缠束捆绑义，读 zhā，为驻扎义，从“扎”、从“札”写法比较随便，没有明显的意思差别。今均合并入“扎”。“扎”自有驻扎义。上举各例，不同版本写法往往不一样。

襍 zá “杂”的繁体字“雜”的异体字。五彩相合。当是本字。《说文》：“襍，五彩相合。从衣集声。”“雜”的左上是“衣”的变体，“集”的“木”移到了左下，仍然是由三个部分组成，结构关系有所变化，总体比较匀称。《韩非子·亡征》：“好以智矫法，时以行襍公。”《吕氏春秋·论人》：“圜周复襍，无所稽留，故曰天道圜。"清·西清《黑龙江外纪》卷八:"大抵烧炭多用樉木,已成炭,中尚有脂。"

雜[*] zá "杂"的繁体字"雜"的异体字。

喒 zà 见 338 页"喒(zán)"。

災 zāi "灾"的异体字。《周易·复卦》:"逢复凶,有災眚,用行师,终有大败。"《国语·周语下》:"古者天災降戾,于是乎量资币,权轻重,以振救民。"唐·韩愈《杂诗》:"虽无风雨災,得不覆且颠。"○繁体字系统通用"災"。

烖 zāi "灾"的异体字。当是本字。《说文》:"烖,天火曰烖。"《周礼·春官·大宗伯》:"以吊礼哀祸烖。"《史记·五帝本纪》:"眚烖过赦。"

菑 (一) zāi "灾"的异体字。《诗经·大雅·生民》:"不拆不副,无菑无害。"《史记·晋世家》:"天菑流行,国家代有,救菑恤邻,国之道也。"(二) zī ①初耕的田。《诗经·小雅·采芑》:"薄言采芑,于彼新田,于此菑亩。"②开荒。《尚书·大诰》:"厥父菑,厥子乃弗肯播,矧肯获。"

再 zài "再"的异体字。元·柯丹丘《荆钗记·玉莲投江》:"月,你有团圆,可怜玉莲从今后再不得见夫君面。"

再 zài "再"的异体字。

簮 zān "簪"的异体字。

偺《第一批异体字整理表》列为"咱"的异体字。未见这个字读 zán,意思为"咱"的用例。《说文》:"偺,毁也。从人,咎声。"当读 jiù。《方言》卷一三:"咎,谤也。"清·钱绎《方言笺疏》:"偺与咎并声义相同。"

偺 zán "咱"的异体字。清·文康《儿女英雄传》第四回:"你不听这个,偺唱个好的。"

喒《第一批异体字整理表》列为"咱"的异体字。未见这个字读 zán,意思为"咱"的用例。《集韵·厚韵》:"欧,《说文》:'吐也。'或作'呕'、'喒'。"当读 ǒu。

喒（一） zán“咱”的异体字。①我，我们。元·关汉卿《哭存孝》第一折：“喒过去见阿妈去来。”明·徐渭《渔阳三弄》：“喒家姓察名幽，字能平，别号火珠道人。”②“早晚”的合音，常表示时候。元·白朴《梧桐雨》第一折：“多喒是胭娇簇拥，粉黛施呈。”（二）zà 语气词，表示提醒。明·朱有燉《黑旋风仗义疏财》第一折：“燕青云：‘哥喒，休赶他！”

儹[#] zǎn “攒”的繁体字“攢”的异体字。①聚集。元·郑德辉《王粲登楼》第一折：“只落得一身怨气心中儹，空教我趋前退后两三番。”又指积聚钱财。金·董解元《西厢记诸宫调》卷六：“三十五十家撺来，比及儹到，是几个斋供。”②赶快。宋·王明清《挥麈后录》卷一：“一行仪卫，并令儹行，不得壅阏。”

賛 zàn “赞”的繁体字“贊”的异体字。宋玉《神女赋》：“瓌姿玮态，不可胜賛。”元·黄溍《董公神道碑》：“公正色立朝，始终一节，增光前烈，形于賛书。”

蹔 zàn “暂”的繁体字“暫”的异体字。《列子·杨朱》：“其法可蹔行于一国。”唐·韩愈《谢自然诗》：“檐楹蹔明灭，五色光属联。”

讃[*] zàn “赞”的繁体字“贊”的异体字。实际是“讚”的异体字。《孔龢碑》：“经纬天地，幽讃神明。”三国魏·曹丕《与钟大理书》：“谨慎奉赋一篇，讃扬丽质。”敦煌变文《维摩诘经讲经文》：“千般讃叹，何以胜当，百种谈论，实斯悚惕。”

讚 zàn “赞”的繁体字“贊”的异体字。①赞美。《后汉书·崔骃传》：“进不党以讚己，退不黩以庸人。”《文心雕龙·夸饰》：“并意深褒讚，故义成矫饰。”②佐助。晋·潘尼《赠侍御史王元贶》：“协心毗圣世，毕力讚康哉。”南朝梁·丘迟《与陈伯之书》：“佩紫怀黄，讚帷幄之谋。”③文体名，以颂扬人物为主体。《后汉书·皇甫规传》：“所著赋、铭、碑、讚、祷文、吊、章表、教令、书、檄、笺记,凡二十七篇。”南朝梁·萧统《文选序》:“美终则诔发,图像则讚兴。”④佛教称颂佛祖的文辞。唐·段成式《酉阳杂俎续集·寺塔记上》:“呗讚未毕,满地现舍利,士女不敢践之,悉出寺外。”敦煌变文《降魔变文》:“卿虽讚德此能,犹未表其的实,须得对面试练,然可定其是非。”◎贊 zàn ①赞美。清·吴敬梓《儒林外史》第十七回:“[匡超人]接过诗来,虽然不懂,假做看完了,瞎赞一番。”②佐助。《尚书·大禹谟》:“益赞于禹曰:‘惟德动天,无远弗届。”《左传·襄公二十七年》:“大叔仪不贰,能赞大事。”③文体名,以颂扬人物为主体,多为韵语。《梁书·武帝纪》:“诏铭赞诔,箴颂笺奏,爰初在田,洎登宝历(曆),凡诸文集,又百二十卷。”《汉书》等史书以及《文心雕龙》等,于一篇的最后以“赞曰”引出评论也属此类,如《后汉书·马援列传》:“赞曰:伏波好功,爰自冀陇。南静骆越,西屠烧种。徂年已流,壮情方勇。明德既升,家祚以兴。廖乏三趣,防遂骄陵。”④导引。《管子·小问》:“有赞水者曰,从左方涉。”⑤赞礼司仪。《仪礼·公食大夫礼》:“上赞,下大夫也。”也用作动词。《淮南子·时则》:“司徒搢朴北向以赞之。”汉·高诱注:“赞,相仪威也。”⑥参与。《史记·孔子世家》:“至于为《春秋》,笔则笔,削则削,子夏之徒不能赞一词。”⑦阐明。《周易·说卦》:“幽赞于神明而生蓍。”晋·韩康伯注:“赞,明也。”唐·孔颖达疏:“赞者,佐而助成,而令微者得著,故训为明也。”○赞美义,二字通,繁体字系统多用“贊”。佛教颂佛祖,用“讚”不用“贊”。佐助义,今用“赞”,特别是“赞助、赞成”。

髒 zāng “脏”的繁体字。汉字简化,“髒”和“臟”合并简化为“脏”。繁体字系统,肮脏用“髒”。清·文康《儿女英雄传》第三回:“咱一来是为行好，二来也怕髒了我的店。"鲁迅《孔乙己》："穿的虽然是长衫，可是又髒又破。"

塟 zàng "葬"的异体字。宋·罗大经《鹤林玉露》卷十："弱质无以托，横尸无以塟。"明·叶逢春本《三国志传》卷一："何进暗使人鸩杀董后于河间驿庭，举柩回京，塟于文陵。"元·苏天爵《滋溪文稿》卷四："诸塟仪，一品官，石人四事，石虎、石羊、石柱地二事。"

奘 zàng "葬"的异体字。《战国策·魏策》："昔王季历奘于楚山之尾，欒水啮其墓，见棺之前和。"清·杨金庚等纂修《海城县志》卷七："戚族带孝布，奘后并不拜祭。"清·佚名《昌吉县乡土志·人类》："死奘不用棺，过年必把斋七日。"

臓 zàng "脏"的繁体字。汉字简化，"髒"和"臓"合并简化为"脏"。繁体字系统，腑脏义用"臓"。晋·葛洪《抱朴子·至理》："破积聚于腑臓，退二竖于膏肓。"唐·韩愈《张中丞传后序》："人之将死，其臓腑必有先受其病者。"鲁迅《我之贞烈观》："虽然是他发声，却和四支五官神经内臓都有关系。"

蹧 zāo "糟"的异体字。①[蹧蹋]即"糟蹋"。清·文康《儿女英雄传》第十七回："我那颜色衣裳，又且暂穿不着，放着白蹧蹋了，你都拿去。"清·魏秀仁《花月痕》第四十七回："你不想中国三十年兵燹，是那个开端？前前后后蹧蹋了几许生灵？你还装聋作哑吗？"②变坏。清·俞万春《荡寇志》第九十六回："我多日不去理值他，不知蹧得怎样了。"

皁 zào "皂"的异体字。①黑色。《三国志·魏书·管宁传》："[管]宁常着皁帽，布襦袴，布裙。"清·朱紫贵《枫江草堂诗集》卷四《天山牧唱》："已从西海求名马，更向南山放皁雕。"②差役。《左传·昭公七年》："人有十等，下所以事上，上所以供神也。故王臣公，公臣大夫，大夫臣臣士，士臣阜，阜臣舆，舆臣隶……”③皂角。宋·孔平仲《晚兴》：“阜角芽已长，瑞香花欲吐。”

唣 zào “唕”的异体字。明·汤显祖《牡丹亭·劝农》：“近乡之处，不许人啰唣。”

譟 zào ①“噪”的异体字。喧哗。《左传·文公十三年》：“既济，魏人譟而还。”宋·辛弃疾《九议》：“两阵相持，譟其营，则士卒无斗志。”②欢呼。《周礼·夏官·大司马》：“及所弊，鼓皆駴，车徒皆譟。”

竈 zào “灶”的繁体字，实际是“灶”的异体字。《说文》：“竈，炊竈也。”《论语·八佾》：“与其媚于奥，宁媚于竈。”《史记·孙子吴起列传》：“使齐军入魏地为十万竈，明日为五万竈，又明日为三万竈。”清·蒯德模《吴中判牍》：“荣某伧粗竈下，那知吴女之温存。”

鰂[*] zéi “贼”的异体字。只限于“乌鰂”。《逸周书·王会解》：“请令以鱼皮之鞞，乌鰂之酱，鲛瞂利剑为献。”清·徐珂《清稗类钞·动物》：“乌贼，亦作乌鰂，为软体动物。”清·邱迥《乌鰂行》：“乌鰂吐沫如玄云，妄冀屏蔽藏其身。”

紮 zhā 见336页“紮(zā)”。

楂 zhā 见25页“楂(chá)”。

摣[*] zhā “揸”的异体字。①取。汉·张衡《西京赋》：“摣狒猬，批窳狻。”②把手指伸开。孙华炳《重赏之下》：“说着摣开五指伸将出去，显得十分豪爽。”

樝[#] zhā “楂”的异体字。《世说新语·品藻》：“樝梨橘柚，各有其美。”唐·李贺《追和刘恽》：“江头樝树香，岸上蝴蝶飞。”

劄 zhá “札”的异体字。[劄记]即“札记”。徐特立《国文教授之研究》第一章：“绩学之士，读书必有劄记，以记所得著所疑。”

牐 zhá “闸”的繁体字“閘”的异体字。水闸。《宋史·河渠志四》：“每百里置牐一，以限水势。”明·王圻等《三才图会·器用八》:“右牐版,与城门为重门。”清·顾炎武《清江浦》:“牐下三春尽,湖存数尺潴。”

煠[#] zhá “炸”的异体字。《齐民要术·素食》:“当时随食者取,即汤煠去腥气。”宋·苏轼《十二时中偈》:“百衮油铛里,恣把心肝煠。”○“炸”读去声 zhà,不能写“煠”。

劄(一)zhá “札”的异体字。①旧时的公文。宋·欧阳修《归田录》卷二:“唐人奏事,非表非状者谓之牓子,亦谓之录子。今谓之劄子。凡群臣百司上殿奏事,两制以上,非时有所奏陈,皆用劄子。”②无封皮的信。明·杨慎《丹铅总录·珊瑚钩诗话》:“尺牍无封,指事而陈者,劄子也。”③[箚記]即“札记”,笔记。清·宋荦《香祖笔记序》:“声诗古文而外,间随笔为劄记。”(二)zhā ①扎,刺。《朱子全书》卷四十七:“人七尺之躯,一个针劄着便痛。”②驻扎。宋·陈规《守城录》卷三:“彦周又自随州领人马至府城下,围绕劄寨。”《水浒传》第四十六回:“未敢入来,见今驻劄在外面。”△《通用规范汉字表》稿:仅用于科学技术术语,如中医学中的“目劄”。

扠 zhǎ 见 25 页“扠(chā)”。

吒 zhà “咤”的异体字。①发怒的声音。《山海经·北山经》:“有兽焉,其状如豹而长尾,人首而牛耳,一目,名曰诸犍,善吒。”汉·王逸《九思·疾世》:“忧不暇兮寝食,吒增叹兮如雷。”②吆喝。汉·贾谊《新书·匈奴》:“设令中国日治,匈奴日危,大国大富,匈奴适亡。吒犬马行,理势然也。”③慨叹。晋·郭璞《游仙诗》:“临川哀年迈,抚心独悲吒。”△《通用规范汉字表》稿:仅用于姓氏人名。其他用“咤”。

栅[*] zhà 见 242 页“栅(shān)”。

搾 zhà “榨”的异体字。挤压。宋·庄绰《鸡肋编》上:“[胡麻]炒焦压搾得生油。”比喻剥削。欧阳予倩《渔夫恨》第四场:“我们的钱都被老爷搾干了。”

蜡(一)zhà ①“蠟”的简化字“蜡(là)”的同形字。古代年终大祭万物。《礼记·郊特牲》:“天子大蜡八,伊耆氏始为蜡。蜡也者,索也。岁十二月,合聚万物而索飨之也。”《世说新语·德行》:“[华]歆蜡日,尝集子侄燕饮,王亦学之。”元·虞集《太岁》:“百神俱来,群蜡毕通。”[蜡臘(腊)]岁终祭礼。清·顾炎武《答再从兄书》:“孰使我岁时蜡臘,伏地悲哀,家人相对,含酸饮泣,叫天而苍苍不闻,呼父而冥冥莫晓者乎?”②[虮蜡]蚂蚱。《西游记》第一回:“[群猴]跑沙窝,砌宝塔,赶蜻蜓,扑虮蚱。”民间以“八蜡”附会“虮蜡”为驱除害虫、抗灾御难之神,京剧剧目有《施公案》故事《虮蜡庙》。又:蜡宾、蜡祠、蜡宫、蜡祭、蜡节、蜡日、蜡社、蜡索、蜡坛、蜡享、蜡飨、蜡月。(二)qù 蝇蛆。《周礼·秋官》“蜡氏”,汉·郑玄注:“蜡,骨肉腐臭,蝇虫所蜡也。”○“蜡”读 zhà,与“蜡(là)”无关。现代规范字系统,“蜡”通常读 là,“蜡祭”等义读 zhà。

乡 zhāi “斋”的繁体字“齋”的异体字。按字形是“齐”的繁体字“齊”的异体字,但限于“齐”读 zhāi,用做“斋”的情况。宋·陆游《东屯高乡记》:“少陵先生晚游夔州,爱其山川不忍去,三徙居,皆名高乡。”

砦 zhài “寨”的异体字。①防卫的栅栏,引申指营垒。《三国志·吴书·朱异传》:“魏庐江太守文钦营住六安,多设屯砦,置诸道要。”《陈书·荀朗传》:“朗据山立砦自守。”转指安营扎寨。《旧唐书·黄巢传》:“时京畿百姓皆砦于山谷,累年废耕耘。”②村寨。唐·元稹《和乐天送客游岭南》:“舶主腰藏宝,黄家砦起尘。”明·袁宏道《袁中郎游记·嵩游第二》:“芦风水响,环绕山砦。”△《通用规范汉字表》稿:仅用于姓氏人名。

霑 zhān “沾”的异体字。①

浸润。是本字。《说文》："霑，�康也。""霡，濡也。"《世说新语·德行》："上为甘露所霑，下为渊泉所润。"敦煌曲《菩萨蛮》："御园点点红丝挂，因风坠落霑枝架。"宋·司马光《温国文正司马公文集》卷六《虎牢关》："馀雪霑枯草，惊飙卷断蓬。"②受益，沾光。《韩非子·诡使》："今战胜攻取之士，劳而赏不霑。"唐·杜甫《野人送朱樱》："忆昨赐霑门下省，退朝擎出大明宫。"◎沾（一）zhān ①浸润。《庄子·齐物论》；"丽之姬，艾封人之子也，晋国之始得之也，涕泣沾襟。"②受益，沾光。唐·韩愈《苦寒》："而我当此时，恩光何由沾。"③充足。北魏·郦道元《水经注·河水》："山上又有微涓细水，亦不甚沾。"清·蒲松龄《聊斋志异·水灾》："十八日，大雨沾足，乃种豆。"④熏陶，感化。《后汉书·西南夷传》："若乃文约之所沾渐，风声之所周流，几将日所出入处也。"⑤古水名。今河南省北部淇水的支流。（二）diàn 古水名，即源于今山西昔阳县松溪河。汉朝因河而设沾县。（三）tiān ①增加。《楚辞·大招》："吴酸蒿蒌，不沾薄只。"②轻薄。《汉书·窦婴传》："魏其沾沾自喜耳，多易。"唐·颜师古注："沾沾，轻薄也。或音他兼反。"按，今读 zhānzhān。○1. 繁体字系统"沾"读 zhān 的①②通"霑"，其他不能写"霑"。2. 山东沾化县、云南沾益县，繁体字作"霑"。

氊 zhān "毡"的异体字。《齐民要术·养羊》："凡作氊不须厚大，唯紧薄均调乃佳耳。"宋·王安石《明妃曲》："家人万里传消息，好在氊城莫相忆。"

氈 zhān "毡"的繁体字，实际是"毡"的异体字。《说文》："氈，撚毛也。"《周礼·天官·掌皮》："掌秋斂皮，冬斂革，春献之，遂以式法，颁皮革于百工，共其毳毛为氈，以待邦事。"《战国策·赵策二》："大王诚能听臣，燕必致氈裘狗马之地。"晋·杨方

《合欢诗》："暑摇比翼扇，寒坐并肩氈。"

琖 zhǎn "盏"的繁体字"盞"的异体字。小杯子。《礼记·明堂位》："爵用玉琖仍雕。"清·蒲松龄《聊斋志异·三生》："覷冥王玉琖中茶色清澈，己琖中浊如醪。"又量词。清·纪昀《阅微草堂笔记·如是我闻三》："唯岁时祭以酒五琖，鸡子数枚而已。"

醆 zhǎn "盏"的繁体字"盞"的异体字。酒杯。《说文》："醆，爵也。一曰酒浊而微清也。"《礼记·礼运》："醆斝及尸君，非礼也，是谓僭君。"又量词。宋·陆游《夜雨有感》："断虹不隔江郊雨，一醆昏灯夜半时。"

嶃 zhǎn "崭"的繁体字"嶄"的异体字。高峻。南朝梁·刘孝标《广绝交论》："太行、孟门，岂云嶃绝？"唐·元稹《送崔侍御之岭南二十韵》："飓风狂浩浩，韶石峻嶃嶃。"

佔（一）zhàn "占"的异体字。占据，据有。清·艾衲居士编《豆棚闲话·首阳山叔齐变节》："满山留得些不消耕种不消纳税的薇蕨资粮，又被那会起早佔头筹的采取净尽。"清·刘鹗《老残游记》第九回："[笋]被滕六公佔取了。"（二）diān[佔侸]轻薄。宋·罗泌《路史·循蜚纪·泰逢氏》："叔末之人，佔侸儉侎，綦溪利跂，正真之道消，而憸险之行多，是不能神明而归于物。"（三）chān 低声耳语。《史记·匈奴列传》："嗟土室之人，顾无多辞，令喋喋而佔佔，冠固何当？"唐·司马贞《索隐》引邓展曰："佔，嗫耳语。"◎占（一）zhàn ①占据，据有。唐·韩愈《进学解》："占小善者率以录，名一艺者无不庸。"宋·王安石《题舫子》："眠分黄犊草，坐占白鸥沙。"②处于某一位置。唐·韩愈《胡良公墓神道碑》："[胡珦]凡一试进士，二即吏部选，皆以文章占上第。"（二）zhān①占卜。《说文》："占，视兆问也。"《周礼·春官·占人》："凡卜筮，君占体，大夫占色，史占墨，卜人占坼。”《离骚》：“索藑茅以筳篿兮，命灵氛为余占之。”②验证。《荀子·赋篇》：“臣愚而不识，请占之五泰。”③推测。宋·陆游《急雨》：“老农占雨候，速若屈伸臂。”④窥察。《论衡·佚文》：“故夫占迹以睹足，观文以知情。”⑤命运。《史记·五帝本纪》：“顺天地之纪，幽明之占。”⑥口授。《后汉书·袁敞传》：“[张]俊自狱中占狱吏上书自讼。”宋·陆游《南唐书·卢郢传》：“郢忽顾笔吏，口占使书，不窜一字。”又口头吟作。清·吴骞《扶风传信录》：“初四日五鼓，秋鸿至，传仲山命，占《谢梨》一绝。”〇两字只在读zhàn时互通。

跕 zhàn 见62页“跕(diǎn)”。

麞 zhāng “獐”的异体字。狍子。唐·李商隐《行次西郊》：“廷臣例麞怯，诸将如羸奔。”鲁迅《故事新编·奔月》：“我准备再远走五十里，看看可有些麞子兔子。”

鞝 zhǎng 见243页“鞝(shàng)”。

鼂 zhāo 见29页“(cháo)”。

炤 (一)zhào “照”的异体字。《荀子·天论》：“列星随旋，日月递炤。”宋·周密《癸辛杂识续集·相马法》：“马之壮者，眼光炤人见全身；中年者，炤人见半身。”《水浒传》第十七回：“官司察炤时，每月一次去里正处报名。”(二)zhāo 通“昭”。《诗经·小雅·正月》：“潜虽伏矣，亦孔之炤。”

曌 zhào “照”的异体字。武则天为自己的名字造的字。《旧唐书·则天皇后纪》：“则天显圣皇后武氏讳曌，并州文水人也。”《新唐书·后妃传上·则天武皇后》：“作曌……太后自名曌。”

櫂 zhào “棹(zhào)”的异体字。①船桨。宋·陆游《泛舟》：“水乡元不减吴松，短櫂沿洄野兴浓。”②划船。《后汉书·张衡传》：“号冯夷俾清津兮，櫂龙舟以济予。”③指船。唐·韩愈《答柳柳州食虾蟆》：“哀哉思虑深，未见许回櫂。”

喆 zhé “哲”的异体字。①贤明。曹植《王仲宣诔》:“皇穹神察,喆人是恃。”②了解。汉·扬雄《法言·问明》:“允喆尧儃舜之重,则不轻于由矣。”〇“喆”属偏僻字,不用于现代义,有时见于人名。△《通用规范汉字表》稿:仅用于姓氏人名。

摺(一)zhé “折”的繁体字。1956年《汉字简化方案》规定,“摺”简化为“折”,1964年《简化字总表》加注:“在折和摺意义可能混淆时,摺仍用摺。”①折叠。北周·庾信《镜赋》:“始摺屏风,新开户扇。”②折子。清·吴敬梓《儒林外史》第二十一回:“每日叫我拿这经摺去讨些赊帐。”“存折”繁体字系统写“存摺”。③量词。(1)层。宋·杨万里《夏日杂兴》:“独龙冈顶青千摺,十字河头碧一痕。”(2)杂剧的一个段落。清·小笛道人《日下看花录》卷三:“昔春演《刘氏招魂》一摺,虽非盛年,犹足令人魂销。”但少用。(二)zhě 同“褶”。清·陆以湉《冷庐杂识·王惺斋大令》:“不知震川之文之妙,在意理稠叠而摺皱分明。”(三)lá 同“拉”。《史记·范雎蔡泽列传》:“魏齐大怒,使舍人笞击雎,折胁摺齿。”〇“折”读shé,与“摺”无关。

輙 zhé “辄”的繁体字“輒”的异体字。唐·韩愈《归彭城》:“乘闲輙骑马,茫茫诣空陂。”明·叶逢春本《三国志传》卷一:“今日汝足为君,倚何进之势,輙敢乱言。”清·曹家驹《说梦·三大事原委》:“粮艘至临清以上,輙有中涓来提催。”

讁 zhé “谪”的繁体字“謫”的异体字。责罚。《诗经·邶风·北门》:“我入自外,室人交遍讁我。”《庄子·人间世》:“其言虽教,讁之实也。”

讋 zhé 《第一批异体字整理表》作为“慑”的异体字废止。1964年《简化字总表》列有“讋”的类推简化字“詟”,“詟”是规范字。①丧气,惧怕。汉·班固《东都赋》:“自孝武之所不征，孝宣之所未臣，莫不陆詟水栗，奔走而来宾。”宋·李纲《喜迁莺·真宗幸澶渊》：“虏情詟，誓书来，从此年年修好。”②威慑。唐·柳宗元《答问·晋问》：“南瞰诸华，北詟群夷。”清·方东树《考槃集文录》卷三《姚石甫文集序》：“禽狝、兽薙、剔抉、爬梳，化诱若雨露，震詟若风雷。”梁启超《感秋杂诗》：“积此千载愤，一发詟万夫。”③禁忌。《淮南子·氾论》：“[裘]无益于死者，而足以养生，故因其资以詟之。”④多言。《管子·君臣下》：“中民乱曰詟谆。”◎慑 shè 简化为“慑”。《广韵》之涉切，《集韵》失涉切；《国语辞典》、《新华字典》第 1 版，以及如今台湾出版的一些字典，均音 zhé，又音 shè；1985 年《审音表》规定统读 shè。①丧气，惧怕。《管子·戒》：“身在草茅之中而无慑意，南面听天下而无骄色。”《礼记·乐记》：“刚气不怒，柔气不慑。”②威慑。《说文》：“慑，服也。”《淮南子·氾论》：“感动天地，声慑四方。”清·毛祥麟《对山馀墨·某公子》：“见烛光下髯客高坐，目慑公子。”③悲戚。《荀子·礼论》：“其立哭泣哀戚也，不至于隘慑伤生。”○两字的①②相通。

襵* zhě “褶”的异体字。衣裙上的皱褶。唐·玄奘《大唐西域记·印度》：“泥嚩些那，既无带襻，其将服也，集衣为襵，束代以绦，襵则诸部各异，色则黄赤不同。”唐·元稹《江陵三梦》：“分张碎针线，襵叠故帡帏。”

淛 zhè “浙”的异体字。水名。浙江，即钱塘江。《世说新语·任诞》：“监司见船小装狭，谓卒狂醉，都不复疑，自送过淛江，寄山阴魏家，得免。”唐·韩愈《送惠师》：“回临淛江涛，屹起高峨岷。”又指浙江地区。明·张煌言《祭建国公郑羽长鸿飞文》：“淛事既隳，闽江旋覆。”○现代繁体字系统写“浙江”。

珎 zhēn “珍”的异体字。《楚辞·招魂》：“室中之观，多珎怪些。”明·孔迩《云蕉馆纪谈》:“友谅无远大之志,处兵戈间而急于玠宝。”

遉 zhēn “侦”的繁体字“偵”的异体字。《鹖冠子·王鈇》:“欢欣足以相助,俚谍足以相止。”宋·陆佃解:“俚,探遉也。”

碪 zhēn “砧”的异体字。①捣衣石。南朝宋·鲍照《登大雷岸与妹书》:“田沫冠山,奔涛空谷,碪石为之摧碎,碕岸为之赍落。”②砧板。宋·王谠《唐语林》佚文:“聚于庭,则命以碪臼绞取其汁,以涂新痛。”

鍼(一)zhēn “针”的繁体字“針”的异体字。①缝衣服的用具。《说文》:“鍼,所以缝也。”《庄子·人间世》:“挫鍼治繲,足以糊口。”清·纪昀《纪文达公遗集》卷三十二《赋得云消出绛河》:“得月珠帘卷,穿鍼彩线搓。”②医疗工具。《韩非子·喻老》:“[疾]在肌肤,鍼石之所及也。”③针形物。明·叶子奇《草木子》卷一:“啄木舌端有棘鍼,故善取蠹。”④用针刺。《汉书·广川惠王刘越传》:“笞问昭平,不服,以铁鍼鍼之,强服。”⑤以针治病。金·董解元《西厢记诸宫调》卷五:“鍼灸没灵验,医疗难痊可。”⑥规劝。明·顾起元《客座赘语·诠俗》:“刺人之隐失谓之鍼。”清·毛奇龄《四书索解》一:“岂圣人之言而全然如大雾中鍼乖锋锴,至于如此?”〇近现代繁体字系统多用“針”。(二)qián 用铁钳镊取。《周礼·夏官·射鸟氏》“则以并夹取之”,汉·郑玄注引郑司农曰:“并夹,鍼箭具。”

黰[#] zhěn “鬒”的异体字。

昽[#] zhèn “圳”的异体字。

酖(一)zhèn “鸩”的繁体字“鴆”的异体字。①鸟名。清·徐珂《清稗类抄·动物类》:“鴆,一作酖,毒鸟也。”②毒酒。《左传·僖公三年》:“宁俞货医,使薄其酖,不死。”③以毒酒杀人。《左传·庄公三十二年》:“成季使以君命命僖叔,待于针巫氏，使针季酖之。”（二）dān 嗜酒。《说文》：“酖，乐酒也。”《尉缭子·治本》：“如有子十人，不加一饭，有子一人，不损一饭，焉有喧呼酖酒，以败善类乎？”明·唐顺之《条陈海防经略事疏》：“臣见其人酖溺酒色，常如昏睡，谋勇俱无。”

陳（陈）zhèn　古“陣（阵）”字。①军队行列。《孙子·军争》：“无邀正正之旗，勿击堂堂之陈，此治变者也。”《史记·吴太伯世家》：“楚亦发兵拒吴，夹水陈。”署录于后晋天福四年（939）的敦煌变文《汉将王陵变》：“鞍不离马背，甲不离将身。大陳七十二陳，小陳三十三陳，陳陳皆输他西楚霸王。”②布阵。《尚书·武成》：“癸亥，陳于商郊，俟天休命。”孔传：“谓夜雨止毕陳。”《颜氏家训·书证》：“太公《六韬》有‘天陳’、‘人陳’、‘云鸟之陳’，《论语》曰‘卫灵公问陳于孔子’，《左传》‘为鱼丽之陳’，俗本多作‘阜’旁，車乘之‘車’。按诸陳隊，并作陳鄭之‘陳’。夫行陳之义，取于陳列耳。《苍》、《雅》及近世自述皆无别字，唯王羲之《小学章》，独‘阜’旁作‘車’。纵复俗行，不宜追改《六韬》、《论语》、《左传》也。”宋·黄伯思《东观馀论》卷上《第五杂帖》：“盖自二王以来。‘陳（陈）’为‘陣（阵）’，‘策’为‘筞’，皆二王辈自制。”宋·赵珙《梦鞑备录·军装器械》：“国王止有一鼓，临陳（陈）则用之。“《康熙字典》针反驳《颜氏家训》的说法：“按《史记》作‘陣’，非自羲之始也。”清朝所见《史记》的“陣”，当是后人改的。今见1960年缩版影印宋本《太平御览》卷二一引《韩子》：“好显岩穴之士而朝之，则战士怠于行陳。”现在通行本《韩非子》作“陣”。由于“追改”古书的情况比较多，无法确切知道“陣（阵）”字出现的时间，大致产生于汉魏以后。

爭* zhēng　“争”的异体字。当是本字。《说文·爪部》：“爭，引也。”爭斗（鬥），较量。《诗经·大雅·江汉》：“时靡有爭，王心载宁。”《左传·隐公十一年》：“公孙阏与颍考叔爭车，颍考叔挟辀以走。”宋刊《老子道德经》八章：“夫唯不爭，故无尤。”金·董解元《西厢记诸宫调》卷六：“对此景爭(怎)忍分离。”〇“争”是宋元以来的俗字，今选为规范字。以“爭”为偏旁比较常用的字有“淨靜掙睜諍猙崢箏”等。

徵(一)zhēng “征”的繁体字。同音归并。①征召。《说文》：“徵，召也。从微省，壬(tǐng)声。行于微而文达者即徵之。”《左传·僖公十六年》：“王以戎难告于齐，齐徵诸侯而戍周。”②征求。《左传·昭公二十五年》：“鸲鹆跦跦，公在乾侯，徵褰与襦。”③征收。《逸周书·大匡解》：“程课物徵，躬竞比藏。”④征收赋税。《管子·治国》：“上徵暴急无时，则民倍贷以给上之徵矣。”《左传·昭公二十年》：“布常无艺，徵敛无度。”⑤验证。《论语·八佾》：“夏礼，吾能言之，杞不足徵也；殷礼，吾能言之，宋不足徵也。文献不足故也。足，则吾能徵之矣。”⑥征兆。《史记·周本纪》：“夫国必依山川。山崩川竭，亡国之徵也。”(二)zhǐ 古代音阶的第四音。《周礼·春官·大师》：“皆文之以五声：宫、商、角、徵、羽。”《战国策·燕策三》：“既祖取道，高渐离击筑，荆轲和而歌，为变徵之声。”唐·杜甫《听杨氏歌》：“玉杯久寂寞，金管迷宫徵。”◎征 zhēng ①远行。《诗经·小雅·小明》：“我征徂西，至于艽野。”②征伐。唐·韩愈《祭马仆射文》：“东征淮蔡，相臣是使。”③争夺。《孟子·梁惠王上》：“上下交征利，而国危矣。”④征收赋税。《左传·僖公十五年》：“于是秦始征晋河东，置官司焉。”《国语·齐语》：“通齐国之鱼盐于东莱，使关市几而不征，以为诸侯利。”〇1.繁体字系统两字只在赋税意思上相同。《礼记·王制》：“升于司徒者，不征于乡；升于学者，不征于司徒，曰造士。”汉·郑玄注：

“不征，不给其徭役。”习惯以写“徵”为正。如上引《左传·昭公二十年》：“布常无艺，徵斂无度。”又宋·陆游《农家叹》：“门前谁剥啄，县吏徵租声。”。2.［徵(zhēng)调］是征集调用人员物资。清·魏源《圣武记》卷九：“宜绵又言贼起以来，徵调官兵。”徵(［zhǐ)调］是以徵音为主的调式。唐·李肇《唐国史补》卷下：“宋沆为太乐令，知音，近代无比。太常久无徵调，沆乃考钟律而得之。”［徵(zhēng)声］是求访歌者。南朝宋·鲍照《代陈平原君子有所思行》：“选色遍齐代，徵声匝邛越。”［徵(zhǐ)声］指五音中的徵音。《管子·幼官》：“味咸味，听徵声。”△《通用规范汉字表》稿：zhǐ 用于中国古代乐调的代表字“宫商角徵羽”；读 zhēng，用简化字“征”。

癥 zhēng “症”的繁体字。同音归并。腹内结块的病。晋·王叔和《脉经·迟疾短长杂病法》：“脉沉重而中散者，因寒食成癥。”［癥瘕］腹中结病的块。元·忽思慧《饮膳正要》卷一《养生避忌》：“马奶子不可与鱼脍同食，生癥瘕。”喻指孤陋寡闻。清·方东树《考槃集文录》卷二《合葬非古说》：“以必合为孝之固且蔽，因以罪夫大儒而诬谤之，是义理生一癥瘕也。”［癥结］肿块，也指事情疑难所在或关键。《史记·扁鹊仓公列传》：“以此视病，尽见五脏癥结。”清·纪昀《阅微草堂笔记·如是我闻四》：“香畹首肯曰：‘斯言洞见癥结矣。’”◎症 zhèng 病象，疾病。元·郑德辉《倩女离魂》第三折：“要好时直等的见他时，也只为这症候因他上得。”明·谢肇淛《五杂俎·物部三》：“荔枝核性太热，补阴。人有阴症寒疾者，取七枚煎汤饮之，汗出便差。”又，急症、炎症。另参见下条“證”⑤。○病症义，古用“證（证）”。“癥”本无 zhèng 音。

證 zhèng “证”的繁体字。①告发。《论语·子路》：“叶公语孔子曰：‘吾党有直躬者，其父攘羊,而子證之。”②证实。明·叶子奇《草木子·克谨》:“变不虚生,宜有其證。”③凭证。《晋书·范宁传》:“时更营新庙,博求辟雍、明堂之制,宁据经传奏上,皆有典證。”④谏诤。《战国策·齐策一》:“士尉以證靖国君,靖国君不听,士尉辞而去。”⑤病况,病症。《列子·周穆王》:“其父之鲁,过陈,遇老聃,因告其子之證。”南朝梁·陶弘景《肘后百一方序》:“具论诸病證候,因药变通。”清·刘鹗《老残游记》第十九回:“请先生照證施治,如果好了,自当重谢。”1937年出版的《国语辞典》“證”有“疾病之征候”义。◎証 zhèng ①谏正。《说文》:“証,谏也。”四部丛刊影元至正本《战国策·齐策一》:“士尉以証靖国君,靖国君不听,士尉辞而去。”②通“症”。疾病。元·关汉卿《拜月亭》第二折:“只愿的依本分伤家没变证,慢慢的传授阴阳。”清·黄宗羲《子刘子行状》卷下:“然后知先生之言,为思陵对证之药也。”③通“證”。证明。清·段玉裁《说文注》:“今俗以証为證验字。”清·许嗣茅《屑玉丛谭二集·绪南笔谈序》:“熙朝掌故,则询之柳泉;往代轶闻,则証之姚子寿春。”○现在的简化字“证”包含了“證”和“証”两个字的意思,虽然“证”实际上不大用于谏诤义。“證”④与“証”①为同书同句,各本用字不同,宜以《说文》“証,谏也,从言,正声”为据,并可理解为“从言,从正,正亦声”。

巵 zhī 《第一批异体字整理表》以“巵”为正体,《现代汉语通用字表》有“卮”无“巵”。后出为正,今“卮”为规范字。①古代酒器。《说文》:“巵,圜器也。”《战国策·齐策二》:“楚有祠者,赐其舍人巵酒。”②可做染料用的植物。《史记·货殖列传》:“巴蜀亦沃野,地饶巵、姜、丹砂、石、铜、铁、竹木之器。”◎卮 zhī 古代酒杯。《史记·高祖本纪》:“高祖奉玉卮,起为太上皇寿。”清·蒲松龄《聊斋志异·仙人岛》:“众大笑。桓怒诃之,因而自起泛卮,谢过不遑。”

祇 zhī 1956年《汉字简化方案》把“祇”作为副词“只”的繁体字加以简化,1964年《简化字总表》仍之。1986年重新公布《简化字总表》调整为“只〔祇〕。”“祇”读 zhī,没有 zhǐ 音。实际运用中,于仅只义有写“祇”的。清·李渔《闲情偶寄·饮馔部·穀食》:“冯妇下车,请戒其始,祇用二语括之曰:糕会贿宋,饼贵乎薄。”清·王笃《新刻诗经通论序》:“世传题注、大全,亦祇训诂字句,于兴、观、群、怨之旨究无当也。”清·阮元《尔雅注疏》卷八校勘记:“《尔雅》经作‘薹’,注引《诗》笺作‘臺’,今祇改‘臺’。”○似乎现代人用繁体字撰述,仅只义多用“祇”。如1987年出版的《唐语林校证·前言》“这和《唐语林》中祇收他人的作品……不同”,同书《校雠说明》“其文字可供参考者,则祇在注视中加以说明”。

隻 zhī “只(zhī)”的繁体字。同音归并。①量词。(1)用于动物。《世说新语·德行》注:“常豫炙鸡一隻,以绵渍酒中。”敦煌曲《浣溪纱》:“一隻黄鹰薄天飞,空中罗网嗟长悬。”宋·刘克庄《沁园春·赠孙季蕃》:“怅名姬骏马,都如昨梦,隻鸡斗酒,难到新丘。”(2)用于器物。《后汉书·方术传·王乔》:“候凫至,举罗张之,但得一隻舄焉。”唐·李白《奔亡道中五首》:“仍留一隻箭,未射鲁连书。”敦煌曲《秋夜长》:“一隻银瓶子,两手拴。携送远行人,福禄安。”(三)用于词曲。《水浒传》第四十六回:“拿起笔来,又做了这隻《临江仙》。”②单。唐·韩愈《祭十二郎文》:“两世一身,形单影隻。”《新唐书·百官志三》:“隻日,台院受事;双日,殿院受事。”③独特。宋·陆游《书志》:“读书虽复具隻眼,贮酒其如无别肠。”清·周之奇《金盏子》:“花冷素蝉,偏是广寒人隻。”④本义为鸟一只。《说文》:“隻,鸟一枚也。”晋·潘岳《悼亡》:“如彼翰林鸟,双栖一朝只。”(与“双”相对说。)◎只(一)zhǐ ①副词。(1)仅。唐·韩愈《过始兴江口感怀》:“忆作儿童随伯氏,南来今只一身存。”宋·王安石《泊船瓜洲》:“京口瓜洲一水间,钟山只隔数重山。”宋·陈淳《北溪先生字义》卷上《性》:“不过只认个气,而不说着那理耳。”这是近现代繁体字系统“只”的基本用法。也用“衹”,但不多。简体转换繁体,“只”不宜一律改为“衹”。今台湾行文多用“只”。(2)相当于“就”。唐·贾岛《寻隐者不遇》:“松下问童子,言师采药去,只在此山中,云深不知处。”20世纪三四十年代我看到的字帖都是“只”字。(三)本,本来。唐·薛能《游嘉州和溪》:“当时诸葛成何事?只合终身作卧龙。”(四)简直。五代·齐己《酬元员外见寄八韵》:“旧隐梦牵仍,归心只似蒸。”(五)一直,直到。《西游记》第四十九回:“众人只拜的望不见形影方回。”③语气词。(1)用于句末,表示终结。《诗经·鄘风·柏舟》:“母也人只,不谅天只。”(2)用于句末,表示限止。《左传·襄公二十七年》:“诸侯归晋之德只,非归其尸盟也。”(三)用于句中,表示确定。《诗经·周南·樛木》:“乐只君子,福履绥之。”唐·陆德明《释文》:“只,是也。”④指示代词,相当于““这”。朱熹《送胡籍溪》:“浮云一任闲舒卷,万古青山只么青。”⑤助词,位于动词后,相当于“着”。元·杨显之《潇湘雨》第二折:“这幞头呵,除下来与你戴只,这罗襕啊,脱下来与你穿只。”○繁体字系统,“只”没有zhī音和相关用法。

栀 zhī “梔”的异体字。①栀子。唐·杜甫《栀子》:“栀子比众木,人间诚未多。”②染成黄色。唐·柳宗元《鞭贾》:“今之栀其貌,蜡(là)其言,以求贾技于朝者,当其分则善。”

姪 zhí “侄”的异体字。唐·

韩愈《人日城南登高》："亲交既许来，子妷亦可从。"金·元好问《赠张主簿伟》："从今弟妷通家了，莫向瓜田认故侯。"

姪 zhí "侄"的异体字。《世说新语·德行》："歆蜡日，尝集子姪燕饮，王亦学之。"《水浒传》第四十八回："如今小姪因为官司委了甘限文书，要捕获大虫。"〇古代"姪"只用于姑侄关系。《尔雅·释亲》："女子谓昆弟之子为姪。"《说文》："姪，兄之女也。"魏晋以后，男子也称兄弟之子女为侄，但仍写"姪"。宋·吴淑《江淮异人录·聂师道》："聂师道姪孙绍元，少入道，风貌和雅。"清·吴敬梓《儒林外史》第二十三回："牛奶奶带着姪子复身走出来。"◎侄 zhí ①坚，牢。《玉篇》："侄，牢也，坚也。"②痴呆，唐·慧琳《一切经音义》卷十九："侄，痴貌也。"〇《康熙字典》特别说明："俗误以侄为姪字。"1937 年出版的《国语词典》："侄，姪之简写。"1953 年《新华字典》作"姪(侄)"，即以"姪"为正体。今台湾用"姪"。

蹠 zhí "跖"的异体字。①脚掌。《战国策·楚策一》："瘼死嬴粮潜行，上峥山，逾深溪，蹠穿膝暴，七日而薄秦王之朝。"②脚。《淮南子·氾论》："体大者节疏，蹠距者举远。"③踏。汉·扬雄《反离骚》："弃由聃之所珍兮，蹠彭咸之所遗。"④春秋时代奴隶起义首领盗跖，也作盗蹠。

軄[*] zhí "职"的繁体字"職"的异体字。汉·袁康《越绝书·外传·计倪》："贤君用臣，略责于绝施之軄，而成其功。"宋·司马光《温国文正司马公文集》卷五十二《朕意》："西夏国主秉常屡遣使者造于阙庭，吊祭讣告，寝修常軄。"

阯 zhǐ ①"址"的异体字。基址。当是本字。《说文》："阯，基也。"《史记·封禅书》："丙辰，禅泰山下阯东北肃然山。"清·陈康祺《郎潜纪闻》卷一："圆明园为前明懿戚徐伟别墅旧阯，康熙间名畅春园。”②“沚”的异体字。水中小洲。汉·张衡《西京赋》:“乃有昆明灵沼,黑水玄阯。”③“趾”的异体字。脚趾。清·顾炎武《天下郡国利病书·云南五》:“刻木为蹬,状如鱼口,微容足阯。”

帋 zhǐ “纸”的繁体字“紙”的异体字。唐·白居易《北窗三友》:“兴酣不叠帋,走笔操狂词。”《新唐书·柳公权传》:“书帋三番,作真、行、草三体。”

祇(一)zhǐ “只(zhǐ)的繁体字“衹”的异体字。清·孙希旦《礼记集解》卷五十三:“其不入《记》者,又比此为逸,其实祇一篇也。”清·福格《听雨丛谈》卷一:“今则祇散饽饽于戚族,而不及于祭幛矣。”清·钟秀、张曾《古丰识略》卷三十九《土产》:“常见者祇此数种,馀不悉载。”清·袁大化《抚新纪程》:“丛生如荆棘,不能成材,祇供炊爨。”(二)qí ①神祇。《尚书·微子》:“今殷民乃攘窃神祇之牺牷牲。”②祇园,佛教用语,梵文 Jetavanavihara 的意译,祇树给孤独园的简称。唐·王勃《益州德阳县善寂寺碑》:“祇园兴板荡之悲,沙界积沧胥之痛。”清·王闿运《衡州西禅寺碑》:“游则王国,还则祇园。”△《通用规范汉字表》稿:qí 义为神祇。读 zhǐ 时用“只”。

秖 zhǐ “只”的繁体字“衹”的异体字。汉·徐幹《中论·务本》:“秖足以追亡国之迹,而背安家之轨也。”宋刊《中兴词选》康与之《诉衷情令·登郁孤台》:“今古事秖堪悲,此心知,一樽芳酒,慷慨悲歌,月堕人归。”

衹(一)zhǐ “只”的繁体字,实际是“只”的异体字。仅仅。《左传·僖公十五年》:“晋未可灭,而杀其君,衹以成恶。”《史记·项羽本纪》:“且为天下者不顾家,虽杀之无益,衹益祸耳。”(二)qí [衹袨],袈裟。《新唐书·李罕之传》:“初为浮屠,行丐市,穷日无得者,抵钵褫衹袨去，聚众攻剽五台下。”

祑 zhì ①“帙”的异体字。①书函，书套。唐·陆德明《经典释文序》：“研精六经，搜访异同……合为三祑三十卷，号曰经典释文。”②卷次。《资治通鉴·晋愍帝建兴二年》：“惟裴宪、荀绰止有书百余祑，盐米各十余斤而已。”②通“秩”。秩序，次序。晋·陆机《文赋》：“谬玄黄之祑叙，故淟涊而不鲜。”

袠 zhì ①“帙”的异体字。(1)书函，书套。《后汉书·杨厚传》：“吾绨袠中有先祖所传秘记，为汉家用，尔其修之。”(2)卷册。《南史·文学传·崔慰祖》：“好学，聚书至万卷。邻里年少好事者来从假借，日数十袠。”(三)口袋。《庄子·知北游》：“解其天弢，堕其天袠。”唐·成玄英注：“袠。束囊也。”②通“秩”。十年为一秩。清·蒲松龄《聊斋志异·牛成章》：“年已六袠，贫寡无归，送与居处。”清·纪昀《纪文达公遗集》卷十八《恭和御制春仲经筵元韵》：“七袠犹勤搜壁府，万方所仰拱辰居。”

稺 zhì “稚”的异体字。①幼禾。《说文》：“稺，幼禾也。”《诗经·小雅·大田》：“去其螟螣，及其蟊贼，无害我稺。”②幼小。《周易·序卦》：“物生必蒙，故受之以蒙。蒙者，蒙也，物之稺也。”《后汉书·郎顗传》：“子奇稺齿，化阿有声。”宋·周邦彦《片玉集》卷二《西平乐》：“稺柳苏晴，故溪歇雨，川迥未觉春赊。”③晚，迟。《管子·形势》：“曙戒勿怠，后稺逢殃。”

寘（一）zhì “置”的异体字。①放置。《诗经·魏风·伐檀》：“坎坎伐檀兮，寘之河之干兮。”毛传：“寘，置也。”宋·岳珂《桯史·南陔脱帽》：“中大人悦其韶秀，抱寘之膝。”②废止。《国语·楚语下》：“以小怨寘大德，吾不义也。”③处置。五代·孙光宪《北梦琐言》卷十八：“温韬凶恶，发掘西京陵寝，庄宗中兴，不寘其罪。”④致力。唐·许尧佐《柳氏传》：“当遂永诀，愿寘诚念。”宋·陆游《渭南文集》卷二《会庆节丞相率文武百僚贺寿星表》：“臣等误寘周行，久陶圣化。”（二）tián 填塞。《汉书·沟洫志》：“令群臣从官自将军以下皆负薪寘决河。”◎置 zhì ①放置。《尚书·说命》：“爰立作相，王置诸其左右。”②废止。《晏子春秋·谏上》：“置大立小，乱之本也。”③处置。《明史·刘基传》：“宿卫宦侍有过者，皆启皇太子置之法，人惮其严。”〇古书用“寘”比较多。近现代以来多用“置”。

製 zhì “制”的繁体字。实际是“制”的异体字。①裁制衣服。《说文》：“製，裁也。”《左传·襄公三十一年》：“子有美锦，不使人学製焉。”②衣服的样式。唐·韩愈《论佛骨表》：“夫佛本夷狄之人，与中国言语不通，衣服殊製。”③制造。《后汉书·樊宏传》：“五谷不登，谓之大侵。大侵之礼，百官备而不製，群神祷而不祠。”唐·王仁裕《开元天宝遗事·龙皮扇》：“元宝家有一皮扇子，製作甚质。”明·陈继儒《珍珠船》卷一：“陶岘，彭泽之后，日製三舟。”④撰述。《文心雕龙·杂文》：“及枚乘摛艳，首製《七发》。”清·朱克俊《儒林琐记》：“年七十七，病噎乞归，上温谕暂留，出御製诗集，命校正。”又转指作品。《宋书·谢灵运传》：“至于先士茂製，讽高历赏。”梁启超《饮冰室诗话》一：“其鸿篇鉅製，洋洋洒洒者，行将别裒录为之一集。”◎制 zhì ①切割，裁断。《淮南子·主术》：“贤主之用人也，犹巧工之制木也。”②制作。《诗经·豳风·东山》：“制彼裳衣，勿士行枚。”③制订。唐·韩愈《上宰相书》：“抑又闻上之设官制禄，必求其人而授之者，非苟慕其才而富贵其身也。”④形制，样式。晋·陶渊明《桃花源诗》：“俎豆犹古法，衣裳无新制。”⑤法度。《国语·越语下》：“必有以知天地之恒制，乃可以有天下之成利。”《汉书·叙传下》：“营都立宫，定制修文。”⑥帝王的命令。《史记·秦始皇本纪》:“臣等昧死上尊号,王为泰皇,命为制,令为诏。”汉·蔡邕《独断上》:“制者,王者之言必为法制也。”⑦著作,创作。三国魏·曹植《与杨德祖书》:“昔尼父之文辞,与人通流,至于制《春秋》。游夏之徒,乃不能措一辞。”《红楼梦》第五回:“就将新制《红楼梦》十二支演上来。”⑧控制。《国语·晋语一》:“吾以子见天子,令子为上卿,制晋国之政。”⑨制裁。《史记·苏秦列传》:“武王卒三千人,革车三百乘,制纣于牧野。”○“製”是“制”的增旁分化字,应该写“製”的地方常有写“制”的。1.制造、著述等义,繁体字系统互通。“制办、制版、制定、制述、制造、制撰、制作、创制、研制”等,繁体字系统写“製”,也有写“制”的。2.制度、形制、制裁等义,不作“製”。[制度]名词,指法令、礼俗规范,不能写“製”。动词,指制定法规。《礼记·中庸》:“非天资不议礼,不制度,不考文。”应当理解为“製”。[编制]名词,指组织机构的设置及人员额数,不能写“製”。“这个处的编制为三科一室。”动词,指制定方案等或编织,繁体字应该写“製”。“正在编製本校五年发展规划。”

誌 zhì “志”的异体字。①记录。《列子·杨朱》:“太古之事灭矣,孰誌之哉?”清·曹家驹《说梦·毕亨筑松江海塘》:“余所誌,止就有生以来所目见之者言之耳。”②记忆。唐·裴铏《传奇·张无颇》:“无颇誌大娘之言,遂从使者而往。”③记号。《南齐书·韩孙伯传》:“襄阳土俗,邻居种桑于界上为誌。”④做记号。晋·陶渊明《桃花源记》:“既出,得其船,便扶向路,处处誌之。”⑤记事的书文。南朝梁·萧统《文选序》:“篇辞引序,碑碣誌状。”隋·王通《中说·述史》:“制、誌、诏、策,则几乎典诰矣。”⑥通“痣”,黡子。《南齐书·江祏传》:“高祖胛上有赤誌。”○以下两个意思“志”与“誌”互通。1.记事书文。

南朝宋·谢惠连《祭古冢文》序："铭誌不存，时代不可得而知也。"→唐·柳宗元《永州铁炉步志》："嘉其言可采，书以为志。"明·袁宏道《书红眼公传》："志有之：水柔，人狎二玩之；火烈，人望而畏之。"→清·赵翼《七十自述》诗之二十一："后人倘葺平山誌，莫变疑为杜牧狂。"《永乐大典》本《顺天府志》卷十人物项引"图经誌书"，全书多处作"志"。又：志哀～誌哀，志记～誌记，志铭～誌铭，志书～誌书，志喜～誌喜，志异～誌异，志传～誌传，志状～誌状，书志～书誌，图志～图誌，杂志～杂誌，地方志～地方誌等；已有固定写法的"经籍志、人物志、三国志、艺文志"等，不作"誌"。2. 记号。标志～标誌。注意："标志/標誌"又作"标识/標識"，仍读 biāozhì，不要错读为 biāoshí。其他写"志"的地方不能换用"誌"。◎"志"的其他义项不能用"誌"，如"志气、志向、志愿、斗志、立志、同志、心志、意志、壮志"等。

穉 zhì "稚"的异体字。①幼小。《楚辞·大招》："容则秀雅，穉朱颜只。"元·杨载《春晚喜晴》："歌呼从穉子，谈笑或嘉宾。"②晚，迟。《淮南子·俶真》："河鱼不得明目，穉稼不得育时，其所生者然也。"

緻 zhì "致"的繁体字。细密，精密。《说文》："緻，密也。"汉·司马相如《长门赋》："緻错石之瓴甓兮，象玳瑁之文章。"清·阮元《小沧浪笔谈》卷三："元尝亲至崖间，摩挲一过，其崖黄石坚緻，笔画深劲。"清·俞蛟《湖嘉风月·丽景》："工夫茶烹治之法，本诸陆羽《茶经》，而器具更为别緻。"○只在精密、细密意思上"致"与"緻"互通。《淮南子·时则》："工师效功，陈祭器，案度程，坚致为上。"清·庄逵吉注："致即密致之致。"《汉书·严延年传》："案其狱，皆文致不可得反。"唐·颜师古注："致，至密也。言其文案整密也。"

鍾 zhōng "钟"的繁体字。

《汉字简化方案》把“鍾”和“鐘”合并简化为“钟”。①古时盛酒的器皿。《说文》：“鍾，酒器也。”《列子·杨朱》：“朝之室也，聚酒千鍾，积曲成封，望门百步，糟浆之气逆于人鼻。”②量词，古容量单位，春秋战国时代各国容量多少不一。《孙子·作战》：“故智将务食于敌，食敌一鍾，当吾二十鍾。”③专一。《晋书·王衍传》：“然则情之所鍾，正在我辈。”苏轼《吊天竺海月辩师》：“生死犹如臂屈伸，情鍾我辈一酸辛。”④姓氏；复姓“鍾离”。⑤通“鐘”。(1)古打击乐器。《诗经·小雅·鼓鍾》：“鼓鍾将将，淮水汤汤，忧心且伤。”(2)佛寺悬挂的钟。《新唐书·宗晋卿传》：“晋卿髭貌雄伟，声如洪鍾。”现在电脑里的“锺”不是正式简化字。它最早见于1965年文化部和中国文字改革委员会公布的《印刷通用汉字字形表》。GB2312－80收列。△2009年8月公布的《通用规范汉字表》稿收有“锺”字：仅用于姓氏人名。

鐘 zhōng “钟”的繁体字。《汉字简化方案》把“鐘”和“鍾”合并简化为“钟”。①古代打击乐器。《说文》：“鐘，乐钟也。”《诗经·周颂·执竞》：“鐘鼓喤喤，磬筦将将。”《庄子·富国》：“故必将撞大鐘，击鸣鼓，吹竽笙，弹琴瑟。”②佛寺悬挂的钟。唐·王勃《净慧寺碑》：“九乳仙鐘，独鸣霜雪。”唐·张继《枫桥夜泊》：“姑苏城外寒山寺，夜半鐘声到客船。”③计时器，比表大，挂墙上或放桌上。明·冯时可《蓬窗续录》：“[外国人利玛窦]出自鸣鐘，仅如小香盒，精金为之，一日十二时，凡十二次鸣。”④指时间，钟点。明·佚名《盛世新声·正宫端正好·赛鸿秋》：“酒醒觉来时，直睡到参儿锉，不听得五更鐘，人马街前过。”⑤通“鍾”。古容量单位。《淮南子·要略》：“一朝用三千鐘赣，梁邱据、子家哙导于左右，故晏子之谏生焉。”○1.“鐘”和“鍾”各有职司，在容器、打击乐器意思上，时或通用。上引《淮南子·要略》，不同版本“鍾”、“鐘”互见。汉·贾谊《新书·六术》：“是以声音之器十二鍾，鍾当一月，其六鍾阴声，六鍾阳声。”又“鍾鼎、鍾鼓、鍾律“等与“鐘鼎、鐘鼓、鐘律”等都常见。2.“钟爱、钟灵、钟念、钟情、钟心、钟秀”等繁体字用“鍾”不能写“鐘”。3.姓氏，用“鍾”，不作“鐘”。

塜 zhǒng　“冢”的异体字。唐·李贺《许公子郑姬歌》：“相如塜上生秋柏，三秦谁是言情客?”明·沈受先《三元记》第五出：“倘若砍坏了你的塜树，致伤风水，正该拿他到官惩治才是。”明·孟称舜《贞文祠记》：“高塜麒麟，累累非乏也。”

眾 zhòng　“众”的繁体字“衆”的异体字。《说文》：“眾，多也。从乑(yín)目。众也。”清·陈昌治刻《说文解字·叙》：“若此者甚眾，皆不合孔氏古文，谬于史籀。”光绪十七年思贤讲舍刻《世说新语·尤悔》注：“[桓温]抚枕而起曰：‘为尔寂寂，为文、景所笑。’眾莫敢对。”今台湾用“眾”。

穜 zhòng　“种”的繁体字“種”的异体字。(一)zhòng 种植。覆宋本《玉台新咏》萧衍《紫兰始萌》：“穜兰玉台下，气暖兰始萌。”(二)zhǒng 量词，种类。覆宋本《玉台新咏》刘邈《秋闺》：“秋还百穜事，衣成未暇薰。”〇穜 tóng 早种晚熟的谷类。[穜稑]早种晚熟和晚种早熟的谷类。《周礼·天官·内宰》：“上春，诏王后帅六宫之人，而生穜稑之种，而献之于王。”郑玄注引郑司农云：“先种后熟谓之穜，后种先熟谓之稑。”

週 zhōu　“周”的异体字。①周围。宋·王谠《唐语林》佚文：“风炉子以週绕通风也。”《水浒传》第四十六回：“外面週回一遭阔港，粉墙傍岸。”②遍及。敦煌变文《爐山远公话》：“自从旷劫受深流，六道轮回处处週。”老舍《龙须沟》第三幕第一场：“刚一修沟的时候，工程处就想得很週到。”③满一个周期。《全唐诗》卷八六二佚名《嫁女诗》：“人间甲子週千岁，灵境杯觞初一巡。”④一个循环周期。(1)一个甲子六十年。清·归庄《〈王氏西田诗〉序》：“而落成之年，先生适花甲一週。”(2)一年。清·蒲松龄《蓬莱宴》第五回：“孩子岁两週。”(3)一星期。苏曼殊《断鸿零雁记》第十七章：“吾晨朝闻阿母传言，来週过已，更三日，当挈令妹及余归箱根。”又“周备、周遍、周到、周回(迴)、周甲、周刊、周末、周年、周期、周全、周日、周身、周岁、周通、周围、周旋、周巡、周游、周匝、周遭、周遮、周折、周知”，按意思应该写“週”，也有写“周”的。○部族、朝代、姓氏“周”不能写“週”。“周济”也作“週济”、“赒济”。

幕* zhǒu “帚”的异体字。清·吕坤《演小儿语》：“笤幕秧，扫幕秧，直干(榦)繁枝万丈长。”

篛 zhǒu “帚”的异体字。《汉书·贾谊传》：“母取箕篛，立而谇语。”晋·葛洪《抱朴子·疾谬》：“开积水乎万仞，其可扑以篛篲，遏以撮壤哉。”

呪 zhòu “咒”的异体字。①祷告。《文心雕龙·祝盟》：“崇替在人，呪何预焉?”唐·王维《游悟真寺》：“掷山移巨石，呪岭出飞泉。”②道士、方丈等施行法术时念的口诀。“宋·王明清《投辖录·贾生》：“相随亦来，乡中每人作法禁呪，亦不去。”清·蒲松龄《聊斋志异·真生》：“每值乏窘，真辄出黑石一块，吹呪其上，以磨瓦砾，立刻化为白金。”③诅咒。《易林·噬嗑之未济》：“夫妇呪诅，太上颠覆。”

詋* zhòu “咒”的异体字。明·田艺蘅《留青日札·妖僧》：“妖僧行果云自海上来杭州，多技善幻，以符詋禁治病人，辄愈。”

繇 zhòu 见316页“繇(yáo)”。

硃 zhū “朱”的繁体字。实际是“朱”的异体字。①[硃砂]

即“朱砂”。元·佚名《硃砂担》第二折：“苦奔波，枉生受，有谁人肯搭救，单只被几颗硃砂送了我头。”②红色。晋·傅玄《太子少傅箴》：“夫金水无常，方圆应形，亦有隐括，习以性成，近硃者赤，近墨者黑。”明·汤显祖《牡丹亭·骇变》：“咳呀，这草窝里不是硃漆板头？”③朱墨，用朱墨写成的文字。《续资治通鉴·元泰定元年》：“己未，以硃字诏赐帝师所居萨斯嘉部。”清朝规定，奏章经皇帝用红笔批示，以示亲笔。清·龚自珍《乙丙之际著议第十九》：“乾隆初，有言东南之土肌理横，故宜水；西北之土肌理直，故不宜水。硃批曰：‘所奏情形是。’”燕谷老人《续孽海花》第四十六回：“不多一会儿，就硃谕下来，叫老爷回籍。”其他“硃封、硃卷、硃评、硃签（籤）、硃语”等多表示出于官府，因而重要。◎朱 zhū ①赤心木。《说文》：“朱，赤心木，松柏属，从木，一在其中。”通指大红色、正红色。《周易·困卦》：“困于酒食，朱绂方来。”《论语·阳货》：“子曰：‘恶紫之夺朱也。’”三国魏·何晏注引孔安国曰：“朱，正色。紫，间色。”②朱砂。《周礼·考工记·钟氏》：“染羽，以朱湛丹秫，三月而炽之。”《隋书·西域传·高昌》：“出赤盐如朱，白盐如玉。”③姓氏。〇“硃”是“朱”的分化字，专指朱砂及与之相关事物。△《通用规范汉字表》稿：仅用于表示硃砂和地名。

豬 zhū “猪”的异体字。①家畜名。当是本字。《说文》：“豬，豕而三毛丛居者。”《荀子·正论》：“今人或入其央渎，窃其豬彘，则援剑戟而逐之，不避死伤，是岂以丧豬为辱也哉。”唐·韩愈《柳州罗池庙碑》：“池园洁修，豬牛鸭鸡，肥大蕃息。”清·方东树《考槃集文录》卷七《金陵城图记》：“斜长阔狭，皆因山为之，类豬龙形。”②水停蓄处。《尚书·禹贡》：“大野既豬，东原底平。”这个意思后来用“瀦”或“潴”。

藷 zhū 见 251 页“藷(shǔ)”。

瀦* zhū “潴”的异体字。水停居处。《周礼·地官·稻人》:“稻人掌稼下地,以瀦蓄水。”唐·韩愈《岳阳楼别窦司直》:“瀦为七百里,吞纳各殊状。”

櫫* zhū “橥”的异体字。①用作标志的短木桩。转指标志。清·孙诒让《〈周礼正义〉序》:“既写定,辄略刺举其可剀今而振敝,一二荦荦大者,用以櫫楬,俾知为治之迹。”②标明。陈独秀《敬告青年》:“当代大哲,若德意志之倭根(欧根),若法兰西之柏格森,虽不以现时物质文明为美备,咸楬櫫生活问题,为立言之的。”

朮 zhú “術”的简化字“术”的同形字。[芝朮]药草名。宋·王谠《唐语林》卷一:“代宗时,有术士曰唐若山,饵芝朮,咽气导引,寿不逾八十。”白术,多年生菊科草本植物,是中国浙江省特产的一味药材。苍术山蓟,可入药,叶可食。都不读 shù。又,12 世纪金国大将完颜宗弼,亦名乌珠,岳飞故事里叫金兀术。也读 zhú。这个字本作“朮”,现在多写“术”,与艺术的“术”成为同形字或形近字。

筑 zhú “築”的简化字“筑(zhù)”的同形字。①古乐器名,似筝。《说文》:“筑,以竹曲,五弦之乐也。”《战国策·燕策三》:“既祖取道,高渐离击筑,荆轲和而歌,为变徵之声。”《史记·高祖本纪》:“酒酣,高祖击筑。”②贵州省会贵阳市的简称。

煑 zhǔ “煮”的异体字。《汉书·吴王刘濞传》:“吴有豫章郡铜山,即招致天下亡命者盗铸钱,东煑海水为盐,以故无赋,国用饶足。”宋·司马光《温国文正司马公文集》卷十三《招军札子》:“臣又闻即日灾伤之处,军无见(现)粮,煑薄粥以饲饥民犹不能给。”宋·刘克庄《贺新郎·游水东周家花园》:“暇日提鱼就煑,叹激电光阴如许。”

宁 zhù “宁(níng)”的同形字。“宀”的异体字。《简化字总表》“宁 níng”下注:“为避免此宁字与寧的简化字混淆，原读 zhù 的宁作㝉。”①古代宫殿的门和屏之间。《礼记·曲礼下》：“天子当宁而立，诸公东面，诸侯西面，曰朝。”②古代正门内两侧门之间。唐·道世《法苑珠林》卷四十四引王琰《冥祥记》：“俄而一室尽明，爰至空中有如朝昼。秀远遽起坐，合掌端念。顷见中宁四五丈上有一桥阁焉。”

佇 zhù “伫”的异体字。①久立。《诗经·邶风·燕燕》：“瞻望弗及，佇立以泣。”②停留。晋·张华《情诗》：“游自四野外，逍遥独延佇。”杜甫《壮游》：“群凶逆未定，侧佇英俊翔。”③期盼。南朝宋·谢灵运《酬从弟惠连》：“梦寐佇归舟，释我吝与劳。”宋·陆游《渭南文集》卷七《上陈安抚启》：“佇闻休命，大慰众心。”④聚积。晋·孙绰《游天台山赋》：“惠风佇芳于阳林，醴泉涌溜于阴渠。”宋刊《中兴词选》康与之《洞仙歌令·荷花》：“正月晓风清，断肠凝佇。”○《第一批异体字整理表》于“佇伫”二字选“伫”为正，“佇”为异体字停用，相关读 zhù 从“宁”旁的“苧竚紵詝”等也改从“㝉”。这样便于比较常用而读 níng 的“寧”一组字简化从“宁”。

苧* zhù “苎”的异体字。苎麻。《管子·小匡》：“首戴苧蒲，沈服茖襏襫。”汉·王褒《僮约》：“十月收豆，多取蒲苧，益做绳索。”

竚 zhù “伫”的异体字。实际是“佇”的异体字。宋·周邦彦《片玉集》卷一《琐窗寒》：“暗柳啼鸦，单衣竚立，小帘朱户。”宋刊《中兴词选》吕本中《如梦令·忆旧》：“凝竚凝竚，十顷荷花风雨。”《宋史·陶弼传》：“行山间，有双鲤戏溪水上，竚观之。”

紵* zhù “纻”的异体字。苎麻的纤维。《诗经·陈风·东门之池》：“东门之池，可以沤紵。”苎麻织成的布。《周礼·天官·典枲》：“典枲，掌布缌缕紵之麻草之物，以待时颁功而受赍。”《汉书·高帝纪下》：“贾人毋得衣锦绣绮縠絺紵罽。”唐·李白《湖边采莲花赋》：“小姑织白紵，未解将人语。”〇“纻”是“纟”和“宁”的类推简化字。没有“糸”和“宁”组成的繁体字。

註 zhù “注”的异体字。①用文字解释词语。《毛诗》卷一郑氏笺：“《字林》云：‘笺，长也，识也。’案郑六艺、论文、註诗，宗毛为主。”唐·孔颖达疏：“註者，著也，言之为解说，使其义著明也。”《宋史·王安石传》：“先儒传註，一概不用。”②记载。《后汉书·律历(曆)志》：“历载弥久，暨于黄帝，班示文章，重黎记註，象应著名，始终相验，准度追元，乃立历(曆)数。”清·洪升(昇)《长生殿·补恨》：“倘得情丝再续，情愿谪下仙班，双飞若註鸳鸯牒，三生旧好缘重结。”“註”偶用于灌注义。汉·司马相如《上林赋》：“安翔徐回，翯乎滈滈，东註太湖，衍溢陂池。”繁体字系统通常不这样用。

詝* zhù “宁”的异体字。智慧。《宋史·宗族世系表》有赵孟詝。清朝咸丰帝名奕詝。

筯 zhù “箸”的异体字。筷子。宋·周邦彦《片玉集》卷九《如梦令》：“无绪无绪，闲处偷垂玉筯。”《红楼梦》第三回：“贾珠之妻李氏捧杯，熙凤安筯，王夫人进羹。”

箸* “著”的异体字。（一）zhù ①撰述，著作。《史记·刘敬叔孙通传》：“及稍定汉诸仪法，皆叔孙生为太常所论箸也。”《后汉书·王充传》：“箸《论衡》八十五卷，二十余万言。”清·孙诒让《墨子间诂》附录：“诒让案，墨子书七十一篇，即汉刘向校定本，箸于别录。”②显著。《荀子·王霸》：“致忠信，箸仁义，足以竭人矣。”（二）zhuó ①穿戴。《世说新语·贤媛》：“桓车骑不好箸新衣。”②附着。《战国策·赵策一》：“兵箸晋阳三年矣，旦暮当拔之而飨其利，乃有他心？”

揌* zhuài “拽”的异体字。

耑* （一）zhuān “專(专)”的异体字。宋·黄彻《䂬溪诗话》卷一："时帝有天下已十三年，当思耆艾贤德，与共维持，独耑意猛士，何哉？"清·查继佐《罪惟录·高祖纪》："置留守卫指挥司，耑主门警。"（二）duān "端"的异体字。①物体的顶端。《说文》："耑，物初生之题也，上象生形，下象其根也。"《周礼·考工记·盘氏》："已上则摩其旁，已下则摩其耑。"②开头。《汉书·艺文志》："感物造耑，材知深美。"

塼 zhuān "砖"的繁体字"磚"的异体字。南朝宋·谢惠连《祭古冢文》："东府掘城北壍，入丈余，得古冢，上无封域，不用塼甓。"唐·段成式《酉阳杂俎·尸穸》："发冢取塼。"宋·陆游《渭南文集》卷四十六《入蜀记》："高十尺许，三层，累塼所成，不用一木。"

甎 zhuān "砖"的繁体字"磚"的异体字。唐·韩愈《张中丞传后叙》："抽矢射佛寺浮屠，矢着其上甎半箭。"宋·陆游《纸阁午睡》："纸阁甎炉火一枚，断香欲出碍蒲帘。"宋·陈淳《北溪先生字义》卷下《佛老》："且如人间屋宇，用木植甎瓦等架造成个规模。"清·汪鋆《十二砚斋随笔》："司浚瓜洲盐河，挖至新坝，获甎百数十块。"

篹 zhuàn 见377页"篹（zuàn）"。

譔 zhuàn "撰"的异体字。①专心教导。《说文》："譔，专教也。"②撰述。《礼记·祭统》："铭者，论譔其先祖之有德善、功烈、勋劳、庆赏、声名，列于天下，而酌之祭器，自成其名焉，以祀其先祖者也。"宋·宋祁《〈崇祀录〉序》："国朝惟有开宝之礼，无它譔述。"清·曾国藩《致刘孟容书》："厥后聪明魁杰之士，或有识解譔者，大抵孔氏之苗裔。"

籑 zhuàn ①"馔"的繁体字"饌"的异体字。饮食。《汉书·杜邺传》："陈平共一饭之籑而将相加欢。"②"撰"的异体字。《汉书·司马迁传》："自古书契之作而有史官，其载籍博矣。至孔氏籑之，上继尧唐，下讫秦缪。”唐·颜师古注：“篹与撰同。”又，清朝阮元主持编有《经籍籑诂》。这个书名，有时误写作“纂”。

粧 zhuāng ①“妆”的繁体字“妝”的异体字。装饰，打扮。《齐民要术·种红蓝花》：“拟人客作饼，乃作香粉以供粧摩身体。”宋刊《中兴词选》叶梦得《南柯子·元夜》：“倦粧残醉怯轻寒，手捻玉梅无绪倚阑干。”②“装”的繁体字“裝”的异体字。元·马致远《青衫泪》第四折：“从头认，都不差，可怎生粧聋作哑?”清·俞蛟《湖嘉风月·丽品》：“琳娘不好粧饰，粗服乱头，天然风韵。”

鎚 zhuí 见 45 页“鎚(chuí)”。

準 zhǔn “准”的繁体字。实际是“准”的异体字。二字只在准许、批准义上互通。◎准 zhǔn 允许，批准。《周书·文帝纪》：“乃于战所，准当时兵士，人种树一株，以旌武功。”宋·李上交《近事会元·金银铜鱼袋》：“至垂拱二年，诸州都督刺史并准京官带鱼袋。”清·苍弁山樵《殛珅志略》：“应进贡物，准照例呈进。”又：准此、准行、准许、准予、准奏、核准、批准。唐宋官方文书用“准”。宋孝宗时，周必大为相，上书要求用“準”字，参见所著《二老堂杂志·敕用準字》。唯后世仍用“准”。○1. 比照，作某类事物看待，如“准尉、准平原”等，两种写法都有。这一意思，今台湾用“準”。宋朝丞相寇准，字平仲，繁体字当作“準”。2. 该用“準”而写了“准”的情况也不少。《水浒传》第四十五回：“寻思此一事，准是石秀做出来的。”又“準程、準的、準据、準量、準绳、準头、準信、準则”等也写“准”。

棹* (一)zhuō ①“桌”的异体字。《朱子语类》卷九十：“同人在旅中遇有私忌，于所舍设棹，炷香可否?”郭沫若《孔雀胆》第二幕：“你们把穆哥小弟抬到那长棹上去吧。”②树木名。晋·嵇含《南方草木状》卷中：“棹，棹树，干

(榦)叶俱似椿，以其叶鬻汁渍果，呼为棹汁。"(二) zhào 属规范字。①船桨。汉·曹操《船战令》："整持橹棹，战士各持兵器就船。"②借指船。杜甫《赠李十五丈别》："北回白帝棹，南入黔阳天。"③划船。陶渊明《归去来兮辞》："或命巾车，或棹孤舟。"

槕 zhuō "桌"的异体字。

斮 zhuó "斫"的异体字。①斩断，斩首。《公羊传·成公二年》："郤克曰：'欺三军者，其法奈何?'曰：'法斮。'"汉·何休注："斮，斩也。"②切，剁。宋·黄庭坚《煎茶赋》："斮附子如博投，以熬葛仙之垩。"③攻击。张衡《东京赋》："捎魑魅，斮獝狂。"◎斫 zhuó ①斧刃。《墨子·备穴》："斧以金为斫。"清·孙诒让《间诂》："斫，亦即斧刃。"②用刀斧砍削。《韩非子·奸劫弑臣》："贾举射公，中其股，公坠，崔子之徒以戈斫公而死之。"唐·杜甫《一百五日夜对月》："斫却月中桂，清光应更多。"③攻击。《汉书·张延寿传》："白昼入乐府攻射官寺，缚束长吏子弟，斫破器物。"《三国志·吴书·甘宁传》："至二更时，衔枚出斫敌。"④大锄。《齐民要术·水稻》："二月冰解地干(乾)，烧而耕之，仍即下水，十日，块既散液，持木斫平之。"○"斫"没有斧刃义，"斮"没有大锄义。其他义项交错。

鋜 zhuó ①"镯"的繁体字"鐲"的异体字。宋·吴自牧《梦粱录·嫁娶》："且论聘礼，富贵之家当备三金送之，则金钏、金鋜、金帔坠者是也。"②锁脚。唐·韩愈、孟郊《纳凉联句》："青云路难近，黄鹤足仍鋜。"

斲 zhuó "斫"的异体字。①砍。《说文》："斲，斫也。"《庄子·天道》："轮扁斲轮于堂下。"唐·韩愈《祭柳子厚文》："不善为斲，血指汗颜。"②斫木工具。《左传·成公二年》："孟孙请往赂之，以执斲、执针、织纴，皆百余人。"③雕饰。《礼记·檀弓上》：

“是故竹不成用，瓦不成味，木不成斲。”唐·孔颖达疏：“斲，雕饰也。”《史记·酷吏列传》：“汉兴，破觚而为圜，斲雕而为朴。”

斵 zhuó “斫”的异体字。①砍。梁启超《敬告当局者》：“而朱君亦俨然以爱国者自命，乃忍摧萌拉蘖以斵国家之元气也。”②雕饰。汉·王褒《皇太子箴序》：“改文为质，斵雕成素。”

燋 zhuó 见138页“燋(jiāo)”。

呲* (一)zī “龇”的繁体字“齜”的异体字。露出牙齿。华山《鸡毛信》五：“小胡子吼叫的时候，嘴里呲出两颗大金牙。”杨沫《青春之歌》第二部第一章：“他扭过大脑袋，瞧着江华呲牙一笑。”柳青《创业史》第一部第十二章：“[姚士杰]其所以不敢向他呲牙咧嘴，仅仅因为他这阵站在好汉台上。”(二)cī 申斥。常儿化为 cīr：“他挨呲儿了。”“把他呲儿了一顿。”

玆# zī “兹”的异体字。①草木茂盛。《说文》：“兹，草木多益。”《素问·五藏生成论》：“五藏之气，故色见青如草兹者死。”②代词。(1)现在。《尚书·盘庚上》：“兹予大享于先王，尔祖其从与享之。”《妇女共鸣》1935年第10期《关于拒用“她”字并质〈读书生活〉》：“关于拒用‘她’以代表女子第三者的理由和经过，兹不赘述。”(2)这里。《论语·子罕》：“文王既没，文不在兹乎？”③草席。《尔雅·释器》：“蓐谓之兹。”晋·郭璞注：“《公羊传》曰‘属负’。兹者，蓐席也。”《史记·周本纪》：“卫康叔封布兹，召公奭赞采，师尚父牵牲。”南朝宋·裴骃《集解》引徐广曰：“兹者，籍(藉)席之名。诸侯病曰负兹。”《公羊传·桓公十六年》：“属负兹舍，不即罪尔。”汉·何休《解诂》：“天子有疾曰不豫，诸侯称负兹。”

菑 zī 见337页“菑(zāi)”。

貲 zī ①“资”的繁体字“資”的异体字。(1)钱财。《史记·司马相如列传》：“[司马相如]以貲为郎，事孝景帝，为武骑常侍，非其好也。”唐·刘禹锡《贾客词》：“高貲比封君，奇货通幸卿。”明·张溥《五人墓碑记》：“吾社之行为士先者，为之声义，敛貲财以送其行，哭声震动天地。”(2)辅助。《管子·山国轨》：“以币貲金，巨家以金，小家以币。”又：貲宝、貲本、貲币、貲帛、貲财、貲藏、貲产、貲储、貲费、貲户、貲贿、貲货、貲积、貲给(jǐ)、貲力、貲粮、貲囊、貲遣、貲镪、貲橐、貲物、貲械、貲蓄、貲业、貲用、貲载、貲贮、貲装。②罚款。《说文》：“貲小罚以财自赎也。”《睡虎地秦墓竹简·秦律十八种》：“斗不正半升以上，貲一甲；不盈半升到少半升，貲一盾。”③汉代对未成年人征收的人口税。《说文》：“汉律，民不徭，貲钱二十二。”《晋书·石勒载记上》：“勒以幽冀渐平，始下州郡阅实人户，户貲二匹，租二斛。”④价格。《管子·乘马数》：“布织财物，皆立其貲。”⑤估量，计算。《后汉书·陈蕃传》：“采女数千，脂油粉黛，不可貲计。”宋·王安石《郭解》：“藉交唯有不貲恩，汉法归成弃市论。”〇只有资财义“资“与“貲”相通。△《通用规范汉字表》稿：表示计量和姓氏人名。

諮 zī “咨”的异体字。1964年《简化字总表》按照偏旁类推简化为“谘”，1988年《现代汉语通用字表》和2009年《通用规范汉字表》没有收“谘”。《新华字典》、《现代汉语词典》等“咨”、“谘”并收，现版《辞海》则以“諮”立条。①询问，征询。《国语·晋语四》：“及其即位也，询于八虞而諮于二虢。”清·曹家驹《说梦·三大事原委》：“余处强弩之末，不能逐富人之后，间有諮访，仅竭一得，以佐所不逮耳。”②[諮報]唐宋学士院向三省申报的文书。宋·洪迈《容斋随笔·翰苑故事》：“公文至三省，不用申状，但尺纸直书其事，右语云：‘諮报尚书省伏候裁旨，月日押。’谓之諮报。”◎咨 zī ①询问，征询。《说文》：“咨，谋事曰咨。”《尚书·尧典》：“咨十有二牧。”三国蜀·诸葛亮《出师表》：“愚以为宫中之事，事无大小，悉以咨之，然后施行，必能裨补阙漏，有所广益。”②古代同级机关之间的行文。《资治通鉴·后晋天福元年》“咨于契丹主”，元·胡三省注：“谋事为咨。今北人以咨为重，自行台、行省移文书于内台、内省，率谓之咨。”清·薛福成《出使四国公牍序》：“公牍之体，曰奏疏，下告上之辞也；曰咨文，平等相告也。”③叹息。《周易·萃卦》：“齎咨涕洟，无咎。”三国魏·王弼注：“齎咨，嗟叹之辞也。”④叹词。《尚书·尧典》：“帝曰：‘咨，汝羲暨和，朞三百有六旬有六日，以闰月定四时成岁，允厘百工，庶绩咸熙。’”《论语·尧曰》：“尧曰：‘咨，尔舜，天之历数在尔躬，允执其中，四海困穷，天禄永终。’”唐·白居易《五弦弹·恶郑之夺雅也》：“座中有一远方士，唧唧咨咨声不已。”〇1.二字于咨询义相通。2.“諮”没有“咨”的③④义项。3.特别注意，文书义近而有区别，“諮”用于下对上，“咨”用于平行机关。美国总统向国会提出的年度施政报告叫国情咨文。

姊 zǐ “姉”的异体字。《吕氏春秋·长攻》：“代君好色，请以其弟姊妻之。”宋·黄伯思《东观馀论》卷上《第九王大令书上》：“方欲与姊极当年之雅，以之偕老。”

眥 zì “眦”的异体字。眼眶。当是本字。《说文》：“眥，目匡也。”《史记·项羽本纪》：“[樊哙]头发上指，目眥尽裂。”汉·王褒《四子讲德论》：“浮游先生色勃眥溢，曰：‘是何言与？’”

椶 zōng “棕”的异体字。棕榈树。《说文》：“椶，栟榈也。”《山海经·西山经》：“又西六十里，曰石脆之山，其木多椶楠。”唐·杜甫《枯椶》：“蜀门多椶榈，高者十八九。”宋·司马光《温国文正司马公文集》卷六十一《问景仁以正书所疑书》：“晚来蒙惠手笔并椶扇，值相继有客，不得即时修谢。”

騌 zōng “鬃”的异体字。敦煌变文《太子成道经》：“大王闻知，遂遣车匿被跦騌白马，遣太子观看。”明·孙体时《巾诗》：“江城二月暖融融，折角纱巾透柳风。不是风流学江左，年来塞马不生騌。”

蹤 zōng “踪”的异体字。①踪迹。宋·司马光《温国文正司马公文集》卷八十《既雷道矩文》：“敷陈直辞，逆折豺狼，虏气方沮，敛蹤退藏。”宋·周邦彦《片玉集》卷八《兰陵王》：“闲寻旧蹤迹，又酒趁哀，弦灯照离席。”宋刊《中兴词选》叶梦得《金人捧露盘》：“记神京，繁华地，旧游蹤。正御沟，春水溶溶。”②追随。晋·孙绰《与庾冰》：“励矣庾生，勉蹤前贤。”《晋书·刘曜载记》：“义孙年长明德，又先世子也，朕欲远追周文，近蹤光武，使宗庙有太山之安。”

鬉 zōng “鬃”的异体字。《晋书·愍怀太子传》：“东宫马子莫聋空，前至腊月缠汝鬉。”《本草纲目·百病主治下》：“猪鬉，同猫颈毛烧，人鼠屎一粒，研。”

騣 zōng “鬃”的异体字。①马鬃。南朝梁·萧纲《艳歌行二首》：“金鞍随系尾，衔璅映缠騣。”清·李调元《马厂大雪》：“毳帐人何住，霜騣马可怜。”②马首饰。宋·楼钥《再题行看子》：“黑驹騧黄骓素骝，亦有笏面仍银騣。”

摠* zǒng “总”的繁体字“總”的异体字。《尚书·大禹谟》：“汝惟不怠，摠朕师。”宋·洪迈《容斋续笔》卷十六：“明公摠百官，理大国。”宋刊《中兴词选》康与之《丑奴儿令·自岭表还临安作》：“摠是新愁，柳自轻盈水自流。”

惣* zǒng “总”的繁体字“總”的异体字。晋·杨泉《物理论》：“粱者，黍稷之惣名。”敦煌变文《太子成道变文》：“太子并惣不看，见前劫婢女破面与笑。”

偬“傯”的异体字。（一）zǒng［倥偬］①困苦窘迫。汉·刘向《九叹·思古》：“悲余生之无欢兮，愁倥偬于山陆。”②事情纷繁迫促。《后汉书·卓茂传》：“雄豪方扰，虓呼者连响，婴城者相望，斯固倥偬不暇给之日。”（二）cōng 急促。明·张居正《答棘卿刘小鲁》：“自遭先人之变，公私偬卒，苦情郁抱。”明·王应遴《逍遥游》：“十载青灯碌碌，三年墨绶偬偬。”

縂 zǒng “总”的繁体字“總”的异体字。《诗经·齐风·甫田》：“婉兮娈兮，縂角丱兮。”《礼记·内则》：“拂髦，縂角，衿缨，皆佩容臭。”宋刊《中兴词选》叶梦得《南乡子·别意》：“烟浪里回头，叶叶丹枫縂是愁。”

摠* zǒng “总”的繁体字“總”的异体字。《说文》“總”和“摠”，均释为“聚束也”。宋·王明清《挥麈后录》卷二：“考之前史‘总’字皆从手，合作‘摠’字，非从‘丝’无疑。”明·罗洪先《念庵罗先生文集》卷十六《明故奉政大夫梧冈王公墓志铭》：“摠兵郤永丧师下狱，思以贿免，遣人囊黄金，给门者强入而逃。”

糭 zòng “粽”的异体字。唐·姚合《夏夜宿江驿》：“渚闹渔歌响，风和角糭香。”宋·陆游《过邻家》：“端五数日间，更约同解糭。”

郰# zōu “鄹”的异体字。当是本字。《说文》：“郰，鲁下邑，孔子之乡。”《左传·襄公十年》：“县门发，郰人纥抉之以出门者。”《史记·孔子世家》：“郰人挽父之母诲孔子父墓，然后往合葬于防焉。”○鄹 zōu 《论语·八佾》：“子入太庙，每事问，或曰：‘孰谓鄹人之子知礼乎？入太庙，每事问。’”

巪* zǒu “走”的异体字。《国语·鲁语下》：“若从君而巪患，则不如违君以辟难。”《水浒传》第十七回：“去时不要大惊小怪，巪透了消息。”

葅# zū “菹”的异体字。①腌菜，肉酱。《北史·隋房陵王勇传》:"恐汝以今日皇太子之心,忘昔时之事,故令高颎赐汝我旧所带刀子一枚,并菹酱一合,汝昔作上士时所常食如此。"②古代酷刑,把人剁为肉酱。《韩非子·存韩》:"臣斯愿得一见,前进道愚计,退就菹戮,愿陛下有意焉。"③草席。《史记·封禅书》:"扫地而祭,席用菹秸。"

卆* zú "卒"的异体字。北魏·佚名《太监刘阿素墓志》:"秋八月卆于洛阳宫。"敦煌变文《无常经讲经文》:"西方好,卆难论,实是奢[华]不省闻。"

卒 zú "卒"的异体字。晋·王羲之《杂帖》:"安石定目绝,令人怅然一尔,恐未卒。"金·董解元《西厢记诸宫调》卷一:"莺莺虽是个女孩儿,孝顺别人卒难学。"

篹(一)zuǎn "纂"的异体字。编纂。《汉书·艺文志》:"故《书》之所起远矣,至孔子篹焉。"清·周春《题〈龙龛手鉴〉诗》:"篹成置之释藏内,欲共《苍》《雅》相始终。"(二)zhuàn ①通"撰"。《汉书·艺文志》:"夫子既卒,门人相与辑而论篹,故谓之《论语》。"清·吴骞《拜经楼诗话》卷二:"中垒父子皆明《左氏》,篹颂此书,独不取其说,必当有据。"②通"馔"。唐·刘禹锡《奏记丞相府论学事》:"筑学室,具器用,丰篹食。"

鑽 zuàn "钻"的繁体字"鑽"的异体字。《淮南子·诠言》:"有智而无术,虽鑽之不通。"宋·陆九渊《语录》:"颜子仰高鑽坚之时,乃知枝叶之坚高者也。"

冣《第一批异体字整理表》作为"最"的异体字淘汰。按,"冣"不读 zuì,也没有"最"的义项。《说文》:"冣,积也。"清·段玉裁注:"'冣'与'聚'音义皆同,与'冖'部之'最'音义皆别……至乎南北朝,'冣'、'最'不分。"当读 jù,义为"聚"。《墨子·号令》:"严令吏民无敢欢嚣,三冣并行。"岑仲勉注:"三冣,三人相聚。'冣'与'聚'同。"《隶释·汉橐长蔡湛颂》:"三载勋冣,功蹬王府。"《史记·殷本纪》"[纣]大冣乐戏于沙丘……"南朝宋·裴骃《集解》引徐广曰:"冣,一作聚。"

冣 zuì "最"的异体字。《战国策·赵策四》:"虏赵王迁及其将颜冣,遂灭赵。"《世说新语·文学》:"谢公因子弟集聚,问《毛诗》何句冣佳。"

酔* zuì "醉"的异体字。唐·陈子昂《感遇诗十五首》:"咄咄安可言,时酔时未醒。"《京本小说·碾玉观音》:"每日青楼酔梦中,不知城外又春浓。"

辠 zuì "罪"的异体字。当是本字。《说文》:"辠,犯法也。……秦始皇以'辠'似'皇',改为'罪'。"《周礼·天官·甸师》:"王之同姓有辠,断其狱于甸师之官也。"《楚辞·惜往日》:"何贞臣之无辠兮,被离谤而见尤。"宋·司马光《温国文正司马公文集》卷五十八《上庞敷枢论贝州事宜书》:"讨不失辠,赏不失功,士卒无伤,甲兵不顿,财谷(穀)不费,盗贼不滋,窃以为最策之得者也。"

鐏 zūn "樽"的异体字。《晏子春秋·内篇杂上五》:"酌寡人之鐏,进之于客。"宋·周邦彦《片玉集》卷六《夜游宫》:"明日前村更荒远,且开鐏任鸿鳞生酒面。"

筰* zuó ①"笮"的异体字。(1)迫促。《周礼·春官·典同》:"回声衍,侈声筰。"(2)压榨。汉·刘珍《东观汉纪·耿恭传》:"匈奴来攻,绝涧水,吏筰马粪汁饮之。"《后汉书·耿恭传》作"笮"。②竹索。唐·韩愈、李正封《晚秋郾城夜会联句》:"擂鼓揭千枪,浮桥交万筰。"宋·陆游《过大蓬岭度绳桥至杜秀才山庄》:"度筰临千仞,梯山蹑半空。"

繁体字简化字对照表

《简化字总表》中的繁简对照

第一表

不作简化偏旁用的简化字

本表共收简化字 350 个，按读音的拼音字母顺序排列。本表的简化字都不得作简化偏旁使用。

A

礙〔碍〕
骯〔肮〕
襖〔袄〕

B

壩〔坝〕
闆〔板〕
辦〔办〕
幫〔帮〕
寶〔宝〕
報〔报〕
幣〔币〕
斃〔毙〕
標〔标〕
錶〔表〕
彆〔别〕
蔔〔卜〕
補〔补〕

C

纔〔才〕
蠶〔蚕〕[①]
燦〔灿〕
層〔层〕
攙〔搀〕
讒〔谗〕
饞〔馋〕
纏〔缠〕[②]
懺〔忏〕
償〔偿〕
廠〔厂〕
徹〔彻〕
塵〔尘〕
襯〔衬〕
稱〔称〕
懲〔惩〕
遲〔迟〕
遲〔冲〕
醜〔丑〕
齣〔出〕
礎〔础〕
處〔处〕
觸〔触〕
辭〔辞〕
聰〔聪〕
叢〔丛〕

D

擔〔担〕
膽〔胆〕
導〔导〕
燈〔灯〕
鄧〔邓〕
敵〔敌〕
糴〔籴〕
遞〔递〕
點〔点〕
澱〔淀〕
電〔电〕
鼕〔冬〕
鬥〔斗〕
獨〔独〕
噸〔吨〕
奪〔夺〕
墮〔堕〕

E

兒〔儿〕

F

礬〔矾〕
範〔范〕
飛〔飞〕
墳〔坟〕

---

① 蚕：上从天，不从夭。

② 缠：右从㢆，不从厘。

奮〔奋〕
糞〔粪〕
鳳〔凤〕
膚〔肤〕
婦〔妇〕
復
複〔复〕

G

蓋〔盖〕
乾[①]
幹〔干〕
趕〔赶〕
個〔个〕
鞏〔巩〕
溝〔沟〕
構〔构〕
購〔购〕
穀〔谷〕
顧〔顾〕
颳〔刮〕
關〔关〕
觀〔观〕
櫃〔柜〕

H

漢〔汉〕
號〔号〕
閤〔合〕
轟〔轰〕
後〔后〕
鬍〔胡〕
壺〔壶〕
滬〔沪〕
護〔护〕
劃〔划〕
懷〔怀〕
壞〔坏〕[②]
歡〔欢〕
環〔环〕
還〔还〕
迴〔回〕
夥〔伙〕[③]
獲
穫〔获〕

J

擊〔击〕
鷄〔鸡〕
積〔积〕
極〔极〕
際〔际〕
繼〔继〕
傢〔家〕
價〔价〕
艱〔艰〕
殲〔歼〕
繭〔茧〕
揀〔拣〕
鹼〔硷〕
艦〔舰〕
薑〔姜〕
漿〔浆〕[④]
槳〔桨〕
獎〔奖〕
講〔讲〕
醬〔酱〕
膠〔胶〕
階〔阶〕
癤〔疖〕
潔〔洁〕
藉〔借〕[⑤]
僅〔仅〕
驚〔惊〕
競〔竞〕
舊〔旧〕
劇〔剧〕
據〔据〕
懼〔惧〕
捲〔卷〕

K

開〔开〕
剋〔克〕
墾〔垦〕
懇〔恳〕
誇〔夸〕
塊〔块〕
虧〔亏〕
睏〔困〕

L

臘〔腊〕
蠟〔蜡〕
蘭〔兰〕
攔〔拦〕
欄〔栏〕
爛〔烂〕
纍〔累〕
壘〔垒〕
类〔類〕[⑥]
裏〔里〕
禮〔礼〕
隸〔隶〕
簾〔帘〕
聯〔联〕
憐〔怜〕
煉〔炼〕
練〔练〕
糧〔粮〕
療〔疗〕
遼〔辽〕
瞭〔了〕[⑦]
獵〔猎〕
臨〔临〕[⑧]

---

① 乾坤、乾隆的乾读 qián(前)，不简化。

② 不作坯。坯是砖坯的坯，读 pī(批)，坏坯二字不可互混。

③ 作多解的夥不简化。

④ 浆、桨、奖、酱：右上角从夕，不从夕或⺤。

⑤ 藉口、凭藉的藉简化作借，慰藉、狼藉等的藉仍用藉。

⑥ 类：下从大，不从犬。

⑦ 瞭：读 liǎo(了解)时，仍简作了，读 liào(瞭望)时作瞭，不简作了。

⑧ 临：左从一短竖一长竖，不从刂。

鄰〔邻〕
嶺〔岭〕[1]
廬〔庐〕
蘆〔芦〕
爐〔炉〕
陸〔陆〕
驢〔驴〕
亂〔乱〕

M

麼〔么〕[2]
黴〔霉〕
矇
濛
懞〔蒙〕
夢〔梦〕
麪〔面〕
廟〔庙〕
滅〔灭〕
衊〔蔑〕
畝〔亩〕

N

惱〔恼〕
腦〔脑〕
擬〔拟〕
釀〔酿〕
瘧〔疟〕

P

盤〔盘〕
闢〔辟〕
蘋〔苹〕
憑〔凭〕
撲〔扑〕
僕〔仆〕[3]
樸〔朴〕

Q

啓〔启〕
籤〔签〕
韆〔千〕 牽〔牵〕
縴
纖〔纤〕[4]
竅〔窍〕
竊〔窃〕
寢〔寝〕
慶〔庆〕[5]
瓊〔琼〕
鞦〔秋〕
麯〔曲〕
權〔权〕
勸〔劝〕
確〔确〕

R

讓〔让〕
擾〔扰〕
熱〔热〕
認〔认〕

S

灑〔洒〕
傘〔伞〕
喪〔丧〕
掃〔扫〕
澀〔涩〕
曬〔晒〕
傷〔伤〕
捨〔舍〕
瀋〔沈〕
聲〔声〕
勝〔胜〕
濕〔湿〕
實〔实〕
適〔适〕[6]
勢〔势〕
獸〔兽〕
書〔书〕
術〔术〕[7]
樹〔树〕
帥〔帅〕
鬆〔松〕
蘇
囌〔苏〕
雖〔虽〕
隨〔随〕

T

臺
檯
颱〔台〕
態〔态〕
壇
罎〔坛〕
嘆〔叹〕
謄〔誊〕
體〔体〕
糶〔粜〕
鐵〔铁〕
聽〔听〕
廳〔厅〕[8]
頭〔头〕
圖〔图〕
塗〔涂〕
團
糰〔团〕

---

① 岭：不作岺，免与岑混。

② 读 me 轻声。读 yāo(夭)的么应作幺(么本字)。吆应作吆。麼读 mó(摩)时不简化，如幺麼小丑。

③ 前仆后继的仆读 pū(扑)。

④ 纤维的纤读 xiān(先)。

⑤ 庆：从大，不从犬。

⑥ 古人南宫适、洪适的适(古字罕用)读 kuò(括)。此适字本作䢓，为了避免混淆，可恢复本字䢓。

⑦ 中药苍术、白术的术读 zhú(竹)。

⑧ 厅：从厂，不从广。

橢〔椭〕

W

窪〔洼〕
襪〔袜〕①
網〔网〕
衛〔卫〕
穩〔稳〕
務〔务〕
霧〔雾〕

X

犧〔牺〕
習〔习〕
係
繫〔系〕②
戲〔戏〕
蝦〔虾〕
嚇〔吓〕③
鹹〔咸〕
顯〔显〕
憲〔宪〕
縣〔县〕④
響〔响〕
嚮〔向〕
協〔协〕
脅〔胁〕
褻〔亵〕
釁〔衅〕
興〔兴〕
鬚〔须〕
懸〔悬〕
選〔选〕
鏇〔旋〕

Y

壓〔压〕⑤
鹽〔盐〕
陽〔阳〕
養〔养〕
癢〔痒〕
樣〔样〕
鑰〔钥〕
藥〔药〕
爺〔爷〕
葉〔叶〕⑥
醫〔医〕
億〔亿〕
憶〔忆〕
應〔应〕
癰〔痈〕
擁〔拥〕
傭〔佣〕
踴〔踊〕
憂〔忧〕
優〔优〕
郵〔邮〕
餘〔余〕⑦
禦〔御〕
籲〔吁〕⑧
鬱〔郁〕
譽〔誉〕
淵〔渊〕
園〔园〕
遠〔远〕
願〔愿〕
躍〔跃〕
運〔运〕
醞〔酝〕

Z

雜〔杂〕
贜〔赃〕
臟
髒〔脏〕
鑿〔凿〕
棗〔枣〕
竈〔灶〕
齋〔斋〕
氈〔毡〕
戰〔战〕
趙〔赵〕
摺〔折〕⑨
這〔这〕
徵〔征〕⑩
癥〔症〕
證〔证〕
隻〔只〕
祇
緻〔致〕
製〔制〕
鐘
鍾〔钟〕
腫〔肿〕
種〔种〕
衆〔众〕
晝〔昼〕
硃〔朱〕
燭〔烛〕
築〔筑〕

---

① 袜：从末，不从未。
② 系带子的系读 jì(计)。
③ 恐吓的吓读 hè(赫)。
④ 县：七笔。上从且。
⑤ 压：六笔。土的右旁有一点。
⑥ 叶韵的叶读 xié(协)。
⑦ 在余和馀意义可能混淆时，仍用馀。如文言句“馀年无多”。
⑧ 喘吁吁，长吁短叹的吁读 xū(虚)。
⑨ 在折和摺意义可能混淆时，摺仍用摺。
⑩ 宫商角徵羽的徵读 zhǐ(止)，不简化。

莊〔庄〕①	妝〔妆〕	壯〔壮〕	準〔准〕	總〔总〕
樁〔桩〕	裝〔装〕	狀〔状〕	濁〔浊〕	鑽〔钻〕

第二表
可作简化偏旁用的简化字和简化偏旁

本表共收简化字 132 个和简化偏旁 14 个。简化字按读音的拼音字母顺序排列，简化偏旁按笔数排列。

A	長[长]②	黨[党]	岡[冈]	夾[夹]
愛[爱]	嘗[尝]③	東[东]	廣[广]	戔[戋]
B	車[车]	動[动]	歸[归]	監[监]
罷[罢]	齒[齿]	斷[断]	龜[龟]	見[见]
備[备]	蟲[虫]	對[对]	國[国]	薦[荐]
貝[贝]	芻[刍]	隊[队]	過[过]	將[将]⑤
筆[笔]	從[从]	**E**	**H**	節[节]
畢[毕]	竄[窜]	爾[尔]	華[华]	盡
邊[边]	**D**	**F**	畫[画]	儘[尽]
賓[宾]	達[达]	發	匯	進[进]
C	帶[带]	髮[发]	彙[汇]	舉[举]
参[参]	單[单]	豐[丰]④	會[会]	**K**
倉[仓]	當[当]	風[风]	**J**	殼[壳]⑥
産[产]	噹	**G**	幾[几]	**L**

① 庄：六笔。土的右旁无点。

② 长：四笔。笔顺是：ˊ ㄙ 𠂉 长。

③ 尝：不是賞的简化字。賞的简化字是赏（见第三表）。

④ 四川省酆都县已改丰都县。姓酆的酆不简化作邦。

⑤ 将：右上角从夕，不从夕或爫。

⑥ 壳：几上没有一小横。

來[来]
樂[乐]
離[离]
歷
曆[历]
麗[丽][1]
兩[两]
靈[灵]
劉[刘]
龍[龙]
婁[娄]
盧[卢]
虜[虏]
鹵
滷[卤]
録[录]
慮[虑]
侖[仑]
羅[罗]

M

馬[马][2]
買[买]
賣[卖][3]
麥[麦]
門[门]
黽[黾][4]

N

難[难]
鳥[鸟][5]
聶[聂]
寧[宁][6]
農[农]

Q

齊[齐]
豈[岂]
氣[气]
遷[迁]
僉[佥]
喬[乔]
親[亲]
窮[穷]
區[区][7]

S

嗇[啬]
殺[杀]
審[审]
聖[圣]
師[师]
時[时]
壽[寿]
屬[属]
雙[双]
肅[肃][8]
歲[岁]
孫[孙]

T

條[条][9]

W

萬[万]
爲[为]
韋[韦]
烏[乌][10]
無[无][11]

X

獻[献]
鄉[乡]
寫[写][12]
尋[寻]

Y

亞[亚]
嚴[严]
厭[厌]
堯[尧][13]
業[业]
頁[页]
義[义][14]
藝[艺]
陰[阴]
隱[隐]
猶[犹]

---

① 丽:七笔。上边一横,不作两小横。② 马:三笔。笔顺是:㇇马马。上部向左稍斜,左上角开口,末笔作左偏旁时改作平挑。

③ 卖:从十从买,上下从士或土。

④ 黾:从口从电。

⑤ 鸟:五笔。

⑥ 作门屏之间解的宁(古字罕用)读 zhù(柱)。为避免此宁字与寧的简化字混淆,原读 zhù 的宁作㝉。

⑦ 区:不作区。

⑧ 肃:中间一竖下面的两边从八,下半中间不从米。

⑨ 条:上从夂,三笔,不从攵。

⑩ 乌:四笔。

⑪ 无:四笔。上从二,不可误作旡。

⑫ 写:上从冖,不从宀。

⑬ 尧:六笔。右上角无点,不可误作尧。

⑭ 义:从乂(读 yì)加点,不可误作叉(读 chā)。

魚[鱼]
與[与]
雲[云]

Z

鄭[郑]

執[执]
質[质]
專[专]

简化偏旁

言[讠][1]
飠[饣][2]
昜[𠃓][3]
糸[纟]
臤[収]
𤇾[⺌冖]
臨[𫝀]
戠[只]
釒[钅][4]
𦥯[𭕄]
睪[𠬤][5]
巠[𢀖]
䜌[亦]
咼[呙]

《通用规范汉字表》稿新增类推简化字繁简对照

以下 373 字摘自 2009 年 8 月 12 日公布的《通用规范汉字表》征求意见稿收字 8300 个。字表以外的字原则上不再类推简化，所以附有 8300 字范围内的《繁简汉字对照表》。

A

an
鮟[𩽾]

B

ban
鈑[钣]
bei
鵯[鹎]
珼[𬍛]
bi
𩗗[𩙪]
鯿[鳊]
詖[诐]
贔[赑]
biao
颮[飑]
驫[骉]
bo
鏺[𬭛]
襏[袯]
鮊[鲌]
bu
鵏[𫛛]

C

can
篸[𬕂]
黲[黪]
chan
鐔[镡]
鑱[镵]
嘽[啴]
燀[𬊤]
驏[骣]
chang
萇[苌]
鋹[𫓷]
chen
綝[𬘭]
cheng
鋮[铖]
chi
絺[𫄨]

---

① 讠：二笔。不作⻌。

② 饣：三笔。中一横折作乛，不作乚或点。

③ 𠃓：三笔。

④ 钅：第二笔是一短横，中两横，竖折不出头。

⑤ 睾丸的睾读 gāo(高)，不简化。

chong
沖[冲][1]
chou
燽[焘]
chu
貙[䝙]
齼[𪘏]
chun
錞[镦]
ci
鴜[鸶]
cong
瑽[玐]
cuo
鄼[酂]

D

da
鎝[锴]
薘[荙]
礤[砝]
鐽[钛]
躂[跶]
墶[垯]
dai
軑[轪]
駘[骀]
dan
僤[倬]

dang
璫[珰]
簹[筜]
欓[榄]
壋[垱]
盪[荡]
di
磾[䃅]
dun
頓[顿]
螮[䗖]
die
嵽[崉]
dong
蝀[蛛]
詷[䛙]
du
闍[阇]
瓄[瑆]
錖[钍]
duo
鞸[䪎]

E

e
噁[𫫇]
er
鮞[鲕]

F

fan

鐇[镭]
鷭[鹬]
fei
騑[骓]
fen
濆[渍]
鱝[鲼]
fu
鈇[𫓧]
瓶[瓶]

G

gai
隑[陸]
gan
鱤[鳡]
gang
戇[戆]
gong
簣[篑]
gu
鯝[鲴]
guan
館[馆]
guang
輄[䡗]
gui
嫢[婜]
鬹[鬶]

槶[梱]
guo
咼[呙]
漍[涠]

H

han
閈[闬]
he
齕[龁]
hei
鏍[镙]
hen
詪[𫍣]
hong
閎[闳]
紘[纮]
鉷[铁]
鋐[𬭎]
hou
鍭[𬭤]
鮜[𫚔]
hu
鳠[鳠]
鱯[鳠]
hua
嬅[婡]
huan
驩[骓]

① “冲”和“沖”属异体字。同类情况还有“决—決、况—況、凉—涼、凑—湊、减—減、凄—淒、净(淨)—凈、渎—瀆(凟)”以及“盗—盜、—羡羨”等。表未列。

瓛[瓛]
鸜[鸜]
綄[综]
huang
鍠[锽]
鐄[锁]
hui
撝[㧑]
禕[祎]
暉[晖]
噦[哕]
翽[翙]
譓[谌]
鐨[锴]
hun
倱[倱]
huo
騞[骣]
鍯[锪]

J

ji
飢[饥][1]
隮[阶]
鮭[鲑]
錤[锜]
勣[勣]
禨[禨]
鰶[鳖]
鯚[鯚]
jia
梜[梾]
jian
鑳[箋]
諓[戋]
jiang
鰫[鰫]
jie
魪[鲋]
jin
釿[钘]
jing
逕[迳]
jiong
駉[驷]
絅[绗]
熲[颎]
ju
鮈[鮈]
鉅[钜]
juan
錈[锩]
jue
駃[驮]
鐍[镭]
jun
鮶[鮶]

K

kan
闞[阚]
kang
鱇[鳙]
閌[闶]
keng
硜[砼]
kou
彄[弧]
kuang
鵟[鹫]
kui
騤[骙]
頍[颏]
kun
褌[裈]
鵾[鹍]

L

la
鰨[鳓]
lai
倈[俫]
婡[婡]
梾[梾]
勑[勑]
lan
瓓[琉]
礛[硵]
襴[襕]
瓓[瑯]
lang
駺[驳]
lao
撈[捞]
li
蘺[蓠]
壢[坜]
瓅[玖]
躒[跞]
lian
謰[涟]
鰊[鳔]
liang
綡[绿]
輬[辌]
蒳[芮]
lie
鱲[鱲]
lin
驎[骈]
鏻[锛]
liu
鷚[鹞]
鏐[镠]
鎏[鎏]
long
矓[胧]
lou
塿[塿]
lu
擼[撸]
鑪[铲]
澛[澛]
騄[骡]
lü
膢[膢]
lüe
鋝[锊]
lun
錀[钤]
埨[坨]

M

ma
榪[杩]
禡[祃]
mai
勱[劢]

[1] 《汉字简化方案》把“饑”简化为“饥”，没有涉及“飢”；《简化字总表》仍之。这里属于补充。

wen
轀[辒]
weng
鎓[𬭩]
鶲[鹟]
wu
鵐[鹀]
鋙[铻]
潕[㵐]

X

xi
騱[𫘬]
饎[𫗦]
屓[屃]
綌[绤]
xian
薟[莶]
嬐[㛠]
銛[铦]
騫[骞]
諴[𫍯]
瞯[𬱖]
獮[狝]
晛[𬀪]
睍[𬌗]
線[缐]
鍌[𬭤]
xiang
纕[𫄸]
xiao
謏[𫍲]
斆[敩]
xie
蹀[𫔭]
齘[𬹼]
xin
廞[𫘤]
xing
騂[骍]
婞[𫰛]
xu
訏[𬣙]
嫛[𫛬]
繻[𫄚]
xuan
鋗[𫔎]
譞[𬤇]
駭[𬳽]
xun
纁[𫄛]
紃[𬘓]
璕[𬩽]
燖[𬊈]

Y

yan
閆[闫]
綖[𫄮]
嶮[崄]
鷃[𫛶]
縯[𫄵]
巘[𪩘]
yang
瑒[玚]
颺[飏]
yao
鰩[鳐]
ye
鄴[邺]
饁[馌]
yi
艤[舣]
顗[𫖮]
齮[𬺈]
釔[钇]
鷊[𫛷]
鷁[鹢]
繶[𫄷]
虉[𬟁]
yin
駰[骃]
絪[𬘡]
諲[𬤛]
闉[𬮱]
誾[訚]
齗[龂]
慦[𢙐]
ying
罃[䓨]
鍈[锳]
瀠[㴋]
鎣[蓥]
瀅[滢]
yong
鱅[鳙]
you
輶[𬨎]
鮋[𬶋]
yu
璵[玙]
yuan
騵[𬳶]
yue
籰[篗]
軏[𫐄]
鸑[𬸚]
yun
䪻[𬤂]
贇[赟]
澐[沄]
篔[筼]

Z

ze
嫧[𫠊]
zhan
饘[𫗴]
颭[飐]
zhao
鉊[𬬿]
鮡[𬶐]
zhi
軹[轵]
銍[铚]
櫍[𬃊]
觶[觯]
zhong
鍾[锺]
zhou
輈[𫐐]
zhu
詝[𬤊]
佇[伫]
苧[苎]
紵[纻]
zhun
綧[𬘯]
zhuo
鷟[𬸦]
zong
瘲[瘲]
zun
鐏[𬭚]

现行县以上地名中的异体字

1955 年 12 月《第一批异体字整理表》和 1956 年 1 月《汉字简化方案》相继发布以后，地名用字逐步采用规范字，除繁简对应以外，有的涉及异体字。此外，一些省、自治区陆续就所辖范围的县以上名称生僻用字提出修改意见，报请国务院批准。现将这两部分按首字音序归纳排列于下。

经国务院批准更改的地名用字

瑷琿(珲)：爱辉（黑龙江。1983 年并入黑河市。吉林省琿[珲，hún]春[1994 年改为白山市]不改）

邠縣：彬县（陕西）　　大庾：大余（江西。大庾岭不改）

酆都：丰都（四川。今属重庆）　　鄜縣：富县（陕西）

和闐(阗)：和田（新疆。地区名，市名，县名）

郃陽：合阳（陕西）　　鄠縣：户县（陕西）

葭縣：佳县（陕西）　　醴泉：礼泉（陕西。湖南醴陵不改）

雒南：洛南（陕西。又地区名，商雒：商洛）

郿縣：眉县（陕西）　　亹源：门源（青海）

沔縣：勉县（陕西，湖北沔阳[1986 年改仙桃市]，沔水原未改）

鄱陽：波阳（江西。2004 年经国务院批准改回鄱阳。鄱阳湖原未改）

汧陽：千阳（陕西）　　虔南：全南（江西）

婼羌：若羌（新疆）　　商雒：商洛（陕西）

石砫：石柱（四川，今属重庆）　　鐵驪(骊)：铁力（黑龙江）

婺川：务川（贵州。江西婺源、婺水不改）

鰼水：习水（贵州）　　呷洛：甘洛（四川）

新淦：新干（江西） 新喻：新余（江西）
寻鄔（邬）：寻乌（江西） 洵陽：旬阳（陕西）
栒邑：旬邑（陕西） 于闐（阗）：于田（新疆）
雩都：于都（江西）
鬱林：玉林（广西。广西鬱江改郁江，广东鬱南改郁南）
越嶲：越西（四川） 盩厔：周至（陕西）

异体字整理和汉字简化引致更改的地名用字

不含纯字形简化，如蘇—苏，遼—辽。

安邱：安丘（山东）
澂江：澄江（云南。海南澄迈、广东澄海、陕西澄城，原均作“澂”）
慈谿：慈溪（浙江） 赤峯：赤峰（内蒙古）
丹稜：丹棱（四川） 當塗：当涂（安徽）
峩邊：峨边（四川） 峩眉：峨眉（四川）
峩山：峨山（云南） 封邱：封丘（河南）
扶餘：扶余（吉林） 箇舊：个旧（云南）
穀城：谷城（湖北） 灌雲：灌云（江苏）
鶴峯：鹤峰（湖北） 横峯：横峰（江西）
黄巖：黄岩（浙江） 霍邱：霍丘（安徽）
金谿：金溪（江西） 縉雲：缙云（浙江）
鉅鹿：巨鹿（河北） 鉅野：巨野（山东）
濬縣：浚县（河南） 崑山：昆山（江苏）
兰谿：兰溪（浙江） 連雲港：连云港（江苏）
鱗遊：麟游（陕西） 靈邱：灵丘（山西）
凌雲：凌云（广西） 龍巖：龙岩（福建）
鑪霍：炉霍（四川） 密雲：密云（北京）
穆稜：穆棱（黑龙江） 内邱：内丘（河北）
棲霞：栖霞（山东） 慶雲：庆云（山东）
邱北：丘北（云南）

邱縣:丘县(河北。1996年经国务院批准改回“邱”)
任邱:任丘(河北)
商邱:商丘(河南)
沈邱:沈丘(河南)
瀋陽:沈阳(辽宁,瀋[沈]水同。又四川射洪县境有沈 chén 水,不作“瀋”。“墨瀋未乾”有写“墨沛未干”的,但“沛”不是正式简化字。)
綏稜:绥棱(黑龙江)
騰衝:腾冲(云南)
託克遜:托克逊(新疆)
託里:托里(新疆)
天峩:天峨(广西)
五峯:五峰(湖北)
仙遊:仙游(福建)
祥雲:祥云(云南)
岫巖:岫岩(辽宁)
陽穀:阳谷(山东)
葉城:叶城(新疆)
葉縣:叶县(河南)
儀徵:仪征(江苏)
餘干:余干(江西)
餘杭:余杭(浙江)
餘江:余江(江西)
餘慶:余庆(贵州)
餘姚:余姚(浙江)
鬱南:郁南(广东)
雲安:云安(广东)
雲浮:云浮(广东)
雲和:云和(浙江)
雲林:云林(台湾)
雲龍:云龙(云南)
雲夢:云梦(湖北)
雲南省:云南省
雲縣:云县(云南)
雲霄:云霄(福建)
雲陽:云阳(四川,今属重庆)
霑化:沾化(山东)
霑益:沾益(云南)
章邱:章丘(山东)
竹谿:竹溪(湖北)
紫雲:紫云(贵州)
左雲:左云(山西)

新旧字形对照表

按新字形的笔画数排列，字形后圆圈内的数字表示字形的笔画数

旧字形	新字形
儿②撇、竖弯钩。	八②撇、点。
刀②横折钩、撇。	⺈②撇、横撇。
八②撇、点。	丷②点、撇。
八②撇、捺（笔端有小折）。	丷②点、撇。
冫②点、提。	冫②点、点。
工③横、竖、横。	コ②横折、横。
丂②横、竖折折。	了②横钩、竖钩。
亐③折笔的笔端与上横相接。	亏③折笔的笔端与下横相接。
艹④两个"十"。	艹③横、竖、竖。
卄④横、撇、横、竖。	廾③横、撇、竖。
ヰ④横、竖、横、竖。	ヰ③横、竖折、竖。
小③竖、撇、点。	⺌③竖、点、撇。
冋④框内为横、竖。	冋③框内为横折。
攵④撇、横、撇、捺。	夂③撇、横撇、捺。
及④撇、横折，下为"又"。	及③撇、横折折撇、捺。
辶④上为两点。	辶③上为一点。
彐③中横右侧出头。	彐③中横右侧不出头。
刃③第三笔为捺，与"刀"相交。	刃③第三笔为点，与"刀"相离。
幺③两折笔断为四笔（总画数按三画计。）	幺③折笔不断开。
丰④起笔为撇。	丰④第一笔为横。
幵⑥撇、横、撇、横、横、竖。	开④横、横、撇、竖。
天④起笔为撇。	天④第一笔为横。
巨⑤横、竖、横折、横、横。	巨④横、横折、横、竖折。
屯④起笔为撇。	屯④第一笔为横。

旧字形	新字形
瓦⑤横、竖、横折弯钩、点、提。 瓦⑤横、竖、横折弯钩、点、点。	瓦④横、竖提、横折弯钩、点。
内④与冂相交的是入。	内④与冂相交的是人。
内⑤冂竖、折笔笔端相交，与冂相交的是厶(三画)。	内④冂竖、折笔笔端相接，现冂相交的是厶(二画)。
反④起笔为横。	反④起笔为撇。
⺥④二至四笔为撇、点、点。	爫④二至四笔为点、点、撇。
殳④上为几，第二笔有钩。	殳④上为几，第二笔无钩。
戶④起笔为撇。	户④起笔为点。
示⑤横、横、竖、撇、竖。	礻④点、横撇、竖、点。
朮⑤三、四笔为撇、竖弯钩，与中竖相离。	术⑤三、四笔为撇、捺，笔端与中竖相接。
犮⑤三、四笔为乂。	犮⑤三、四笔为又。
冄⑤上横左、右都出头。	冉⑤上横左、右不出头。
令⑤三至五笔为横、横折钩、竖。	令⑤三至五笔为点、横撇、点。
氐⑤末笔为短横。	氐⑤末笔为点。
印⑥左为撇、竖、横、横。	印⑥左为撇、竖提、横。
耒⑥起笔为撇。	耒⑥起笔为横。
呂⑦两口中间有一短竖。	吕⑥两口中间无短竖。
爭⑧上为爫。	争⑥上为⺈。
次⑦左为氵(三点水)。	次⑥左为冫(两点水)。
产⑥三、四笔为㐅。	产⑥三、四笔为丷。
𦍌⑦𦍌中上竖与下边的撇断开。	𦍌⑥中间撇笔由上贯下。
幷⑧撇、横、提、撇，撇、横、横、竖。	并⑥点、撇、横、横、撇、竖。
良⑦右下为撇、点。	艮⑥右下为点(无撇笔)。
羽⑥两折笔下为两撇。	羽⑥两折笔下为点、提。
糸⑥(繁)两折笔断为四画，下为小(总画数按六画计)。	糹⑥(繁)两折笔不断开，下为三点。
吳⑦下部第一画为竖折折。	吴⑦下部为天。
奐⑥冂中有儿，下部大的撇笔笔端与冂相离。	奂⑦冂中无儿，下部大的撇笔笔端与冂相接。
㡀⑧上为小，下为㒳。	㡀⑦竖笔上下贯通，上为点、撇。

旧字形	新字形
靑⑧下部冂中为竖、横。	青⑧下部月中为两横。
者⑨日上有一点。	者⑧日上无一点。
直⑧中为目，左下为竖折。	直⑧下为且（中间三横）。
𦍌⑨上下断开，上为⺊，中为彐。	𦍌⑧中竖由上贯下，上横与竖笔相交。
非⑧中为撇、竖。	非⑧中为两竖。
埀⑨中部为两个十。	垂⑧中部为卄。
卑⑨由中的竖与下面的撇分开。	卑⑧中部撇笔由上贯下。
飠⑨（繁）𠆢下为短横，下为艮。	饣⑧（繁）𠆢下为点，下为艮。
彔⑧上为彑。	录⑧上为彐。
𥁕⑩上为囚（中为人）。	𥁑⑨上为日。
鬼⑩由中的竖与下边的撇断开。	鬼⑨中间的长撇由上贯下。
兪⑨上为入，下右为巜。	俞⑨上为人，下右为刂。
既⑪左为皀，右旡二、三笔断开。	既⑨左为艮，右旡第二笔为竖折。
旣⑫左为皀，右同上。	
蚤⑩叉左侧有点。	蚤⑨叉左侧无点。
敖⑪左为𡈼（上士下方）。	敖⑩左为𡗗。
華⑫（繁）上、中均匀两个十。	華⑩（繁）上、中均为卄。
晉⑩两横中间为两个厶。	晋⑩上为亚。
眞⑩上部为匕、目、乚（分成三部分）。	真⑩上部为直（不分开，中为三横）。
㕣⑩冂中为儿（撇、竖折）。	㕣⑩冂中为丷（点、撇，相离）。
离⑩冂中为㐅（撇、点，交叉）。	
殺⑪（繁）左下朩，右上角有点。右上几，第二笔有钩。	殺⑩（繁）左下木，右上角无点。右上几，第二笔无钩。
䍃⑩上为夕。	䍃⑩上为爫。
衮⑪中为中口。	衮⑩中为厶。
兼⑩上为两撇。	兼⑩上为丷。
黃⑫上为廿，五画。	黄⑪上为廿，四画。
虛⑫下为业，六画。	虚⑪下为业，五画。
異⑫中为两个十。	異⑪中为卄。

旧字形	新字形
象⑫罒中的竖与下边的撇断开。	象⑪⺈中的撇笔贯下。
象⑫冂中为人。	
麻⑪广下为𣏟,两边的笔画与中竖分离,末笔为竖折弯钩。	麻⑪广下为林,两边的笔画与中竖相接,末笔为捺。
奥⑬冂中为釆,七画。	奥⑫冂中为米,六画。
普⑬上为竝,九画。	普⑫上为並,八画。
感⑬半包围结构。	感⑬上下结构。
鼠⑬下部𠂢中为四短横。	鼠⑬下部𠂢中为四点。
默⑯半包围结构。	默⑯左右结构。
鼬⑱半包围结构。	鼬⑱左右结构。
麵⑳(繁)半包围结构。	麵⑳(繁)左右结构。

据李思江编著《常用字详解字典》(汉语大词典出版社,2002)

笔画索引

一、笔画数相同，按起笔笔形的横(一)竖(丨)撇(丿)点(丶)折(乚)为序；同偏旁的字排在一起。

二、笔画数和起笔均按新字形。如“華”新字形为10画，旧字形为12画；“吕”新字形为6画，旧字形为7画；“敝”，点起，共11笔。

三、一些笔画、笔顺不易确定的字，参考其他工具书酌定。如“鬮”为25画，“龜”为17画。

四、参见条不列索引。

点起

折起

[十三画]

横起